BIBLIOTECA BÁSICA ESPÍRITA

O Evangelho Segundo o Espiritismo

Título do original francês:
L'Évangile Selon Le Spiritisme
(Paris, Abril-1864)
Tradução da 3ª edição de 1866

3ª edição: fevereiro/00 – 120.000 exemplares (de 225.000 a 345.000)
(50.000 - brochura/50.000 - de bolso/20.000 - espiral)

Capa
Criação e Produção
Flávio Machado

Fotolito da capa
Diarte

Projeto gráfico e Editoração eletrônica
Petit – Editoria de Arte/Cristiane Alfano

Tradução
Renata Barboza da Silva
Simone T. Nakamura Bele da Silva

Revisão Doutrinária e Preparação de texto
Mário Rasteiro da Fonseca

Colaboração
Walter Eugênio Junior

Impressão
Unidade Gráfica da Editora do Brasil

petit editora

Rua Atuaí, 383 – Vila Esperança/Penha – CEP 03646-000 – São Paulo – SP
Fone: (11) 6684-6000 – www.petit.com.br – e-mail: petit@petit.com.br
Caixa Postal 67545 – CEP 03102-970 – Ag. Almeida Lima – São Paulo – SP

Kardec, Allan, 1804 - 1869.

O Evangelho Segundo o Espiritismo: contendo a explicação dos ensinamentos morais do Cristo; em concordância com o Espiritismo e sua aplicação às diversas situações da vida / Allan Kardec; tradução de Renata Barboza da Silva e Simone T. Nakamura Bele da Silva – São Paulo – Petit, 1997 – (Biblioteca Básica Espírita)

Título original: L'Évangile Selon le Spiritisme.

1. Espiritismo I. Título. II. Série.

96-5024 **CDD-133.9**

Índices para catálogo sistemático:

1. Espiritismo **133.9**
2. Evangelhos: Exegese espírita **133.9**

Impresso no Brasil, no verão de 2000.

BIBLIOTECA BÁSICA ESPÍRITA

ALLAN KARDEC

O Evangelho Segundo o Espiritismo

Contendo a explicação dos Ensinamentos Morais do Cristo, sua concordância com o Espiritismo e sua aplicação às diversas situações da vida.

Fé inabalável é somente aquela que pode encarar a razão face a face, em todas as épocas da humanidade.

petit editora

ALLAN KARDEC

Allan Kardec ou Hippolyte Léon Denizard Rivail nasceu em Lyon, na França, em 3 de outubro de 1804, e desencarnou em 1869.

Antes de se dedicar à codificação do Espiritismo, exerceu, durante 30 anos, a missão de educador. Foi discípulo de Pestalozzi, tendo publicado diversas obras didáticas.

A partir de 1855 começou a estudar os fenômenos das manifestações dos espíritos que se revelavam pelas mesas girantes, grande atração pública da época na França.

Em 1858, fundou a Sociedade Parisiense de Estudos Espíritas e a *Revista Espírita,* lançando na prática o Espiritismo, não apenas em Paris, mas em toda a França, alcançando a Europa inteira e todo o mundo, incluindo a América Latina.

Alguns anos depois de sua morte, foi editado o livro *Obras Póstumas,* publicado por seus fiéis continuadores, contendo, entre outros escritos inéditos, a sua própria iniciação e base para a história do Espiritismo no mundo.

OBRAS COMPLETAS DE ALLAN KARDEC

- **O LIVRO DOS ESPÍRITOS** — **1857**
  Princípios da Doutrina Espírita no seu aspecto filosófico.
- **REVISTA ESPÍRITA** — **1858**
  Publicada mensalmente de 1858 a 1869, sob a direção de Kardec, constituindo hoje uma coleção, em 12 volumes, com todas as edições originais deste período.
- **O QUE É O ESPIRITISMO?** — **1859**
  Resumo dos princípios da Doutrina Espírita e respostas às principais objeções.
- **O LIVRO DOS MÉDIUNS** — **1861**
  Teoria dos fenômenos espíritas. Aspecto científico-experimental e prático da Doutrina.
- **O ESPIRITISMO EM SUA EXPRESSÃO MAIS SIMPLES** — **1862**
  Exposição sumária dos ensinamentos dos Espíritos.
- **O EVANGELHO SEGUNDO O ESPIRITISMO** — **1864**
  Ensinamentos morais do Cristo, sua concordância com o Espiritismo e a revelação da natureza religiosa da Doutrina.
- **O CÉU E O INFERNO** — **1865**
  A Justiça Divina segundo o Espiritismo.
- **A GÊNESE** — **1868**
  Os milagres e as predições segundo o Espiritismo.
- **VIAGEM ESPÍRITA DE 1862**
  Série de Discursos de Allan Kardec, proferidos durante visita às cidades do interior da França, em sua primeira viagem a serviço do Espiritismo.
- **OBRAS PÓSTUMAS** — **1890**
  Escritos e estudos do Codificador com anotações preciosas sobre os bastidores da fundação do Espiritismo.

O EVANGELHO NO TERCEIRO MILÊNIO

A presente tradução do **Evangelho Segundo o Espiritismo** foi feita da terceira edição francesa de *L'Évangile Selon le Spiritisme* de Allan Kardec.

Em meio à evolução tecnológica acelerada, a palavra continua sendo o instrumento de comunicação mais sólido e confiável, e ao mesmo tempo o mais flexível, possibilitando uma variação infindável.

Nos dois últimos milênios, o que fizemos foi sacralizar e distanciar o Evangelho do Homem. Uma água puríssima, cristalina, mas num poço profundo, que poucos alcançam.

Por isso, tivemos o cuidado de utilizar "uma linguagem que todos entendam", como diz o apóstolo Paulo, sem, no entanto, perder o sentido do original francês, fazendo chegar este livro, primordial para a vida, ao maior número possível de pessoas, para que o Evangelho possa brilhar nos corações e nos lares.

Com a chegada dos novos tempos de transformações na sociedade, ouviremos ecoar novamente as palavras do Mestre: **"Eu Sou o Caminho, a Verdade e a Vida"**, consolidando definitivamente o Evangelho.

Agradecemos de todo o coração aos inúmeros amigos que estimularam a realização deste projeto, que é também o deles.

Petit Editora
São Paulo, 1997.

Instruções Úteis

O Evangelho Segundo o Espiritismo foi organizado e escrito sob a orientação direta da Espiritualidade Superior, e uma prova disso está no fato de termos um livro muito simples e de fácil compreensão, mas ao mesmo tempo concebido dentro de parâmetros acadêmicos, como requer um livro de doutrina, um método de educação.

É assim que temos, antes da matéria do livro propriamente, um prelúdio, uma introdução, de leitura indispensável para uma verdadeira compreensão da doutrina, e dois artigos em que Sócrates e Platão são colocados como precursores do Cristianismo e do Espiritismo, numa relação surpreendente do Espiritismo, como Terceira Revelação, com o pensamento grego e o pensamento moderno. Só então chegamos ao primeiro capítulo da obra.

- Sugerimos, para o melhor conhecimento desta obra, a leitura e o estudo da **Introdução**, desde a primeira página, com a revelação do verdadeiro caráter do Espiritismo e o objetivo desta obra.
- Os asteriscos (*) que aparecem no texto conduzem o leitor para o rodapé da página, onde ele encontra o significado da palavra.
- Uma bolinha (•) sinaliza e remete o leitor ao glossário, no final do livro, para um esclarecimento mais preciso da palavra em questão.
- As notas de Allan Kardec são representadas por números ([1]) e explicadas no rodapé da página.
- No final do livro o leitor encontrará um roteiro para a realização do Evangelho no Lar.
- Se você desejar, poderá escrever para a Petit, enviando seus dados pessoais para inclusão no **Cadastro de Clientes Especiais**, recebendo assim regularmente as promoções de lançamentos.

Petit Editora – Caixa Postal 67.545 – Ag. Almeida Lima
São Paulo – SP – 03102-970

S·U·M·Á·R·I·O

Prelúdio

*Os Espíritos do Senhor, que são as virtudes dos Céus,
como um imenso exército que se movimenta
ao receber a ordem de comando,
espalhando-se por toda a superfície da Terra,
e semelhantes às estrelas cadentes,
vêm iluminar os caminhos e abrir os olhos aos cegos.*

*Eu vos digo, em verdade, que são chegados os tempos
em que todas as coisas devem ser restabelecidas
em seu verdadeiro sentido, para dissipar as trevas,
confundir os orgulhosos e glorificar os justos.*

*As grandes vozes do Céu ressoam como o som da trombeta
e os cânticos dos anjos se lhes associam.
Homens, nós vos convidamos a participar do divino concerto;
que vossas mãos tomem a lira;
que vossas vozes se unam e num hino sagrado
se façam escutar e vibrar
de um lado a outro do Universo.*

*Homens, irmãos a quem amamos,
estamos juntos de vós, amai-vos também uns aos outros,
e dizei, do fundo de vosso coração,
fazendo a vontade do Pai, que está no Céu:
"Senhor! Senhor!" E podereis entrar no Reino dos Céus.*

O Espírito de Verdade

***A instrução acima, transmitida por via mediúnica,
resume ao mesmo tempo o caráter verdadeiro
do Espiritismo e o objetivo desta obra.
Por isso ela foi colocada aqui como prelúdio.***

I·N·T·R·O·D·U·Ç·Ã·O

1

OBJETIVO DESTA OBRA

Os assuntos contidos nos Evangelhos podem ser divididos em cinco partes:

- *As ações comuns da vida do Cristo.*
- *Os milagres.*
- *As predições.*
- *As palavras que serviram para estabelecer os dogmas da Igreja.*
- *O ensinamento moral.*

Se as quatro primeiras partes têm sido objeto de controvérsias, a última permaneceu inatacável.

Diante desse código divino, submete-se a própria incredulidade; é o lugar onde todas as religiões podem se encontrar, a bandeira sob a qual todos podem se proteger, sejam quais forem suas crenças, porque nunca foi motivo para disputas religiosas, sempre e por toda parte levantadas por questões de dogma*.

Se o discutissem, as seitas teriam encontrado nele suas próprias condenações, pois a grande maioria está mais ligada à parte mística do que à parte moral, que exige a reforma de si mesmo.

Para os homens, em particular, esta é uma regra de conduta que abrange todas as circunstâncias da vida particular ou pública, o princípio de todas as relações sociais baseadas na mais rigorosa justiça; é em resumo e acima de tudo o caminho da felicidade que virá, uma ponta do véu erguido diante da vida futura.

Este é o tema exclusivo desta obra.

Todo o mundo admira a moral evangélica; falam de sua sublimidade e necessidade, muitos a divulgam confiados no que ouviram dizer, ou apoiados em alguns ensinamentos bíblicos que se tornaram provérbios populares; mas poucos a conhecem a fundo, e nem mesmo a compreendem ou sabem deduzir dela as conseqüências.

A razão disso está em grande parte na dificuldade que a leitura do Evangelho apresenta, de difícil entendimento para um grande número de pessoas.

---

* **N. E. - Dogma:** (neste caso) artigo de fé indiscutível da Igreja, isto é, regra filosófica pela qual a Igreja impõe e procura justificar certos pontos de sua crença em que a fé se sobrepõe à razão.

A forma alegórica, o mistério que a linguagem encerra fazem com que a maioria das pessoas o leia por desencargo de consciência, por dever, como lêem as preces sem as compreender, isto é, sem delas tirar nenhum proveito.

Os ensinamentos morais passam despercebidos, espalhados aqui e acolá, em meio à grande quantidade de narrativas. Torna-se assim impossível compreendê-los como um todo e fazê-los objeto de uma leitura ou de meditação em separado.

É bem verdade que foram escritos tratados de moral evangélica, mas a adaptação ao estilo literário moderno lhes suprime a simplicidade primitiva, que lhes dá ao mesmo tempo o encanto e a autenticidade.

O mesmo acontece com os ensinamentos morais isolados, reduzidos às suas mais simples expressões proverbiais; não são nada mais que lições que perdem uma parte de seu valor e de seu interesse, pela ausência das particularidades e circunstâncias em que foram pronunciadas.

Para evitar tais inconvenientes, reunimos nesta obra os trechos que podem constituir, por assim dizer, um Código de Moral Universal, sem distinção de cultos.

Nas citações, conservamos tudo o que é útil ao desenvolvimento das idéias, tirando apenas as coisas desconhecidas que não se prendem ao assunto.

Além disso, respeitamos escrupulosamente a tradução original de Sacy, bem como a divisão em versículos. Mas, ao invés de nos determos em uma ordem cronológica sem real utilidade neste caso, os ensinamentos foram agrupados e classificados metodicamente conforme sua natureza, de maneira que possam ser diferenciados, tanto quanto possível, uns dos outros.

A ordem de numeração dos capítulos e dos versículos bíblicos foi mantida para consulta, se for necessário.

Foi apenas um trabalho material que, isolado, teve somente uma utilidade secundária; o essencial foi colocá-lo ao alcance de todos, por meio da explicação das passagens de difícil entendimento, e o desenvolvimento de todas as conseqüências com o objetivo de aplicação às diferentes circunstâncias da vida. Foi o que tentamos fazer com a ajuda dos bons Espíritos que nos assistem.

Muitos dos assuntos dos Evangelhos, da Bíblia e dos autores sagrados em geral são de difícil entendimento e muitos até parecem absurdos devido à falta de uma chave para compreender o seu verdadeiro sentido.

Essa chave está inteiramente no Espiritismo, como já puderam convencer-se os que o estudaram seriamente, e como também será ainda melhor reconhecido mais tarde.

O Espiritismo se encontra por toda parte, na Antigüidade e em todas as épocas da Humanidade. Encontram-se em toda parte vestígios dele nas Escrituras, nas crenças e nos escritos, e é por isto que, ao abrir novos horizontes para o futuro, lança uma luz esclarecedora sobre os mistérios do passado.

Para completar cada ensinamento, reunimos algumas instruções escolhidas entre as que foram ditadas pelos Espíritos em diversos países, por intermédio de diferentes médiuns.

Se estas instruções tivessem saído de uma única fonte, poderiam sofrer uma influência pessoal ou do meio, enquanto as diversas origens, de onde vêm, provam que os Espíritos dão seus ensinamentos em todos os lugares, e que não há ninguém privilegiado nessa relação (1).

Esta obra é para uso de todos. Qualquer um pode dela extrair os meios de adequar sua conduta à moral do Cristo. Os espíritas, especialmente, encontrarão nela as aplicações que lhes dizem respeito.

Graças às comunicações estabelecidas daqui em diante de uma maneira permanente entre os homens e o mundo invisível, a Lei Evangélica, ensinada a todas as nações pelos próprios Espíritos, não será mais letra morta, pois cada um a compreenderá e será incessantemente solicitado a praticá-la, aconselhado por seus guias espirituais.

As instruções dos Espíritos são verdadeiramente *as vozes do Céu* que vêm esclarecer os homens e os convidar à prática do Evangelho.

(1) Poderíamos, sem dúvida, fornecer sobre cada um dos assuntos um número muito maior de comunicações obtidas em muitas outras cidades e Centros Espíritas além dos que citamos; mas devemos, antes de mais nada, evitar a monotonia das repetições inúteis e limitar nossa escolha às que, pela base e pela essência, se enquadrem mais especialmente no plano desta obra, reservando para as publicações posteriores as que não pudermos publicar.
Quanto aos médiuns, evitamos nomeá-los. Na maior parte, foram os próprios médiuns que não quiseram ser identificados e, por conseguinte, é oportuno não fazer exceções. Aliás, os nomes dos médiuns não teriam acrescentado nenhum valor à obra dos Espíritos.
Isto seria apenas uma satisfação do amor-próprio com a qual os médiuns verdadeiramente sérios não se preocupam, pois compreendem que, sendo seu papel puramente passivo, o valor das comunicações não aumenta em nada seu mérito pessoal, e que seria ingênuo tirar vantagem de um trabalho de inteligência para o qual apenas prestaram um concurso mecânico.

2

AUTORIDADE DA DOUTRINA ESPÍRITA

CONTROLE UNIVERSAL DOS ENSINAMENTOS DOS ESPÍRITOS

Se a Doutrina Espírita fosse uma criação puramente humana, só teria por garantia as luzes dos que a criaram. Acontece que ninguém na Terra poderia ter a pretensão de possuir sozinho a verdade absoluta. Se os Espíritos que revelaram a Doutrina Espírita se manifestassem a um único homem, nada lhe garantiria a origem, pois seria preciso acreditar na palavra daquele que dissesse ter recebido deles os ensinamentos. Admitindo-se uma perfeita sinceridade, poderia ele convencer perfeitamente as pessoas do seu meio, poderia ter seguidores, mas jamais chegaria a reunir todo o mundo.

Deus quis que a nova revelação chegasse aos homens por um meio mais rápido e mais autêntico. Por isso encarregou os Espíritos de levá-la de um pólo a outro, manifestando-se em todos os lugares, sem dar a ninguém o exclusivo privilégio de ouvir suas palavras. Um homem pode ser iludido, pode iludir-se a si mesmo, mas não se pode enganar milhões de pessoas que vêem e ouvem a mesma coisa. Isto é uma garantia para cada um e para todos. Aliás, pode-se fazer desaparecer um homem, mas não se pode fazer desaparecer multidões; podem-se queimar livros, mas não se podem queimar os Espíritos. Acontece que, queimando-se todos os livros, a fonte da Doutrina Espírita não seria atingida, pois ela não está na Terra; surge de todos os lugares, e qualquer pessoa pode beber nessa fonte. Se faltarem os homens para propagá-la, haverá sempre os Espíritos, que alcançam todo o mundo e aos quais ninguém pode atingir, e, em vista disso, os próprios Espíritos fazem a propagação do Espiritismo, com a ajuda de incontáveis médiuns que surgem de todos os lados. Se houvesse somente um único intérprete, por mais favorecido que fosse, o Espiritismo mal seria conhecido; e o próprio intérprete, independentemente de qualquer classe a que pertencesse, seria motivo de desconfiança por parte de muitas pessoas. Nem todas as nações o aceitariam, enquanto os Espíritos, comunicando-se em todos os lugares, com todas as pessoas, todas as seitas* e todos os grupos, são aceitos por todos. O Espiritismo não tem nacionalidade, independe de cultos particulares, não é imposto por nenhuma classe social, pois qualquer um pode receber instruções de seus parentes e amigos de além-túmulo. Era preciso que assim fosse

* **N. E. - Seita:** conjunto de pessoas que seguem a mesma doutrina.

para que todos os homens se sentissem convocados à fraternidade. Se não fosse posto sobre um terreno neutro, ele teria alimentado as desavenças ao invés de abrandá-las.

Na universalidade dos ensinamentos dos Espíritos está a força do Espiritismo e também a causa de sua tão rápida propagação. A voz de um único homem, mesmo com a ajuda da imprensa, levaria séculos para chegar aos ouvidos de todos, mas eis que milhares de vozes se fazem ouvir simultaneamente em todos os lugares da Terra para proclamar os mesmos princípios e transmiti-los a todos de forma igual: dos mais simples de entendimento aos mais sábios. Ninguém é deixado de lado. É uma vantagem que nenhuma das doutrinas que já apareceram até hoje possui. Resulta que, se o Espiritismo é uma verdade, ele não teme a má vontade dos homens, nem as revoluções morais, nem as perturbações físicas do globo, visto que nenhuma destas coisas pode atingir os Espíritos.

Mas esta não é a única vantagem que resulta desta posição excepcional. O Espiritismo tem também uma poderosa garantia contra as divisões que poderiam nascer, seja pela ambição de alguns, seja pelas contradições de certos Espíritos. Essas contradições são certamente um obstáculo, mas trazem em si mesmas o remédio, ao lado do mal.

Sabe-se que os Espíritos, por causa da diferença de conhecimentos que têm, estão longe de possuir individualmente toda a verdade, pois não é dado a todos penetrar certos mistérios. O que cada um sabe é proporcional à sua purificação, e a maioria dos Espíritos não sabe mais do que os homens; aliás, sabe até menos do que alguns deles. Há entre os Espíritos, como entre os homens, presunçosos e pseudo-sábios, que crêem saber o que não sabem; sistemáticos, que tomam suas idéias como verdadeiras, e, enfim, os Espíritos de ordem mais elevada, que são completamente desmaterializados, os únicos despojados das idéias e preconceitos terrenos. Sabe-se também que os Espíritos mentirosos não têm escrúpulos e se identificam com outros nomes para fazer aceitar suas utopias, ou seja, suas idéias fantasiosas. É fundamental considerar que, para tudo o que está fora do ensinamento exclusivamente moral, as revelações que cada um pode obter terão um caráter pessoal sem garantia de autenticidade, e devem ser consideradas como opiniões exclusivamente pessoais deste ou daquele Espírito e que seria imprudente aceitá-las e propagá-las levianamente como verdades absolutas.

O primeiro exame ao qual é preciso submeter, sem exceção, tudo o que vem dos Espíritos é, sem dúvida, o da razão. Portanto, toda a teoria que contrarie o bom senso, a rigorosa lógica e os dados positivos que já possuímos deve ser rejeitada, mesmo que esteja assinada por qualquer nome respeitável. Mas, em muitos casos, este exame ficará incompleto, em virtude da insuficiência de conhecimento de algumas pessoas e da tendência de muitos em considerar sua própria opinião como único árbitro da verdade. Nesta situação, como procedem os homens que não confiam de forma total neles mesmos? Levam em consideração a opinião da grande maioria, tomando-a como guia. É dessa maneira que devemos proceder em relação ao que dizem os Espíritos, já que eles mesmos nos fornecem os meios desse controle.

A concordância do ensinamento dos Espíritos é, portanto, o melhor de todos os controles, mas ainda é preciso que ocorra em certas condições. A menos segura de todas é quando um único médium pergunta a muitos Espíritos sobre algo duvidoso. É evidente que, se ele está sob o domínio de uma obsessão*, ou se ele está em sintonia com um Espírito mistificador, esse Espírito pode lhe dizer a mesma coisa sob nomes diferentes. Não há também uma garantia suficiente na concordância que se pode obter pelos médiuns de um único centro, pois podem estar todos sob a influência de mistificadores.

A única garantia séria do ensinamento dos Espíritos está na concordância que exista entre as revelações feitas espontaneamente, servindo-se de um grande número de médiuns, estranhos uns aos outros, e em diversos lugares.

Compreende-se que não se trata aqui de comunicações relativas a interesses secundários, mas das que se referem aos princípios básicos da Doutrina Espírita. A experiência demonstra que, quando um princípio novo deve ser revelado, ele é ensinado *espontaneamente* em diferentes lugares ao mesmo tempo e de uma maneira idêntica, senão pela forma, pelo menos pelo conteúdo. Portanto, se ocorrer a um Espírito formular uma teoria personalizada, baseada em suas próprias idéias e longe da verdade, pode-se estar certo de que essa teoria ficará *circunscrita* e limitada, e cairá diante da unanimidade das instruções vindas de todas as partes e de maneira idêntica, como já demonstraram vários exemplos. É esta unanimidade que fez cair todas as teorias parciais que surgiram na origem do Espiritismo, época em que cada um explicava os fenômenos à sua maneira, antes mesmo que se conhecessem as leis que regem as relações do mundo visível com o mundo invisível.

Esta é a base em que nos apoiamos para formular um princípio da doutrina. Não é por que esteja de acordo com as nossas idéias que o damos por verdadeiro. Não nos colocamos de modo algum como árbitro supremo da verdade e não dizemos a ninguém: "Acreditai em tal coisa, pois estamos vos dizendo". Aos nossos próprios olhos, a nossa opinião é apenas uma opinião pessoal que pode ser verdadeira

* **N. E. - Obsessão:** (neste caso) influência de um espírito desencarnado malévolo sobre um encarnado.

ou falsa, visto sermos tão falíveis quanto qualquer outra pessoa. Não é porque um princípio nos foi ensinado que devemos tomá-lo por verdadeiro, mas, sim, porque ele teve a aprovação geral.

Na posição em que nos encontramos, recebendo as comunicações de cerca de mil Centros Espíritas sérios, espalhados pelos diversos pontos do globo, temos condições de analisar os princípios sobre os quais esta concordância se estabelece. Essa observação é que nos tem guiado até agora, e guiará novos campos que o Espiritismo será chamado a explorar. É assim que, ao estudarmos atentamente as comunicações vindas de diversas partes, tanto da França quanto do estrangeiro, reconhecemos, na natureza toda especial das revelações, que há uma tendência para se entrar num novo caminho, e que é chegado o momento de dar um passo à frente. Essas revelações, às vezes feitas com palavras de sentido oculto, muitas vezes passaram despercebidas pelos que as receberam. Muitos outros acreditaram tê-las obtido com exclusividade. Tomadas isoladamente, elas seriam sem valor para nós, apenas a coincidência lhes dá seriedade. Depois, chegado o momento de revelá-las à luz da publicidade, cada um se lembrará de ter recebido instruções do mesmo teor. É este movimento geral que observamos e estudamos, com a assistência de nossos guias espirituais, que nos auxiliam a julgar a oportunidade de fazermos ou não alguma coisa.

Este controle universal é uma garantia para a unidade futura do Espiritismo e anulará todas as teorias contraditórias. É nele que se encontrará daqui para a frente o critério da verdade. O que fez o sucesso da aceitação da Doutrina Espírita, formulada em *O Livro dos Espíritos* e em *O Livro dos Médiuns*, foi que, em toda parte, cada um pôde receber diretamente dos Espíritos a confirmação dos ensinamentos que estes livros contêm. Se os Espíritos tivessem vindo de todos os lugares a contradizê-los, estes livros teriam já há muito tempo sofrido o destino de todas as criações fantasiosas. O próprio apoio da imprensa não os salvaria do naufrágio, mas, embora não tendo contado com esse apoio, eles rapidamente abriram seus caminhos e avançaram com segurança. Isso ocorreu porque tiveram o apoio dos Espíritos, cuja boa vontade compensou, em muito, a má vontade dos homens. Assim será com todas as idéias, vindas quer dos Espíritos quer dos homens, que não puderem suportar a prova deste confronto, cujo poder não há quem possa contestar.

Suponhamos, portanto, que agrade a alguns Espíritos ditar, com um título qualquer, um livro de sentido contrário; suponhamos ainda que, com uma intenção agressiva, com a finalidade de desacreditar a Doutrina Espírita, a malevolência faça surgir comunicações apócrifas, ou seja, falsas, sem autenticidade. Que influência poderiam ter esses escritos, se são desmentidos em todos os lugares pelos Espíritos? É da adesão destes últimos que seria preciso se certificar antes de se lançar um sistema em seu nome. Do sistema de um só ao de todos, existe a distância que vai da unidade ao infinito. Que poder teriam, até mesmo, todos os argumentos dos difamadores sobre a opinião das massas, se milhões de vozes amigas, vindas do espaço, vêm de todos os cantos do Universo, e no seio de cada família, contradizendo os difamadores e confirmando os princípios espíritas com clareza? A experiência, sobre este assunto, já não confirmou a teoria? Em que se transformam todas essas publicações que deveriam, supostamente, destruir o Espiritismo? Qual foi a que, pelo menos, lhe diminuiu a marcha? Até hoje, não se tinha prestado a devida atenção a essa questão sob este ponto de vista, sem dúvida um dos mais sérios e importantes.

É que cada um desses difamadores contou consigo mesmo, mas não contou com os Espíritos.

O princípio da concordância é ainda uma garantia contra as alterações que o Espiritismo poderia sofrer pelas seitas• que quisessem se apoderar dele em seu proveito e acomodá-lo a seu bel-prazer. Quem quer que tentasse fazê-lo, desviá-lo do seu objetivo providencial, fracassaria, pela simples razão de que os Espíritos, pela universalidade de seus ensinamentos, farão cair por terra toda modificação que se desvie da verdade.

De tudo isso resulta uma verdade fundamental: é que aquele que quisesse se colocar contra a corrente de idéias estabelecidas e aprovadas poderia causar uma pequena perturbação local e momentânea, mas jamais dominar o conjunto no presente momento, e muito menos no futuro.

Disso ainda resulta que as instruções dadas pelos Espíritos sobre os pontos da Doutrina Espírita ainda não elucidados não se tornarão lei, mas ficarão isoladas e, por conseguinte, apenas devem ser aceitas com todas as reservas e a título de esclarecimento.

Daí a necessidade de se dedicar a maior prudência em lhes dar publicidade e, no caso de acreditarmos ser útil publicá-las, é importante apenas apresentá-las como opiniões individuais, mais ou menos prováveis, mas tendo, em todos os casos, necessidade de confirmação. É preciso obter esta confirmação antes de apresentar um princípio como verdade absoluta, se não quisermos ser acusados de leviandade ou de credulidade irrefletida.

Os Espíritos Superiores procedem, nas suas revelações, com extrema prudência e sabedoria. Eles só abordam grandes questões da Doutrina Espírita gradualmente, à medida que a inteligência do homem esteja apta para compreender as verdades de uma ordem mais elevada e quando as circunstâncias sejam propícias para a emissão de uma nova idéia. É por isso que, desde o princípio, eles não disseram tudo. E até agora ainda não o disseram, nunca cedendo à impaciência das pessoas muito apressadas, que querem colher os frutos antes do tempo. Seria inútil, pois, querer adiantar-se o tempo designado a cada coisa pela Providência. Os Espíritos verdadeiramente sérios negariam sua ajuda, mas os Espíritos levianos, que não se preocupam com a verdade, respondem a tudo. É por esta razão que, sobre todas as questões prematuras, há sempre respostas contraditórias.

Estas considerações sobre os princípios expostos não são o resultado de uma teoria pessoal, mas a conseqüência natural das condições sobre as quais os Espíritos se manifestam. É evidente que, se um Espírito diz uma coisa de um lado, enquanto milhões de Espíritos dizem o contrário em outros lugares, conclui-se que a verdade não pode estar com um único ou quase único em sua opinião, pois pretender ter razão sozinho contra todos seria tão ilógico da parte de um Espírito quanto da parte dos homens. Os Espíritos verdadeiramente sábios, se não se sentem suficientemente esclarecidos sobre uma questão, nunca a decidem de um modo definitivo. Declaram apenas abordá-la sob o seu ponto de vista, e eles mesmos aconselham a esperar uma confirmação.

Por mais grandiosa, bela e justa que seja uma idéia, é impossível que ela reúna, desde o início, todas as opiniões. As divergências de opinião que resultam disso são a conseqüência inevitável do movimento que se desencadeia, são mesmo necessárias para melhor ressaltar a verdade, e é útil que tenham lugar no começo do movimento para que as idéias falsas sejam postas de lado mais rapidamente. Os espíritas, que por causa disso têm alguns temores, devem tranqüilizar-se. Todas as pretensões isoladas cairão, pela força das coisas, diante do grande e poderoso critério da concordância universal.

Não será pela opinião de um homem que se estabelecerá a união, mas pela voz unânime dos Espíritos. Não será um homem, *muito menos nós ou qualquer outro,* que fundará a ortodoxia* espírita; também não será um Espírito, vindo se impor, a quem quer que seja. Será a universalidade dos Espíritos comunicando-se em toda a Terra por ordem de Deus. Este é o caráter essencial da Doutrina Espírita, esta é sua força e sua autoridade. Deus quis que sua lei fosse fixada com um alicerce de base inabalável. Foi por isso que Ele não quis pôr essa responsabilidade sobre a cabeça frágil de um só homem.

É diante desse poderoso tribunal de sabedoria, como um areópago*, onde não se impõem nem as sociedades, nem as rivalidades invejosas, nem as seitas*, nem as vaidades patrióticas, que virão se

* **N. E. - Ortodoxia:** doutrina intransigente e intolerante.
* **N. E. - Areópago:** tribunal de sábios e literatos em Atenas.

quebrar todas as oposições, todas as ambições, todas as pretensões da supremacia individual; *pois nós mesmos nos destruiríamos se quiséssemos substituir nossas próprias idéias pelos seus decretos soberanos.* Apenas ele decidirá todas as questões pendentes de interpretação que silenciarão as discordâncias e dará razão ou não a quem de direito. Diante deste imponente acordo de todas as vozes do Céu, o que pode a opinião de um homem ou de um Espírito? Menos que uma gota d'água que se perde num oceano, menos do que a voz de uma criança abafada numa tempestade.

A opinião universal, eis o juiz supremo, é quem se pronuncia em última instância. Ela é formada a partir de todas as opiniões individuais; se uma delas é verdadeira, tem apenas um peso relativo na balança. Se é falsa, não pode se sobrepor sobre as demais. Nesse imenso conjunto, as individualidades desaparecem, e isto representa uma extraordinária derrota para a vaidade e o orgulho humanos.

Este conjunto harmonioso já se anuncia, e este século não passará sem que ele resplandeça com todo o seu brilho, de modo a eliminar todas as incertezas, pois, daqui para a frente, vozes poderosas receberão a missão de se fazer ouvir, para reunir os homens sob a mesma bandeira, desde que o campo esteja suficientemente preparado. Aquele que estiver indeciso preste atenção entre os dois sistemas opostos, e observará para onde se encaminhará a opinião geral; este será um indício seguro, no sentido em que se pronuncia a maioria dos Espíritos e os diversos lugares em que se comunicam. É um sinal seguro sobre qual dos dois sistemas será o dominante.

3

NOTAS HISTÓRICAS

Para melhor compreendermos algumas passagens dos Evangelhos, é necessário conhecer o valor de algumas palavras que são freqüentemente empregadas e que caracterizam os costumes e as idéias da sociedade judaica daquela época. Essas palavras, não tendo para nós o mesmo sentido, foram muitas vezes mal interpretadas, e por isso mesmo geraram algumas incertezas. A compreensão exata de sua significação explica, além disso, o sentido verdadeiro de alguns ensinamentos de Jesus que parecem estranhos num primeiro momento.

SAMARITANOS: após a separação das dez tribos, Samaria passou a ser a capital do reino que se tornou independente de Israel. Destruída e reconstruída muitas vezes, ela foi, sob o Império Romano, a sede política de Samaria, uma das quatro divisões da Palestina. Herodes, chamado O Grande, embelezou-a com suntuosos monumentos e, para agradar a Augusto, imperador romano, deu-lhe o nome de *Augusta*, em grego *Sebaste*.

Os samaritanos estiveram quase sempre em guerra com os reis de Judá. Uma aversão profunda, que datava da separação, eternizou-se entre os dois povos, que deixaram de lado todas as relações de amizade e convivência. Os samaritanos, para tornar a separação mais profunda e não ter de ir a Jerusalém para a celebração das festas religiosas, construíram um templo particular e adotaram algumas reformas. Eles só admitiam o Pentateuco* contendo a lei de Moisés e rejeitavam todos os demais livros que lhe foram anexados posteriormente. Seus livros sagrados eram escritos em caracteres hebraicos da mais alta antigüidade. Aos olhos dos judeus ortodoxos*, eles eram heréticos* e, por isso mesmo, desprezados, amaldiçoados e perseguidos. A rivalidade entre as duas nações tinha, pois, como único princípio, a divergência das opiniões religiosas, embora suas crenças tivessem as mesmas origens. Eles eram os *protestantes* daquela época.

Ainda hoje se encontram samaritanos em algumas regiões do Oriente, especialmente em Nablus e Jaffa. Seguem as leis de Moisés com mais rigor que os outros judeus e só celebram casamentos entre si.

NAZARENOS: nome dado, na antiga lei, aos judeus que faziam votos por toda a vida, ou apenas por um certo tempo, de conservar-se em pureza perfeita. Eles adotavam a castidade, a abstinência de bebidas alcoólicas e a conservação de sua cabeleira. Sansão, Samuel e João Batista eram nazarenos.

Mais tarde, os judeus deram esse nome aos primeiros cristãos, por causa de Jesus de Nazaré.

Esse também foi o nome de uma seita herética dos primeiros séculos da era cristã, semelhante à dos ebionitas*, dos quais adotavam alguns princípios, misturava as práticas das leis de Moisés aos dogmas cristãos. Essa seita desapareceu no quarto século.

PUBLICANOS: eram chamados desse modo, na antiga Roma, os cobradores das taxas públicas, encarregados da cobrança de impostos e das rendas de toda espécie, seja na própria Roma, seja nas outras partes do Império. Assemelhavam-se aos cobradores de impostos gerais e aos contratantes do antigo regime na França, e aos que ainda existem em algumas regiões. Os riscos que corriam faziam com que se fechassem os olhos diante das riquezas que muitas vezes conseguiam e que, para muitos dentre eles, eram o produto de cobranças e benefícios escandalosos. O nome *publicano*

* **N. E. - Pentateuco:** os cinco primeiros livros do Velho Testamento escritos por Moisés.
* **N. E. - Herético:** contrário à doutrina da Igreja.
* **N. E. - Ebionita:** seita religiosa dos primeiros séculos que adotava práticas cristãs e judaicas.

se estendeu mais tarde a todos os que lidavam com o dinheiro público e aos agentes subalternos. Hoje essa palavra tem um sentido de ofensa para designar os financistas e os agentes de negócios pouco escrupulosos. Diz-se algumas vezes: "Ávido como um publicano; rico como um publicano", referindo-se a uma fortuna de origem duvidosa.

Na época da dominação romana, uma das maiores dificuldades que os judeus tiveram foi a de aceitar o imposto, o que mais causava irritação entre eles. Daí resultaram muitas revoltas e o assunto tornou-se uma questão religiosa, pois o encaravam como sendo contrário à lei. Formou-se, então, um partido poderoso à frente do qual estava um certo Judas, conhecido como Gaulonita, que tinha por princípio o não pagamento do imposto. Os judeus tinham, portanto, horror a essa cobrança e a todos os que eram encarregados de recebê-la. Daí sua aversão aos publicanos de todos os lugares, entre os quais podíamos encontrar pessoas muito estimadas, mas que, em razão de suas funções, eram desprezadas, assim como os que tinham relações com eles eram considerados na mesma desaprovação. Os judeus distintos acreditavam se comprometer se tivessem relações de intimidade com eles.

PEAGEIROS: eram os cobradores de baixa categoria encarregados principalmente da cobrança dos pedágios nas entradas das cidades. Suas funções assemelhavam-se às dos alfandegários e dos cobradores de taxas sobre mercadorias. Sofriam a reprovação dirigida aos publicanos em geral. É por esta razão que, no Evangelho, encontra-se freqüentemente o nome de *publicano* associado ao de *pessoa de má vida*. Esta classificação não se referia às pessoas devassas ou aos vagabundos; era um termo de menosprezo, sinônimo de *pessoas de má companhia*, indignas de se relacionar com *pessoas de bem*.

FARISEUS: (do hebraico *parasch,* divisão, separação) a tradição constituía uma parte importante da teologia* judaica; consistia na reunião das sucessivas interpretações dadas sobre o significado das Escrituras e que haviam se tornado artigos de dogma*. Entre os doutores, isto era motivo de intermináveis discussões, falando-se na maioria das vezes de simples questões de palavras ou de formas, parecidas com as disputas teológicas e com as sutilezas da escolástica* da Idade Média. Surgiram daí diferentes seitas, e cada uma pretendia ter a exclusividade da verdade e, como quase sempre acontece, detestando-se cordialmente umas às outras.

Entre estas seitas*, a mais influente era a dos fariseus, que teve por chefe *Hillel*, doutor judeu nascido na Babilônia, fundador de uma

* N. E. - **Teologia:** estudo dos textos sagrados ou referentes às divindades. Verdades religiosas.
* N. E. - **Escolástica:** Filosofia da Igreja fundamentada em Aristóteles e S. Tomás de Aquino.

escola célebre onde se ensinava que a fé só era dada pelas Escrituras. Sua origem remonta ao ano de 180 ou 200 a.C. Os fariseus foram perseguidos em diversas épocas, notadamente sob os domínios de Hircânio, sumo pontífice e rei dos judeus, Aristóbulo e Alexandre, reis da Síria. Entretanto, este último, tendo devolvido suas honras e seus bens, fez com que eles retomassem o poder, conservando-o até a *ruína de Jerusalém*, no ano 70 da era cristã, época em que os fariseus desapareceram em conseqüência da dispersão do povo israelita.

Os fariseus tinham um papel ativo nas discussões religiosas. Cumpridores rigorosos das práticas exteriores do culto e das cerimônias, cheios de um zelo ardente de partidarismo, inimigos dos inovadores, eles fingiam ter uma grande severidade de princípios, mas, sob as aparências de uma devoção meticulosa, escondiam costumes corruptos, muito orgulho e, acima de tudo, um desejo excessivo de dominação. Para eles, a religião era mais um meio de vencer na vida do que objeto de uma fé sincera. Possuíam apenas aparência e a ostentação de virtude, mas, naquela época, exerciam uma grande influência sobre o povo, aos olhos do qual passavam por santos personagens. Eis porque eram muito poderosos em Jerusalém.

Acreditavam, ou pelo menos diziam acreditar, na Providência, na imortalidade da alma, na eternidade das penas e na ressurreição dos mortos. (Veja Cap. 4:4.) Jesus, que, acima de tudo, ensinava a simplicidade e as qualidades do coração, que preferia da lei *o Espírito que vivifica à letra que mata*, esforçou-se durante toda a sua missão em desmascarar essa hipocrisia e criou, conseqüentemente, inimigos enfurecidos entre eles, razão pela qual se uniram aos príncipes dos sacerdotes para amotinar o povo contra Ele e crucificá-Lo.

ESCRIBAS: nome dado, a princípio, aos secretários dos reis de Judá e a certos encarregados, gerenciadores dos exércitos judeus. Mais tarde essa designação foi aplicada especialmente aos doutores que ensinavam a lei de Moisés e a interpretavam para o povo. Eles tinham idéias comuns com os fariseus, com os quais compartilhavam os mesmos princípios e a antipatia contra os inovadores. Eis porque Jesus os coloca na mesma reprovação.

SINAGOGA: (do grego *sunagoguê*, reunião, congregação) havia apenas um único templo na Judéia, o de Salomão, em Jerusalém, onde se celebravam as grandes cerimônias do culto. Os judeus se dirigiam a ele todos os anos em peregrinação para as principais festas, como a da Páscoa, a da Consagração e a dos Tabernáculos*. Foi nessas ocasiões que Jesus fez diversas viagens a Jerusalém. As outras cidades não possuíam um único templo, mas sim sinagogas,

*** N. E. - Tabernáculo:** tenda portátil, santuário dos hebreus durante a peregrinação pelo deserto.

edifícios onde os judeus se recolhiam nos dias de sábado para fazer orações públicas, sob a direção dos anciões, dos escribas ou dos doutores da lei. Ali também se faziam as leituras dos livros sagrados, seguidas de explicações e comentários, cuja participação era aberta a todos. Foi por isso que Jesus, sem ser sacerdote, ensinava nas sinagogas nos dias de sábado.

Depois da ruína de Jerusalém e da dispersão dos judeus, as sinagogas, nas cidades em que passaram a habitar, serviram-lhes de templos para a celebração do culto.

SADUCEUS: seita judia que se formou por volta do ano de 248 a.C.; assim foi chamada devido a *Sadoc*, seu fundador. Os saduceus não acreditavam nem na imortalidade da alma, nem na ressurreição, nem nos bons e maus anjos. Contudo, acreditavam em Deus, mas não esperavam nada depois da morte, apenas O serviam tendo em vista recompensas temporais, ao que acreditavam se limitar sua Providência. A satisfação dos sentidos era para eles o objetivo essencial da vida. Quanto às Escrituras, baseavam-se no texto da antiga lei, não admitindo nem a tradição, nem qualquer outra interpretação. Colocavam as boas obras e a execução pura e simples da lei acima das práticas exteriores do culto. Eram, como podemos ver, os materialistas, os deístas e os sensualistas da época. Esta seita era pouco numerosa, mas contava com personagens importantes e tornou-se um partido político constantemente em oposição aos fariseus.

ESSÊNIOS ou **ESSEUS:** seita• judia fundada por volta do ano 150 a.C., no tempo dos Macabeus, e cujos membros habitavam uma espécie de mosteiro, formando uma associação moral e religiosa. Distinguiam-se pelos costumes suaves e virtudes rigorosas. Ensinavam o amor a Deus e ao próximo, a imortalidade da alma, e acreditavam na ressurreição. Não se casavam, condenavam a escravidão e a guerra, tinham bens em comum e se dedicavam à agricultura. Ao contrário dos saduceus sensuais, que negavam a imortalidade, e dos fariseus, enrijecidos com as práticas exteriores, e para os quais a virtude era apenas aparência, não tiravam nenhum partido nas disputas que dividiam essas duas seitas. Seu tipo de vida se parecia com o dos primeiros cristãos, e os princípios morais que professavam fizeram algumas pessoas pensar que Jesus tivesse feito parte dessa seita antes de começar sua missão pública. O que se tem certeza é de que Jesus pode tê-la conhecido, mas não há nada que prove que Ele a tenha adotado, e tudo o que se escreveu sobre este assunto não tem comprovação[2].

[2] *A Morte de Jesus,* um livro que se acredita ter sido escrito por um irmão essênio, é completamente duvidoso, com o objetivo de servir a uma opinião e que contém nele mesmo a prova de sua origem moderna. (Nota de Allan Kardec.)

TERAPEUTAS: (do grego *therapeutai*, derivado do verbo *therapeuein*, servir, cuidar; ou seja, servidor de Deus ou curador) seguidores judeus contemporâneos do Cristo, estabelecidos principalmente em Alexandria, no Egito. Tinham uma grande afinidade com os essênios, dos quais professavam os princípios. Assim como estes últimos, dedicavam-se à pratica de todas as virtudes. Sua alimentação era simples e moderada. Não se casavam, dedicavam-se à contemplação e à vida solitária e formavam uma verdadeira ordem religiosa. Filon, filósofo judeu platônico de Alexandria, foi o primeiro a referir-se aos terapeutas, considerando-os como uma seita judaica. Eusébio, São Jerônimo e outros Pais da Igreja* pensavam que eram cristãos. Sendo judeus ou cristãos, era evidente que, do mesmo modo que os essênios, formavam um traço de união entre o judaísmo e o Cristianismo.

4

Sócrates e Platão*

Precursores da Doutrina Cristã e do Espiritismo

Em relação ao fato de Jesus ter conhecido a seita dos essênios, cometeríamos um erro ao concluir que dela tirou algum ensinamento, e que, se tivesse vivido em outro lugar, teria adotado outros princípios. As grandes idéias nunca surgem subitamente; aquelas que têm por base a verdade sempre possuem precursores que lhes preparam parcialmente o caminho. Mais tarde, quando o tempo é chegado, Deus envia um homem com a missão de resumir, coordenar e completar esses elementos esparsos, e de criar um corpo para a doutrina. Desta maneira, não surgindo bruscamente, encontra, quando de sua aparição, espíritos dispostos a aceitá-la. Assim aconteceu com a doutrina cristã, que foi pressentida muitos séculos antes de Jesus e dos essênios, e da qual Sócrates e Platão foram os principais precursores.

Sócrates, assim como o Cristo, não escreveu nada, ou pelo menos não deixou nada escrito, e também, como Ele, padeceu a morte dos criminosos, vitimado pelo fanatismo, por ter atacado as crenças tradicionais e colocado a verdadeira virtude acima da hipocrisia e da ilusão dos formalismos, ou seja, por ter combatido

* **N. E. - Pais da Igreja:** padres da Igreja de grande cultura, entre outros: Santo Agostinho e S. Tomás de Aquino.

* **N. E. - Sócrates:** filósofo grego considerado pai da Filosofia, nascido em Atenas em 470 a.C. **Platão:** filósofo, discípulo, contemporâneo e continuador dos ideais de Sócrates.

os preconceitos religiosos. Assim como Jesus foi acusado pelos fariseus de corromper o povo com seus ensinamentos, também Sócrates foi acusado pelos “fariseus” de seu tempo – já que eles sempre existiram – de corromper a juventude, proclamando a crença num Deus único, a imortalidade da alma e a vida futura. Da mesma maneira que a doutrina de Jesus apenas pelos escritos de seus discípulos, conhecemos a de Sócrates pelos escritos de seu discípulo, Platão. Acreditamos ser útil resumir aqui os seus pontos mais importantes para mostrar sua concordância com os princípios do Cristianismo.

Àqueles que julgarem esta comparação uma profanação e que afirmam não poder haver semelhança entre a doutrina de um pagão e a do Cristo, responderemos que a doutrina de Sócrates não era pagã, visto que tinha por objetivo combater o paganismo, e que a doutrina de Jesus, mais completa e mais depurada do que a de Sócrates, nada tem a perder com a comparação, que a grandeza da missão divina do Cristo não será diminuída e, além de tudo, é a própria história que não pode ser sufocada. O homem chegou a um tempo em que a luz surge por si mesma, debaixo do alqueire*. Ele está maduro para encará-la de frente. Pior para aqueles que temem abrir os olhos. Chegou o tempo de encarar amplamente as coisas do alto e não mais sob o ponto de vista mesquinho e acanhado dos interesses das seitas e das raças.

Estas citações provarão, além disso, que, como Sócrates e Platão pressentiram as idéias cristãs, encontram-se igualmente na sua doutrina os princípios fundamentais do Espiritismo.

Resumo da Doutrina* de Sócrates e Platão

1 “O homem é uma alma encarnada. Antes de sua encarnação, ela existia junto aos modelos primordiais*, às idéias do verdadeiro, do bem e do belo. Separou-se deles ao encarnar e, lembrando-se de seu passado, fica mais ou menos atormentada pelo desejo de voltar a ele.”

Não podemos exprimir mais claramente a diferença e a independência dos dois princípios: o inteligente (a alma) e o material (o corpo). Além disso, temos aí a doutrina da preexistência da alma, da vaga intuição que ela conserva de um outro mundo ao qual deseja voltar, da sobrevivência ao corpo, da saída do mundo espiritual para encarnar e da sua volta a esse mundo após a morte. É, enfim, o gérmen da doutrina dos anjos decaídos.

* **N. E. - Alqueire:** medida de volume de mais ou menos nove litros, em forma de caixote, com que se mediam cereais; (neste caso) como um caixote que servia de banco ou suporte.
* **N. E. - Resumo da Doutrina** - extraído dos livros *Diálogos de Platão; Diálogos de Sócrates com seus discípulos na prisão* e *Sócrates a seus juízes.*
* **N. E. - Modelos Primordiais:** no estado de espírito. Onde tudo está no começo. Como as mônadas. O mais simples organismo da vida. Nas mãos de Deus, onde tudo se gera.

2 "A alma se perturba e confunde quando se serve do corpo para apreciar qualquer assunto; sente vertigens como se estivesse ébria, pois se une a coisas que são, por sua natureza, sujeitas a mudanças. Em vez disso, quando ela contempla sua própria essência, volta-se para o que é puro, eterno, imortal e, sendo dessa mesma natureza, aí permanece ligada pelo maior tempo que puder. É aí que suas perturbações então findam, pois ela está unida ao que é imutável, e a este estado da alma é o que se chama de sabedoria."

Assim, o homem que considera as coisas terra-a-terra, sob o ponto de vista material, vive iludido. Para apreciá-las com justeza, é preciso vê-las do alto, ou seja, sob o ponto de vista espiritual. O verdadeiro sábio deve, portanto, isolar a alma do corpo, para ver com os olhos do Espírito. Eis o que ensina também o Espiritismo. (Veja Cap. 2:5 desta obra.)

3 "Enquanto tivermos nosso corpo e a alma estiver mergulhada nessa corrupção, nunca possuiremos o objeto de nossos desejos: a verdade. De fato o corpo nos oferece mil obstáculos pela necessidade que temos de cuidar dele; além disso, nos enche de desejos, vontades, temores, mil quimeras e mil tolices, de maneira que, com ele, é impossível ser sábio em algum momento. Mas, se não for possível conhecer com pureza coisa alguma, enquanto a alma estiver unida ao corpo, conclui-se, de duas coisas, uma: ou que nunca se conhecerá a verdade, ou que só a conheceremos após a morte. Livres da loucura do corpo, conversaremos, então, é de se esperar, com homens igualmente livres, e conheceremos por nós mesmos a essência das coisas. Eis porque os verdadeiros filósofos se preparam para morrer, e a morte não lhes parece de nenhum modo temível." (Consulte *O Céu e o Inferno,* 1ª parte, Cap. 2; 2ª parte, Cap. 1)

Temos aqui o princípio das aptidões, dos dons da alma, obscurecidos pelas sensações do corpo físico, e da expansão dessas faculdades após a morte. Mas trata-se apenas de almas evoluídas, já depuradas; não acontece o mesmo com as almas impuras.

4 "A alma impura, nesse estado, encontra-se atordoada e é arrastada novamente para o mundo visível, pelo horror do que é invisível e imaterial; podemos dizer, portanto, que ela permanece, ao redor dos monumentos e dos túmulos, junto aos quais foram vistos às vezes fantasmas tenebrosos, como devem ser as imagens das almas que deixaram o corpo sem estar inteiramente depuradas e que ainda mantêm algo da forma material, o que faz com que nós possamos percebê-las. Não são as almas dos bons, mas sim as dos maus, que são forçadas a vagar, errantes, nesses lugares, onde sofrem as penas de sua vida passada e onde continuam a vagar, até que os desejos inerentes à forma material, que as atraem, as conduzam a um outro corpo. Então elas retomam, sem dúvida, os mesmos costumes que, durante a vida anterior, eram objeto de suas predileções."

Não é apenas o princípio da reencarnação que está aqui claramente expresso, mas também o do estado das almas que ainda estão sob o domínio da matéria, descrito como o Espiritismo o mostra, nas evocações*. Diz mais: que a reencarnação em um corpo material é uma conseqüência da impureza da alma, mas que as almas purificadas estão livres dela. O Espiritismo não diz outra coisa, apenas acrescenta que a alma que tomou boas resoluções na erraticidade* e que tem conhecimentos adquiridos trará, ao renascer, menos defeitos, mais virtudes e mais idéias intuitivas que não possuía em sua existência anterior, e que, assim, cada existência marca para ela um progresso intelectual e moral. (Consulte *O Céu e o Inferno,* 2ª parte: Exemplos.)

5 "Após nossa morte, o gênio (daimon, demônio), que nos havia sido designado durante nossa vida, nos leva a um lugar onde se reúnem todos aqueles que devem ser conduzidos ao Hades*, para aí serem julgados. As almas, após viverem no Hades o tempo necessário, voltam a esta vida por numerosos e longos períodos."

Esta é a doutrina dos anjos guardiães ou Espíritos protetores e das reencarnações sucessivas, após intervalos mais ou menos longos de erraticidade.

6 "Os demônios ocupam o espaço que separa o céu da Terra; são o laço que une o Grande Todo consigo mesmo. A divindade nunca entra em comunicação direta com o homem, mas é por intermédio dos demônios que os deuses se relacionam e falam com ele, seja durante o estado de vigília, seja durante o sono."

A palavra daimon, da qual se derivou demônio, não era tomada no mau sentido na antigüidade tal como é nos tempos modernos. Não se aplicava exclusivamente aos seres malfazejos, mas a todos os Espíritos em geral, entre os quais se distinguiam os Espíritos superiores chamados de deuses, e os Espíritos menos elevados, ou demônios propriamente ditos, que se comunicavam diretamente com os homens. O Espiritismo também ensina que os Espíritos habitam o espaço; que Deus só se comunica com os homens por intermédio dos Espíritos puros encarregados de transmitir as vontades Dele; que os Espíritos se comunicam com os homens durante o estado de vigília e durante o sono. Se substituirmos a palavra demônio pela palavra Espírito teremos a doutrina espírita; coloquemos a palavra anjo e teremos a doutrina cristã.

7 "A preocupação constante do filósofo (tal como o entendiam Sócrates e Platão) é a de dar mais atenção à alma e menos a esta vida,

* **N. E. - Evocação:** chamar os espíritos desencarnados.
* **N. E. - Erraticidade:** estado ou período de tempo em que o Espírito se encontra entre uma e outra reencarnação. (Consulte *O Livro dos Espíritos*, questão 132 e seguintes.)
* **N. E. - Hades:** inferno.

que não passa de um instante perante a eternidade. Se a alma é imortal, não é sábio viver em função da eternidade?"

O Cristianismo e o Espiritismo ensinam a mesma coisa.

8 "Se a alma é imaterial, deve passar, após esta vida, a um mundo igualmente invisível e imaterial, assim como o corpo, ao se decompor, retorna à matéria. O que realmente importa é distinguir a alma pura, verdadeiramente imaterial, que se nutre, como Deus, de ciências e de pensamentos, da alma mais ou menos corrompida por impurezas materiais, que a impedem de se elevar ao divino e a retêm nos lugares de sua morada terrena."

Como vimos, Sócrates e Platão compreendiam perfeitamente os diferentes graus de desmaterialização da alma. Insistem sobre a diferença de situação que resulta para ela, de sua *maior ou menor* pureza. O que eles diziam por intuição, o Espiritismo prova por meio dos numerosos exemplos que nos põe diante dos olhos. (Consulte *O Céu e o Inferno*, 2ª parte.)

9 "Se a morte fosse a dissolução do homem por completo, seria uma grande vantagem para as pessoas más, após sua morte, porque se libertariam, ao mesmo tempo, de seu corpo, de sua alma e de seus vícios. Aquele que adornou sua alma, não com enfeites estranhos, mas com os que lhe são próprios, este, sim, poderá esperar tranqüilamente o momento de partida para o outro mundo."

Equivale isto a dizer que o materialismo, que proclama o nada após a morte, seria a anulação de toda responsabilidade moral posterior e, conseqüentemente, um estímulo ao mal; que a pessoa má tem tudo a ganhar com o nada; que somente o homem que se libertou dos seus vícios e se enriqueceu de virtudes pode esperar tranqüilamente o despertar na outra vida. O Espiritismo nos mostra, mediante os exemplos que nos põe diariamente perante os olhos, o quanto é aflitiva para uma pessoa má a passagem de uma vida para a outra, a entrada na vida futura. (Veja também em *O Céu e o Inferno*, 2ª parte, Cap. 1.)

10 "O corpo conserva os vestígios bem marcados dos cuidados que se teve com ele ou dos acidentes que sofreu. Acontece o mesmo com a alma. Quando ela se liberta do corpo, leva consigo os traços evidentes de seu caráter, de suas afeições e das impressões que cada um dos atos de sua vida lhe deixou. Desse modo, o maior mal que pode acontecer ao homem é ir para o outro mundo com uma alma carregada de culpas. Tu vês, Cálicles, que nem tu, nem Pólus, nem Górgias, saberíeis provar que devemos seguir uma outra vida que nos será útil quando estivermos lá. De tantas opiniões diferentes, a única que permanece inabalável é a de que é melhor sofrer do que cometer uma injustiça e que, antes de mais nada, não se deve parecer, mas, sim, ser um homem de bem" (*Diálogos de Sócrates com seus discípulos na prisão*.)

Encontramos aqui este outro ponto fundamental, confirmado hoje pela experiência, segundo o qual a alma ainda impura conserva as idéias, as tendências, o caráter e as paixões que tinha na Terra. Este ensinamento: *É melhor sofrer do que cometer uma injustiça* não é totalmente cristão? É o mesmo pensamento que Jesus revela neste ensinamento: *Se alguém vos bater em uma face, oferecei-lhe a outra*. (Veja, nesta obra, Cap. 12:7 e 8.)

11 "De duas coisas uma: ou a morte é uma destruição completa, ou é a passagem da alma para outro lugar. Se tudo deve se extinguir, a morte será como uma dessas raras noites que passamos sem sonhar e sem nenhuma consciência de nós mesmos. Mas se a morte é apenas uma mudança de morada, a passagem para um lugar onde os mortos devem se reunir, torna-se para nós uma felicidade encontrar aqueles a quem conhecemos! Meu maior prazer seria o de examinar de perto os habitantes dessa morada e de distinguir, como aqui, os que são sábios daqueles que acreditam ser e não o são. Mas, é tempo de nos despedirmos, eu para morrer, vós para viverdes." (*Sócrates a seus juízes*.)

Sócrates disse: os homens que viveram na Terra se encontram após a morte e se reconhecem. O Espiritismo nos mostra os Espíritos desses homens continuando as relações que tiveram, de tal modo que a morte não é uma interrupção, nem uma cessação da vida e, sim, uma contínua transformação.

Se Sócrates e Platão tivessem conhecido os ensinamentos que Cristo daria quinhentos anos mais tarde e os que o Espiritismo nos dá agora, falariam da mesma maneira. Não há nisso nada de surpreendente, se considerarmos que as grandes verdades são eternas e que os Espíritos avançados delas tomaram conhecimento antes de se encarnarem na Terra, para onde as trazem. Sócrates, Platão e os grandes filósofos de seu tempo puderam, mais tarde, fazer parte daqueles que ajudaram o Cristo em sua divina missão e foram escolhidos porque precisamente já compreendiam, mais do que outros, os seus sublimes ensinamentos. Finalmente, podem fazer parte agora da grande plêiade* de Espíritos encarregados de vir ensinar aos homens as mesmas verdades.

12 "Nunca se deve retribuir injustiça com injustiça, nem fazer o mal a ninguém, seja qual for o mal que nos tenham feito. Poucas pessoas, entretanto, admitem este princípio, e as que discordam a esse respeito só podem desprezar-se umas às outras."

Não está aí o princípio da caridade que nos ensina nunca retribuir o mal com o mal e perdoar aos nossos inimigos?

13 "É pelos frutos que se reconhece a árvore. É preciso qualificar cada ação segundo o que ela produz: chamá-la má quando causar o mal e boa quando produzir o bem."

* N. E. - **Plêiade:** grupo de sábios ilustres, encarnados ou desencarnados.

Este ensinamento: *É pelos frutos que se reconhece a árvore* encontra-se repetido textualmente diversas vezes no Evangelho.

14 "A riqueza é um grande perigo. Todo homem que ama a riqueza não ama nem a si mesmo, nem aquilo que possui; ama a uma coisa, que lhe é ainda mais estranha do que o que lhe pertence." (Veja também nesta obra Cap. 16.)

15 "As mais belas preces e os mais belos sacrifícios agradam menos à Divindade do que uma alma virtuosa que se esforça por assemelhar-se a ela. Seria muito grave se os deuses se interessassem mais pelas nossas oferendas do que pela nossa alma; dessa maneira, os mais culpados poderiam conquistar os seus favores. Mas não, pois só são verdadeiramente justos e sábios os que, pelas suas palavras e seus atos, resgatam o que devem aos deuses e aos homens." (Veja também nesta obra Cap. 10:7 e 8.)

16 "Chamo de homem vicioso aquele que vulgarmente ama mais ao corpo do que à alma. O amor está por toda a Natureza e nos convida a exercitar nossa inteligência. É encontrado até mesmo nos movimentos dos astros. É o amor que enfeita a Natureza com seus ricos tapetes. Ele se enfeita e fixa sua morada onde encontra flores e perfumes. É ainda o amor que dá a paz aos homens, a calma ao mar, o silêncio aos ventos e o descanso à dor."

O amor, que deve unir os homens por um sentimento fraternal, está de acordo com esta teoria de Platão sobre o amor universal, como lei da Natureza. Sócrates, tendo dito que "o amor não é nem um deus nem um mortal e, sim, um grande demônio", ou seja, um grande Espírito dirigindo o amor universal, fez com que essa afirmação lhe fosse, sobretudo, atribuída como crime.

17 "A virtude não pode ser ensinada; ela vem por uma dádiva de Deus àqueles que a possuem."

Isto é quase a doutrina cristã sobre o auxílio divino. Se a virtude é uma dádiva de Deus, se é um favor, podemos nos perguntar por que não é concedida a todas as pessoas; por um outro lado, se a virtude é um dom, não tem o menor mérito para aquele que a possui. O Espiritismo é mais claro: diz que aquele que possui a virtude a adquire por seus esforços em suas existências sucessivas, despojando-se pouco a pouco de suas imperfeições. O auxílio divino é a força que Deus dá a todo homem de boa vontade, para se despojar do mal e fazer o bem.

18 "Notar bem menos os nossos defeitos que os dos outros é uma disposição natural de cada um de nós."

O Evangelho diz: Vês o argueiro* no olho de teu irmão e não vês a trave* que está no teu. (Veja nesta obra Cap. 10:9 e 10.)

* **N. E. - Argueiro:** cisco, minúcia, pequeno empecilho.
* **N. E. - Trave:** tronco, madeira grossa; (neste caso) exageros, absurdos.

19 "Se os médicos não obtêm resultados na maior parte das doenças, é porque eles tratam do corpo, sem a alma, e o todo não estando em bom estado, é impossível que a parte se apresente bem."

O Espiritismo dá a chave das relações que existem entre a alma e o corpo e prova que um reage incessantemente sobre o outro. Lança também uma nova visão sobre a Ciência, mostrando-lhe a verdadeira causa de certas doenças, dando-lhe meios de combatê-las. Quando a Ciência se der conta da ação do elemento espiritual na constituição orgânica, alcançará melhores resultados.

20 "Todos os homens, desde a infância, fazem mais o mal do que o bem."

Estas palavras de Sócrates tocam a grave questão da predominância do mal na Terra, questão insolúvel sem o conhecimento da pluralidade dos mundos e da destinação da Terra, onde apenas habita uma pequena fração da Humanidade. Somente o Espiritismo lhe dá a solução, que aqui será desenvolvida nos Capítulos 2, 3 e 5.

21 "A sabedoria está em não pensares que sabes o que não sabes."

Isto se dirige aos que criticam as coisas que muitas vezes desconhecem. Platão completa este pensamento de Sócrates dizendo:

"Tentemos torná-los inicialmente, se for possível, mais honestos nas palavras; caso contrário, não nos preocupemos com eles e procuremos apenas a verdade. Esforcemo-nos em nos instruir, mas não nos aborreçamos".

É desse modo que devem agir os espíritas em relação aos seus críticos de boa ou de má-fé. Se Platão vivesse nos dias de hoje, encontraria as coisas parecidas com as de seu tempo e poderia usar a mesma linguagem, e Sócrates encontraria pessoas que ririam de sua crença nos Espíritos e que o chamariam de louco, bem como a seu discípulo, Platão.

Foi por adotar e defender esses princípios que Sócrates foi inicialmente ridicularizado, depois acusado de incrédulo e condenado a beber um veneno chamado cicuta. Ocorre assim com as grandes verdades que, quando novas, contrariam, além dos homens que elas atingem, os sistemas e preconceitos, e só se firmam com lutas e mártires.

O EVANGELHO
SEGUNDO O ESPIRITISMO

CAPÍTULO

1

NÃO VIM DESTRUIR A LEI

As três revelações:
Moisés, Cristo e o Espiritismo
Aliança da Ciência e da Religião
Instruções dos Espíritos: A nova era

1. "Não penseis que vim destruir a lei ou os profetas, não vim destruí-los, mas dar-lhes cumprimento. Eu vos digo em verdade que o Céu e a Terra não passarão antes que tudo o que está na lei seja cumprido completamente, até o último jota e o último ponto." (Mateus, 5:17 e 18)

MOISÉS

2 A lei de Moisés é composta por duas partes distintas: a lei de Deus, recebida no Monte Sinai, e a lei civil ou disciplinar, estabelecida pelo próprio Moisés. A lei de Deus é inalterável; a outra, apropriada aos costumes e ao caráter do povo, se modifica com o tempo.

A lei de Deus está formulada nos seguintes dez mandamentos:

1. Eu sou o Senhor, teu Deus, que te tirei da terra do Egito, da casa da servidão. Não terás outros deuses estrangeiros diante de mim. Não farás imagem talhada, nem figura nenhuma de tudo o que está no Céu e na Terra, nem de tudo o que está nas águas e debaixo da terra. Não os adorarás, nem lhes renderás cultos soberanos.
2. Não tomarás em vão o nome do Senhor, teu Deus.
3. Lembra-te de santificar o dia de sábado.
4. Honra a teu pai e à tua mãe, a fim de viveres muito tempo na Terra que o Senhor teu Deus te dará.
5. Não matarás.
6. Não cometerás adultério.
7. Não roubarás.
8. Não prestarás falso testemunho contra o teu próximo.
9. Não desejarás a mulher de teu próximo.
10. Não desejarás a casa de teu próximo, nem seu servo, ou serva, nem seu boi, seu asno, ou qualquer outra coisa que lhe pertença.

Esta é a lei de todos os tempos e de todos os países e que, por isso mesmo, tem um caráter divino. Todas as outras são leis estabelecidas por Moisés, que se via obrigado a conter pelo temor um povo naturalmente turbulento e indisciplinado, no qual tinha de combater os abusos e os preconceitos enraizados adquiridos durante a época da escravidão no Egito. Para dar autoridade às suas leis, ele atribuiu-lhes origem divina, assim como o fizeram todos os legisladores dos povos primitivos: a autoridade do homem precisava se apoiar sobre a autoridade de Deus. Mas apenas a idéia de um Deus terrível podia impressionar homens ignorantes, nos quais o sentido moral e o sentimento de uma delicada justiça ainda estavam pouco desenvolvidos. É evidente que aquele que tinha incluído entre os seus mandamentos: *Não matarás; não farás mal a teu próximo*, não poderia se contradizer fazendo do extermínio um dever. As leis mosaicas, propriamente ditas, tinham, portanto, um caráter essencialmente transitório.

CRISTO

3 Jesus não veio destruir a lei, isto é, a lei de Deus. Ele veio cumpri-la, ou seja, desenvolvê-la, dar-lhe seu sentido verdadeiro e apropriá-la ao grau de adiantamento dos homens. É por isso que encontramos nessa lei os princípios dos deveres para com Deus e para com o próximo, que constituem a base de sua doutrina. Quanto às leis de Moisés propriamente ditas, Jesus, ao contrário, modificou-as profundamente, tanto no conteúdo quanto na forma. Combateu constantemente os abusos das práticas exteriores e as falsas interpretações, e não lhes podia ter dado uma reforma mais radical do que reduzindo-as a estas palavras: *Amar a Deus sobre todas as coisas e ao próximo como a si mesmo*, e acrescentando: *Está aí toda a lei e os profetas*.

Por estas palavras, O Céu e a Terra não passarão antes que tudo seja cumprido até o último jota, Jesus quis dizer que era preciso que a lei de Deus fosse cumprida, ou seja, fosse praticada na Terra, em toda sua pureza, com todos os seus desenvolvimentos e todas as suas conseqüências; pois de que serviria estabelecer essa lei, se fosse para o privilégio de alguns homens, ou mesmo de um único povo? Sendo todos os homens filhos de Deus, são todos, sem distinção, objeto da mesma dedicação.

4 Mas o papel de Jesus não foi simplesmente o de um legislador moralista, apenas com a autoridade de sua palavra. Ele veio cumprir as profecias que tinham anunciado sua vinda. Sua autoridade vinha da natureza excepcional de seu Espírito e de sua missão divina. Ele veio ensinar aos homens que a verdadeira vida não está na Terra, mas no reino dos Céus; ensinar-lhes o caminho que os conduz até lá, os meios de se reconciliarem com Deus e de preveni-los sobre a marcha das coisas que hão de vir, para o cumprimento dos destinos humanos. Entretanto, Jesus não podia dizer tudo e, em relação a muitos pontos, conforme Ele mesmo disse, limitou-se a lançar os germens das verdades que não podiam ainda ser compreendidas. Ao falar de tudo, o fez em termos às vezes mais, às vezes menos claros. Para compreender o sentido oculto dessas palavras, seria preciso que novas idéias e novos conhecimentos viessem nos dar a chave, e essas idéias não poderiam vir antes que o Espírito humano adquirisse um certo grau de maturidade. A Ciência deveria contribuir decididamente para que essas idéias viessem à luz e se desenvolvessem. Seria, portanto, preciso dar à Ciência o tempo de progredir.

O ESPIRITISMO

5 *O Espiritismo* é a nova ciência que vem revelar aos homens, por meio de provas irrecusáveis, a existência e a natureza do mundo espiritual e suas relações com o mundo físico. O Espiritismo nos revela esse mundo espiritual, não mais como algo sobrenatural, mas, ao contrário, como uma das forças vivas e incessantemente ativas da Natureza, como a fonte de uma multidão de fenômenos incompreendidos até então e, por esta razão, encarados como coisas do fantástico e do maravilhoso. É a esses aspectos que o Cristo se referiu em muitas circunstâncias, e é por isso que muitos dos seus ensinamentos permaneceram incompreendidos ou foram interpretados erroneamente. O Espiritismo é a chave com a ajuda da qual tudo se explica com facilidade.

6 A Lei do *Antigo Testamento, a primeira revelação,* está personificada em Moisés; a segunda é a do *Novo Testamento,* do Cristo; o *Espiritismo* é a terceira revelação da Lei de Deus. O Espiritismo não foi personificado em nenhum indivíduo, pois ele é o produto do ensinamento dado, não por um homem, mas pelos Espíritos, que são *as vozes do Céu,* em todos os pontos da Terra, servindo-se para isso de uma multidão incontável de médiuns. É, de algum modo, um ser coletivo, abrangendo o conjunto de seres do mundo espiritual, vindo, cada um, trazer aos homens a contribuição de suas luzes para fazê-los conhecer aquele mundo e a sorte que nele os espera.

7 Da mesma forma que o Cristo disse: *Não vim destruir a lei, mas cumpri-la,* o Espiritismo igualmente diz: *Não venho destruir a lei cristã, mas dar-lhe execução.* Ele não ensina nada em contrário ao que o Cristo ensinou, mas desenvolve, completa e explica, em termos claros para todos, o que só foi dito sob forma alegórica. Ele vem cumprir, no tempo anunciado, o que o Cristo prometeu e preparar a realização das coisas futuras. É, portanto, obra do Cristo, que o preside e que igualmente preside ao que anunciou: a regeneração que se opera e prepara o Reino de Deus na Terra.

ALIANÇA DA CIÊNCIA E DA RELIGIÃO

8 A Ciência e a Religião são as duas alavancas da inteligência humana. Uma revela as leis do mundo material e a outra, as leis do mundo moral. *Ambas as leis, tendo no entanto o mesmo princípio, que é Deus*, não podem contradizer-se, visto que, se uma contrariar a outra, uma terá necessariamente razão enquanto a outra não a terá, já que Deus não destruiria sua própria obra. A falta de harmonia e coerência que se acreditou existir entre essas duas ordens de idéias baseia-se num erro de observação e nos princípios exclusivistas de uma e de outra parte. Daí resultou uma luta e uma colisão de idéias que deram origem à incredulidade e à intolerância.

São chegados os tempos em que os ensinamentos do Cristo devem receber seu complemento; em que o véu propositadamente deixado sobre algumas partes desses ensinamentos deve ser erguido. A Ciência, deixando de ser exclusivamente materialista, deve levar em conta o elemento espiritual; a Religião deve reconhecer as leis orgânicas e imutáveis da matéria. Então, essas duas forças, juntas, apoiando-se uma na outra, se ajudarão mutuamente. A Religião, não sendo mais desmentida pela Ciência, adquirirá um poder inabalável, estará de acordo com a razão, já não podendo mais se opor à irresistível lógica dos fatos.

A Ciência e a Religião não puderam se entender até os dias atuais pois, cada uma examinando as coisas do seu ponto de vista exclusivo, repeliam-se mutuamente. Seria preciso alguma coisa para preencher o espaço que as separava, um traço de união que as aproximasse. Esse traço de união está no conhecimento das leis que regem o mundo espiritual e da sua afinidade e harmonia com o mundo corporal, leis tão imutáveis quanto as que regem o movimento dos astros e a existência dos seres. Estas afinidades, uma vez constatadas pela experiência, fazem surgir uma nova luz: a fé se dirigiu à razão, a razão não encontrou nada de ilógico na fé, e o materialismo foi vencido. Mas, nisso, como em tudo, há pessoas que ficam para trás, até serem arrastadas pelo movimento geral, que as esmaga, se tentam resistir ao invés de o acompanhar. É toda uma **revolução moral** que se opera neste momento e que trabalha e aperfeiçoa os espíritos. Após ser elaborada durante mais de dezoito séculos, ela chega à sua plena realização e vai marcar uma nova era da Humanidade. As conseqüências dessa revolução são fáceis de se prever: deve trazer para as relações sociais inevitáveis modificações, às quais ninguém poderá se opor, porque estão na vontade de Deus e resultam da lei do progresso, que é sua Lei.

INSTRUÇÕES DOS ESPÍRITOS

A NOVA ERA

Um Espírito Israelita - Mulhouse, 1861

9 Deus é único. Moisés é o Espírito que Deus enviou em missão para torná-lo conhecido, não somente dos hebreus*, mas também dos povos pagãos. Deus serviu-se do povo hebreu para se revelar aos homens, por Moisés e os profetas. As contrariedades e o sofrimento da vida por que passavam os hebreus destinavam-se a impressionar as nações e fazer cair o véu que encobria as coisas divinas aos homens.

Os mandamentos de Deus, revelados por Moisés, contêm o gérmen da mais ampla moral cristã. Os comentários da Bíblia restringiam-lhe o sentido, pois, colocados em prática em toda a sua pureza, não seriam então compreendidos. Mas os dez mandamentos de Deus nem por isso deixaram de ser o brilhante frontispício* da obra, como um farol que deveria iluminar a Humanidade, no caminho a percorrer.

A moral, isto é, o conjunto de regras de conduta, os costumes, bem como os princípios espirituais ensinados por Moisés, eram apropriados ao estado de adiantamento em que se encontravam os povos chamados à regeneração. Esses povos, semi-selvagens quanto ao aperfeiçoamento de sua alma, não compreendiam que podiam adorar a Deus, a não ser por sacrifícios sangrentos, e, muito menos, que fosse preciso perdoar aos inimigos. Sua inteligência era notável sob o ponto de vista material, das artes e das ciências, porém, era muito atrasada em moralidade, e não entenderiam uma religião que fosse inteiramente espiritual. Era-lhes preciso uma representação semimaterial, como a que lhes oferecia a religião hebraica. Assim, enquanto os sacrifícios falavam aos seus sentidos, a idéia de Deus lhes falava ao Espírito. O Cristo foi o iniciador da moral mais pura, mais sublime: a moral evangélico-cristã, que deve renovar o mundo, aproximar os homens e torná-los irmãos; que deve fazer brotar de todos os corações humanos a caridade e o amor ao próximo e criar, entre todos os homens, uma solidariedade comum; de uma moral perfeita, que deve transformar a Terra e fazer dela a morada para Espíritos moralmente superiores aos de hoje. É a lei do progresso, à qual a Natureza está submetida, que se cumpre, e o Espiritismo é a alavanca da qual Deus se serve para fazer avançar a Humanidade.

São chegados os tempos em que as idéias morais devem se desenvolver para que se realize o progresso que está na vontade de Deus. Elas devem seguir o mesmo caminho que as idéias de liberdade percorreram, como suas antecessoras. Não se pense, entretanto, que este desenvolvimento acontecerá sem lutas. Não, pois, para chegar à maturidade elas precisam de abalos e de discussões, a fim

* N. E. - **Povo hebreu:** os judeus, os israelitas.
* N. E. - **Frontispício:** fachada principal imponente, majestosa.

de atrair a atenção das massas. Uma vez despertada a atenção, a beleza e a santidade da moral impressionarão os espíritos, que então se dedicarão a uma ciência que lhes dará a chave da vida futura e lhes abrirá as portas da felicidade eterna. Moisés começou, Jesus continuou, o Espiritismo concretizará a obra.

Fénelon - Poitiers, 1861

10 Um dia, Deus, em sua caridade inesgotável, permitiu ao homem ver a verdade varar as trevas. Este dia foi a chegada do Cristo. Depois da luz viva as trevas voltaram. O mundo, entre alternativas do conhecimento da verdade e obscuridade da ignorância, perdeu-se novamente. Então, tal como os profetas do *Antigo Testamento*, os Espíritos se puseram a falar e a vos advertir: O mundo está abalado em suas bases, o trovão provocará estrondo. Sede firmes!

O Espiritismo é de ordem divina, visto que repousa nas próprias leis da Natureza, e acreditai que tudo o que é de origem divina tem um objetivo grande e útil. Vosso mundo se perdia. A Ciência, desenvolvendo-se, à custa dos valores de ordem moral, estava vos conduzindo ao bem-estar material em proveito do Espírito das trevas. Vós o sabeis, cristãos: o coração e o amor devem andar unidos à Ciência. O reino do Cristo, infelizmente, após dezoito séculos, e apesar do sangue de tantos mártires, ainda não chegou. Cristãos, voltai ao Mestre que vos quer salvar. Tudo é fácil para aquele que crê e ama. O amor o enche de uma alegria indescritível. Sim, meus filhos, o mundo está abalado; os bons Espíritos vos dizem sempre; curvai-vos sob o sopro que anuncia a tempestade a fim de não serdes derrubados, isto é, preparai-vos e não vos assemelheis às virgens loucas*, que foram apanhadas desprevenidas à chegada do esposo.

A revolução que se prepara é mais moral do que material; os Espíritos, mensageiros do Senhor, inspiram a fé para que todos vós, companheiros da Doutrina, iluminados e ardentes, façais ouvir a vossa voz humilde. Sois o grão de areia, mas, sem grãos de areia, não haveria montanhas, portanto, que estas palavras: “Somos pequenos”, não tenham mais sentido para vós. Cada um tem sua missão, cada um tem seu trabalho. A formiga não constrói seu formigueiro, e os animaizinhos insignificantes não erguem continentes? A nova cruzada começou: apóstolos da paz universal e não da guerra, São Bernardos modernos, olhai e andai para a frente! A lei dos mundos é a lei do progresso.

Erasto, discípulo de São Paulo - Paris, 1863

11 Santo Agostinho é um dos maiores divulgadores do Espiritismo. Ele se manifesta em quase todos os lugares. Encontramos a razão disso na vida deste grande filósofo cristão. Ele pertence a essa vigorosa

* **N. E. - Virgens Loucas:** veja em Mateus, 25:1, a parábola das dez virgens.

falange dos Pais da Igreja•, aos quais a cristandade deve suas mais sólidas bases. Como muitos, foi arrancado do paganismo*, melhor dizendo, da incredulidade mais profunda, pelo clarão da verdade. Quando, em meio aos seus excessos, sentiu em sua alma a vibração estranha que o chamava para si mesmo e o fez compreender que à felicidade estava em outros lugares e não nos prazeres materiais e passageiros; quando, enfim, na sua estrada de Damasco*, também escutou a santa voz clamando: *Saulo, Saulo, por que me persegues?* Exclamou: *Meu Deus! Meu Deus! Perdoa-me, eu acredito, sou cristão!*

Depois disso, tornou-se um dos mais firmes sustentáculos do Evangelho. Podem-se ler, nas confissões notáveis que nos deixou esse eminente Espírito, palavras, ao mesmo tempo características e proféticas, que pronunciou após o desencarne de sua mãe, Santa Mônica: *"Estou convencido de que minha mãe virá visitar-me e dar-me conselhos, revelando-me o que nos espera na vida futura".*

Que ensinamento nessas palavras e que previsão brilhante da futura doutrina! É por isso que hoje, vendo que a hora é chegada para a divulgação da verdade que ele pressentiu outrora, é o seu propagador ardente e multiplica-se, por assim dizer, para responder a todos os que o chamam.

Nota: Santo Agostinho vem derrubar aquilo que construiu? Certamente que não. Como muitos outros, vê com os olhos do Espírito o que não via como homem. Sua alma livre entrevê novas claridades; entende o que não entendia antes; novas idéias lhe revelaram o verdadeiro sentido de algumas palavras. Na Terra julgava as coisas segundo os conhecimentos que possuía, mas, quando uma nova luz se fez para ele, pôde julgá-las mais claramente. Foi assim que deve ter abandonado a crença que tinha a respeito dos Espíritos íncubos* e súcubos* e sobre a maldição que havia lançado contra a teoria dos antípodas*. Agora que o Cristianismo lhe aparece em toda a sua pureza, pode, em alguns pontos, pensar de modo diferente de quando estava vivo, sem deixar de ser o apóstolo cristão. Pode fazer-se o propagador do Espiritismo sem renegar sua fé, pois vê nele a realização das coisas anunciadas. Hoje, ao proclamá-lo, apenas nos conduz a uma interpretação mais acertada e mais lógica dos textos. Assim também acontece com outros Espíritos que se encontram em posição semelhante.

---

* N. E. - **Paganismo:** religião pagã; (neste caso) crença contrária à Igreja.
* N. E. - **Estrada de Damasco:** referente à conversão do apóstolo Paulo. (Veja Atos, 9:4.)
* N. E. - **Íncubo:** espírito desencarnado masculino que ainda tem desejo sexual.
* N. E. - **Súcubo:** espírito desencarnado feminino que ainda têm desejo sexual.
* N. E. - **Antípoda:** habitante que se encontra em lugar oposto em relação a outro. O contrário.

Capítulo

2

Meu reino não é deste mundo

A vida futura
A realeza de Jesus
O ponto de vista
Instruções dos Espíritos: Uma realeza terrena

1. Tornou a entrar Pilatos no palácio, e chamou a Jesus, e disse: Tu és o rei dos judeus? Respondeu-lhe Jesus: O meu reino não é deste mundo; se o meu reino fosse deste mundo, certo que os meus ministros haveriam de pelejar para que eu não fosse entregue aos judeus; mas por agora o meu reino não é daqui. Disse então Pilatos: Logo, tu és rei? Respondeu Jesus: Tu o dizes. Eu sou rei. Eu não nasci nem vim a este mundo senão para dar testemunho da verdade; todo aquele que é da verdade ouve a minha voz. (João, 18:33, 36 e 37)

A VIDA FUTURA

2 Jesus diz claramente, por estas palavras, que *a vida futura*, à qual em muitas circunstâncias se referiu, é a meta a que se destina a Humanidade, devendo ser o objeto das principais preocupações do homem na Terra. Em todos os seus ensinamentos ressalta este grande princípio. Sem a vida futura, de fato, a maioria de seus ensinamentos morais não teriam nenhuma razão de ser. É por isso que aqueles que não acreditam na vida futura, imaginando que Jesus só falava da vida presente, não os entendem, ou os acham ingênuos.

Este dogma* pode, portanto, ser considerado como o principal ponto do ensinamento do Cristo. Por isso foi colocado como um dos primeiros, no início desta obra, pois deve ser o objetivo de todos os homens; apenas ele pode justificar as anormalidades da vida terrena e ajustar-se de conformidade com a justiça de Deus.

* **N. E. - Dogma:** Esta palavra adquiriu de forma genérica o significado de um princípio de doutrina infalível e indiscutível; porém, o seu verdadeiro sentido não é esse. A Doutrina Espírita não é *dogmática*, no sentido que se conhece em alguns credos religiosos que adotam o princípio filosófico (Fideísmo), em que a fé se sobrepõe à razão, para acomodar e justificar posições de crença. A palavra está, aqui, com o seguinte significado: *a união de um fundamento, isto é, um princípio divino, com a experiência humana*. É com este sentido que Allan Kardec a emprega e que a Doutrina Espírita a entende e a trata nesta obra e nos demais livros da Codificação Espírita. (Veja *O Livro dos Espíritos*, Caps. 4 e 5.)

3 Os judeus tinham idéias muito incertas em relação à vida futura. Acreditavam nos anjos como os seres privilegiados da Criação, mas não sabiam que, um dia, os homens pudessem tornar-se anjos e partilhar da felicidade deles. Pensavam que o cumprimento das leis de Deus era recompensado pelos bens da Terra, pela supremacia de sua nação; pelas vitórias sobre seus inimigos, enquanto as calamidades coletivas e as derrotas eram o castigo da sua desobediência àquelas leis. Moisés não poderia dizer mais a um povo pastor, inculto, que devia estar interessado, antes de mais nada, nas coisas deste mundo. Mais tarde, Jesus veio lhes revelar que há um outro mundo onde a Justiça de Deus segue seu curso, e é este mundo que promete aos que respeitam os mandamentos de Deus e onde os bons acharão sua recompensa. Esse mundo é o seu reino; é lá que Jesus está em toda a sua glória e para onde retornou ao deixar a Terra.

No entanto, Jesus, ajustando seu ensinamento ao estado dos homens de sua época, julgou conveniente não lhes dar uma luz completa, que os ofuscaria ao invés de esclarecê-los, pois não O teriam entendido. Limitou-se a colocar, de algum modo, a vida futura como um princípio, como uma lei da Natureza à qual ninguém pode escapar. Aquele que crê acredita de algum modo numa vida futura, mas a idéia que muitos fazem disso é pouco clara, incompleta, e por isso mesmo em muitos pontos falsa. Para uma grande maioria, é apenas uma crença sem certeza absoluta; daí as dúvidas e, até mesmo, a incredulidade.

O Espiritismo veio completar nesse ponto, como em muitos outros, o ensinamento do Cristo, quando os homens já estavam maduros para compreender a verdade. Com o Espiritismo, a vida futura não é mais um simples artigo de fé, uma incerteza: é uma realidade material demonstrada pelos fatos. São as testemunhas oculares que vêm descrevê-la em todas as suas fases e em todos os seus detalhes, de tal modo que não há mais possibilidade de dúvidas, e a mais simples das inteligências pode compreendê-la sob seu aspecto verdadeiro, tal como imaginamos um país do qual lemos apenas uma descrição detalhada. Assim é que essa descrição da vida futura é de tal maneira mostrada, são tão racionais as condições de existência feliz ou infeliz dos que lá se encontram, que reconhecemos não poder ser de outra forma e que, afinal, aí reside a verdadeira Justiça de Deus.

A REALEZA DE JESUS

4 O reino de Jesus não é deste mundo, é o que todos entendem. Mas, na Terra, não terá Jesus uma realeza? O título de rei nem sempre implica o exercício do poder provisório. Ele é dado por meio de uma concordância de todos aos que, por sua genialidade, colocam-se em primeiro plano numa atividade qualquer, dominando seu século e influindo sobre o progresso da Humanidade. É nesse sentido que se diz: O rei ou o príncipe dos filósofos, dos artistas, dos poetas, dos escritores, etc. Essa realeza, nascida do mérito pessoal, consagrada no tempo, não tem, muitas vezes, maior valor e importância do que aquele que leva a coroa? Ela é imortal e sempre abençoada pelas gerações futuras, enquanto a outra é jogo de oportunidades e, às vezes, amaldiçoada. A realeza terrena termina com a vida; a realeza moral ainda governa, sobrepondo-se além da morte. Sob esse aspecto, Jesus não é um rei mais poderoso do que todos os soberanos? Foi, pois, com razão que disse a Pilatos: *Eu sou rei, mas meu reino não é deste mundo.*

O PONTO DE VISTA

5 A idéia clara e precisa que se faz da vida futura dá uma fé inabalável no futuro, e essa fé tem enormes conseqüências sobre a moralização dos homens, uma vez que muda completamente *o ponto de vista sob o qual encaram a vida terrena.* Para aquele que se coloca, pelo pensamento, na vida espiritual, que é infinita, a vida corporal não é mais do que uma passagem, uma curta permanência em um país ingrato. Os reveses e as amarguras da vida terrena não são mais do que incidentes que recebe com paciência, pois sabe que são de curta duração e devem ser seguidos por um estado mais feliz. A morte não tem mais nada de assustador; não é mais a porta do nada, mas a da libertação, que abre para o exilado* a entrada de uma morada de felicidade e de paz. Sabendo que está num lugar temporário e não definitivo, recebe as preocupações da vida com mais tolerância, resultando daí, para ele, uma calma de espírito que suaviza a amargura.

Sem a certeza da vida futura, o homem concentra todos os seus pensamentos na vida terrena. Incerto quanto ao futuro, dedica tudo ao presente. Não enxergando bens mais preciosos do que os da Terra, faz como a criança que não vê outra coisa além de seus brinquedos. Eis porque tudo faz para conseguir os únicos bens que para ele tem valor. A perda do menor de seus bens é um doloroso desgosto. Um descontentamento, uma esperança frustrada, uma ambição não satisfeita, uma injustiça de que é vítima, a vaidade ou o orgulho feridos constituem os tormentos que fazem de sua vida uma eterna angústia, *entregando-se assim, voluntariamente, a uma verdadeira tortura todos os instantes*. Sob o ponto de vista da vida terrena, no centro do qual o homem está colocado, tudo toma, ao seu redor, enormes proporções. O mal que o atinja, assim como o bem que toque aos outros, tudo adquire aos seus olhos uma grande importância, tal como para aquele que está no interior de uma cidade, tudo parece grande: os

* **N. E. - Exilado:** expulso de sua pátria, banido, desterrado.

homens que ocupam altos cargos e também os monumentos; mas, ao subir uma montanha, homens e coisas vão lhe parecer bem pequenos.

Assim ocorre com aquele que encara a vida terrena do ponto de vista da vida futura: a Humanidade, como as estrelas do firmamento, perde-se na imensidão. Percebe, então, que grandes e pequenos se confundem como formigas sobre um monte de terra; que proletários e soberanos são da mesma estatura, e lamenta que essas criaturas frágeis e transitórias se preocupem tanto para conseguir um lugar que os eleve tão pouco e que por tão pouco tempo conservarão. Assim é que a importância atribuída aos bens terrenos está sempre na razão inversa da fé na vida futura.

6 Se for desse modo, ninguém mais se ocupando das coisas da Terra, tudo correrá perigo, é o que se pode pensar. Mas não é assim. Instintivamente, o homem procura o seu bem-estar e, mesmo tendo a certeza de só ficar num lugar por pouco tempo, ele ainda quererá estar o melhor ou o menos mal possível. Não há ninguém que, achando um espinho debaixo da sua mão, não a tire para não se picar. Portanto, a procura do bem-estar força o homem a melhorar todas as coisas, impulsionado que é pelo instinto do progresso e da conservação, que está nas leis naturais. Ele trabalha, portanto, por necessidade, por gosto e por dever, e com isso realiza os planos da Providência, que o colocou na Terra com esse objetivo. Só aquele que considera a vida futura pode atribuir ao presente uma importância relativa e se consolar facilmente com seus insucessos, pensando na sorte que o aguarda.

Deus não condena, portanto, os prazeres terrenos, mas, sim, o abuso que deles se faça em prejuízo das coisas da alma. É contra esse abuso que se devem acautelar os que ouvem estas palavras de Jesus: *Meu reino não é deste mundo.*

Aquele que concentra seus pensamentos na vida terrena é como um homem pobre que perde tudo o que possui e se desespera, ao passo que aquele que crê na vida futura é semelhante a um homem rico que perde uma pequena soma sem se perturbar.

7 O Espiritismo alarga o pensamento do homem e abre-lhe novos horizontes, mostra-nos que esta vida é apenas um elo do conjunto de grandiosidade e harmonia da obra do Criador, ao invés da visão estreita e mesquinha que faz com que o homem se concentre na vida presente, como se ela fosse o único e frágil eixo do seu futuro para a eternidade. Mostra os laços que unem todas as existências de um mesmo ser, todos os seres de um mesmo mundo e os seres de todos os mundos. Dá, assim, uma base e uma razão de ser à fraternidade universal, enquanto a doutrina da criação da alma no momento do nascimento de cada corpo torna todos os seres estranhos uns aos outros. Essa solidariedade das partes de um mesmo todo explica o que parecia ser inexplicável, se apenas considerarmos um único ponto de vista. É esse conjunto de conhecimentos que os homens no tempo do Cristo não podiam entender, e foi por isso que reservou o seu conhecimento para mais tarde.

Instruções dos Espíritos

UMA REALEZA TERRENA

Uma Rainha de França - Havre, 1863

8 Quem melhor do que eu pode entender a verdade destas palavras de Nosso Senhor: *Meu reino não é deste mundo!* O orgulho me perdeu na Terra. Quem, pois, entenderá a insignificância dos reinos da Terra, se eu não o entendi? O que levei comigo de minha realeza terrena? Nada, absolutamente nada. E para tornar a lição mais terrível, a minha realeza nem sequer me seguiu até o túmulo! Rainha eu era entre os homens, rainha eu acreditava entrar no reino dos Céus. Que desilusão! Que humilhação quando, ao invés de ser recebida como soberana, vi acima de mim, mas bem acima, homens que acreditava serem insignificantes, a quem havia desprezado, pois não tinham sangue nobre! Então compreendi a inutilidade das honras e das grandezas que se procuram com tanto desejo na Terra!

Para se preparar um lugar neste reino celeste, é preciso a abnegação, a humildade, a caridade em toda a sua prática cristã, a benevolência para com todos. Não se pergunta o que foste, que posição ocupaste, mas o bem que fizeste, as lágrimas que enxugaste.

Senhor, Jesus! Disseste que o teu reino não é deste mundo, pois é preciso sofrer para alcançar o Céu, e pelos degraus do trono não nos aproximamos dele. São os atalhos mais difíceis da vida que nos levam para lá. Procura, então, o caminho nas dificuldades e nos espinhos e não entre as flores.

Os homens correm atrás dos bens terrenos como se pudessem guardá-los para sempre; mas aqui não há mais ilusões. Logo percebemos que apenas nos apoderamos de uma sombra e que desprezamos os únicos bens sólidos e duráveis, os únicos que nos seriam úteis na morada celeste, e os únicos que poderiam dar acesso a essa morada.

Tem piedade dos que não ganharam o reino dos Céus. Ajuda-os com tuas preces, pois a prece aproxima o homem do Altíssimo. É o traço de união entre o Céu e a Terra. Não o esqueças.

CAPÍTULO

3

HÁ MUITAS MORADAS NA CASA DE MEU PAI

Diferentes situações da alma na erraticidade
Diferentes categorias de mundos habitados
Destinação da Terra • Causa das misérias humanas
Instruções dos Espíritos: Mundos inferiores e mundos superiores
Mundos de expiações e de provas
Mundos regeneradores • Progressão dos mundos

1. Que não se perturbe vosso coração. Credes em Deus, crede também em mim. Há muitas moradas na casa de meu Pai; se assim não fosse, eu já vos teria dito, pois me vou para vos preparar o lugar. E após ter ido e vos preparado o lugar, eu voltarei, e vos retomarei para mim, a fim de que lá, onde eu estiver, vós estejais também. (João, 14:1 a 3)

DIFERENTES SITUAÇÕES DA ALMA NA ERRATICIDADE

2 A casa do Pai é o Universo. As diferentes moradas são os mundos que circulam no espaço infinito e oferecem aos Espíritos que neles encarnam as moradas apropriadas ao seu adiantamento.

Independentemente da variedade dos mundos, estas palavras também podem ser entendidas como o estado feliz ou infeliz do Espírito na erraticidade*, conforme seu grau de pureza e se ache liberto dos laços materiais, o ambiente onde se encontre, o aspecto das coisas, as sensações que experimente, as percepções que possua, podendo tudo isso variar ao infinito. Assim é que, se uns não podem se afastar dos locais onde viveram, outros se elevam e percorrem os espaços e os mundos. Enquanto alguns Espíritos culpados perambulam sem destino nas trevas, os felizes desfrutam de uma claridade resplandecente e do sublime espetáculo do infinito. Enfim, enquanto o mau, atormentado de remorsos e de lamentações, muitas vezes só, sem consolação, separado dos objetos de sua afeição, padece torturado pelos sofrimentos morais, o justo, reunido aos que ama, goza das doçuras de uma indescritível felicidade. Portanto, lá também há muitas moradas, embora não sejam nem delimitadas, nem localizadas.

DIFERENTES CATEGORIAS DE MUNDOS HABITADOS

3 Do ensinamento dado pelos Espíritos, resulta que os diversos mundos estão em condições muito diferentes uns dos outros quanto ao grau de adiantamento ou de inferioridade de seus habitantes. Dentre eles, há os que ainda são inferiores à Terra, física e moralmente, outros são do mesmo grau e ainda há outros que são mais ou menos superiores em todos os sentidos. Nos mundos inferiores a existência é toda material, as paixões reinam soberanamente, a vida moral é quase inexistente. À medida que esta se desenvolve, a influência da matéria diminui, de tal modo que, nos mundos mais avançados, a vida é, por assim dizer, toda espiritual.

4 Nos mundos intermediários há a mistura do bem e do mal, predominando um ou outro, conforme o grau de seu adiantamento. Embora não se possa fazer uma classificação rigorosa e precisa dos diversos mundos, podemos, considerando-se sua situação, destinação e características mais acentuadas, dividi-los, de uma maneira geral, desta forma: mundos primitivos, onde se dão as primeiras encarnações da alma humana; mundos de expiações e de provas, onde o mal predomina; mundos regeneradores, onde as almas que ainda vão expiar buscam novas forças, repousando das fadigas da luta; mundos felizes, onde o bem supera o mal; mundos celestes ou divinos, morada dos Espíritos puros, onde exclusivamente só reina o bem. A Terra pertence à categoria dos mundos de expiações e de provas e por isso o homem é alvo de tantas misérias.

5 Os Espíritos encarnados em um mundo não estão ligados indefinidamente a ele e não cumprem nele todas as fases progressivas que devem percorrer para chegar à perfeição. Quando atingem o grau máximo de adiantamento no mundo em que vivem, passam para um outro mais avançado e, assim, sucessivamente, até que cheguem ao estado de Espíritos puros. São de igual modo estágios, em cada um dos quais encontram elementos de progresso proporcionais ao seu adiantamento. Para eles, é uma recompensa passar para um mundo de uma ordem mais elevada, como é um castigo prolongar sua permanência em um mundo infeliz, ou ter que reencarnar num mundo ainda mais infeliz do que aquele que são forçados a deixar, por terem persistido no mal.

DESTINAÇÃO DA TERRA. CAUSAS DAS MISÉRIAS HUMANAS

6 Muitos se surpreendem por encontrar na Terra tanta maldade e paixões terríveis, tantas misérias e doenças de todas as naturezas, e concluem disso que a espécie humana é algo muito triste. Este julgamento origina-se de um ponto de vista limitado e dá uma falsa idéia do conjunto. É preciso considerar que na Terra não se encontra toda a

Humanidade, mas somente uma pequena fração dela. De fato, **a espécie humana inclui todos os seres dotados de razão que povoam os incontáveis mundos do Universo**. Pois bem, o que é a população da Terra comparada com a população total desses mundos? Bem menos do que a de um lugarejo em relação à de uma grande nação. Portanto, a situação material e moral da Humanidade terrena nada tem de surpreendente, se levarmos em conta a destinação da Terra e a natureza dos que a habitam.

7 Faríamos uma idéia muito falsa dos habitantes de uma grande cidade se apenas os julgássemos pela população dos bairros pobres e humildes. Num hospital vêem-se somente doentes ou estropiados; numa prisão, vêem-se todas as torpezas e todos os vícios reunidos; nas regiões insalubres, a maior parte dos habitantes é pálida, fraca e enferma. Pois bem: que se considere a Terra como sendo um subúrbio, um hospital, uma penitenciária, uma região doentia, pois ela é ao mesmo tempo tudo isso, e então se compreenderá por que as aflições superam as alegrias, já que não se enviam a um hospital pessoas que estão bem de saúde, nem às casas de correção os que não fizeram o mal. Acontece que nem os hospitais nem as casas de correção são lugares prazerosos.

Portanto, do mesmo modo que, numa cidade, toda a população não está nos hospitais ou nas prisões, também toda a Humanidade não está na Terra. Ora, assim como se sai do hospital quando se está curado e da prisão quando se cumpriu a pena, o homem deixa a Terra para mundos mais felizes quando está curado de suas enfermidades morais ou tenha resgatado as suas penas.

INSTRUÇÕES DOS ESPÍRITOS

MUNDOS INFERIORES E MUNDOS SUPERIORES

Resumo do ensinamento de todos os Espíritos superiores

8 A qualificação de mundos inferiores e mundos superiores é uma referência mais comparativa do que exata. Um mundo é inferior ou superior em relação aos que estão acima ou abaixo dele, na escala progressiva.

Tomando a Terra como ponto de comparação, pode-se fazer uma idéia do estado de um mundo inferior, supondo que lá o homem esteja no grau dos povos selvagens ou das nações bárbaras que ainda encontramos em nosso planeta, e que são os restos de seu estado primitivo. Nos mundos mais atrasados, os seres que os habitam são de algum modo rudimentares; têm a forma humana, mas sem nenhuma beleza. Os instintos não têm ainda nenhum sentimento de delicadeza ou de benevolência nem noções de justiça ou de injustiça. A força bruta é a única lei. Sem indústrias, sem invenções, seus habitantes passam a vida na conquista de alimentos. Porém, Deus não abandona nenhuma de suas criaturas. No fundo das trevas da inteligência delas, habita adormecida a vaga intuição, ainda em desenvolvimento, de um Ser supremo, e esse sentir é suficiente para os tornar superiores uns aos outros e prepará-los para alcançar um estágio de vida mais evoluído. Não são seres condenados, são antes crianças que estão em crescimento.

Entre os degraus evolutivos, dos mais inferiores aos mais elevados, percorre o homem incontáveis encarnações de tal forma que, nos Espíritos puros, desmaterializados e resplandecentes de glória, é difícil reconhecerem-se aqueles mesmos seres que um dia foram primitivos, do mesmo modo que é impossível reconhecer-se no homem adulto o embrião que o originou.

9 Nos mundos que atingiram um grau superior de evolução, as condições da vida moral e material são totalmente diferentes das da Terra. A forma do corpo, como em todos os lugares, é a forma humana, mas embelezada, aperfeiçoada e, sobretudo, purificada. O corpo nada tem da materialidade terrena e, por essa razão, não está sujeito nem às necessidades, nem às doenças, nem às transformações decorrentes da predominância da matéria. Os sentidos, estando mais apurados, têm percepções que a grosseria do organismo do homem na Terra impede de ter. A leveza específica dos corpos torna a locomoção rápida e fácil. Ao invés de se arrastarem sobre o solo, deslizam, por assim dizer, sobre a superfície, ou planam na atmosfera sem outro esforço a não ser o da vontade, à maneira das representações dos anjos e dos manes* nos Campos Elíseos*. Os homens conservam por sua vontade os traços de suas existências passadas e aparecem a seus amigos do mesmo modo como esses os conheceram, porém iluminados por uma luz divina, transformados pelos sentimentos interiores, que são sempre elevados. No lugar de rostos pálidos, abatidos pelos sofrimentos e paixões, a inteligência e a vida irradiam aquele brilho que os pintores traduziram pela auréola dos santos.

A pouca resistência que a matéria oferece aos Espíritos já muito avançados torna rápido o desenvolvimento dos corpos e é curta ou quase nula a infância. A vida, sem as preocupações e angústias, é proporcionalmente muito mais longa que na Terra. Em princípio, o tempo de vida é proporcional ao grau de adiantamento dos mundos. A morte não tem nada dos horrores da decomposição e, longe de causar pavor, é considerada uma transformação feliz, pois a dúvida sobre o futuro, lá, não existe. Durante a vida, a alma, não estando

* N. E. - **Manes:** espíritos considerados divindades na antiga Roma.
* N. E. - **Campos Elíseos:** lugar de felicidade eterna.

encerrada em uma matéria compacta, irradia e goza de uma lucidez que a deixa em um estado quase permanente de liberdade, permitindo a livre transmissão do pensamento.

10 Nesses mundos felizes, as relações entre os povos, sempre amigáveis, nunca são perturbadas, quer pela ambição de escravizar seus vizinhos, quer pela guerra que é sua conseqüência. Não há nem senhores, nem escravos, nem privilegiados de nascimento. Apenas a superioridade moral e a inteligência estabelecem entre eles a diferença de sua evolução e conferem a supremacia. A autoridade é sempre respeitada, pois ela só é dada por mérito e exercida sempre com justiça. *O homem não procura elevar-se acima do homem, mas acima de si mesmo, aperfeiçoando-se*. Seu objetivo é chegar à categoria dos Espíritos puros e esse desejo não é um tormento, mas, sim, uma nobre ambição que o faz estudar com dedicação para chegar a igualá-los. Lá, todos os sentimentos ternos e elevados da natureza humana se encontram ampliados e purificados. Os ódios, as mesquinharias do ciúme, as baixas cobiças da inveja são desconhecidos. Um laço de amor e de fraternidade une todos os homens, e os mais fortes ajudam aos mais fracos. Os bens que possuem são correspondentes ao grau de inteligência de cada um, e a ninguém falta o necessário, pois ninguém está ali em expiação. Em uma palavra, nesses mundos felizes o mal não existe.

11 No vosso mundo, tendes necessidade do mal para apreciar o bem, da noite para admirar a luz, da doença para valorizar a saúde. Nos mundos superiores, esses contrastes não existem. A luz, a beleza e a calma da alma são eternas, proporcionando uma alegria livre da perturbação e da angústia da vida material e do contato com os maus, que lá não têm acesso. Eis o que o homem tem maior dificuldade para compreender: com muita criatividade pintou os tormentos do inferno, mas nunca pôde representar as alegrias do Céu. E isso por quê? Porque, sendo inferior, apenas experimentou penas e misérias e não conhece as claridades celestes. Ele apenas pode falar daquilo que conhece, mas, à medida que se eleva e se purifica, seu horizonte se amplia e compreende o bem que está diante de si, como compreendeu o mal que ficou para trás.

12 Entretanto, esses mundos afortunados não são mundos exclusivos para alguns, pois Deus é imparcial para com todos os seus filhos. Ele dá a todos os mesmos direitos e as mesmas facilidades para chegar até lá. Faz todos partirem do mesmo ponto e a nenhuns beneficia mais do que a outros. As primeiras posições são acessíveis a todos: compete a cada um conquistá-las pelo trabalho, alcançá-las o mais rápido possível, ou arrastar-se durante séculos e séculos nas camadas baixas da Humanidade.

MUNDOS DE EXPIAÇÕES E DE PROVAS

Santo Agostinho - Paris, 1862

13 Que vos direi dos mundos de expiação* que já não saibais, uma vez que é suficiente observar a Terra que habitais? A superioridade da inteligência, em um grande número de seus habitantes, indica que ela não é um mundo primitivo, destinado à encarnação de Espíritos mal saídos das mãos do Criador. As qualidades que já trazem consigo ao nascer são a prova de que já viveram e realizaram um certo progresso; mas também os numerosos vícios aos quais são propensos são o indício de uma grande imperfeição moral. É por isso que Deus os colocou num Planeta atrasado, para expiarem aí seus erros, por meio de um trabalho difícil, enfrentando as misérias da vida, até que tenham mérito para irem a um mundo mais feliz.

14 Entretanto, nem todos os Espíritos encarnados na Terra se encontram aí em expiação. As raças a que chamais de selvagens são Espíritos apenas saídos da infância e que aí estão, por assim dizer, educando-se e se desenvolvendo em contato com Espíritos mais avançados. Em seguida, vêm as raças semicivilizadas, formadas por esses mesmos Espíritos em progresso. Essas são, de certo modo, as raças indígenas da Terra, que progrediram pouco a pouco no decorrer de longos períodos seculares, conseguindo algumas delas atingir o aperfeiçoamento intelectual dos povos mais esclarecidos.

Os Espíritos em expiação na Terra são, se assim podemos dizer, como estrangeiros. Eles já viveram em outros mundos de onde foram excluídos em conseqüência de sua insistência no mal e porque eram causa de problemas para os bons. Foram expulsos, por um período, para o meio de Espíritos mais atrasados do que eles, trazendo por missão fazer progredir a estes últimos, pois já têm consigo a inteligência mais desenvolvida e as sementes dos conhecimentos adquiridos nos mundos em que viveram. É esta a razão pela qual Espíritos cumprindo punições se encarnam em meio a raças mais inteligentes, porque aí as misérias da vida têm para eles maior amargor, em vista de possuírem sensibilidade mais apurada do que as raças primitivas, em que o senso moral é menos desenvolvido.

15 A Terra fornece, pois, um dos exemplos de mundos expiatórios*, cuja variedade é infinita, mas que têm como característica comum servir para resgatar as culpas dos Espíritos rebeldes à Lei de Deus. Exilados aqui, esses Espíritos têm que lutar ao mesmo tempo contra a perversidade dos homens e contra os rigores da Natureza. Trabalho duplo e difícil que desenvolve em conjunto as qualidades do coração e as da inteligência. É assim que Deus, em sua bondade, torna o próprio castigo proveitoso para o progresso do Espírito.

* N. E. - **Expiação:** ato ou efeito de expiar; (neste caso) culpa, cumprir pena. Sofrer castigo.
* N. E. - **Expiatório:** onde se pagam as culpas, depuradores.

MUNDOS REGENERADORES

Santo Agostinho - Paris, 1862

16 Entre as estrelas que cintilam nos céus azulados, quantos mundos há, como o vosso, destinados pelo Senhor para a expiação e provas! Mas há também entre eles mundos mais infelizes e mais felizes, bem como há mundos de transição, que podemos chamar de regeneradores. Cada sistema planetário, girando no espaço ao redor de um centro comum, tem à sua volta mundos primitivos, de exílio, de provas, de regeneração e de felicidade. Já vos falaram dos mundos onde a alma recém-nascida é colocada, ainda ignorante do bem e do mal, para que possa caminhar para Deus, senhora de si mesma, na posse de seu livre-arbítrio*. Como sabeis, as grandes capacidades que a alma possui lhes foram dadas para fazer o bem. Mas, infelizmente, há as que fracassam! E Deus, dando-lhes novas oportunidades, permite que nesses mundos, de encarnação em encarnação, se depurem, se regenerem e se tornem dignas da glória que lhes está reservada.

17 Os mundos regeneradores são intermediários entre os mundos de expiação e os mundos felizes. A alma que se arrepende encontra neles a calma e o descanso, acabando por se depurar. Nesses mundos, o homem ainda está submetido às leis que regem a matéria, sente as mesmas sensações e os mesmos desejos como vós, mas está livre das paixões desordenadas das quais sois escravos. Neles, não há mais o orgulho que silencia o coração, a inveja que tortura e o ódio que sufoca. A palavra amor está inscrita em todas as frontes. Um perfeito equilíbrio regula as relações sociais; todos reconhecem Deus e tentam ir até Ele, cumprindo-lhe as leis. Nesses mundos, a felicidade perfeita ainda não existe, mas o começo da felicidade. O homem ainda é carne, e por essa razão está sujeito aos sofrimentos da vida, dos quais apenas os seres completamente desmaterializados estão livres. Ainda há provas a suportar, mas já não são as angústias dolorosas da expiação. Comparados à Terra, esses mundos são muito felizes e muitos de vós ficariam satisfeitos de habitá-los, pois são a calma após a tempestade, a convalescença após uma doença cruel. O homem, menos preocupado com as coisas materiais, tem melhor noção do futuro; compreende que há outras alegrias que o Senhor promete aos que se tornam dignos, quando a morte levar seus corpos para lhes dar a verdadeira vida. Então, livre, a alma planará sobre todos os horizontes. Não mais os sentidos materiais e grosseiros, mas os sentidos de um perispírito* puro e celeste, envolvido como um perfume em vibrações de amor e de caridade vindas de Deus.

* N. E. - **Livre-arbítrio:** liberdade da pessoa em escolher as suas ações

* N. E. - **Perispírito:** corpo fluídico do Espírito. Liga o corpo físico ao espírito. (Veja *O Livro dos Espíritos,* questões 93 a 96.)

18 Mas, nesses mundos, o homem ainda pode fracassar porque lá o Espírito do mal não perdeu ainda completamente seu domínio. Não avançar é recuar, e se o homem não está firme no caminho do bem pode cair novamente nos mundos de expiação, onde o aguardam novas e mais terríveis provas.

Contemplai, pois, à noite, na hora do repouso e da prece, os Céus azulados e, nesses mundos incontáveis que brilham sobre vossas cabeças, procurai os que levam a Deus e pedi-Lhe que um mundo regenerador vos seja destinado, após a expiação na Terra.

PROGRESSÃO DOS MUNDOS

Santo Agostinho - Paris, 1862

19 O progresso é uma das leis da Natureza. Todos os seres da Criação, animados e inanimados, estão submetidos a ela pela bondade de Deus, que deseja que tudo se engrandeça e prospere. A própria destruição, que parece aos homens o limite final das coisas, é apenas um meio de chegar, por meio da transformação, a um estado mais perfeito, porque tudo morre para renascer e nada volta para o nada.

Ao mesmo tempo que os seres vivos progridem moralmente, os mundos que eles habitam progridem materialmente. Quem pudesse seguir um mundo em suas diversas fases, desde o instante em que se agregaram os primeiros átomos que serviram para constituí-lo, veria que ele percorre uma escala contínua e progressiva, mas em graus pequeníssimos para cada geração, e oferece a seus habitantes uma morada mais agradável à medida que eles também avançam no caminho do progresso. Assim, caminham paralelamente o progresso do homem e o dos animais, seus auxiliares, o dos vegetais e o da habitação, pois nada fica estacionário na Natureza. Como é grandiosa esta idéia, e digna do Criador! E como, em contrário, é pequena e indigna de seu poder aquela que concentra toda a sua atenção e Providência no minúsculo torrão de areia, que é a Terra, e reduz a Humanidade a alguns homens que a habitam!

Assim é que a Terra, seguindo essa lei da progressão dos mundos, esteve material e moralmente em um estado inferior ao que está hoje e atingirá sob esses dois aspectos um grau mais avançado. Ela atingiu um de seus períodos de transformação, em que de mundo expiatório se tornará em mundo regenerador, onde os homens serão felizes, pois a Lei de Deus reinará.

Capítulo

4

Ninguém pode ver o Reino de Deus se não nascer de novo

Ressurreição e reencarnação
Os laços de família são fortalecidos pela reencarnação e rompidos pela unicidade da existência
Instruções dos Espíritos: Limites da encarnação
Necessidade da encarnação • A encarnação é um castigo?

1. *E veio Jesus para os lados de Cesaréia de Filipe, e interrogou seus discípulos, dizendo: Quem dizem os homens que é o Filho do Homem*? E eles responderam: Uns dizem que é João Batista, mas outros que é Elias, e outros que Jeremias ou algum dos profetas. Disse-lhes Jesus: E vós, quem dizeis que eu sou? Respondendo, Simão Pedro disse: Tu és o Cristo, filho do Deus vivo. E respondendo, Jesus disse: Bem-aventurado és, Simão, filho de Jonas, porque não foi a carne e o sangue que te revelaram isso, mas sim meu Pai, que está nos Céus. (Mateus, 16:13 a 17; Marcos, 8:27 a 29)*

2. *E chegou a Herodes, o Tetrarca, a notícia de tudo o que Jesus fazia, e ficou inquieto, porque diziam uns: É João que ressurgiu dos mortos; e outros: É Elias que apareceu; e outros: É um dos antigos profetas que ressuscitou. Então disse Herodes: Eu mandei degolar a João; quem é, pois, este, de quem ouço semelhantes coisas? E buscava ocasião de o ver. (Marcos, 6:14 e15; Lucas, 9:7 a 9)*

3. (Após a transfiguração.) *E os discípulos Lhe perguntaram, dizendo: Pois por que dizem os escribas que importa vir Elias primeiro? Mas Jesus, respondendo, disse: Elias certamente há de vir, e restabelecerá todas as coisas: digo-vos, porém, que Elias já veio, e eles não o conheceram, antes fizeram dele quanto quiseram. Assim também o Filho do Homem* há de padecer às suas mãos. Então compreenderam os discípulos que era de João Batista que Jesus lhes falara. (Mateus, 17:10 a 13; Marcos, 9:10 a 12)*

Ressurreição e reencarnação

4 A reencarnação fazia parte dos dogmas• judaicos sob o nome de ressurreição. Somente os saduceus, que pensavam que tudo acabava

* N. E. - **Filho do Homem:** Jesus, filho de Deus, se identificava assim, igualando-se aos que o ouviam.

com a morte, não acreditavam nela. As idéias dos judeus sobre esse assunto, e sobre muitos outros, não estavam claramente definidas, pois apenas tinham noções vagas e incompletas sobre a alma e sua ligação com o corpo. Acreditavam que um homem que viveu podia reviver, sem entender entretanto de que modo isso podia acontecer. Designavam pela palavra *ressurreição* o que o Espiritismo chama mais apropriadamente de *reencarnação*. De fato, *a ressurreição* supõe o retorno à vida do corpo que está morto, o que a Ciência demonstra ser materialmente impossível, porque os elementos desse corpo estão, desde há muito tempo, desintegrados na Natureza. A *reencarnação* é o retorno da alma ou Espírito à vida corporal, mas em um outro corpo, formado novamente para ele, e que não tem nada em comum com o que se desintegrou. A palavra *ressurreição* podia assim se aplicar a Lázaro, mas não a Elias, nem aos outros profetas. Se, portanto, conforme se acreditava, João Batista era Elias, o corpo de João não podia ser o de Elias, porque João tinha sido visto desde criança e sabia-se quem eram seu pai e sua mãe. João, portanto, podia ser Elias *reencarnado*, mas não *ressuscitado*.

5. Ora, havia um homem dentre os fariseus, chamado Nicodemos, senador dos judeus, que veio à noite encontrar Jesus e lhe disse: Mestre, sabemos que viestes da parte de Deus para nos instruir como um doutor, pois ninguém poderia fazer os milagres que fazes se Deus não estivesse com ele.

Jesus respondeu: Em verdade, em verdade, vos digo: Ninguém pode ver o reino de Deus se não nascer de novo.

Nicodemos perguntou a Jesus: Como pode nascer um homem que já está velho? Pode ele entrar no ventre de sua mãe, para nascer uma segunda vez?

Jesus respondeu: Em verdade, em verdade, vos digo: Se um homem não renascer da água e do Espírito, não pode entrar no reino de Deus. O que nasceu da carne é carne, o que nasceu do Espírito é Espírito. Não vos espanteis se vos digo que é preciso que nasçais de novo. O Espírito sopra onde quer e escutais sua voz, mas não sabeis de onde ele vem, nem para onde vai. Ocorre o mesmo com todo homem que é nascido do Espírito.

Nicodemos perguntou: Como isso pode acontecer? Jesus lhe disse: Sois mestre em Israel e ignorais essas coisas! Em verdade, em verdade, vos digo que apenas dizemos o que sabemos e que apenas damos testemunho do que vimos; e, entretanto, não recebeis nosso testemunho. Mas se não acreditais quando vos falo das coisas terrenas, como acreditareis quando vos falar das coisas do Céu? (João, 3:1 a 12.)

6 O pensamento de que João Batista era Elias, e de que os profetas podiam reviver na Terra, encontra-se em muitas passagens dos Evangelhos, notadamente nas relatadas acima (v. 1 a 3). Se essa crença fosse um erro, Jesus não teria deixado de combatê-la, como combateu tantas outras. Longe disso, Jesus a confirmou com toda a sua autoridade e colocou-a como ensinamento e como uma condição necessária quando disse: *Ninguém pode ver o reino de Deus se não nascer de novo.* E insistiu, acrescentando: *Não vos espanteis se vos digo que é preciso que nasçais de novo.*

7 Estas palavras: *"Se um homem não renascer da água e do Espírito"*, foram interpretadas no sentido da regeneração pela água do batismo. Porém o texto primitivo trazia simplesmente: *Não renascer da água e do Espírito*, enquanto, em algumas traduções, a expressão *do Espírito* foi substituída por *do Espírito Santo*, o que não corresponde mais ao mesmo pensamento. Esse ponto capital sobressai dos primeiros comentários feitos sobre os Evangelhos, assim como isso será um dia constatado sem equívoco possível.[(1)]*

8 Para compreender o verdadeiro sentido dessas palavras, é preciso igualmente entender o significado da palavra *água,* que foi empregado ali com um sentido diferente do que lhe é próprio.

Os conhecimentos dos antigos sobre as ciências físicas eram muito imperfeitos. Acreditavam que a Terra tinha saído das águas, e por isso julgavam a *água* como elemento gerador absoluto. É assim que na Gênese* está escrito: *O Espírito de Deus era levado sobre as águas; flutuava sobre a superfície das águas. Que o firmamento seja feito no meio das águas. Que as águas que estão sob o céu se reúnam em um único lugar e que o elemento árido apareça. Que as águas produzam animais vivos que nadem na água, e pássaros que voem sobre a terra e sob o firmamento.*

Conforme essa crença, a água tinha se tornado o símbolo da natureza material, como o Espírito era o da natureza inteligente. Estas palavras: *Se o homem não renascer da água e do Espírito, ou em água e em Espírito*, significam então: "Se o homem não renascer com seu corpo e sua alma". É neste sentido que foram entendidas naqueles tempos.

A mesma interpretação, aliás, é confirmada por estas outras palavras de Jesus: *O que nasceu da carne é carne e o que nasceu do Espírito é Espírito,* as quais dão a exata diferença entre o Espírito e o corpo. *O que nasceu da carne é carne* indica claramente que só o corpo procede do corpo e que o Espírito é independente dele.

[(1)] Dentre as traduções dos Evangelhos para o francês, a de Osterwald está conforme o texto primitivo. Ela traz: *se não renascer da água e do Espírito*. Na de Sacy diz: *do Espírito Santo*. A de Lamennais: *do Espírito-Santo*. (Nota de Allan Kardec).

* **N.E.** - As modernas traduções no Brasil, de João Ferreira de Almeida, trazem: quem não nascer da água e do Espírito, e na de Huberto Rohden temos: quem não nascer de novo pela água e pelo espírito.

* **N.E. - Gênese:** primeiro livro do Velho Testamento, escrito por Moisés.

9 *O Espírito sopra onde quer; escutais sua voz, mas não sabeis nem de onde vem, nem para onde vai,* pode-se entender como a alma do homem ou o *Espírito de Deus* que dá a vida a quem Ele quer. "Não sabeis de onde vem, nem para onde vai" significa que não se conhece o que foi, nem o que será o Espírito. Se o Espírito, ou alma, fosse criado ao mesmo tempo que o corpo, se saberia de onde veio, uma vez que se conheceria seu começo. De todos os modos, esta passagem é a confirmação do princípio da preexistência da alma e, por conseguinte, da pluralidade das existências.

10 Acontece que, desde o tempo de João Batista até o presente, o reino dos Céus é tomado pela violência, e são os violentos que o arrebatam; pois todos os profetas, e também a lei, assim profetizaram. E se quereis entender o que vos digo, ele mesmo é o Elias que há de vir. Ouça aquele que tem ouvidos para ouvir. (Mateus, 11:12 a 15)

11 Se o princípio da reencarnação expresso no Evangelho do apóstolo João podia, a rigor, ser interpretado num sentido puramente místico, não acontece o mesmo nesta passagem do apóstolo Mateus, que não deixa nenhuma dúvida quando diz: *ele mesmo é o Elias que há de vir.* Aqui, não há nem sentido figurado, nem símbolos: é uma afirmação positiva. *Desde o tempo de João Batista até o presente, o reino dos Céus é tomado pela violência.*

Que significam estas palavras, uma vez que João Batista ainda vivia naquela época? Jesus as explica dizendo: *Se quereis entender o que digo, ele mesmo é o Elias que há de vir*. Portanto, João não sendo outro senão Elias, Jesus se refere ao tempo em que João vivia sob o nome de Elias. *Até o presente, o reino dos Céus é tomado pela violência* é outra referência à violência da lei mosaica que determinava o extermínio dos infiéis para ganhar a Terra da Promissão, paraíso dos hebreus, enquanto, pelo ensinamento da lei de Jesus, ganha-se o Céu pela caridade e doçura.

Depois acrescenta: *Ouça aquele que tem ouvidos para ouvir.* Estas palavras, muitas vezes repetidas por Jesus, confirmam claramente que nem todos estavam em condições de compreender certas verdades.

12 Aqueles que do vosso povo morreram, viverão novamente; os que estavam mortos ao redor de mim, ressuscitarão. Despertai de vosso sono e cantai os louvores a Deus, vós que habitais no pó; pois o orvalho que cai sobre vós é um orvalho de luz, e arruinareis a terra e o reino dos gigantes. (Isaías, 26:19)

13 Essa passagem de Isaías é também muito clara sobre a sobrevivência da alma após a morte. Se após a morte os Espíritos ficassem em algum lugar e lá permanecessem para sempre, teria dito: *ainda vivem.*

Porém, ao dizer que *viverão novamente,* entende-se que devem voltar a viver, e isto só pode ser numa nova reencarnação. Entendida de outra maneira, no sentido da vida do Espírito, o ensinamento desta passagem do profeta Isaías seria um contra-senso, uma vez que implicaria interrupção da vida da alma. Analisada pelo lado da vida moral, seria a negação das penalidades dos castigos eternos, visto que estabeleceria o princípio de que todos os que estão mortos reviverão.

14 Mas quando o homem morre uma vez, e o seu corpo, separado de seu espírito, está consumido, em que é que ele se torna? O homem, estando morto uma vez, poderia reviver novamente? Nesta guerra em que me encontro todos os dias de minha vida, espero que minha transformação chegue. (Jó, 14:10 a 14. Tradução de Sacy.)

*Quando o homem morre, perde toda a sua força e expira; depois, onde está ele? Se o homem morre, **reviverá**? Esperarei todos os dias de meu combate, até que chegue aquele que traga alguma transformação? (Idem. Tradução protestante de Osterwald.)*

*Quando o homem morre, continua vivo; ao acabar os dias de **minha existência terrena**, esperarei, pois **voltarei à vida novamente**. (Idem. Versão da Igreja grega.)*

15 O princípio da pluralidade das existências está demonstrado claramente nestas três versões. Não se pode supor que Jó quisesse falar da regeneração pela água do batismo, pois ainda não o conhecia. *O homem, estando morto **uma vez**, poderia **reviver novamente**?* A idéia de morrer uma vez e de reviver faz entender que se pode morrer e reviver muitas vezes. A versão da Igreja grega é ainda mais clara. *Ao acabar os dias de minha existência terrena, esperarei, pois **voltarei à vida novamente**;* ou seja, voltarei à existência terrena. É tão claro como se alguém dissesse: "Saio de minha casa, mas a ela voltarei".

*Nesta guerra em que me encontro todos os dias de minha vida, **espero** que minha transformação chegue*. Jó evidentemente quer falar da luta que sustenta contra as misérias da vida. Ele espera sua transformação, ou seja, resigna-se. *Esperarei*, na versão grega, refere-se a uma nova existência: *Quando minha existência terrena se acabar, **esperarei**, pois voltarei à vida novamente*. Jó refere-se ao pós-morte e diz que nesse lugar esperará o retorno à vida corpórea.

16 Não há dúvida que, sob o nome de *ressurreição*, o princípio da reencarnação era uma das crenças fundamentais dos judeus e que foi confirmada por Jesus e pelos profetas de uma maneira clara. De onde se segue que negar a reencarnação é negar as palavras do Cristo. Um dia suas palavras serão aceitas e respeitadas sobre esse ponto e sobre muitos outros, quando forem analisadas sem preconceitos.

17 Mas a este entendimento, do ponto de vista religioso, acrescenta-se o do ponto de vista filosófico: as provas que resultam da observação dos fatos. Como todas as causas têm um efeito, a reencarnação aparece como uma necessidade absoluta, como uma condição inseparável da Humanidade; em uma palavra, como uma lei natural. Portanto, as vidas sucessivas, isto é, pela reencarnação, revelam os seus resultados para a Humanidade, materialmente falando, se assim podemos dizer, como o movimento revela um motor que está oculto. Só ela pode dizer ao homem *de onde vem, para onde vai, porque está na Terra* e justificar todas as desigualdades e todas as injustiças aparentes que a vida apresenta[2].

Sem o princípio da preexistência da alma e da pluralidade das existências, a maioria dos ensinamentos morais do Evangelho fica difícil de entender, e é por causa disso que existem interpretações tão contraditórias. Esse princípio é a chave que lhes restituirá seu verdadeiro sentido.

OS LAÇOS DE FAMÍLIA SÃO FORTALECIDOS PELA REENCARNAÇÃO E ROMPIDOS PELA UNICIDADE DA EXISTÊNCIA

18 Os laços de família não são destruídos pela reencarnação, tal como pensam algumas pessoas. Ao contrário, são fortalecidos e entrelaçados. O princípio oposto, sim, é que os destrói.

Os Espíritos formam no espaço grupos ou famílias, unidos pela afeição, simpatia e semelhança de tendências. Esses Espíritos, felizes por estarem juntos, procuram-se. A encarnação apenas os separa momentaneamente, pois, após sua volta à erraticidade•, reencontram-se como amigos que retornam de uma viagem. Às vezes, uns seguem a outros juntos na encarnação, em que se reúnem numa mesma família, ou num mesmo círculo, trabalhando juntos para seu mútuo adiantamento. Se uns estão encarnados e outros não, nem por isso deixam de estar unidos pelo pensamento. Os que estão livres preocupam-se com aqueles que estão encarnados, cativos da carne. Os mais adiantados procuram fazer progredir os que se atrasam. Após cada existência, terão dado mais um passo na busca da perfeição. Cada vez menos ligados à matéria, seu afeto é mais vivo, por isso mesmo mais puro, e não é mais perturbado pelo egoísmo, nem pelo arrastamento das paixões. Podem, assim, percorrer um número ilimitado de existências corporais sem que nada afete sua mútua afeição.

Deve-se entender que se trata aqui da verdadeira afeição de alma a alma, a única que sobrevive à destruição do corpo, pois os seres que se unem na Terra só pelos interesses materiais não têm nenhum motivo

[2] Veja, para o desenvolvimento do dogma da reencarnação, *O Livro dos Espíritos*, Caps. 4 e 5; *O que é o Espiritismo?*, Cap. 2, ambos de Allan Kardec, e *A Pluralidade das Existências*, de Pezzani.

para se procurarem no mundo dos Espíritos. Apenas as afeições espirituais são duráveis; as afeições carnais acabam com a causa que as fez nascer, e essa causa não existe mais no mundo dos Espíritos, ao passo que a alma sempre existe. Quanto às pessoas unidas só por interesses, realmente não são nada umas para as outras: a morte as separa na Terra e no Céu.

19 A união e a afeição que existe entre parentes são sinais da simpatia anterior que os aproximou. Por isso, diz-se, ao falar de uma pessoa cujo caráter, gostos e inclinações não têm nenhuma semelhança com os de seus parentes, que ela não é da família. Ao dizer-se isso, declara-se uma verdade maior do que se acredita. Deus permite essas encarnações de Espíritos antipáticos ou estranhos nas famílias, com o duplo objetivo de servir de prova para uns e de meio de adiantamento para outros. Além disso, os maus melhoram-se pouco a pouco ao contato com os bons, e pelos cuidados que recebem. Seu caráter se suaviza, seus costumes se educam, as antipatias se apagam. É assim que se estabelece a união entre as diferentes categorias de Espíritos, como se estabelece na Terra entre as raças e os povos.

20 O temor de um grande aumento da parentela, em conseqüência da reencarnação, é um temor egoísta, que prova não se sentir um amor suficientemente desenvolvido para alcançar um grande número de pessoas. Um pai que tem muitos filhos, os amaria menos do que se tivesse apenas um? Mas que os egoístas se tranqüilizem; esse temor não tem fundamento. Supondo que um homem tenha tido dez encarnações, isso não significa que ele encontrará no mundo dos Espíritos dez pais, dez mães, dez esposas e um número proporcional de filhos e de novos parentes. Reencontrará apenas aqueles a quem amou, aos quais esteve ligado na Terra por laços de parentesco ou de algum outro modo.

21 Vejamos agora as conseqüências da doutrina anti-reencarnacionista. Essa doutrina nega com toda certeza e de forma categórica a preexistência da alma. Acontece que, se as almas fossem criadas ao mesmo tempo que os corpos, nenhum laço anterior existiria entre elas. Seriam, portanto, completamente estranhas umas às outras. O pai seria estranho ao seu filho, e, deste modo, a filiação das famílias se encontraria reduzida apenas à filiação corporal, sem nenhum laço espiritual. Resultaria que não haveria nenhum motivo para se orgulhar por ter tido como antepassados tais ou tais personagens ilustres. Com a reencarnação, ascendentes e descendentes poderão já ter se conhecido, ter vivido juntos, se amado, e poderão se reencontrar, noutras reencarnações, para estreitar seus laços de simpatia.

22 Isto tudo, em relação ao passado. Quanto ao futuro, de acordo com um dos dogmas* fundamentais que resultam da não reencarnação, a sorte das almas estaria irrevogavelmente fixada após uma única existência. A fixação definitiva da sorte da alma resultaria na interrupção de todo o progresso, pois, desde que se considera que há progresso, já não há mais sorte definida, marcada. Conforme tenham vivido bem ou mal, elas vão imediatamente para a morada dos bem-aventurados, ou para o inferno eterno. *Assim, elas são imediatamente separadas para sempre, e sem esperança de algum dia se aproximarem,* de tal modo que pais, mães, filhos, maridos e esposas, irmãos, irmãs, amigos, nunca terão a certeza de se reverem: significa a mais completa quebra dos laços de família.

Com a reencarnação e o progresso, que é a sua conseqüência, todos os que se amaram se reencontram na Terra e no espaço, e progridem juntos para chegar até Deus. Se falharem no caminho, retardarão seu adiantamento e sua felicidade, mas nem por isso suas esperanças estarão perdidas. Ajudados, encorajados e amparados por aqueles que os amam, um dia sairão do lamaçal em que se afundaram. Enfim, com a reencarnação, há eterna solidariedade entre os encarnados e os desencarnados, do que resulta o estreitamento dos laços de amor.

23 Em resumo, são apresentadas quatro alternativas para o homem, sobre seu futuro de além-túmulo:

1ª) o nada, conforme afirma a doutrina materialista;

2ª) ser integrado ao todo universal, conforme afirma a doutrina panteísta;

3ª) a individualidade da alma, com a fixação definitiva do destino, de acordo com a doutrina da Igreja;

4ª) individualidade da alma, com progresso ao infinito, conforme a Doutrina Espírita.

De acordo com as duas primeiras, os laços de família são rompidos após a morte e não há nenhuma esperança de reencontro; com a terceira, há chance de se rever, contanto que se esteja no mesmo lugar, que pode ser o inferno ou o paraíso. Com a pluralidade das existências, que é inseparável da progressão contínua, existe a certeza de que as relações entre aqueles que se amaram não se interrompem, e é isso o que constitui a verdadeira família.

Instruções dos Espíritos

LIMITES DA ENCARNAÇÃO

São Luís - Paris, 1859

24 *Quais são os limites da encarnação?*

A encarnação não tem limites precisamente traçados, se nos referirmos ao envoltório material que constitui o corpo do Espírito. A materialidade desse envoltório diminui à medida que o Espírito se purifica. Em mundos mais avançados do que a Terra, ele já é menos denso, menos pesado e menos grosseiro e, por conseguinte, menos sujeito aos infortúnios da vida. Num grau mais elevado, é transparente e quase fluídico. De grau em grau, ele se desmaterializa e acaba por se confundir com o perispírito•. Dependendo do mundo no qual o Espírito é chamado a viver, toma um corpo apropriado à natureza desse mundo.

O próprio perispírito sofre transformações sucessivas. Torna-se cada vez mais fluídico até a completa purificação, que constitui a natureza dos Espíritos puros. Embora os mundos especiais sejam destinados aos Espíritos mais avançados, eles não estão ali prisioneiros como nos mundos inferiores; o estado de pureza em que se encontram lhes permite transportarem-se por todas as partes onde realizam as missões que lhes são confiadas.

Considerando-se a encarnação do ponto de vista material, tal qual é na Terra, pode-se dizer que ela está limitada aos mundos inferiores. Portanto, depende do próprio Espírito libertar-se mais ou menos rapidamente da encarnação, trabalhando por sua purificação.

Além do mais, deve-se considerar que na erraticidade, isto é, no intervalo das existências corporais, a situação do Espírito permanece relacionada com a natureza do mundo ao qual ele está ligado pelo seu grau de adiantamento. Deste modo, na erraticidade, ele é mais ou menos feliz, livre e esclarecido, conforme esteja mais ou menos desmaterializado.

NECESSIDADE DA ENCARNAÇÃO

São Luís - Paris, 1859

25 *Será a encarnação uma punição e somente os Espíritos culpados estão sujeitos a ela?*

A passagem dos Espíritos pela vida corporal é necessária para que possam cumprir, por meio de ações materiais, os planos cuja execução Deus lhes confiou. Isto é necessário para eles mesmos, pois a atividade que estão obrigados a desempenhar ajuda o desenvolvimento da sua inteligência. Deus, sendo soberanamente justo, considera igualmente todos os seus filhos. É por isso que Ele dá a todos um mesmo ponto de partida, a mesma capacidade, *as mesmas obrigações a cumprir e a mesma liberdade de ação.* Qualquer privilégio seria uma preferência e qualquer preferência, uma injustiça. Mas a encarnação é para todos os Espíritos apenas um estado transitório. É uma tarefa que Deus lhes impôs no início de suas vidas, como primeira prova do uso que farão de seu livre-arbítrio•. Aqueles que cumprem essa tarefa com zelo vencem mais rapidamente e de maneira menos aflitiva esses primeiros degraus da iniciação e colhem mais cedo os frutos de seu trabalho. Aqueles que, ao contrário, fazem mau uso da liberdade que Deus lhes concede retardam seu adiantamento, e é assim que, pela sua teimosia, podem prolongar indefinidamente a necessidade de reencarnar, e é quando então ela se torna um castigo.

26 *Observação*: uma comparação simples ajudará a entender melhor as duas possibilidades. O estudante apenas chega aos graus superiores da Ciência após ter percorrido as séries que conduzem até lá. Essas séries, qualquer que seja o trabalho que exijam, são um meio de chegar ao objetivo e não uma punição. O estudante esforçado encurta a caminhada e nela encontra menos dificuldades, contrariamente àquele cujo desleixo e preguiça obrigam a repetir algumas séries. Não é o trabalho da repetição que constitui uma punição, mas a obrigação de ter de fazer tudo outra vez.

Assim tem sido com o homem na Terra. Para o Espírito do selvagem, que está quase no início da vida espiritual, a encarnação é um meio de desenvolver sua inteligência. Porém, para o homem esclarecido, no qual o sentido moral está mais desenvolvido e que é obrigado a repetir as etapas de uma vida corporal cheia de angústias, quando já poderia ter alcançado o objetivo, torna-se um castigo, pela necessidade de prolongar sua permanência nos mundos inferiores e infelizes. Ao contrário, aquele que trabalha ativamente para o seu progresso moral pode não somente encurtar a duração da encarnação material, mas vencer de uma só vez os graus intermediários que o separam dos mundos superiores.

Pergunta-se: os Espíritos não poderiam encarnar uma única vez num mesmo globo e cumprir outras existências em outros mundos diferentes? Essa situação só poderia ser admitida se todos os homens encarnados na Terra fossem exatamente do mesmo padrão intelectual e moral. As diferenças que existem entre eles, desde o selvagem até o homem civilizado, mostram quais os degraus que têm de subir, e a encarnação tem de ter um objetivo útil. Então, qual seria a finalidade das encarnações de curta duração, das crianças que morrem pequeninas? Sofreriam sem proveito para si mesmas, nem para os outros. Mas Deus, cujas leis são soberanamente sábias, não faz nada de inútil. Pela reencarnação no mesmo globo, quis que os mesmos Espíritos se reencontrassem e pudessem ter oportunidade de reparar os erros que cometeram entre si. Tendo em conta suas relações anteriores, Deus quis estabelecer e fixar os laços de família sobre uma base espiritual e, sobre uma lei natural, apoiar os princípios de solidariedade, de fraternidade e de igualdade.

CAPÍTULO

5

BEM-AVENTURADOS OS AFLITOS

Justiça das aflições
Causas atuais das aflições
Causas anteriores das aflições • Esquecimento do passado
Motivos de resignação • O suicídio e a loucura
Instruções dos Espíritos: Bem e mal sofrer • O mal e o remédio
A felicidade não é deste mundo • Perda das pessoas amadas
Mortes prematuras • Se fosse um homem de bem, teria morrido
Os tormentos voluntários • A verdadeira infelicidade • A melancolia
Provas voluntárias. O verdadeiro cilício*
Deve-se pôr um fim às provas do próximo?
É permitido abreviar a vida de um doente
que sofre sem esperança de cura?
Sacrifício da própria vida
Proveito do sofrimento em função dos outros

1. Bem-aventurados os que choram, pois serão consolados. Bem-aventurados os que têm fome e sede de justiça, pois serão saciados. Bem-aventurados os que sofrem perseguição por amor à justiça, porque é deles o reino dos Céus. (Mateus, 5:5 e 6, 10)*

2. Bem-aventurados, vós que sois pobres, pois o reino dos Céus é para vós. Bem-aventurados, vós que agora tendes fome, pois sereis saciados. Sois felizes, vós que chorais agora, pois rireis. (Lucas, 6:20 e 21)

Mas, ai de vós, ricos! Que tendes vossa consolação no mundo. Ai de vós que estais saciados, pois tereis fome. Ai de vós que rides agora, porque gemereis e chorareis. (Lucas, 6:24 e 25)

JUSTIÇA DAS AFLIÇÕES

3 As compensações que Jesus promete aos aflitos da Terra somente podem realizar-se na vida futura. Sem a certeza do futuro, estes ensinamentos morais seriam um contra-senso, ou, bem mais do que isso, seriam uma enganação. Mesmo com essa certeza, fica difícil de se entender a utilidade do sofrimento para ser feliz. Diz-se que é para ter mais mérito. Mas, então, surge a pergunta: Por que uns sofrem mais do que outros? Por que uns nascem na miséria e outros na riqueza, sem nada terem feito para justificar essa posição? Por que

* N. E. - **Cilício:** sacrifício, tormento, aflição, martírio.
* N. E. - **Bem-aventurado:** feliz, muito feliz.

para uns nada dá certo, enquanto para outros tudo parece sorrir? E o que ainda fica mais difícil de entender é ver os bens e os males tão desigualmente divididos entre viciosos e virtuosos e ver os bons sofrerem ao lado dos maus que prosperam. A fé no futuro pode consolar e proporcionar paciência, mas não explica estas desigualdades, que parecem desmentir a justiça de Deus.

Entretanto, desde que se admita a existência de Deus, só se pode concebê-Lo em suas perfeições infinitas. Ele deve ser todo poderoso, todo justiça, todo bondade, sem o que não seria Deus. Se Deus é soberanamente bom e justo, não pode agir por capricho nem com parcialidade. *As contrariedades da vida têm, pois, uma causa e, uma vez que Deus é justo, essa causa deve ser justa.* Eis do que cada um deve se convencer: Deus, pelos ensinamentos de Jesus, colocou os homens no caminho da compreensão dessa causa, e hoje considera-os suficientemente maduros para compreendê-la. Eis porque a revela inteiramente pelo *Espiritismo*, ou seja, pela *voz dos Espíritos*.

CAUSAS ATUAIS DAS AFLIÇÕES

4 As contrariedades da vida são de duas espécies, ou, pode-se dizer, de duas origens bem diferentes, as quais é muito importante distinguir: umas têm sua causa na vida presente, outras, não nesta vida.

Ao buscar as origens dos males terrenos, percebe-se que muitos são a natural conseqüência do caráter e da conduta dos que os sofrem.

Quantos homens caem por causa de sua própria culpa! Quantos são vítimas do seu desleixo, imprevidência, orgulho e ambição!

Quantas pessoas arruinadas pela desordem, desânimo, má conduta ou por não limitarem seus desejos!

Quantas uniões infelizes, fruto do interesse e da vaidade e nas quais o coração não serviu para nada!

Quantos desentendimentos e desastrosas disputas se evitariam com um pouco mais de calma e com menos melindres!

Quantas doenças e enfermidades resultam da imprudência e excessos de toda ordem!

Quantos pais são infelizes por causa dos filhos, por não combaterem neles desde pequeninos as manifestações de suas más tendências! Por indiferença e comodismo, deixaram desenvolver neles os germens do orgulho, do egoísmo e da tola vaidade, que ressecam o coração, e depois, mais tarde, ao colherem o que semearam, espantam-se e afligem-se com a falta de respeito e a ingratidão deles.

Que todos aqueles que são feridos no coração pelas contrariedades e decepções da vida interroguem friamente suas consciências.

Que busquem primeiro a origem dos males que os afligem e sintam se, na maioria das vezes, não podem dizer: *Se eu tivesse feito ou deixado de fazer tal coisa, não estaria nesta situação.*

A quem culpar então, por todas essas aflições, senão a si mesmo? Deste modo o homem é, na maior parte dos casos, o autor de seus próprios infortúnios, mas, ao invés de reconhecer isso, acha mais conveniente e menos humilhante para sua vaidade acusar a sorte, a Providência, o azar, sua má estrela, quando, na verdade, sua má estrela é a sua negligência.

Os males dessa natureza formam seguramente a grande maioria das contrariedades da vida, e o homem os evitará quando trabalhar para o seu aperfeiçoamento moral e intelectual.

5 A lei humana alcança certas faltas e as pune. Pode-se então dizer que o condenado sofre a conseqüência do que fez; mas a lei não alcança e não consegue atingir todas as faltas. Ela pune mais especialmente as que trazem prejuízo à sociedade, mas não atinge aqueles que cometeram faltas que prejudicaram a si mesmos. No entanto, Deus quer o progresso de todas as suas criaturas, e é por isso que nenhum desvio do caminho reto fica impune. Não há uma só falta, por menor que seja, uma única infração à sua lei que não tenha forçosas e inevitáveis conseqüências, mais ou menos lastimáveis, e disso conclui-se que, tanto nas pequenas como nas grandes coisas, o homem sempre é punido pelo erro que cometeu. Os sofrimentos conseqüentes são para ele uma advertência de que agiu mal. Eles lhe dão experiência e fazem com que sinta a diferença entre o bem e o mal, e o alertam para a necessidade de se melhorar para evitar, no futuro, o que foi para ele uma fonte de desgostos. Sem isso não teria nenhum motivo para se corrigir. Confiante na impunidade, retardaria seu adiantamento e, por conseguinte, sua felicidade futura.

Algumas vezes a experiência vem um pouco tarde, quando a vida já está perturbada e foi desperdiçada, as forças desgastadas e o mal não tem mais remédio. Então, o homem se põe a dizer: *Se no início da vida eu soubesse o que sei hoje, quantas faltas teria evitado!* Faria tudo de um outro modo, mas não há mais tempo! Tal como o trabalhador preguiçoso que diz: “Perdi o meu dia”, ele também diz: “Perdi minha vida”. Mas da mesma forma que o Sol se levanta no dia seguinte para o trabalhador e uma nova jornada começa, e lhe permite recuperar o tempo perdido, após a noite do túmulo, também brilhará para o homem o Sol de uma nova vida, na qual poderá tirar proveito da experiência do passado e de suas boas resoluções para o futuro.

CAUSAS ANTERIORES DAS AFLIÇÕES

6 Se há males dos quais o homem é a principal causa nesta vida, há outros que, pelo menos na aparência, lhe são completamente estranhos e parecem atingi-lo como que por fatalidade. Tal é, por exemplo, a perda de seres queridos e dos que sustentam a família. Tais são também os acidentes que nenhuma precaução pode impedir; os reveses da vida que tornam inúteis todas as medidas de prudência; as calamidades naturais e as enfermidades de nascença, sobretudo as que tiram a tantos infelizes os meios de ganhar a vida pelo trabalho: as deformidades, a idiotia, o cretinismo, etc.

Aqueles que nascem nessas condições seguramente não fizeram nada nesta vida para merecer uma sorte tão triste, sem solução, sem reparação e que não puderam evitar, estando impossibilitados de as mudarem por si mesmos, e que os expõe à caridade pública. Por que, então, seres tão desventurados e infelizes, enquanto ao seu lado, sob o mesmo teto, na mesma família, outros tão favorecidos sob todos os aspectos?

O que dizer, enfim, dessas crianças que morrem ainda pequeninas e que apenas conheceram da vida o sofrimento? Estes são os problemas que nenhuma filosofia ainda pôde explicar ou resolver até agora, anormalidades que nenhuma religião pôde justificar e que parecem ser a negação da bondade, da justiça e da providência de Deus, na suposição de que a alma e o corpo são criados ao mesmo tempo, e de ter sua sorte irrevogavelmente fixada após uma estada de alguns instantes na Terra. Que fizeram essas almas que acabam de sair das mãos do Criador, para suportar tantas misérias aqui na Terra e merecer no futuro ou uma recompensa, ou uma punição qualquer, se não fizeram nem o bem e nem o mal?

Entretanto, em virtude do princípio de que *todo efeito tem uma causa*, essas misérias são o efeito que deve ter uma causa. E desde que se admita um Deus justo, essa causa deve ser justa. Portanto, como a causa vem sempre antes do efeito, se não está na vida atual, deve ser anterior a esta vida, ou seja, está numa existência anterior. É certo que Deus não pune o bem que se faz e nem o mal que não se faz; se somos punidos, é porque fizemos o mal; se não o fizemos nesta vida, seguramente o fizemos em outra. É uma conclusão da qual é impossível fugir e que demonstra a lógica da justiça de Deus.

O homem nem sempre é punido, ou completamente punido em sua existência presente, mas nunca escapa às conseqüências de suas faltas. A prosperidade do mau é apenas momentâne; se não for punido no hoje, o será no amanhã, e, sendo assim, aquele que sofre está expiando• os erros do seu passado. A infelicidade, que à primeira vista nos parece imerecida, tem, pois, sua razão de ser, e aquele que sofre pode sempre dizer: "Perdoai-me, Senhor, porque errei".

7 Os sofrimentos com que nos defrontamos na vida presente, devido às causas anteriores, são, na maioria das vezes, como também o são os das faltas atuais, a conseqüência natural de erros cometidos, ou seja: por uma rigorosa justiça distributiva, o homem suporta o que fez os outros suportarem. Se foi duro e desumano, poderá, por sua vez, ser tratado duramente e com desumanidade. Se foi orgulhoso, poderá nascer em uma condição humilhante; se foi avarento, egoísta, ou se fez mau uso de sua fortuna, poderá ser privado do necessário. Se foi um mau filho, poderá sofrer com os seus próprios filhos, etc.

Assim, pela pluralidade das existências e da destinação da Terra como mundo expiatório, se explicam os absurdos que a divisão da felicidade e da infelicidade apresenta entre os bons e os maus neste mundo. Esse absurdo existe somente na aparência, pois é considerado apenas do ponto de vista da vida presente; mas, se nos elevarmos pelo pensamento, de modo a incluir uma série de existências, compreenderemos que cada um tem o que merece, sem prejuízo do que lhe está reservado no mundo dos Espíritos, e que a justiça de Deus nunca falha.

O homem não deve se esquecer nunca de que está num mundo inferior, ao qual está preso devido às suas imperfeições. A cada contrariedade ou sofrimento da vida, deve dizer de si para si mesmo que, se estivesse num mundo mais avançado, isso não aconteceria e que depende dele não retornar a este mundo, trabalhando por sua melhoria.

8 As tribulações da vida podem ser impostas aos Espíritos endurecidos, isto é, teimosos no mal ou muito ignorantes, ainda incapazes de fazer uma escolha consciente, mas são livremente escolhidas e aceitas pelos Espíritos *arrependidos,* que querem reparar o mal que fizeram e tentar fazer o bem, a exemplo daquele que, tendo feito mal sua tarefa, pede para recomeçá-la, para não perder o fruto do seu trabalho. Essas aflições são, ao mesmo tempo, expiações do passado, que nos castigam, e provas que nos preparam para o futuro. Rendamos graças a Deus que, em sua bondade, dá ao homem a oportunidade da reparação e não o condena irremediavelmente pela primeira falta.

9 Entretanto, não se deve pensar que todos os sofrimentos suportados neste mundo sejam necessariamente a indicação de uma determinada falta. São, na maioria das vezes, provas escolhidas pelo Espírito para concluir sua purificação e apressar seu progresso. Assim, a expiação serve sempre de prova, porém a prova nem sempre é uma expiação. Contudo, provas e expiações são sempre sinais de uma relativa inferioridade, pois o que é perfeito não tem mais necessidade de ser provado. Um Espírito pode ter adquirido um certo grau

de elevação, mas, querendo avançar ainda mais, solicita uma missão, uma tarefa a cumprir, da qual tanto mais será recompensado, se sair vitorioso, quanto mais difícil tiver sido a luta para vencê-la. Tais são essas pessoas de tendências naturalmente boas, de alma elevada, que têm nobres sentimentos, que parecem não ter trazido nada de mau de sua existência anterior e que suportam com uma resignação cristã as maiores dores, pedindo a Deus coragem para suportá-las sem lamentações. Ao contrário, podem-se considerar como expiações as aflições que provocam queixas e lamentos e fazem o homem se revoltar contra Deus.

Sem dúvida, o sofrimento sem lamentações pode ser uma expiação, mas é um sinal de que foi escolhido voluntariamente e não imposto. É uma prova de uma firme decisão, o que é um indício de progresso.

10 Os Espíritos só podem alcançar a perfeita felicidade quando são puros: qualquer impureza lhes impede a entrada nos mundos felizes. É como se fossem os passageiros de um navio atingido pela peste, aos quais a entrada numa cidade é interditada até que eles estejam descontaminados, purificados. Nas suas diversas existências corporais é que os Espíritos se livram, pouco a pouco, de suas imperfeições. As provas da vida fazem avançar quando são bem suportadas. Como expiações, elas apagam as faltas e purificam. São os remédios que limpam a chaga e curam o doente; e quanto maior o mal, mais o remédio deve ser eficiente. Aquele, pois, que sofre muito deve dizer que tinha muito a expiar e se alegrar de ser curado logo. Depende dele, de sua resignação, tornar esse sofrimento proveitoso e não perder o seu fruto pelas lamentações. Caso contrário, terá de recomeçar.

ESQUECIMENTO DO PASSADO

11 É sem razão que se aponta o fato de o Espírito não se lembrar das suas vidas anteriores como um obstáculo para que ele possa tirar proveito das experiências que nelas viveu. Se Deus julgou conveniente lançar um véu sobre o passado, é porque isso deve ser útil. De fato, essa lembrança provocaria inconvenientes muito graves; poderia, em alguns casos, nos humilhar muito, ou ainda excitar nosso orgulho e, por isso mesmo, dificultar nosso livre-arbítrio•. Em outros casos ocasionaria inevitável perturbação às relações sociais.

Muitas vezes, o Espírito renasce no mesmo meio em que já viveu e se encontra relacionado com as mesmas pessoas, a fim de reparar o mal que lhes tenha feito. Se reconhecesse nelas as que odiou, talvez seu ódio se revelasse outra vez, e sempre se sentiria humilhado diante daqueles que tivesse ofendido.

Para o nosso aperfeiçoamento, Deus nos dá precisamente o que necessitamos e nos é suficiente: a voz da consciência e nossas tendências instintivas, e nos tira o que poderia prejudicar-nos.

O homem traz, ao nascer, aquilo que adquiriu; nasce como se fez. Cada existência é para ele um novo ponto de partida. Pouco lhe importa saber o que foi: se está sendo punido, é porque fez o mal. Suas más tendências atuais indicam-lhe o que deve corrigir em si mesmo e é nisso que deve concentrar toda a sua atenção, já que o que for completamente corrigido nenhum traço deixará. A voz da consciência o adverte do bem e do mal e para que tome boas resoluções, e lhe dá as forças para resistir às más tentações.

Além disso, esse esquecimento acontece apenas durante a vida corpórea. Ao voltar à vida espiritual, o Espírito readquire a lembrança do passado: trata-se apenas de uma interrupção temporária, tal como acontece na vida terrena, durante o sono, e que não nos impede de lembrar, no dia seguinte, o que fizemos na véspera e nos dias anteriores. Mas não é apenas depois da morte que o Espírito recobra a lembrança de seu passado. Pode-se dizer que ele nunca a perde, pois a experiência prova que quando encarnado, durante o sono do corpo, ele goza de uma certa liberdade e tem consciência de seus atos anteriores. Ele sabe por que sofre, e da justiça desse sofrimento. Assim, ele pode adquirir novas forças nestes instantes do sono do corpo, da emancipação da alma, desde que saiba aproveitar esses momentos dos quais guardará uma leve lembrança, que se apagará durante o dia, para não lhe causar sofrimento e não prejudicar suas relações sociais.

MOTIVOS DE RESIGNAÇÃO

12 Por estas palavras: *Bem-aventurados os aflitos, pois serão consolados,* Jesus indica, ao mesmo tempo, a recompensa que espera os que sofrem e a resignação que os faz compreender o porquê do sofrimento como o início da cura.

Estas palavras podem ser também entendidas assim: Deveis considerar-vos felizes por sofrer, visto que vossas dores aqui na Terra são os pagamentos das dívidas de vossas faltas passadas, e essas dores suportadas pacientemente na Terra vos poupam séculos de sofrimento na vida futura. Deveis estar felizes, por Deus reduzir vossa dívida, permitindo pagá-la no presente, o que vos assegura a tranqüilidade para o futuro.

O homem que sofre assemelha-se a um devedor de uma grande quantia e a quem o credor diz: "Se me pagares hoje mesmo a centésima parte, dou-te quitação de toda a dívida, e estarás livre. Se não o fizeres, te cobrarei até que me pagues o último centavo". Qual o devedor que não ficaria feliz mesmo passando por privações para se libertar de uma grande dívida, sabendo que pagaria apenas a centésima parte do que devia? Ao invés de reclamar do seu credor, não lhe agradeceria?

Este é o sentido das palavras: *Bem-aventurados os aflitos, pois serão consolados*. São felizes, porque estão pagando suas dívidas e, depois de pagar, ficarão livres. Porém, se ao procurar quitá-las de uma maneira se endividarem de outra, tornam maior o tempo para sua libertação. Portanto, cada nova falta aumenta a dívida, pois não há uma única falta, qualquer que ela seja, que não arraste consigo sua punição forçada e inevitável. Se não for hoje, será amanhã; se não for nesta vida, será noutra. Entre essas faltas, é preciso colocar em primeiro lugar a falta de submissão à vontade de Deus. Se lamentamos as aflições, se não as aceitamos com resignação e como algo que se deva merecer, se acusamos Deus de injusto, contraímos uma nova dívida que nos faz perder os frutos que a lição dos sofrimentos nos poderia dar. É por isso que recomeçaremos sempre, como se, a um credor que nos cobra, pagássemos algumas parcelas e ao mesmo tempo contraíssemos novas dívidas.

Quando entra no mundo dos Espíritos, o homem assemelha-se ao operário que comparece no dia do pagamento. A uns o Senhor dirá: "Eis o prêmio da tua jornada de trabalho". A outros, aqueles que se julgaram felizes na Terra, viveram ociosamente e cuja felicidade constituiu-se na satisfação do seu amor-próprio e nos gozos terrenos, Ele dirá: "A ti nada cabe, pois já recebeste teu salário na Terra. Vai e recomeça tua tarefa".

13 O homem pode suavizar ou agravar a amargura de suas provas pela maneira de encarar a vida terrena. Ele sofre mais quando acredita numa duração mais longa do seu sofrimento. Porém, se encara a vida terrena pelo lado da vida eterna do Espírito, ele a entende como um ponto no infinito e compreende o quanto é breve, dizendo a si mesmo que esse momento difícil vai passar bem depressa. A certeza de um futuro próximo, mais feliz, o sustenta e o encoraja e, ao invés de se lamentar, agradece ao Céu as dores que o fazem avançar. Ao contrário, para aquele que só valoriza a vida corpórea, esta lhe parece interminável e a dor cai sobre ele com todo o seu peso. O resultado da maneira espiritual de encarar a vida diminui a importância das coisas deste mundo, faz com que o homem modere seus desejos, se contente com sua posição sem invejar a dos outros, e atenua a impressão moral dos reveses e das decepções que ele experimenta. O homem adquire uma calma e uma resignação tão úteis à saúde do corpo quanto à da alma, ao passo que, pela inveja, pelo ciúme e pela ambição, tortura-se voluntariamente e assim aumenta as misérias e as angústias de sua curta existência.

O SUICÍDIO E A LOUCURA

14 O modo de encarar a vida terrena e a fé no futuro com calma e resignação dão ao Espírito uma serenidade que é a melhor defesa contra a *loucura e o suicídio*. De fato, a maior parte dos casos de loucura é decorrente da perturbação produzida pelas contrariedades da vida que o homem não tem forças para suportar. Portanto, pela maneira com que o Espiritismo o faz encarar as coisas deste mundo, ele recebe com serenidade, sem tristezas, as amarguras e as decepções que o desesperariam em outras condições, e fica evidente que essa força o faz entender esses acontecimentos e preserva sua razão de abalos, que o perturbariam se não tivesse a compreensão que o Espiritismo lhe dá.

15 Dá-se o mesmo em relação ao suicídio; com exceção daqueles que ocorrem no estado de embriaguez e de loucura, aos quais podemos chamar de inconscientes, é certo que, quaisquer que sejam os motivos particulares, sempre têm como causa um descontentamento. Portanto, aquele que está certo de ser infeliz apenas por um dia, e de serem melhores os dias seguintes, exercita a paciência. Ele só se desespera quando pensa que os seus sofrimentos não terão fim. E o que é a vida humana, em relação à eternidade, senão bem menos que um dia? Mas, para aquele que não crê na eternidade e julga que nesta vida tudo se acabará, que está oprimido pelo desgosto e pelo infortúnio, só vê na morte a solução dos seus males. Por não esperar nada, acha natural e até mesmo muito lógico abreviar suas misérias pelo suicídio.

16 A incredulidade, a simples dúvida sobre o futuro, as idéias materialistas são, numa palavra, os maiores incentivadores ao suicídio: elas produzem a *covardia moral*. E quando se vêem homens de ciência se apoiarem sobre a autoridade de seu saber, esforçarem-se para provar aos seus ouvintes ou aos seus leitores que não têm nada a esperar após a morte, não os vemos tentando convencê-los de que, se são infelizes, não têm nada de melhor a fazer do que se matar? Que poderiam lhes dizer para desviá-los disso? Que compensação poderiam lhes oferecer? Que esperança poderiam lhes dar? Nada além do nada. A conclusão é lógica, se o nada é o único remédio heróico; mais vale cair nele imediatamente do que mais tarde, e assim sofrer por menos tempo.

A propagação das idéias do materialismo é, pois, o veneno que introduz em muitas pessoas o pensamento do suicídio. E aqueles que se fazem partidários e propagadores dessas idéias assumem sobre si uma terrível responsabilidade. Com o Espiritismo, a dúvida não é mais permitida e a visão da vida muda. Aquele que crê sabe que a vida se prolonga indefinidamente além-túmulo, embora em outras condições; daí a paciência e a resignação que o afastam naturalmente da idéia do suicídio, resultando, em uma palavra, *na coragem moral.*

17 Além e acima de tudo, o Espiritismo ainda tem uma outra conclusão também positiva, e talvez mais determinante. Ele nos mostra os próprios suicidas vindo relatar sua posição infeliz e, com os seus relatos, provar que ninguém transgride impunemente a Lei de Deus, que proíbe ao homem dar cabo de sua vida. Para os suicidas, mesmo levando-se em conta que o sofrimento é temporário, e não eterno, nem por isso deixa de ser terrível, e as conseqüências que dele resultam dão o que pensar a quem quer que seja tentado a se suicidar e partir daqui antes da vontade de Deus. Para contrapor-se à idéia do suicídio, o espírita tem vários motivos: a *certeza* de uma vida futura, na qual ele sabe que será muito mais feliz quanto mais confiante e resignado tenha sido na Terra; a *certeza* de que, ao encurtar sua vida, alcançará um resultado completamente oposto daquele que esperava, porque liberta-se de um mal para entrar num outro pior, mais longo e mais terrível; que se engana ao acreditar que, por se matar, chegará mais rápido ao Céu, e, além de tudo, o suicídio também é um obstáculo para que ele se reúna às pessoas de sua afeição, que esperava reencontrar no outro mundo. Daí a conseqüência de que o suicídio, dando-lhe apenas decepções, está contra os seus interesses. É por estas razões que o conhecimento da Doutrina Espírita já conseguiu impedir um grande número de suicídios. Pode-se concluir que, quando todos forem espíritas, não haverá mais suicídios conscientes. Comparando-se os resultados da doutrina materialista e da Doutrina Espírita, em relação ao suicídio, percebe-se que a lógica do materialismo• conduz ao suicídio, enquanto a do Espiritismo o impede, o que é confirmado pela experiência.

Instruções dos Espíritos

BEM E MAL SOFRER

Lacordaire - Havre, 1863

18 Quando Cristo disse: *Bem-aventurados• os aflitos, pois deles é o reino dos Céus*, não se referia àqueles que sofrem em geral, pois todos os que estão na Terra sofrem, estejam ou num trono, ou na extrema miséria. Mas poucos sabem sofrer, poucos compreendem que somente as provas bem suportadas podem conduzir o homem ao reino de Deus. O desânimo é uma falta. Deus vos recusa consolações se vos falta coragem. A prece é a sustentação para a alma, mas não é suficiente: é preciso que se apóie sobre uma fé viva na bondade de Deus. Jesus vos disse muitas vezes que não se colocava um fardo pesado sobre ombros fracos, e sim que o fardo é proporcional às forças, como a recompensa será proporcional à resignação e à coragem. A recompensa será tão mais generosa quanto mais difícil tiver sido a aflição. Mas é preciso merecer a recompensa e é por isso que a vida está cheia de tribulações.

O militar que não é enviado à frente de batalha não fica feliz, pois o descanso no acampamento não lhe proporciona promoção. Sede como o militar e não desejeis um descanso que enfraqueceria vosso corpo e entorpeceria vossa alma. Ficai satisfeitos quando Deus vos envia à luta. Essa luta não é o fogo da batalha, mas as amarguras da vida, em que algumas vezes é preciso mais coragem do que num combate sangrento, pois aquele que se manteria firme diante do inimigo poderá fracassar sob a pressão de um sofrimento moral. O homem não tem recompensa por esse tipo de coragem, mas Deus lhe reserva coroas e um lugar glorioso. Quando vos atinge um motivo de dor ou de contrariedade, esforçai-vos para superar isso, e quando chegardes a dominar os ataques da impaciência, da raiva ou do desespero, podeis dizer com uma justa satisfação: "Fui o mais forte".

Bem-aventurados• *os aflitos* pode traduzir-se assim: Bem-aventurados aqueles que têm a ocasião de provar sua fé, sua firmeza, sua perseverança e sua submissão à vontade de Deus, porque terão cem vezes a alegria que lhes falta na Terra, e depois do trabalho virá o descanso.

O MAL E O REMÉDIO

Santo Agostinho - Paris, 1863

19 Será a vossa Terra um lugar de alegria, um paraíso de delícias? A voz do profeta não ressoa mais aos vossos ouvidos? Não vos avisou que haveria pranto e ranger de dentes para aqueles que nascessem neste vale de dores? Vós que viestes viver aqui, esperai lágrimas sofridas e amarguras, e, quanto mais vossas dores forem agudas e profundas, olhai o Céu e bendizei ao Senhor por ter querido vos experimentar!... Homens! Será que apenas reconhecereis o poder de vosso Mestre quando tiver curado as chagas de vosso corpo e coroado vossos dias de bem-aventurança e alegria? Será que apenas reconhecereis seu amor quando tiver enfeitado o vosso corpo com todas as glórias e lhe tiver devolvido o brilho e a brancura? Imitai aquele que vos foi dado como exemplo; chegado ao último degrau do desprezo e da miséria, estendido no monte de lixo, disse a Deus: "Senhor! Conheci todas as alegrias da riqueza e me reduzistes à miséria mais profunda; obrigado, obrigado, meu Deus, por quererdes experimentar bem este vosso servidor!" Até quando vossos olhares se fixarão nos horizontes cujo limite é a morte? Quando vossa alma irá querer enfim se lançar além dos limites do túmulo? Mas, mesmo se devêsseis chorar e sofrer toda uma vida, o que representaria isso comparado à eterna glória reservada àquele que tiver suportado a prova com fé, amor e resignação? Compreendei agora que as vossas desventuras são as conseqüências dos vossos males no passado e elas terão consolação no futuro que Deus vos prepara. Vós que mais sofreis, considerai-vos os bem-aventurados da Terra.

No estado de desencarnados, quando estáveis no Espaço, escolhestes vossa prova, pois acreditastes ser suficientemente fortes para suportá-la; por que lamentar agora? Vós que pedistes a fortuna e a glória, era para enfrentar a luta da tentação e vencê-la. Vós que pedistes para lutar de corpo e alma contra o mal moral e físico, sabíeis que quanto mais difícil fosse a prova, mais a vitória seria gloriosa e que, se saísseis triunfantes, mesmo que o vosso corpo fosse jogado num monte de lixo, quando de sua morte, deixaria escapar uma alma brilhante, alva, purificada pela expiação e pelo sofrimento.

Que remédio receitar aos que são atacados por obsessões cruéis e males dolorosos? Um só é infalível: a fé, o apelo ao Céu. Se, no extremo dos vossos mais cruéis sofrimentos, vossa voz canta ao Senhor, o anjo à vossa cabeceira, com sua mão, vos mostrará o sinal da salvação e o lugar que vós devereis ocupar um dia. A fé é o remédio certo para o sofrimento; ela sempre mostra os horizontes do infinito diante dos quais se apagam os poucos dias sombrios do presente. Não pergunteis qual remédio é preciso empregar para curar tal úlcera ou tal chaga, tal tentação ou tal prova. Lembrai-vos de que aquele que crê é forte pela certeza da fé e que aquele que duvida um segundo de sua eficiência é punido na hora, pois experimenta no mesmo instante as angústias dolorosas da aflição.

O Senhor marcou com seu selo todos aqueles que crêem n'Ele. Cristo vos disse que com a fé removem-se montanhas. Eu vos digo que aquele que sofre e que tem a fé como base será colocado sob sua proteção e não sofrerá mais. Os momentos de maior dor serão para ele as primeiras notas da alegria da eternidade. Sua alma se desprenderá de tal modo do seu corpo que, enquanto este estiver morrendo, ela planará nas regiões celestes, cantando com os anjos os hinos de reconhecimento e de glória ao Senhor.

Felizes os que sofrem e os que choram! Que suas almas se alegrem, pois serão abençoadas por Deus.

A FELICIDADE NÃO É DESTE MUNDO

François Nicolas-Madeleine - Cardeal Morlot, Paris, 1863

20 Não sou feliz! A felicidade não existe para mim! exclama geralmente o homem, em todas as posições sociais. Isso, meus queridos filhos, prova melhor do que todos os raciocínios possíveis a verdade deste ensinamento do Eclesiastes*: "A felicidade não é deste mundo". De fato, nem a fortuna, nem o poder, nem mesmo a juventude em flor são condições suficientes para a felicidade. Digo-vos mais: nem mesmo juntas essas três condições tão desejadas o são, uma vez que se escutam constantemente, no meio das classes mais privilegiadas, pessoas de todas as idades lamentarem-se amargamente da condição de suas existências.

* **N. E. - Eclesiastes:** ou Livro do Pregador, do Velho Testamento, escrito por Salomão.

Por isso, é difícil entender como é que as classes trabalhadoras e ativas invejem com tanta cobiça a posição daqueles que a fortuna parece ter favorecido. Aqui na Terra, qualquer que seja a posição da criatura, cada um tem a sua parte de trabalho e de miséria, sua quota de sofrimentos e de decepções. Devido a isso, é fácil chegar à conclusão de que a Terra é um lugar de provas e de expiações.

Sendo assim, aqueles que pregam que a Terra é a única morada do homem, que somente nela, e numa única existência, lhes é permitido alcançar o mais alto grau da felicidade que a vida lhes possa proporcionar, iludem-se, e enganam aqueles que os escutam. Está demonstrado, pela experiência dos séculos, que este globo, só em raríssimas ocasiões, oferece as condições necessárias à felicidade completa do indivíduo.

No sentido geral, pode-se afirmar que a felicidade é uma utopia•, uma ilusão, na busca da qual gerações se lançam sucessivamente, sem poder jamais alcançá-la, pois, se o homem sábio é uma raridade na Terra, o homem totalmente feliz não se encontra nunca.

Aquilo em que consiste a felicidade na Terra é algo de tal modo passageiro para quem não é guiado pela sabedoria que, por um ano, um mês, uma semana de completa satisfação, todo o resto da vida se esgota numa sucessão de amarguras e decepções. Notai, meus queridos filhos, que falo aqui dos felizes da Terra, dos que são invejados pelas multidões.

Conseqüentemente, se a morada terrena é destinada às provas e expiações, é lógico se admitir que em outros lugares existem moradas mais favorecidas, onde o Espírito do homem, mesmo ainda aprisionado num corpo material, possui em toda plenitude os prazeres ligados à vida humana. Foi por isso que Deus semeou em vossos sistemas planetários esses belos planetas superiores, para os quais vossos esforços e vossas tendências vos levarão um dia, quando estiverdes suficientemente purificados e aperfeiçoados.

Contudo, não se deduza das minhas palavras que a Terra esteja destinada para sempre a ser uma penitenciária; certamente que não! Dos progressos já realizados podeis facilmente deduzir os progressos futuros, e dos melhoramentos sociais já conquistados, novos e mais ricos melhoramentos surgirão. Esta é a grandiosa tarefa que deve realizar a nova doutrina que os Espíritos revelaram.

Assim sendo, meus queridos filhos, que um santo estímulo vos anime e que cada um dentre vós se liberte energicamente do homem velho. Consagrai-vos à divulgação do Espiritismo, que já começou a vossa própria regeneração. Cumpre-vos o dever de fazer vossos irmãos participarem dos raios dessa luz sagrada. Mãos à obra, meus queridos filhos! Que nesta reunião solene todos os vossos corações se elevem a esse grandioso objetivo de preparar, para as gerações futuras, um mundo onde a felicidade não será mais uma palavra sem valor.

PERDA DAS PESSOAS AMADAS. MORTES PREMATURAS

Sansão, antigo membro da Sociedade Espírita de Paris - Paris, 1863

21 Quando a morte se faz presente nas vossas famílias, levando sem critério os jovens antes dos velhos, dizeis muitas vezes: "Deus não é justo, já que sacrifica aquele que é forte, e com um futuro pela frente, para conservar aqueles que já viveram longos anos cheios de decepções; leva aqueles que são úteis e deixa aqueles que não servem mais para nada; parte o coração de uma mãe, privando-a da inocente criatura que fazia toda a sua alegria".

Criaturas humanas, é nisto que tendes necessidade de vos elevar acima do plano terreno da vida, para compreender que o bem está muitas vezes onde se acredita ver o mal, a sábia previdência, onde se acredita ver a cega fatalidade do destino! Por que medir a justiça divina pelo valor da vossa? Podeis pensar que o Senhor dos mundos queira, por um simples capricho, vos impor penas cruéis? Nada se faz sem um objetivo inteligente e tudo o que acontece tem sua razão de ser. Se meditásseis melhor o porquê das dores que vos atingem, encontraríeis sempre a razão divina, razão regeneradora, e vossos míseros interesses seriam uma consideração secundária que desprezaríeis ao último plano.

Acreditai em mim, a morte é preferível, mesmo numa encarnação de vinte anos, a essas desordens vergonhosas que desolam famílias honradas, cortam o coração de uma mãe e fazem branquear os cabelos dos pais, antes do tempo. A morte prematura é muitas vezes um grande benefício que Deus dá àquele que se vai, e que se encontra assim poupado das misérias da vida, ou das seduções que poderiam arrastá-lo à sua perdição. Aquele que morre na flor da idade não é vítima da fatalidade; é que Deus julga que não lhe é útil passar maior tempo na Terra.

É uma terrível desgraça, dizeis, que uma vida tão cheia de esperanças seja cortada tão cedo! De quais esperanças quereis falar? Das da Terra, onde aquele que se foi teria brilhado, trilhado seu caminho e feito fortuna? Sempre essa visão estreita, que não consegue se elevar acima da matéria! Acaso sabeis qual teria sido o destino dessa vida tão cheia de esperanças, segundo pensais? Quem vos garante que ela não poderia ter sido cheia de amarguras? Acaso considerais nulas as esperanças da vida futura, preferindo as da vida passageira que arrastais na Terra? Pensais, então, que vale mais ter uma posição entre os homens do que entre os Espíritos bem-aventurados?

Alegrai-vos ao invés de vos lamentar quando Deus quiser retirar um de seus filhos desse vale de misérias. Não há egoísmo em desejar que ele permanecesse aí, para sofrer convosco? Essa dor compreende-se entre aqueles que não têm fé e que vêem na morte uma separação eterna; porém vós, espíritas, sabeis que a alma vive melhor livre de seu envoltório corporal. Mães, sabeis que vossos filhos bem-amados estão perto de vós; sim, estão bem perto; seus corpos fluídicos vos rodeiam, seus pensamentos vos protegem, e a lembrança que tendes deles os enche de felicidade; assim como também vossas dores insensatas os perturbam, pois elas denotam uma falta de fé e são uma revolta contra a vontade de Deus.

Vós que entendeis a vida espiritual, fazei vibrar as pulsações de vosso coração em favor desses entes bem-amados, e, se pedirdes a Deus que os abençoe, sentireis em vós aquelas consolações poderosas que secam as lágrimas, aquela fé consoladora que vos mostrará o futuro prometido pelo soberano Senhor.

SE FOSSE UM HOMEM DE BEM, TERIA MORRIDO

Fénelon - Sens, 1861

22 Dizeis, muitas vezes, referindo-vos a um homem mau que escapa de um perigo: *Se fosse um homem de bem, teria morrido*. Pois bem, ao dizer isso podeis até estar com a verdade. Muitas vezes, Deus dá efetivamente a um Espírito, ainda jovem nos caminhos do progresso, uma prova mais longa do que a um bom, o qual poderá receber, como recompensa de seu mérito, o favor de uma prova tão curta quanto possível. De qualquer forma, quando dizeis: *Se fosse um homem de bem, teria morrido,* estais cometendo uma ofensa.

Se um homem de bem morre e se o vizinho da casa ao lado é um malvado, dizeis: *Seria bem melhor que este se fosse.* Acontece que estais julgando erroneamente, pois aquele que parte acabou sua tarefa, e aquele que fica talvez nem a tenha começado. Por que gostaríeis, então, que o mau não tivesse tempo de terminá-la e que o outro ficasse ligado à gleba terrena? Que diríeis de um prisioneiro que, tendo cumprido o tempo da sua pena, permanecesse na prisão e fosse dada a liberdade a um outro que não tivesse esse direito? Sabei, pois, que a verdadeira liberdade está na libertação dos laços corporais, e, enquanto estiverdes na Terra, estareis em cativeiro.

Habituai-vos a não julgar aquilo que não podeis compreender e acreditai que Deus é justo em todas as coisas. Muitas vezes o que vos parece um mal é um bem; mas vossas capacidades são tão limitadas que o conjunto do grande todo escapa aos vossos rudes sentidos. Esforçai-vos para deixar, pelo pensamento, vossa mesquinha visão, e, à medida que vos elevardes, a importância da vida material diminuirá aos vossos olhos e apenas vos parecerá um incidente, na duração infinita de vossa existência espiritual, a única existência verdadeira.

OS TORMENTOS VOLUNTÁRIOS

Fénelon - Lyon, 1860

23 O homem está incessantemente à procura da felicidade que lhe foge sem parar, pois a felicidade pura não existe na Terra. Entretanto, apesar dos sofrimentos que formam o desfile inevitável desta vida, ele poderia pelo menos desfrutar de uma felicidade relativa se não condicionasse essa felicidade às coisas perecíveis e sujeitas às mesmas contrariedades, ou seja, aos prazeres materiais, ao invés de procurá-la nos prazeres da alma, que são uma antecipação dos prazeres celestes imperecíveis. Ao invés de procurar a *paz do coração,* única felicidade real aqui na Terra, é ávido por tudo aquilo que pode agitá-lo e perturbá-lo e, coisa curiosa, parece criar propositadamente tormentos que dependia só dele evitar.

Haverá maiores tormentos do que aqueles causados pela inveja e pelo ciúme? Para o invejoso e o ciumento não há repouso: estão sempre excitados pelo desejo, o que eles não têm e os outros possuem causa-lhes insônia. O sucesso de seus rivais lhes dá vertigem; seu único interesse é o de menosprezar os outros, toda a sua alegria está em excitar, nos insensatos como eles, a ira do ciúme de que estão possuídos. Pobres insensatos, de fato, nem sonham que talvez amanhã será preciso deixar todas essas futilidades cuja cobiça envenena suas vidas! Não é para eles que se aplicam estas palavras: *Bem-aventurados os aflitos, pois serão consolados*, visto que suas preocupações não têm recompensa no Céu.

De quantos tormentos, ao contrário, se poupa aquele que sabe se contentar com o que tem, que vê sem inveja aquilo que não é seu, que não procura parecer mais do que é. Ele está sempre rico, pois, se olha abaixo de si, ao invés de olhar acima, verá sempre pessoas que têm menos. É calmo, pois não cria necessidades ilusórias, e não é a calma, em si mesma, uma felicidade em meio às tempestades da vida?

A VERDADEIRA INFELICIDADE

Delphine de Girardin - Paris, 1861

24 Todos falam da infelicidade, já a sentiram alguma vez e acreditam conhecer seus vários aspectos. Eu venho vos dizer que quase todas as pessoas se enganam e que a verdadeira infelicidade não é aquilo que os homens, ou seja, os infelizes, supõem. Eles a vêem na miséria, na lareira sem fogo, no credor exigente, no berço vazio do anjo que sorria, nas lágrimas, no caixão que se acompanha com a fronte descoberta e o coração partido, na angústia da traição, na miséria do orgulhoso que gostaria de se vestir de ouro e que esconde com dificuldade sua nudez sob os farrapos da vaidade. Tudo isso e ainda a muitas outras coisas dá-se o nome de infelicidade na linguagem humana. Sim, é a infelicidade para aqueles que apenas vêem o presente; mas a verdadeira infelicidade está mais nas conseqüências de um fato do que nele próprio. Dizei-me se o acontecimento mais feliz para o momento, mas que depois resulta em conseqüências desastrosas, não é na realidade mais infeliz do que aquele que à primeira vista causa uma viva contrariedade, mas acaba produzindo o bem? Dizei-me se a tempestade que quebra as árvores, mas que saneia o ar ao eliminar os vírus insalubres que causam a morte, não é antes uma felicidade do que uma infelicidade?

Para julgar algo é preciso ver-lhe as conseqüências. É assim que, para apreciar o que é realmente feliz ou infeliz para o homem, é preciso se transportar além desta vida, pois é lá que as conseqüências se fazem sentir. Portanto, tudo o que ele chama de infelicidade, segundo sua curta visão, cessa com a vida corporal e encontra sua compensação na vida futura.

Vou revelar-vos a infelicidade sob uma nova face, sob a forma bela e florida que acolheis e desejais, com todas as forças de vossas almas iludidas. A infelicidade é essa alegria falsa, esse prazer egoísta, a fama enganadora, a agitação fútil, a louca satisfação da vaidade que faz calar a consciência, que perturba a ação do pensamento, que confunde o homem quanto ao seu futuro. A infelicidade é o ópio do esquecimento que buscais incessantemente.

Esperai, vós que chorais! Acautelai-vos, vós que rides, pois vosso corpo está satisfeito! Ninguém transgride, impunemente, as leis de Deus; ninguém foge das responsabilidades de seus atos. As provações, essas credoras impiedosas e cruéis, com a seqüência de desgraças que nos atinge na miséria, observam o vosso repouso enganador, para vos mergulhar, de repente, na agonia da verdadeira infelicidade, aquela que surpreende a alma enfraquecida pela indiferença e pelo egoísmo.

Que o Espiritismo vos esclareça e recoloque no seu verdadeiro lugar a verdade e o erro, tão estranhamente desfigurados pela vossa cegueira! Então, agireis como bravos soldados que, ao invés de fugir do perigo, preferem as lutas em combates arriscados à paz que não lhes pode dar nem glória, nem promoções. O que importa ao soldado perder durante a ação suas armas, seus equipamentos e suas roupas, contanto que saia vencedor e com glória? O que importa àquele que tem fé no futuro deixar no campo de batalha da vida sua fortuna e sua veste carnal, contanto que sua alma entre gloriosa no reino celeste?

A MELANCOLIA

François de Genève - Bordeaux

25 Sabeis por que uma certa tristeza se apodera, às vezes, de vossos corações e vos faz achar a vida tão amarga? É o vosso Espírito que anseia pela liberdade e felicidade e, no corpo, que lhe serve de prisão, esgota-se em esforços inúteis para dele sair. Mas, ao ver que não consegue, cai em desânimo, e o corpo sofre uma influência com o enfraquecimento, o abatimento e uma espécie de indiferença que se apoderam de vós, e julgai-vos infelizes.

Acreditai em mim, resisti com energia a essas impressões que enfraquecem a vontade. Esses desejos a uma vida melhor são próprios do Espírito de todos os homens, mas não a procureis aqui na Terra. Neste momento, quando Deus vos envia seus Espíritos para vos instruir sobre a felicidade que vos reserva, esperai pacientemente o anjo da libertação que deve vos ajudar a romper os laços que mantêm vosso Espírito cativo. Lembrai-vos de que tendes a cumprir, durante vossa prova na Terra, uma missão, e não duvideis nunca, seja na dedicação à vossa família, seja no cumprimento dos diversos deveres que Deus vos confiou. Se, no decorrer dessa prova, ao desempenhar vossa tarefa, virdes os deveres, as preocupações, os desgostos investindo contra vós, sede fortes e corajosos para os suportar. Enfrentai-os corajosamente; são de curta duração e devem vos conduzir para perto dos amigos por quem chorais, que se alegrarão com vossa chegada entre eles e vos estenderão os braços para vos conduzir a um lugar onde os desgostos da Terra não existem.

PROVAS VOLUNTÁRIAS. O VERDADEIRO CILÍCIO*

Um Anjo Guardião - Paris, 1863

26 Perguntais se é permitido ao homem suavizar suas próprias provas? Essa questão lembra estas outras: É permitido àquele que se afoga procurar se salvar? Àquele que tem um espinho cravado, retirá-lo? Àquele que está doente, chamar um médico? As provas têm por objetivo exercitar a inteligência, a paciência e a resignação. Um homem pode nascer numa posição humilde e difícil, precisamente para o obrigar a procurar os meios de vencer as dificuldades. O mérito consiste em suportar sem lamentação as conseqüências dos males que não se podem evitar, em continuar na luta, em não se desesperar se não for bem sucedido, sem nunca, porém, agir com displicência, o que seria antes preguiça do que virtude.

Esta questão conduz naturalmente a uma outra, uma vez que Jesus disse: *Bem-aventurados os aflitos*, há mérito em procurar aflições, agravando suas provas com sofrimentos voluntários? A isso responderei muito claramente: sim, há um grande mérito quando os sofrimentos e as privações têm por objetivo o bem do próximo, pois isto é a caridade por meio do sacrifício. Não, quando visa apenas favorecer a si mesmo, porque é egoísmo vaidoso.

Aqui, há uma grande distinção a se fazer: para vós, pessoalmente, contentai-vos com as provas que Deus vos envia e não aumenteis a carga por vezes já tão pesada; aceitai-as sem lamentação e com fé, é tudo o que Ele vos pede. Não enfraqueçais vosso corpo com privações inúteis e mortificações sem objetivo, pois tendes necessidade de todas as vossas forças para realizar vossa missão de trabalho na Terra. Torturar voluntariamente e martirizar vosso corpo é transgredir a Lei de Deus, que vos dá os meios de sustentá-lo e fortificá-lo; enfraquecê-lo sem necessidade é um verdadeiro suicídio. Usai, mas não abuseis: esta é a lei. O abuso das melhores coisas traz sua punição, que acarreta conseqüências inevitáveis.

Outra coisa são os sofrimentos que alguém impõe a si próprio em favor de outrem. Se suportais o frio e a fome para reanimar e alimentar aquele que tem necessidade do alimento e do agasalho, e se vosso corpo padece em conseqüência disso, eis o sacrifício que é abençoado por Deus. Vós, que deixais vossos aposentos perfumados para ir a uma habitação miserável levar a consolação, que sujais vossas mãos delicadas cuidando de chagas, que vos privais do sono para velar à cabeceira de um doente que apenas é vosso irmão em Deus, enfim, vós que usais vossa saúde na prática das boas obras, eis vosso sacrifício abençoado, pois as alegrias do mundo não ressecaram vosso coração; não adormecestes em meio aos prazeres ilusórios da riqueza, mas vos fizestes anjos consoladores dos pobres abandonados.

Mas vós, que vos retirais do mundo para evitar suas seduções e viver no isolamento, que utilidade tendes na Terra? Onde está vossa coragem nas provas, uma vez que fugis da luta e desertais do combate? Se quiserdes um sacrifício, aplicai-o sobre vossa alma e não sobre vosso corpo; mortificai vosso Espírito e não vossa carne; castigai vosso orgulho, recebei as humilhações sem vos lamentardes; pisai em vosso amor-próprio; resisti à dor das ofensas e à calúnia mais torturante que a dor física. Eis a verdadeira penitência, cujas feridas vos serão contadas, porque atestarão vossa coragem e vossa submissão à vontade de Deus.

DEVE-SE PÔR UM FIM ÀS PROVAS DO PRÓXIMO?

Bernardin, Espírito Protetor - Bordeaux, 1863

27 *Deve-se pôr um fim às provas do próximo, ou é preciso, por respeito às vontades de Deus, deixá-las seguir o seu curso?*

Dissemos e repetimos muitas vezes que estais na Terra de expiação para concluir vossas provas, e tudo o que vos acontece é uma conseqüência de vossas existências anteriores, é o peso e obrigação da dívida que tendes a pagar. Mas este pensamento provoca reflexões em algumas pessoas, idéias as quais é necessário combater, pois poderiam ter conseqüências desastrosas.

Alguns pensam que, a partir do momento em que se está na Terra para expiar, é preciso que as provas sigam seu curso. Existem mesmo os que até acreditam que não somente é preciso não fazer nada para atenuá-las, mas que, ao contrário, é preciso contribuir para torná-las mais proveitosas, agravando-as. É um grande erro. Sim, vossas provas devem seguir o curso que Deus lhes traçou, mas conheceis esse curso? Sabeis até que ponto elas devem ir, ou se vosso Pai Misericordioso não disse ao sofrimento deste ou daquele de vossos irmãos: "Não irás mais além?" Sabeis se a Providência não vos escolheu, não como um instrumento de suplício para agravar os sofrimentos do culpado, mas como o alívio de consolação que deve cicatrizar as chagas que Sua justiça tinha aberto? Quando virdes, pois, um de vossos irmãos feridos, não deveis dizer: "É a justiça de Deus, é preciso que ela siga seu curso"; mas dizei, ao contrário: "Vejamos que meios nosso Pai Misericordioso colocou em meu poder para suavizar o sofrimento de meu irmão. Vejamos se minhas consolações morais, meu apoio material, meus conselhos não poderão ajudá-lo a transpor esta prova com ânimo, paciência e resignação. Vejamos mesmo se Deus não colocou em minhas mãos os meios de fazer parar esse sofrimento; se não me foi dado também como prova, ou expiação, deter o mal e substituí-lo pela paz".

Ajudai-vos uns aos outros, sempre, em vossas provas. Nunca vos torneis instrumento de tortura para ninguém. Este pensamento deve revoltar todo homem de bom coração, principalmente os espíritas, pois estes devem entender o alcance infinito da bondade de Deus. O espírita deve pensar que toda a sua vida tem de ser um ato de amor e de dedicação, e que qualquer coisa que faça não contrariará, não causará embaraços às decisões do Senhor, não alterará o curso da Justiça Divina. Pode, sem receio, usar todos os seus esforços para suavizar a amargura da expiação do seu próximo, mas somente Deus pode detê-la ou prolongá-la, segundo julgue necessário.

Não haveria um extremo orgulho por parte do homem ao se acreditar no direito de remexer, por assim dizer, a lâmina na ferida? De aumentar a dose de amargura no peito daquele que sofre, sob o pretexto de que isso é sua expiação? Olhai-vos sempre como um instrumento escolhido para fazê-la parar. Resumamos desse modo: Estais todos na Terra para expiar•; mas todos, sem exceção, deveis empregar todos os vossos esforços para suavizar a expiação de vossos irmãos, segundo a lei de amor e de caridade.

É PERMITIDO ABREVIAR A VIDA DE UM DOENTE QUE SOFRE SEM ESPERANÇA DE CURA?

São Luís - Paris, 1860

28 *Um homem está agonizante, vítima de cruéis sofrimentos. Sabe-se que seu estado não tem esperanças. É permitido poupar-lhe alguns instantes de agonia, apressando o seu fim?*

Quem, no entanto, vos daria o direito de prejulgar os planos de Deus? Não pode o Senhor conduzir um homem à margem do abismo para retirá-lo de lá, a fim de fazê-lo voltar-se sobre si mesmo e de conduzi-lo a outros pensamentos? Ainda que se pense que haja chegado o momento final para um moribundo, ninguém pode dizer com certeza que essa hora tenha chegado. A Ciência nunca se enganou nessas previsões?

Sei muito bem que há casos que se podem considerar, com razão, como desesperadores. Mas, se não há nenhuma esperança fundada de um retorno definitivo à vida e à saúde, não há também incontáveis exemplos de que, no momento de dar o último suspiro, o doente se reanima e recobra sua lucidez por alguns instantes? Pois bem! Essa hora de graça que lhe é concedida pode ser para ele da maior importância, pois ignorais os pensamentos que seu Espírito pôde fazer nos momentos finais da sua agonia e quantos tormentos pode lhe poupar um minuto, um momento de arrependimento.

O materialista que apenas vê o corpo e não se dá conta da alma não pode compreender estas coisas. Mas o espírita, que sabe o que se passa além-túmulo, conhece o valor do último pensamento. Suavizai os últimos sofrimentos tanto quanto vos seja possível fazê-lo; mas guardai-vos de encurtar a vida, que seja apenas por um minuto, pois esse minuto pode poupar muitas lágrimas no futuro.

SACRIFÍCIO DA PRÓPRIA VIDA

São Luís - Paris, 1860

29 *Aquele que está desgostoso com a vida, mas, não querendo se suicidar, é culpado se procurar a morte no campo de batalha, com o propósito de tornar útil o seu gesto?*

Quer o homem se mate ou se faça matar, o objetivo é sempre encurtar sua vida e, portanto, há a intenção do suicídio, embora não ocorra de fato. O pensamento de que sua morte servirá para alguma coisa é ilusório. É apenas uma desculpa para disfarçar sua ação e justificá-la aos seus próprios olhos. Se realmente tivesse o desejo de servir a seu país, procuraria viver defendendo-o e não morrendo, pois, uma vez morto, ele não servirá mais para nada. A verdadeira dedicação consiste em não recear a morte quando se trata de ser útil, enfrentar o perigo e oferecer sem temor o sacrifício da vida, se isso for necessário.

No entanto, a *intenção premeditada* de procurar a morte expondo-se a um perigo, mesmo para prestar serviço, anula o mérito da ação.

30 *Um homem se expõe a um perigo iminente para salvar a vida de um de seus semelhantes, sabendo antecipadamente que ele próprio morrerá. Isto pode ser visto como um suicídio?*

A partir do momento em que a intenção de procurar a morte não existe, não há suicídio, mas dedicação e abnegação, embora haja a certeza de morrer. Mas quem pode ter essa certeza? Quem disse que a Providência não reserva um meio inesperado de salvação no momento mais crítico? Não pode salvar até mesmo aquele que estiver na boca de um canhão? Muitas vezes pode querer levar a prova da resignação até as últimas conseqüências, quando um acontecimento inesperado afasta o golpe fatal.

PROVEITO DO SOFRIMENTO

São Luís - Paris, 1860

31 *Aqueles que aceitam seu sofrimento com resignação, por submissão à vontade de Deus e visando à sua felicidade futura, não trabalham apenas para si mesmos? Podem tornar seus sofrimentos proveitosos aos outros?*

Esses sofrimentos podem ser proveitosos aos outros, material e moralmente. Materialmente se, pelo trabalho, privações e os sacrifícios a que se impõem, contribuem para o bem-estar material de seu próximo. Moralmente, pelo exemplo que dão com a sua submissão à vontade de Deus. Esse exemplo do poder da fé espírita pode induzir os infelizes à resignação, salvá-los do desespero e de suas conseqüências desastrosas para o futuro.

Capítulo

6

O Cristo consolador

O jugo* leve
O Consolador prometido*
Instruções dos Espíritos: O advento do Espírito de Verdade

O JUGO LEVE

1. Vinde a mim, vós todos os que andais em sofrimento e vos achais carregados, e eu vos aliviarei. Tomai sobre vós o meu jugo, e aprendei de mim, que sou manso e humilde de coração, e achareis repouso para as vossas almas. Porque o meu jugo é suave e o meu fardo é leve. (Mateus, 11:28 a 30)

2 Todos os sofrimentos: misérias, decepções, dores físicas, perda de entes queridos encontram sua consolação na fé no futuro, na confiança na justiça de Deus, que o Cristo veio ensinar aos homens. Porém, para aquele que não espera nada após esta vida, ou que simplesmente duvida, as aflições pesam muito mais e nenhuma esperança vem suavizar sua amargura. Eis o que fez Jesus dizer: *Vinde a mim, vós todos os que andais em sofrimento e vos achais carregados, e eu vos aliviarei.*

Entretanto, Jesus coloca uma condição à sua assistência e à felicidade que promete aos aflitos. Essa condição está na lei que Ele ensina; seu jugo é a obediência a essa lei; mas esse jugo é suave e essa lei é leve, uma vez que impõem por dever o amor e a caridade.

O CONSOLADOR PROMETIDO

3. Se me amais, guardai os meus mandamentos. E eu rogarei a meu Pai, e Ele vos dará outro Consolador, para que fique eternamente convosco, o Espírito de Verdade, a quem o mundo não pode receber, porque não o vê, nem o conhece. Mas vós o conhecereis, porque ele ficará convosco e estará em vós. Mas o Consolador, que é o Espírito Santo, a quem o meu Pai enviará em meu nome, vos ensinará todas as coisas e vos fará lembrar de tudo o que vos tenho dito. (João, 14:15 a 17 e 26)

4 Jesus promete um outro consolador: é o *Espírito de Verdade*, que o mundo ainda não conhece, por não estar pronto para entendê-Lo, que o Pai enviará para ensinar todas as coisas e para fazer lembrar o que o Cristo disse: Se o Espírito de Verdade deve vir mais tarde

* **N. E. - Jugo:** submissão, obediência, sujeição.
* **N. E. - O Consolador Prometido:** Doutrina Espírita. (Veja o Evangelho de João, 14:15,17 e 26.)

ensinar todas as coisas, é porque o Cristo não disse tudo, é porque o que disse foi esquecido ou mal entendido.

O Espiritismo vem, no tempo previsto, realizar a promessa do Cristo, e o Espírito de Verdade preside ao seu estabelecimento; chama os homens à observação dessa lei; ensina todas as coisas ao fazer entender o que o Cristo disse apenas por parábolas. O Cristo disse: *Que ouçam os quem têm ouvidos para ouvir*. O Espiritismo vem abrir os olhos e os ouvidos, pois fala de forma direta e objetiva. Ele ergue o véu deixado propositadamente em alguns mistérios. Vem, enfim, trazer uma consolação suprema aos deserdados da Terra e a todos os que sofrem, dando uma causa justa e um objetivo útil para todas as dores.

O Cristo disse: *Bem-aventurados os aflitos, pois serão consolados*; mas como se achar feliz por sofrer, se não se sabe por que se sofre? O Espiritismo mostra a causa nas existências anteriores e na destinação da Terra, onde o homem sofre as conseqüências do seu passado. Ele mostra o objetivo, no qual os sofrimentos são como crises salutares que levam à cura, e é a purificação que garante a felicidade nas existências futuras. O homem compreende que mereceu o sofrimento e o acha justo. Sabe que esse sofrimento ajuda no seu adiantamento, aceita-o sem lamentações, como o trabalhador aceita a tarefa que lhe garante o salário. O Espiritismo lhe dá uma fé inabalável no futuro. A dúvida cruel não mais influencia sua alma. Fazendo-o ver as coisas do alto, a importância das contrariedades da vida terrena se perde no vasto e esplêndido horizonte que ele engloba, e a esperança da felicidade que o espera lhe dá a paciência, a resignação e a coragem de ir até o fim do caminho.

Assim, o Espiritismo realiza o que Jesus disse sobre o Consolador prometido: o conhecimento das coisas, que faz com que o homem saiba de onde vem, para onde vai e por que está na Terra; lembrança dos verdadeiros princípios da Lei de Deus e a consolação pela fé e pela esperança.

Instruções dos Espíritos

O ADVENTO* DO ESPÍRITO DE VERDADE

O Espírito de Verdade - Paris, 1860

5 Venho, como antigamente, entre os filhos perdidos de Israel, trazer a verdade e pôr fim às trevas. Escutai-me. O Espiritismo, tal como antigamente minha palavra, deve lembrar aos incrédulos que acima deles reina uma verdade soberana: o Deus bom, o grande Deus que faz germinar a planta e ergue as ondas. Revelei a doutrina divina; como um ceifeiro*, juntei em feixes o bem espalhado em meio à Humanidade e disse: *Vinde a mim, todos vós que sofreis!*

* **N. E. - Advento:** vinda, chegada.
* **N. E. - Ceifeiro:** colhedor de cereais.

Mas os homens ingratos se desviaram do caminho reto e largo que conduz ao reino de meu Pai e se perderam nos ásperos atalhos da incredulidade. Meu Pai não quer aniquilar a raça humana; quer que, ajudando-vos uns aos outros, mortos e vivos, ou seja, mortos segundo a carne, pois a morte não existe, socorrei-vos, e que não mais a voz dos profetas e dos apóstolos, mas a voz daqueles que não estão mais na Terra se faça ouvir para vos gritar: Orai e acreditai! Pois a morte é a ressurreição e a vida é a prova escolhida durante a qual vossas virtudes cultivadas devem crescer e se desenvolver como o cedro.

Homens fracos, que percebeis as sombras de vossas inteligências, não afasteis a tocha que a clemência divina coloca nas vossas mãos para iluminar vosso caminho e vos reconduzir, crianças perdidas, aos braços de vosso Pai.

Sinto-me compadecido pelas vossas misérias, pelas vossas fraquezas imensas, para não estender uma mão segura aos infelizes desgarrados que, vendo o Céu, caem no abismo do erro. Acreditai, amai, meditai sobre as coisas que vos são reveladas. Não mistureis o joio ao bom grão, as utopias, ou seja, as mentiras ilusórias, com as verdades.

Espíritas! Amai-vos, eis o primeiro ensinamento; *instruí-vos,* eis o segundo. Todas as verdades se encontram no Cristianismo. Os erros que nele se enraizaram são de origem humana. Eis que de além-túmulo, que acreditáveis ser o nada, vozes vos gritam: Irmãos, nada tem fim; Jesus Cristo é o vencedor do mal; sede vós os vencedores da incredulidade.

O Espírito de Verdade - Paris, 1861

6 Venho ensinar e consolar os pobres deserdados. Venho lhes dizer que elevem sua resignação à altura de suas provas. Que chorem, pois a dor foi consagrada no Jardim das Oliveiras, mas que esperem, pois os anjos consoladores virão enxugar suas lágrimas.

Trabalhadores, traçai vosso sulco; recomeçai no dia seguinte a rude jornada da véspera. O trabalho de vossas mãos fornece o pão terreno a vossos corpos, mas vossas almas não estão esquecidas. Eu, o divino jardineiro, cultivo-as no silêncio de vossos pensamentos. Quando soar a hora do repouso, quando o fio da vida escapar de vossas mãos e os vossos olhos se fecharem à luz, sentireis surgir e germinar em vós minha preciosa semente. Nada está perdido no reino de nosso Pai, e vossos suores, vossas misérias formam o tesouro que deve vos tornar ricos nas esferas superiores, onde a luz substitui as trevas e onde o mais desprovido dentre todos vós será, talvez, o mais resplandecente.

Eu vos digo em verdade, aqueles que carregam seus fardos e que assistem os seus irmãos são meus bem-amados. Instruí-vos na preciosa Doutrina Espírita, que acaba com o erro das vossas revoltas e que vos ensina o objetivo sublime da provação humana. Como o vento varre a poeira, que o sopro dos Espíritos elimine vossa inveja contra os ricos do mundo que, freqüentemente, são os mais miseráveis, pois suas provas são mais perigosas que as vossas. **Estou convosco e meu apóstolo vos esclarece.** Bebei da fonte viva do amor e preparai-vos, cativos da vida, para vos lançardes um dia, livres e alegres, no seio d'Aquele que vos criou simples e ignorantes para vos tornar perfeitos e quer que vós modeleis a vossa frágil argila, a fim de serdes os artesãos de vossa imortalidade.

O Espírito de Verdade - Bordeaux, 1861

7 Sou o grande médico das almas e venho vos trazer o remédio que vos deve curar. Os fracos, os sofredores e os enfermos são os meus filhos prediletos, e venho salvá-los. Vinde, pois, a mim, todos vós que sofreis e que estais sobrecarregados e sereis aliviados e consolados. Não procureis em lugar nenhum a força e a consolação, pois o mundo é incapaz de dá-las. Deus faz, a vossos corações, um chamado supremo pelo Espiritismo; escutai-o. Que a impiedade, a mentira, o erro, a incredulidade sejam eliminados de vossas almas doloridas. Estes são os monstros que sugam o vosso sangue mais puro, e que vos fazem feridas quase sempre mortais. Que no futuro, humildes e submissos ao Criador, pratiqueis sua lei divina. Amai e orai. Sede dóceis aos Espíritos do Senhor. Invocai-O do fundo do coração e então Ele vos enviará seu Filho bem-amado para vos instruir e vos dizer estas boas palavras: "Eis-me aqui, venho a vós porque me chamastes".

O Espírito de Verdade - Havre, 1863

8 Deus consola os humildes e dá a força aos aflitos que a imploram. Seu poder cobre toda a Terra e, por toda a parte, ao lado de cada lágrima, Ele colocou um alívio que consola. O devotamento e a abnegação são uma prece contínua e contêm um ensinamento profundo. A sabedoria humana reside nessas duas palavras. Possam todos os Espíritos sofredores entender esta verdade, ao invés de protestar contra as dores, os sofrimentos morais que aqui na Terra são a vossa herança. Tomai por lema estas duas palavras: *devotamento e abnegação,* e sereis fortes, pois elas resumem todos os deveres que a caridade e a humildade vos impõem. O sentimento do dever cumprido vos dará a tranqüilidade de espírito e a resignação. O coração se tranqüiliza, a alma se acalma e não há mais desânimos, porque o corpo é menos atingido pelos golpes recebidos quanto mais fortalecido se sente o Espírito.

Capítulo

7

Bem-aventurados os pobres de espírito

O que é preciso entender por pobres de espírito
Todo aquele que se eleva será rebaixado
Mistérios ocultos aos sábios e aos prudentes
Instruções dos Espíritos: O orgulho e a humildade
Missão do homem inteligente na Terra

O que é preciso entender por pobres de espírito

1. Bem-aventurados• os pobres de espírito, pois deles é o reino dos Céus. (Mateus, 5:3)

2 A incredulidade zomba deste ensinamento moral: *Bem-aventurados os pobres de espírito,* como tem zombado de outras afirmativas de Jesus, por não as entender. Por pobres de espírito Jesus não se refere aos homens desprovidos de inteligência, mas sim aos humildes. Ele disse que é deles o reino dos Céus e não dos orgulhosos.

Os homens de ciência e de cultura, segundo o mundo, geralmente têm uma opinião tão elevada de si mesmos e de sua superioridade que olham as coisas divinas como desprezíveis para merecer sua atenção. Preocupados somente com eles mesmos, em suas vaidades não podem se elevar até Deus. Essa tendência de se acreditarem superiores a tudo e a todos os leva a negar forçosamente o que, estando acima deles, poderia rebaixá-los e a negar até mesmo a Divindade. Se consentem em admiti-la, negam-lhe um de seus mais belos dons divinos: sua ação providencial sobre as coisas deste mundo, convencidos de que só eles já bastam para bem governá-lo. Consideram sua inteligência como se fosse a medida da inteligência universal e, julgando-se aptos a entender tudo, não crêem na possibilidade daquilo que não entendem e, quando opinam sobre alguma coisa, consideram os seus julgamentos como definitivos e inapeláveis, ou seja, indiscutíveis.

Quando se recusam a admitir o mundo invisível e um poder extra-humano, não é porque isso esteja acima de sua capacidade de entendimento, mas porque seu orgulho se revolta contra a idéia de que haja alguma coisa acima da qual não se possam colocar e que os faria descer do seu pedestal. É por isso que apenas têm sorrisos de desdém por tudo o que não é do mundo físico e visível. Eles se atribuem grande cultura e ciência para acreditarem nessas coisas, que pensam ser boas, segundo eles, para as pessoas *simples*, considerando aqueles que as levam a sério como *pobres de espírito*.

Entretanto, digam o que disserem, forçosamente entrarão, como todos os outros, no mundo invisível que ridicularizam. É aí que seus olhos serão abertos e que reconhecerão seu erro. Porém Deus, que é justo, não pode receber da mesma maneira aquele que desconheceu a sua majestade e aquele que se submeteu humildemente às suas leis, nem dar a ambos um tratamento igual.

Ao dizer que o reino dos Céus é para os simples, Jesus quer dizer que ninguém é lá admitido sem *a simplicidade do coração e a humildade de espírito;* que o inculto que possui estas qualidades será preferido e não o sábio que acredita mais em si mesmo do que em Deus. Jesus sempre colocou a humildade entre as virtudes que nos aproximam de Deus e o orgulho entre os vícios que nos distanciam d'Ele. Isso ocorre por uma razão muito natural: enquanto a humildade é um ato de submissão a Deus, o orgulho é uma revolta contra Ele. Mais vale, pois, para a felicidade futura do homem ser *pobre de espírito*, no sentido do mundo, e rico de qualidades morais.

TODO AQUELE QUE SE ELEVA SERÁ REBAIXADO

3. Naquela hora, chegaram-se a Jesus seus discípulos, dizendo: Quem é o maior no reino dos Céus? E Jesus, chamando um menino, o pôs no meio deles, e disse: Na verdade vos digo que, se não vos fizerdes como meninos, não entrareis no reino dos Céus. Todo aquele, pois, que se humilhar e se fizer pequeno como este menino, será o maior no reino dos Céus. E o que receber em meu nome um menino como este, a mim é que recebe. (Mateus, 18:1 a 5)

4. Então se chegou a Ele a mãe dos filhos de Zebedeu, com seus filhos, adorando-o e pedindo-Lhe alguma coisa. Ele lhe disse: Que queres tu? Respondeu ela: Dize que estes meus dois filhos se assentarão no teu reino, um à tua direita e outro à tua esquerda. E respondendo Jesus disse: Não sabeis o que pedis. Podeis vós beber o cálice que eu hei de beber? Disseram-Lhe eles: Podemos. Jesus disse: É verdade que haveis de beber o meu cálice; mas, pelo que toca a terdes assento à minha direita ou à minha esquerda, não pertence a mim conceder-vos, mas isso é para aqueles a quem meu Pai o tem preparado. E quando os dez ouviram isto, indignaram-se contra os dois irmãos. Mas Jesus os chamou a si e lhes disse: Sabeis que os príncipes das nações dominam os seus vassalos e que os maiores exercem sobre eles o seu poder. Não será assim entre vós. Aquele que quiser ser o maior, esse seja o vosso servidor, e o que entre vós quiser ser o primeiro, seja o vosso escravo. Assim como o Filho do Homem, que não veio para ser servido, mas para servir e para dar a sua vida em redenção de muitos. (Mateus, 20:20 a 28)

5. E aconteceu que, entrando Jesus, num sábado, em casa de um dos principais fariseus, a tomar a sua refeição, ainda eles o estavam ali observando. E notando como os convidados escolhiam os primeiros assentos à mesa, propôs-lhes esta parábola: Quando fores convidado a alguma boda, não te assentes no primeiro lugar, porque pode ser que esteja ali outra pessoa, mais considerada que tu, convidada pelo dono da casa, e que, vindo este, que convidou a ti e a ele, te diga: Dá o teu lugar a este; e tu, envergonhado, irás buscar o último lugar. Mas, quando fores convidado, vai tomar o último lugar, para que, quando vier o que te convidou, te diga: Amigo, senta-te mais para cima. Servir-te-á isto então de glória, na presença dos que estiverem juntamente sentados à mesa. ***Porque todo aquele que se rebaixa será elevado, e todo aquele que se eleva será rebaixado.*** *(Lucas, 14:1, 7 a 11)*

6 Estes ensinamentos estão de acordo com o princípio de humildade, que Jesus não cessa de colocar como condição essencial da felicidade prometida aos eleitos do Senhor, e que formulou com estas palavras: *Bem-aventurados os pobres de espírito, pois é deles o reino dos Céus*. Ele toma uma criança como exemplo da simplicidade de coração e diz: *Será maior no reino dos Céus aquele que se humilhar e se* ***fizer pequeno como uma criança;*** ou seja, que não tiver nenhuma pretensão de superioridade ou de ser infalível.

O mesmo pensamento fundamental se encontra neste outro ensinamento: *Que aquele que quiser tornar-se o maior, seja vosso servidor*, e também neste: *Todo aquele que se rebaixa será elevado, e todo aquele que se eleva será rebaixado.*

O Espiritismo vem confirmar os ensinamentos exemplificando-os e mostrando-nos que os grandes no mundo dos Espíritos são os que foram pequenos na Terra, e freqüentemente são bem pequenos lá aqueles que foram os maiores e os mais poderosos na Terra. É que os primeiros levaram, ao morrer, aquilo que faz unicamente a verdadeira grandeza no Céu e não se perde: as virtudes; enquanto os outros tiveram que deixar o que fazia sua grandeza na Terra e que não se leva: a riqueza, os títulos, a glória, a nobreza. Não tendo nenhuma outra coisa, chegam ao outro mundo sem nada, como náufragos* infelizes, que perderam tudo, até mesmo suas roupas. Conservaram apenas o orgulho que torna sua nova posição ainda mais humilhante, pois vêem acima deles, resplandecentes de glória, aqueles que humilharam na Terra.

* N. E. - **Náufrago:** que sofreu acidente marítimo; (neste caso, de forma figurada) decadente.

O Espiritismo nos mostra uma outra aplicação deste princípio: o das encarnações sucessivas, nas quais aqueles que foram mais elevados em uma existência terrena são rebaixados à última categoria na existência seguinte, caso tenham sido dominados pelo orgulho e pela ambição. Não procureis o primeiro lugar na Terra, nem vos coloqueis acima dos outros, se não quiserdes ser obrigados a descer. Procurai, ao contrário, o mais humilde e o mais modesto, pois Deus saberá vos dar um lugar mais elevado no Céu, se o merecerdes.

MISTÉRIOS OCULTOS AOS SÁBIOS E AOS PRUDENTES

7. *Então Jesus disse estas palavras: Eu vos rendo glória, meu Pai, Senhor do Céu e da Terra, por haverdes ocultado essas coisas aos sábios e aos prudentes e por as haver revelado aos simples e aos pequeninos. (Mateus, 11:25)*

8 Pode parecer estranho que Jesus renda graças a Deus por ter revelado estas coisas aos humildes, *aos simples e aos pequeninos*, que são os pobres de espírito, e de tê-las ocultado *aos sábios e aos prudentes*, mais capazes, aparentemente, de compreendê-las. É preciso entender pelos primeiros, *os humildes,* os que se humilham diante de Deus e não acreditam ser superiores a ninguém, e pelos segundos, *os orgulhosos*, envaidecidos de seu saber mundano, que se acreditam prudentes, pois negam a Deus, tratando-O de igual para igual, quando não O rejeitam. Na antigüidade, *prudente* era sinônimo de empáfia, *dono da verdade*. É por isso que Deus lhes deixa à procura dos segredos da Terra e revela os do Céu aos simples e humildes que se inclinam diante da Sua glória.

9 Assim acontece agora com as grandes verdades reveladas pelo Espiritismo. Alguns incrédulos admiram-se que os Espíritos façam tão poucos esforços para os convencer. É que eles se ocupam dos que buscam a luz com humildade e de boa-fé, ao invés daqueles que acreditam possuir toda a verdade e pensam que Deus deveria primeiro provar-lhes que existe, para poderem aceitá-Lo, e ficar muito feliz em conduzi-los a Si.

O poder de Deus manifesta-se nas pequenas como nas grandes coisas. Ele não coloca a luz sob o alqueire•, uma vez que a espalha com abundância por todas as partes; cegos são aqueles que não a vêem. *Deus não quer lhes abrir os olhos à força, uma vez que lhes convém mantê-los fechados.* Sua vez chegará, mas primeiro é preciso que sintam as angústias das trevas *e reconheçam a Deus, e não o acaso, na mão que atinge seu orgulho.* Deus emprega, para vencer a incredulidade, os meios que julga conveniente, conforme os indivíduos. Não é o incrédulo que deve determinar a Deus o que fazer, ou o que dizer:

"Se quiserdes me convencer, é preciso escolher esta ou aquela maneira, tal momento antes daquele outro, porque isto é o que me convém."

Que os incrédulos não se espantem, portanto, se Deus e os Espíritos, que são os agentes de sua vontade, não se submetem às suas exigências. O que diriam se o mais simples de seus servidores quisesse se impor a eles? Deus impõe suas condições, e não se sujeita às deles. Ele ouve com bondade aqueles que O procuram com humildade, e não os que se acreditam maiores do que Ele.

10 Não poderia Deus mostrar-lhes pessoalmente fatos sobrenaturais na presença dos quais o incrédulo mais endurecido se convenceria? Sem dúvida, poderia; mas que mérito teriam eles e, aliás, de que isto serviria? Não os vemos, todos os dias, negarem-se à evidência e até mesmo dizerem: "Se eu visse, não acreditaria, pois *sei* que é impossível!" Se eles se recusam a reconhecer a verdade, é que seu Espírito ainda não está pronto para entendê-la, nem seu coração para senti-la. *O orgulho é o véu que tampa sua visão.* De que adianta mostrar a luz a um cego? É preciso, em primeiro lugar, curar a causa da cegueira, e, como médico hábil, Deus corrige, primeiramente, o orgulho. Não abandona seus filhos perdidos; sabe que cedo ou tarde seus olhos se abrirão, mas quer que isso aconteça por vontade própria e, então, vencidos pelas aflições da incredulidade, se lançarão por si mesmos em seus braços e, como filhos pródigos, Lhe pedirão perdão!

INSTRUÇÕES DOS ESPÍRITOS

O ORGULHO E A HUMILDADE

Lacordaire - Constantina, 1863

11 Que a paz do Senhor esteja convosco, meus queridos amigos! Venho até vós para vos encorajar a seguir o bom caminho.

Aos pobres Espíritos que, antigamente, habitavam a Terra, Deus dá a missão de vir vos esclarecer. Bendito seja, pela graça que nos proporciona, em poder ajudar no vosso aperfeiçoamento. Que o Espírito Santo me ilumine e ajude a tornar minha palavra compreensível, e que me conceda a graça de colocá-la ao alcance de todos! Todos vós encarnados, que estais em provação e procurais a luz, que a vontade de Deus me ajude para fazê-la resplandecer aos vossos olhos!

A humildade é uma virtude muito esquecida entre vós; e os grandes exemplos que dela vos têm sido dados são pouco seguidos. Será que podeis, sem a humildade, ser caridosos para com o vosso próximo? Não, pois a humildade iguala os homens; mostra-lhes que são irmãos, que devem se ajudar mutuamente, e os conduz ao bem.

Sem a humildade, apenas vos enfeitais de virtudes que não tendes, como se vestísseis uma roupa para ocultar as deformidades de vosso corpo. Lembrai-vos d'Aquele que nos salvou. Lembrai-vos de sua humildade que O fez tão grande e colocou-O acima de todos os profetas.

O orgulho é o terrível adversário da humildade. Se o Cristo prometeu o reino dos Céus aos mais humildes, foi porque os poderosos da Terra imaginam que os títulos e as riquezas são as recompensas dadas ao seu mérito, e que sua origem é mais pura do que a do pobre. Acreditam que isso lhes é devido por direito e, quando Deus as retira, acusam-no de injustiça. Ridícula cegueira! Deus vos distingue pelo corpo? Acaso o do pobre não é igual ao do rico? O Criador fez duas espécies de homens? Tudo o que Deus fez é grandioso e sábio; nunca crediteis a Deus as idéias que os vossos cérebros orgulhosos imaginam.

Rico! Enquanto tu dormes sob tetos dourados, ao abrigo do frio, não pensas em milhares de irmãos teus, iguais a ti, estirados na sarjeta? Não é teu irmão, teu semelhante, o infeliz que passa fome? Sei que, com estas palavras, teu orgulho se revolta. Concordarás em lhe dar uma esmola, mas nunca em lhe apertar fraternalmente a mão! "O quê!" – dirás tu. "Eu, descendente de sangue nobre, poderoso da Terra, serei igual a este miserável que se veste de trapos? Ilusória vaidade de pretensos filósofos! Se fôssemos iguais, por que Deus o teria colocado tão baixo e a mim tão alto?" É verdade que vossas roupas não se parecem em nada; mas se ambos ficassem sem elas, que diferença haveria entre vós? A nobreza de sangue, dirás tu, mas a química não encontrou diferença entre o sangue do nobre senhor e o do plebeu; entre o do senhor e o do escravo. Quem te garante que também já não foste um miserável e infeliz como ele? Que não pediste esmola? Que não a pedirás um dia àquele mesmo que desprezas hoje? Não acabam para ti as tuas riquezas que imaginavas eternas, como o corpo envoltório perecível de teu Espírito? Volta-te humildemente para ti mesmo! Lança, enfim, os olhos sobre a realidade das coisas deste mundo e sobre o que faz a superioridade e a inferioridade no outro. Pensa que a morte virá para ti como para todos, que os títulos não te pouparão a ela; que pode te atingir amanhã, hoje, ou daqui a uma hora; e se te fechas no teu orgulho, então eu te lastimo, pois serás digno de piedade!

Orgulhoso! Que foste tu antes de ser nobre e poderoso? Talvez estivesses mais baixo que o último de teus criados. Curva a fronte orgulhosa, que Deus pode rebaixar no momento em que a elevas mais alto. Todos os homens são iguais na balança divina, apenas as virtudes os distinguem aos olhos de Deus. Todos os Espíritos possuem a mesma origem e todos os corpos são moldados da mesma massa, nem títulos e nem nomes os mudam em nada; eles irão para o túmulo e não vos garantem a felicidade prometida aos eleitos. A caridade e a humildade, sim, são títulos de nobreza.

Pobre criatura! És mãe, teus filhos sofrem. Estão com frio e com fome, e vais, curvada sob o peso de tua cruz, humilhar-te para lhes conseguir um pedaço de pão. Eu me inclino diante de ti. Quanto és nobremente santa e grande aos meus olhos! Espera e ora. A felicidade ainda não é deste mundo. Aos pobres oprimidos que confiam em Deus Ele dá o reino dos Céus.

E tu, que és moça, pobre criança devotada ao trabalho, às voltas com privações, por que esses pensamentos tristes? Por que chorar? Que teu olhar se eleve, piedoso e sereno, em direção a Deus: aos pequenos pássaros o Senhor dá o alimento. Tem confiança n'Ele, que não te abandonará. O ruído das festas e dos prazeres do mundo faz bater teu coração. Gostarias, também, de enfeitar tua cabeça com flores e misturar-te aos felizes da Terra. Dizes que poderias, como essas mulheres que vês passar, extravagantes e risonhas, ser rica também. Cala-te, criança! Se soubesses quantas lágrimas e dores sem conta estão escondidas sob essas roupas bordadas, quantos lamentos são abafados sob o ruído dessa orquestra alegre, preferirias teu humilde retiro e tua pobreza. Permanece pura aos olhos de Deus se não queres que teu anjo de guarda se retire e volte a Deus, escondendo o rosto com suas asas brancas, e te deixe neste mundo com os teus remorsos, onde estarás perdida e terás que aguardar a punição reparadora no outro mundo.

Todos vós que sofreis as injustiças dos homens, sede indulgentes para com as faltas de vossos irmãos, lembrando que vós mesmos não estais isentos de culpa; sereis assim caridosos e humildes. Se sofreis pelas calúnias, curvai a fronte sob essa prova. Que vos importam as calúnias do mundo? Se vossa conduta é pura, Deus não pode vos recompensar? Suportar com coragem as humilhações dos homens é ser humilde e reconhecer que somente Deus é grande e poderoso.

Meu Deus, será preciso que o Cristo venha uma segunda vez à Terra para ensinar aos homens as leis que eles esqueceram? Terá ainda de expulsar os mercadores do templo que desonram a tua casa, que deve ser somente um lugar de oração? Quem sabe? Homens! Como outrora, o renegaríeis, caso Deus vos concedesse essa graça, e o chamaríeis, outra vez, de maldito, porque atacaria o orgulho dos fariseus modernos. Talvez até O fizésseis recomeçar o caminho do Gólgota*.

*** N. E. - Gólgota:** monte nos arredores de Jerusalém, onde Jesus foi crucificado.

Quando Moisés subiu ao monte Sinai para receber os mandamentos de Deus, o povo de Israel, entregue a si mesmo, abandonou o verdadeiro Deus. Homens e mulheres deram ouro e jóias para fazer um ídolo que pudessem adorar. Vós, homens civilizados, procedeis como eles, pois o Cristo vos deixou sua doutrina e vos deu o exemplo de todas as virtudes, e vós abandonastes tudo, exemplos e ensinamentos. Cada um de vós, com suas paixões, construiu um deus a seu gosto: para uns, terrível e sanguinário; para outros, despreocupado em relação aos interesses do mundo. O deus que fizestes é ainda o mesmo bezerro de ouro que cada um adapta a seu gosto e às suas idéias.

Despertai, meus irmãos, meus amigos! Que a voz dos Espíritos toque vossos corações. Sede generosos e caridosos sem ostentação, ou seja, fazei o bem com humildade. Que cada um destrua, pouco a pouco, os altares que levantou ao orgulho. Em uma palavra, sede verdadeiros cristãos e tereis o reino da verdade. Não duvideis mais da bondade de Deus, agora que vos oferece tantas provas. Nós viemos preparar os caminhos para o cumprimento das profecias. Sempre que o Senhor vos der uma manifestação mais convincente de sua clemência, o enviado celeste deve apenas encontrar uma grande família, que vossos corações suaves e humildes sejam dignos para ouvir a palavra divina, que ele virá vos trazer. Que o mensageiro apenas encontre no caminho flores depositadas e voltadas para o bem, à caridade, à fraternidade, e, então, vosso mundo se tornará o paraíso terreno. Mas se permanecerdes insensíveis à voz dos Espíritos enviados para purificar e renovar vossa sociedade civilizada, rica em ciências e, todavia, tão pobre em bons sentimentos, só nos restará chorar e lastimar por vossa sorte. Mas, não, não será assim! Voltai-vos para Deus vosso Pai e, então, todos nós, que tivermos servido ao cumprimento de sua vontade, entoaremos o cântico de ação de graças, para agradecer ao Senhor sua inesgotável bondade e para glorificá-Lo por todos os séculos dos séculos. Assim seja.

Adolfo, Bispo de Argel - Marmande, 1862

12 Homens, por que vos lamentais das calamidades que vós mesmos amontoastes sobre vossas cabeças? Vós menosprezastes a santa e divina moral do Cristo, não fiqueis, pois, espantados de que a taça da maldade tenha transbordado por toda a parte.

O mal-estar torna-se geral. A quem deveis atribuí-lo senão a vós mesmos, que procurais sem parar destruir-vos uns aos outros? Não podeis ser felizes sem benevolência mútua. Como a benevolência pode conviver com o orgulho? O orgulho, eis a fonte de todos os vossos males. Dedicai-vos a destruí-lo, se não quiserdes que suas conseqüências malévolas se mantenham para sempre. Um único meio tendes para isso, e esse meio é infalível: tomai a lei do Cristo como regra invariável da vossa conduta, lei que tendes rejeitado ou interpretado de forma enganadora.

Por que tendes em tão grande estima aquilo que brilha e que encanta os olhos, ao invés do que vos toca o coração? Por que fazeis do viver na riqueza a razão de vossas vidas, enquanto tendes apenas um olhar de desdém para o verdadeiro mérito, muitas vezes oculto na simplicidade? Quando um rico cheio de vícios, perdido de corpo e de alma, se apresenta em qualquer lugar, todas as portas lhe são abertas, todas as atenções se voltam para ele, enquanto é muito pouco digno oferecer-se um gesto de proteção ao homem de bem que vive de seu trabalho. Quando a consideração que se dá às pessoas é medida pelo peso de ouro que possuem, ou pelo nome que trazem, que interesse podem ter para se corrigir de seus defeitos?

Seria diferente se o vício dourado fosse combatido pela opinião pública como o é o vício em farrapos. Mas o orgulho é tolerante para com tudo que o satisfaz. Vivemos na era da ambição e do dinheiro, dizeis. Sem dúvida. Mas por que deixastes as necessidades materiais prevalecerem sobre o bom senso e a razão? Por que cada um quer se elevar acima de seu irmão? Hoje a sociedade sofre as conseqüências disso.

Não esqueçais que um tal estado de coisas é sempre um sinal de decadência moral. Quando o orgulho alcança o seu limite, é indício de queda próxima, pois Deus sempre pune os arrogantes. Se, por vezes, deixa-os subir, é para lhes dar tempo de refletir e de se corrigirem sob os golpes que, de tempos em tempos, lhes fere o orgulho para os advertir, mas, em vez de se humilharem, eles se revoltam. Então, chegando a um certo limite, Ele os derruba completamente, e a queda é tanto mais terrível quanto mais alto tiverem se elevado.

Pobre raça humana, cujo egoísmo corrompeu todos os caminhos, recobra a coragem! Em sua misericórdia infinita, Deus envia um poderoso remédio a teus males, uma ajuda inesperada à tua aflição. Abre os olhos à luz: eis de volta as almas daqueles que se foram e vêm te lembrar dos teus verdadeiros deveres. Elas te dirão, com a autoridade da experiência, que as vaidades e as grandezas de tua existência passageira pela Terra são pouca coisa diante da eternidade. Elas te dirão que, lá, será maior quem foi mais humilde entre os pequenos da Terra; que aquele que amou mais a seus irmãos é também aquele que será o mais amado no Céu; que os poderosos da Terra, se abusaram de sua autoridade, serão obrigados a obedecer a seus servidores, e que a caridade e a humildade, enfim, essas duas irmãs que andam sempre juntas, são as virtudes mais eficientes para se obter graça diante do Eterno.

MISSÃO DO HOMEM INTELIGENTE NA TERRA

Ferdinando, Espírito Protetor - Bordeaux, 1862

13 Não vos orgulheis do que sabeis, pois esse saber tem limites bem estreitos no mundo que habitais. Mesmo supondo que sejais uma das intelectualidades na Terra, não tendes nenhum direito de vos envaidecer por isso. Se Deus vos fez nascer num meio onde pudestes desenvolver vossa inteligência, foi porque Ele quis que fizésseis uso dela para o bem de todos. Esta é uma missão que Ele vos dá, ao colocar em vossas mãos o instrumento com a ajuda do qual podereis desenvolver, a vosso modo, as inteligências mais atrasadas e conduzi-las a Deus. A natureza do instrumento não indica o uso que dele se deve fazer? A enxada que o jardineiro coloca nas mãos de seu aprendiz não lhe mostra que ele deve cavar? E que diríeis se esse aprendiz, ao invés de trabalhar, levantasse sua enxada para atingir o seu mestre? Diríeis que é horrível e que ele merece ser expulso. Pois bem, assim ocorre com aquele que se serve de sua inteligência para destruir a idéia de Deus e da Providência entre seus irmãos. Ele ergue contra seu mestre a enxada que lhe foi dada para limpar o terreno. Terá assim direito ao salário prometido, ou merece, ao contrário, ser expulso do jardim? Ele o será, não há dúvida, e carregará consigo existências miseráveis e repletas de humilhações até que se curve diante d'Aquele a quem tudo deve.

A inteligência é rica de méritos para o futuro, desde que bem empregada. Se todos os homens talentosos dela se servissem conforme a vontade de Deus, a tarefa dos Espíritos seria fácil, para fazer a Humanidade avançar. Infelizmente, muitos fazem dela um instrumento de orgulho e de perdição para eles próprios. O homem abusa de sua inteligência como de todas as suas outras capacidades e, entretanto, não lhe faltam lições para adverti-lo de que uma poderosa mão pode lhe retirar aquilo que lhe deu.

Capítulo

8

Bem-aventurados os puros de coração

Deixai vir a mim as criancinhas
Pecado por pensamento. Adultério • Verdadeira pureza
Mãos não lavadas • Escândalos
Se vossa mão é motivo de escândalo, cortai-a
Instruções dos Espíritos: Deixai vir a mim as criancinhas
Bem-aventurados aqueles que têm os olhos fechados

DEIXAI VIR A MIM AS CRIANCINHAS

1. Bem-aventurados os puros de coração, pois verão a Deus. (Mateus, 5:8)

*2. Apresentaram a Jesus então umas criancinhas, a fim de que Ele as tocasse. E como seus discípulos repelissem com palavras rudes aqueles que as apresentavam, Jesus vendo isso repreendeu-os e lhes disse: **Deixai vir a mim as criancinhas**, não as impeçais; pois o reino dos Céus é para aqueles que se lhes assemelham. Eu vos digo, em verdade, que todo aquele que não receber o reino de Deus como uma criança, nele não entrará. E tendo-as abraçado, abençoou-as impondo-lhes as mãos*. (Marcos, 10:13 a 16)*

3 A pureza do coração é inseparável da simplicidade e da humildade. Ela exclui todo pensamento egoísta e orgulhoso. É por isso que Jesus toma a infância como símbolo dessa pureza, como a tinha tomado para o da humildade.

Esta comparação poderia parecer injusta, se considerássemos que o Espírito da criança pode ser muito antigo e que traz ao renascer, para a vida corporal, as imperfeições das quais não se libertou nas existências anteriores. Somente um Espírito que tivesse atingido a perfeição poderia nos dar o modelo da verdadeira pureza. Mas ela é exata do ponto de vista da vida presente, pois a criança, não podendo ainda manifestar nenhuma tendência perversa, oferece-nos a imagem da inocência e da candura. Além do que, Jesus não diz de uma maneira categórica e absoluta que o reino de Deus é *para elas, mas sim para aqueles que se lhes assemelham.*

4 Uma vez que o Espírito da criança já viveu outras encarnações, por que não se mostra, desde o nascimento, tal como é? Tudo é

* **N. E.** - Jesus fazia a imposição das mãos. Os Magnetistas consagraram o processo. Coube, porém, ao Espiritismo o resgate do gesto por amor, o passe em socorro aos necessitados.

sabedoria na obra de Deus. A criança tem necessidade de cuidados delicados que somente a ternura maternal pode lhe dar, e essa ternura se torna mais necessária diante da fraqueza e da ingenuidade da criança. Para uma mãe, seu filho é sempre um anjo, e é preciso que seja assim para cativar sua solicitude. Ela não teria o mesmo devotamento se, no lugar da graça ingênua, sentisse, sob traços infantis, um caráter viril e as idéias de um adulto, e muito menos se conhecesse o seu passado.

Aliás, é preciso que a atividade do princípio inteligente seja proporcional à fraqueza do corpo, que não poderia resistir a uma atividade muito grande do Espírito, assim como vemos nas crianças precoces. É por isso que, na proximidade da encarnação, o Espírito, entrando em perturbação, perde pouco a pouco a consciência de si mesmo, ficando, durante um certo período, numa espécie de sono, durante o qual todas as suas capacidades permanecem adormecidas. Esse estado transitório é necessário para dar ao Espírito um novo ponto de partida e fazê-lo esquecer, em sua nova existência terrena, as coisas que pudessem atrapalhá-lo. Entretanto, seu passado reage sobre ele e, desse modo, renasce para uma vida maior, mais forte moral e intelectualmente, sustentado e acompanhado pela intuição que conserva da experiência adquirida.

A partir do nascimento, suas idéias retomam gradualmente seu impulso, à medida que se desenvolvem os órgãos. Daí pode-se dizer que, durante os primeiros anos, o Espírito é verdadeiramente criança, pois as idéias que formam a qualidade de seu caráter ainda estão adormecidas. Durante esse tempo em que seus instintos dormitam, ele é mais flexível e, por isso mesmo, mais acessível às impressões que podem modificar sua natureza e fazê-lo progredir, o que torna mais fácil a tarefa dos pais.

O Espírito veste, pois, por um tempo, a roupagem da inocência, e Jesus sabe dessa verdade quando, apesar da anterioridade da alma, toma a criança como símbolo da pureza e da simplicidade.

PECADO POR PENSAMENTO. ADULTÉRIO.

5. *Vós aprendestes o que foi dito aos antigos: Não cometereis adultério. Mas eu vos digo que qualquer um que tiver olhado para uma mulher cobiçando-a, já, em seu coração, cometeu adultério. (Mateus, 5:27 e 28)*

6 A palavra *adultério* não deve ser entendida aqui no sentido que lhe é próprio, mas sim num sentido mais geral. Jesus empregou-a, muitas vezes, com um sentido mais amplo se referindo ao mal, ao pecado, e todo e qualquer mau pensamento, como ocorre, por exemplo, nesta passagem: *Porque, se alguém se envergonhar*

de mim e de minhas palavras dentre esta geração ***adúltera e pecadora****, o Filho do Homem também se envergonhará dele, quando vier acompanhado dos santos anjos, na glória de seu Pai. (Marcos, 8:38)*

A verdadeira pureza não está apenas nos atos; está também no pensamento, pois, aquele que tem puro o coração nem mesmo pensa no mal. Foi o que Jesus quis dizer ao condenar o pecado, mesmo em pensamento, porque é um sinal de impureza.

7 Este ensinamento levanta uma questão, e se pergunta: *Sofremos as conseqüências de um mau pensamento que não produziu nenhum efeito?*

Cabe fazer aqui uma importante distinção. À medida que a alma, comprometida no mau caminho, avança na vida espiritual, vai-se esclarecendo e se desfaz pouco a pouco de suas imperfeições, conforme a maior ou menor boa-vontade que o homem emprega, em razão do seu livre-arbítrio•. Todo mau pensamento é, portanto, o resultado da imperfeição da alma, mas, de acordo com o desejo que tiver de se purificar, até mesmo este mau pensamento torna-se para ela um motivo de progresso, pois o repele com energia. É um sinal de esforço para se apagar uma imperfeição. Desta forma, não cederá à tentação de satisfazer um mau desejo e, após ter resistido, se sentirá mais forte e alegre com a sua vitória.

Aquela que, ao contrário, não tomou boas resoluções e ainda procura a ocasião de realizar um mau ato, se não o fizer, não será por não querer, mas, sim, pela falta de oportunidade favorável; ela é, assim, tão culpada quanto se o tivesse praticado.

Resumindo: a pessoa que nem sequer tem o pensamento do mal já realizou um progresso; para aquela que tem esse pensamento, mas o repele, o progresso está em vias de realizar-se. Aquela que, enfim, tem esse pensamento, e nele se satisfaz, é porque o mal ainda exerce nela toda a sua influência. Numa, o trabalho está feito; na outra, está por fazer. Deus, que é justo, leva em conta todas essas diferenças, ao responsabilizar os atos e os pensamentos do homem.

VERDADEIRA PUREZA. MÃOS NÃO LAVADAS.

8. Então os escribas e os fariseus que tinham vindo de Jerusalém se aproximaram de Jesus e disseram: Por que vossos discípulos violam a tradição dos antigos? Por que eles não lavam as mãos quando tomam suas refeições?

Jesus lhes respondeu: Por que, vós mesmos, violais o mandamento de Deus para seguir a vossa tradição? Porque Deus disse: Honra a teu pai e à tua mãe, e o que amaldiçoar a seu pai ou à sua mãe, morra de morte. Vós outros, porém, dizeis: Qualquer um que disser a seu pai ou à sua mãe: toda oferta que faço a Deus te aproveitará a ti, está cumprindo a lei. Pois é certo que o tal não honrará a seu pai ou à sua mãe. Assim é que vós tendes feito vão o mandamento de Deus, pela vossa tradição. Hipócritas, bem profetizou Isaías de vós outros, quando disse: Este povo honra-me com os lábios, mas o seu coração está longe de mim. Em vão me honram, ensinando doutrinas e mandamentos que vêm dos homens. E chamando a si o povo, lhes disse: Ouvi e entendei. Não é o que entra pela boca o que faz imundo o homem, mas o que sai da boca, isso é o que faz imundo o homem. Então, chegando-se a Ele, os discípulos disseram: Os fariseus, depois que ouviram o que disseste, ficaram escandalizados. Ele lhes disse: Toda planta que meu Pai não plantou será arrancada pela raiz. Deixai-os; são cegos e condutores de cegos. E se um cego guia a outro cego, ambos vêm a cair no abismo. E Pedro Lhe disse: Explica-nos essa parábola. E respondeu Jesus: Também vós outros estais ainda sem inteligência? Não compreendeis que tudo que entra pela boca desce ao ventre e se lança depois num lugar escuso? Mas as coisas que saem da boca vêm do coração, e estas são as que fazem o homem imundo; porque do coração é que saem os maus pensamentos, os homicídios, os adultérios, as fornicações, os furtos, os falsos testemunhos, as blasfêmias. Estas coisas são as que fazem imundo o homem. O comer, porém, com as mãos por lavar, isso não faz imundo o homem. (Mateus, 15:1 a 20)

9. Enquanto falava, um fariseu pediu-Lhe que jantasse em sua casa; e Jesus, indo até lá, colocou-se à mesa. O fariseu começou então a dizer a si próprio: Por que Ele não lavou as mãos antes do jantar? Mas o Senhor lhe disse: Vós outros, fariseus, tendes grande cuidado em limpar o exterior do copo e do prato, mas o interior de vossos corações está repleto de roubos e iniqüidades. Como sois insensatos! Aquele que fez o exterior também não fez o interior? (Lucas, 11:37 a 40)

10 Os judeus haviam desprezado os verdadeiros mandamentos de Deus, para se apegarem à prática dos regulamentos estabelecidos pelos homens, fazendo da sua prática rígida caso de consciência. Qualquer ensinamento, ainda que fosse de compreensão simples, tornava-se complicado por causa das exigências formais exteriores. Como era mais fácil seguir essa práticas do que realizar a reforma moral e íntima, isto é, *lavar as mãos do que limpar seu coração*, os homens se iludiam a si mesmos e acreditavam estar quites para com Deus. Acomodavam-se, assim, às práticas exteriores, continuando a ser como eram, já que era-lhes ensinado que Deus não pediria mais nada do que isso. Eis porque o profeta dizia: *É em vão que este povo me honra com os lábios, ensinando mandamentos e leis dos homens. (Isaías, 29:13)*

Assim também aconteceu com a doutrina moral do Cristo, que acabou sendo colocada para trás, esquecida, a exemplo do que haviam feito os antigos judeus, que acreditavam que sua salvação era mais garantida pelas práticas exteriores do que pelas morais. É a esses acréscimos, feitos pelos homens à Lei de Deus, que Jesus se refere quando disse: *Toda planta que meu Pai Celestial não plantou será arrancada pela raiz.*

O propósito da religião é conduzir o homem a Deus. Mas o homem só chega a Deus quando está perfeito; portanto, toda religião que não torna o homem melhor não atinge seu objetivo, e aquela sobre a qual o homem pensa poder se apoiar para fazer o mal ou é falsa, ou foi falsificada em seus fundamentos, e é esse o resultado a que chegam todas aquelas em que a forma se impõe ao fundo*. A crença, seja ela qual for, na eficiência dos símbolos exteriores é nula se não impede que se cometam homicídios, adultérios, roubos, calúnias e o mal ao próximo. Ela faz supersticiosos, hipócritas ou fanáticos; mas não faz homens de bem.

Não basta, portanto, ter aparência de pureza; é preciso, antes de mais nada, ter a pureza de coração.

ESCÂNDALOS. SE VOSSA MÃO É MOTIVO DE ESCÂNDALO, CORTAI-A.

11. Aquele que escandalizar, porém, a um destes pequeninos que crêem em mim, melhor lhe fora que se lhe pendurasse ao pescoço uma grande mó e o lançassem ao fundo do mar. Ai do mundo, por causa dos escândalos*. Porque é necessário que sucedam escândalos, mas ai! daquele homem por quem vem o escândalo. Ora, se a tua mão ou o teu pé te escandalizam, corta-o e lança-o fora de ti. Melhor te é entrar na vida manco ou aleijado, do que, tendo duas mãos ou dois pés, seres lançado no fogo do inferno. E se o teu olho te escandaliza, tira-o, e lança-o fora de ti. Melhor te é entrar na vida com um só olho do que, tendo dois, seres lançado no fogo do inferno. Vede, não desprezeis algum destes pequeninos, porque eu vos declaro que os seus anjos no Céu, incessantemente, estão vendo a face de meu Pai, que está nos Céus. Porque o Filho do Homem veio salvar o que havia perecido. (Mateus, 18: 6 a 11)*

E se o teu olho direito te serve de escândalo, arranca-o e lança-o fora de ti; porque melhor te é que se perca um de teus membros, do que todo o teu corpo ser lançado no inferno. E se a tua mão direita te serve de escândalo, corta-a e lança-a fora de ti; porque melhor te é que se perca um dos teus membros, do que todo o teu corpo ir para o inferno. (Mateus, 5: 29 e 30)

12 No sentido vulgar, escândalo é tudo aquilo que choca a moral ou as regras da sociedade de uma maneira evidente, que atrai as atenções. O escândalo não está na ação em si mesma e sim na repercussão que

* N. E. - **A forma se impõe ao fundo:** ou seja, a aparência é mais importante do que o fundamento, do que a essência, do que a substância. Parece ser uma coisa, mas é outra.

* N. E. - **Mó:** pedra pesadíssima de moinho.

* N. E. - **Escândalo:** tudo que leva ao erro e à prática do mal.

ela pode ter. A palavra escândalo está sempre associada à idéia de um certo tumulto e alvoroço. Muitas pessoas se contentam em evitar o escândalo, pois seu orgulho sofreria com isso, sua reputação seria diminuída entre os homens. Contanto que suas maldades sejam ocultadas, isso lhes basta e sua consciência fica tranqüila. Estes são, conforme as palavras de Jesus, sepulcros caiados por fora, mas cheios de podridão por dentro; vasos limpos por fora e sujos por dentro. É muito amplo o significado da palavra *escândalo*, tantas vezes usada no Evangelho, e precisamos compreender o seu alcance. Escândalo não é somente o que ofende a consciência dos outros, é também tudo o que resulta dos vícios e das imperfeições dos homens, toda reação má de indivíduo para indivíduo, com ou sem repercussão. O escândalo, neste caso, *é o resultado efetivo do mal moral.*

13 *É necessário que sucedam escândalos no mundo*, disse Jesus, porque os homens, sendo imperfeitos na Terra, são tendentes a fazer o mal e porque árvores ruins dão frutos ruins. É preciso, pois, entender com estas palavras que o mal é uma conseqüência da imperfeição dos homens e não que exista para eles a obrigação de praticá-lo.

14 *É necessário que sucedam escândalos*, pois os homens, estando em expiação na Terra, punem-se a si mesmos, pelo contato de seus vícios, dos quais são as primeiras vítimas e cujos males acabam por compreender, e, somente depois que estivèrem cansados de sofrer seus efeitos, procurarão o remédio no bem. A reação desses vícios serve, portanto, ao mesmo tempo de castigo para uns e de provação* para outros. É assim que Deus faz surgir o bem do mal e que os próprios homens tiram ensinamentos de coisas ruins ou desagradáveis.

15 Se assim for, poderá se dizer que o mal é necessário e sempre existirá e, se desaparecesse, Deus ficaria sem um poderoso meio de castigar os culpados; portanto, é inútil procurar melhorar os homens. Mas se não houvesse mais culpados, não haveria necessidade de castigos. Suponhamos que toda a Humanidade fosse transformada em homens de bem: ninguém procuraria fazer mal ao próximo e todos seriam felizes, porque seriam bons. Tal é o estado dos mundos evoluídos, de onde o mal foi excluído, e assim será o estado da Terra quando tiver progredido o suficiente. Mas, enquanto alguns mundos avançam, outros se formam, povoados por Espíritos primitivos e que servem, por outro lado, de morada, de exílio e de lugar de expiação para Espíritos imperfeitos, rebeldes, que permanecem no mal e que são rejeitados nos mundos que se tornaram felizes.

16 *Mais ai daquele por quem vem o escândalo*, ou seja: o mal é sempre o mal. Portanto, aquele que serviu, de alguma modo, de instrumento para a Justiça Divina, cujos maus instintos foram utilizados,

* **N. E. - Provação:** aflição, penalização, situação difícil.

nada mais fez do que fazer o mal, deve, portanto, ser punido. É desse modo, por exemplo, que um filho ingrato é uma punição ou uma provação para o pai que o suporta. Talvez esse pai tenha sido um mau filho que fez seu pai sofrer e que está sofrendo como se fosse a pena de talião*; mas o filho não terá desculpas por proceder assim, e, por sua vez, poderá ser castigado, tendo filhos rebeldes ou de qualquer outra maneira.

17 *Se tua mão é motivo de escândalo, corta-a*; afirmativa enérgica que seria um absurdo se tomada ao pé da letra. Significa, simplesmente, a necessidade de destruir em si todas as causas de escândalo, ou seja, do mal. É preciso arrancar do coração todo sentimento impuro e toda tendência viciosa; será melhor para um homem ter a mão cortada, antes que essa mão lhe sirva de instrumento de uma ação má. Será melhor ser privado da visão do que seus olhos servirem para idealizar maus pensamentos. Jesus nada disse de absurdo para quem quer entender o sentido figurado e profundo de suas palavras; mas muitas coisas não podem ser compreendidas sem a chave que o Espiritismo dá.

INSTRUÇÕES DOS ESPÍRITOS

DEIXAI VIR A MIM AS CRIANCINHAS

João, o Evangelista - Paris, 1863

18 Disse o Cristo: *Deixai vir a mim as criancinhas*. Estas palavras, sábias em sua simplicidade, não continham apenas um chamamento dirigido às crianças, mas especialmente àqueles que estacionam nos círculos inferiores, onde o infortúnio e a miséria desconhecem a esperança. Jesus atraía para si, para os esclarecer, as criaturas adultas, mas que ainda estavam na infância da inteligência, da compreensão: os fracos, os escravizados e os viciosos. Jesus não ensinaria nada às crianças que elas não pudessem entender, porque, sob o domínio dos instintos da infância, que são um benefício, não entenderiam o ensinamento e nem teriam a vontade própria para o praticar.

Jesus queria que os homens fossem até Ele, com a confiança daqueles pequenos seres, as crianças, de passos vacilantes, cujo chamamento conquista, para o seu, o coração das mulheres que são todas mães. As almas seriam assim envolvidas pela sua terna e misteriosa autoridade. **Foi a tocha que ilumina as trevas, o clarim matinal que toca a alvorada**. Ele foi o iniciador do Espiritismo, que deve, por sua vez, chamar a si não as criancinhas, mas sim os homens de boa vontade. A vigorosa ação foi iniciada. Não se trata mais de crer por crer e de obedecer maquinalmente; é preciso que o homem examine e siga a lei inteligente, que lhe revelará que ele é universal.

* **N. E. - Pena de talião:** pagar o mal com o mal.

Meus bem-amados, é chegado o tempo em que os erros, explicados, se transformarão em verdades*. Nós vos ensinaremos o verdadeiro sentido das parábolas e vos mostraremos a forte correlação que une o que foi ao que é. Eu vos digo em verdade: a manifestação espírita alarga os horizontes, e eis aqui o seu enviado, que vai resplandecer como o Sol acima das montanhas*.

Um Espírito Protetor - Bordeaux, 1861

19 Deixai vir a mim as criancinhas, pois tenho o alimento que fortifica os fracos. Deixai vir a mim os tímidos e os frágeis, que têm necessidade de amparo e de consolo. Deixai vir a mim os ignorantes para que eu os esclareça. Deixai vir a mim todos aqueles que sofrem, a multidão dos aflitos e dos infelizes, e lhes darei o grande remédio para aliviar os males da vida, o segredo para curar suas feridas. Qual é, meus amigos, este remédio supremo que possui a virtude, que aplicada sobre todas as chagas do coração as cicatriza? É o amor, é a caridade! Se tiverdes essa chama divina, o que temereis? Direis em todos os instantes de vossa vida: "Meu Pai, que seja feita a vossa vontade e não a minha; se vos agrada provar-me pela dor e pelas aflições, bendito sejais, pois sei que é para o meu bem que vossa mão pesa sobre mim. Se vos agrada, Senhor, ter piedade de vossa fraca criatura, dar-lhe ao coração as alegrias puras, bendito sejais também, mas fazei com que o amor divino não adormeça na minha alma e que, sem cessar, suba a vossos pés a prece do meu reconhecimento!..."

Se sentirdes amor, tereis tudo o que se pode desejar na Terra, possuireis a pérola sublime, que nem os incidentes nem as maldades daqueles que vos odeiam e vos perseguem poderão vos tirar. Se tiverdes amor, tereis guardado vossos tesouros onde nem a traça nem a ferrugem podem destruir e vereis desaparecer de vossa alma tudo o que possa desonrar-lhe a pureza. Sentireis o peso da matéria aliviar-se dia após dia e, tal como o pássaro que voa nos ares e não se lembra mais da terra, subireis sem cessar, subireis sempre, até que vossa alma possa se fartar deliciada com a verdadeira vida no seio do Senhor.

BEM-AVENTURADOS AQUELES QUE TÊM OS OLHOS FECHADOS[1]

Vianney, Cura de Ars - Paris, 1863

20 Meus bons amigos, por que me chamastes? Será para que eu imponha as mãos sobre esta pobre sofredora que está aqui e curá-la? Que sofrimento, bom Deus! Ela perdeu a visão, e as trevas se fizeram

* **N. E.** - "Os erros explicados se transformarão em verdades." Erros são erros, nunca se transformarão em verdades. O sentido deve ser este: Os erros que vos foram apresentados como verdades cairão. A verdade triunfará.

* **N. E.** - "E eis aqui o seu enviado, que vai resplandecer..." Também aqui ficamos fiéis ao texto original, porém, o sentido deve ser este: Eis-me aqui (João), como seu enviado, ela, a manifestação Espírita, resplandecerá como o Sol acima das montanhas. (Veja nesta obra Cap.6.6.)

[1] Esta comunicação foi dada a respeito de uma pessoa cega, para a qual havia sido evocado o Espírito de J. B. Vianney, Cura de Ars.

para ela. Pobre criança! Que ore e espere. Não sei fazer milagres sem a vontade do bom Deus. Todas as curas que pude obter e que vos foram anunciadas devem ser atribuídas apenas ao Senhor, Pai de todos nós.

Em vossas aflições, portanto, olhai sempre o Céu e dizei, do fundo de vosso coração: "Meu Pai, curai-me, mas fazei com que minha alma doente seja curada antes das enfermidades de meu corpo; que minha carne seja castigada se for preciso, para que minha alma se eleve até vós com a brancura que tinha quando a criastes." Após esta prece, meus bons amigos, que o bom Deus sempre ouvirá, a força e a coragem vos serão dadas e talvez também a cura que pedistes apenas timidamente, como recompensa ao vosso devotamento.

Mas, uma vez que estou aqui, em uma assembléia onde se trata, acima de tudo, de estudos, eu vos direi que aqueles que estão privados da visão deveriam considerar-se como os bem-aventurados da expiação. Lembrai-vos de que o Cristo disse que seria preciso arrancar vosso olho se ele fosse mau, e que mais valeria lançá-lo ao fogo do que ser a causa de vossa perdição. Quantos há em vossa Terra que amaldiçoarão um dia, nas trevas, terem visto a luz! Como são felizes os que, na expiação, são atingidos na vista! Seu olho não será de modo algum motivo de escândalo e de queda. Podem viver inteiramente a vida das almas; podem ver mais do que vós, que vedes claramente... Quando Deus me permite abrir as pálpebras de algum desses pobres sofredores e lhes devolver a visão, digo a mim mesmo: alma querida, por que tu não conheces todas as delícias do Espírito, que vive de meditação e de amor? Então, não pedirias para ver imagens menos puras e menos suaves do que aquelas que podes perceber em tua cegueira.

Bem-aventurado o cego que quer viver com Deus! Mais feliz do que vós que estais aqui, ele sente a alegria, pode tocá-la, vê as almas e pode se lançar com elas nas esferas espirituais, que nem mesmo os predestinados da Terra conseguem ver. O olho aberto está sempre pronto a fazer com que a alma caia; o olho fechado, pelo contrário, está sempre pronto a fazê-la se elevar a Deus. Acreditai em mim, meus bons e caros amigos, a cegueira dos olhos é, muitas vezes, a verdadeira luz do coração, enquanto a visão é, freqüentemente, o anjo tenebroso que conduz à morte.

E agora, algumas palavras para ti, minha pobre sofredora: Espera e tem coragem! Se eu te dissesse: Minha filha, teus olhos vão se abrir, como ficarias feliz! E quem sabe se esta alegria não te poria a perder? Tem confiança no bom Deus que fez a felicidade e permite a tristeza! Farei por ti tudo o que me for permitido; mas, por tua vez, ora e reflete sobre o que acabo de te dizer.

Antes que me afaste, vós que estais aqui, recebei minha bênção.

21 *Nota*: Quando uma aflição não é conseqüência dos atos da vida presente, é preciso procurar a sua causa em uma vida anterior. O que chamamos de caprichos da sorte nada mais são do que os efeitos da justiça de Deus, que não aplica punições injustas e determina que, entre a falta e a pena, sempre haja uma relação. Se, em sua bondade, lançou um véu sobre nossos atos passados, aponta-nos, entretanto, o caminho, dizendo: "Quem matou pela espada, pela espada morrerá". Palavras que podem ser traduzidas assim: "Sempre se é punido naquilo em que se pecou". Se, porém, alguém é afligido pela perda da visão, é que a visão foi para ele um motivo de queda. Talvez também tenha sido o motivo da perda da visão para um outro; talvez alguém tenha se tornado cego pelo excesso de trabalho que lhe impôs, ou em conseqüência de maus tratos, de falta de cuidado, etc. É desse modo que ele sofre agora a pena de talião. Ele mesmo, em seu arrependimento, pôde escolher essa expiação, aplicando a si próprio estas palavras de Jesus: *Se teu olho é motivo de escândalo, arranca-o*.

Capítulo

9

Bem-aventurados aqueles que são mansos e pacíficos

Injúrias e violências
Instruções dos Espíritos: A afabilidade e a doçura
A paciência • Obediência e resignação • A cólera

INJÚRIAS E VIOLÊNCIAS

1. Bem-aventurados aqueles que são mansos, porque possuirão a Terra. (Mateus, 5:4)

2. Bem-aventurados os pacíficos, porque serão chamados filhos de Deus. *(Mateus, 5:9)*

3. Aprendestes o que foi dito aos antigos: Não matarás; todo aquele que matar merecerá ser condenado pelo julgamento. Porém, eu vos digo que aquele que se encolerizar contra seu irmão merecerá ser condenado pelo julgamento; que aquele que disser a seu irmão: "racca", merecerá ser condenado pelo conselho. E que aquele que lhe disser: "és louco", merecerá ser condenado ao fogo do inferno. (Mateus, 5:21 e 22)

4 Por estes ensinamentos morais, Jesus estabeleceu como lei a doçura, a moderação, a mansidão, a afabilidade e a paciência. Condena, por conseguinte, a violência, a cólera e até mesmo qualquer expressão descortês para com os nossos semelhantes. *Raca* era, entre os hebreus, um termo de desprezo que significava *homem de má conduta* e era pronunciado cuspindo-se e virando-se o rosto. Ele vai ainda mais longe, visto que ameaça lançar ao fogo do inferno aquele que disser a seu irmão: *És louco.*

É evidente que, nesta como em qualquer situação, a intenção agrava ou atenua a falta. Mas, por que uma simples palavra pode ser tão grave e suficiente para merecer uma reprovação tão severa? É que toda palavra que ofenda é a expressão de um sentimento contrário à lei de amor e de caridade, que deve estabelecer as relações entre os homens e manter entre eles a concórdia e a união; que é um insulto à benevolência recíproca e à fraternidade; que alimenta o ódio e o rancor; enfim, que, depois da humildade perante Deus, a caridade para com o próximo é a primeira lei de todo cristão.

5 Mas como entender o significado destas palavras: *Bem-aventurados aqueles que são mansos, porque possuirão a Terra*, se Jesus havia recomendado renunciar aos bens desse mundo e prometia os do Céu?

O homem, enquanto aguarda os bens do Céu, tem necessidade dos da Terra para viver. O que Jesus recomenda é que não se dê aos bens da Terra mais importância do que aos do Céu.

Por estas palavras, Jesus quis dizer que, até agora, os bens da Terra foram um privilégio exclusivo dos quais os violentos se apossaram, em prejuízo daqueles que são mansos e pacíficos; que freqüentemente estes não têm o necessário, enquanto os outros têm em excesso. Promete Jesus que a justiça lhes será feita *assim na Terra como no Céu;* porque eles serão chamados filhos de Deus. Quando a lei do amor e da caridade for a lei da Humanidade, não havendo mais egoísmo, o fraco e o pacífico não serão mais explorados nem esmagados pelo forte e pelo violento. Assim será a Terra, quando, de acordo com a lei do progresso e a promessa de Jesus, ela se tornar um mundo feliz em razão do afastamento dos maus.

Instruções dos Espíritos

A AFABILIDADE E A DOÇURA

Lázaro - Paris, 1861

6 A benevolência para com os semelhantes, fruto do amor ao próximo, produz a afabilidade e a doçura, que são as formas de sua manifestação. Entretanto, nem sempre se deve confiar nas aparências; a educação e a vivência do mundo podem dar o verniz dessas qualidades. Quantos há cuja fingida bondade nada mais é do que uma máscara para o exterior, uma roupagem, cuja aparência bem talhada e calculada disfarça as deformidades escondidas! O mundo está repleto de pessoas que têm o sorriso nos lábios e o veneno no coração; *que são mansas sob a condição de nada lhes machucar, mas que mordem à menor contrariedade*; cuja língua dourada, quando falam face a face, se transforma em dardo envenenado, quando estão por detrás.

A essa classe pertencem ainda aqueles homens benignos por fora e que, tiranos domésticos, fazem sua família e seus subordinados sofrer com o peso de seu orgulho e de sua tirania, querendo compensar assim o constrangimento a que se submetem fora de casa. Não ousando agir autoritariamente com estranhos, que os recolocariam no seu lugar, querem pelo menos ser temidos pelos que não podem resistir-lhes. Sua vaidade alegra-se por poderem dizer: “Aqui, eu mando e sou obedecido”; sem se lembrar de que poderiam acrescentar com mais razão: “E sou detestado”.

Não basta que os lábios falem leite e mel; se o coração nada tem a ver com isso, trata-se de hipocrisia. Aquele cuja afabilidade e doçura não são fingidas nunca se contradiz. É o mesmo, sempre, diante do mundo e na intimidade. Ele sabe, aliás, que pode enganar os homens pelas aparências, mas não pode enganar a Deus.

A PACIÊNCIA

Um Espírito Amigo - Havre, 1862

7 A dor é uma bênção que Deus envia a seus eleitos. Não vos atormenteis portanto quando sofrerdes, mas, ao contrário, bendizei a Deus Todo-Poderoso que vos marcou pela dor neste mundo, para a glória no Céu.

Sede pacientes. A paciência é também caridade e deveis praticar a lei da caridade ensinada pelo Cristo, enviado de Deus. A caridade da esmola dada aos pobres é a mais fácil delas. No entanto, há uma bem mais difícil, e conseqüentemente bem mais louvável, que é *perdoar aqueles que Deus colocou em nosso caminho para nos servirem de teste em nossos sofrimentos e colocar nossa paciência à prova.*

Sei que a vida é difícil; ela se compõe de mil coisinhas que são como alfinetadas que acabam por ferir, mas é preciso observar os deveres que nos são impostos, as consolações e as compensações que temos em contrapartida. Então, reconheceremos que as bênçãos são mais numerosas do que as dores. O fardo parece menos pesado quando olhamos para o alto do que quando curvamos a fronte para a terra.

Coragem, amigos! O Cristo é o vosso modelo; sofreu mais do que qualquer um de vós e não tinha nada de que pudesse ser acusado, enquanto vós tendes vosso passado a expiar e tendes de vos fortalecer para o futuro. Sede, pois, pacientes; sede cristãos, esta palavra resume tudo.

OBEDIÊNCIA E RESIGNAÇÃO

Lázaro - Paris, 1863

8 A doutrina de Jesus ensina sempre a obediência e a resignação, duas virtudes companheiras muito ativas da doçura, embora os homens erroneamente as confundam com a negação do sentimento e da vontade. *A obediência é o consentimento da razão; a resignação é o consentimento do coração*. Ambas são forças ativas, pois carregam o fardo das provas que a revolta insensata não suporta. O covarde não é uma criatura resignada, assim como o orgulhoso e o egoísta não são obedientes. Jesus foi a encarnação dessas virtudes desprezadas pela antigüidade materialista. Veio no momento em que a sociedade romana agonizava, destruída pela corrupção. Veio fazer resplandecer, no seio da Humanidade moralmente enfraquecida, os triunfos do sacrifício e da renúncia carnal.

Cada época é assim marcada com a característica da virtude ou do vício que a devem salvar ou perder. A virtude da vossa geração é a atividade intelectual; seu vício é a indiferença moral. Digo que é apenas atividade, pois o homem de gênio* se eleva de repente e descobre sozinho os horizontes que a multidão só verá muito depois dele, enquanto a atividade é a reunião dos esforços de todos para atingir um objetivo menos brilhante, mas que comprova a elevação intelectual de uma época. Submetei-vos ao impulso que viemos dar aos vossos Espíritos. Obedecei à grande lei do progresso, que é a palavra da vossa geração. Infeliz do Espírito preguiçoso, daquele que fecha seu entendimento! Infeliz! Pois nós, que somos os guias da Humanidade em marcha, o atingiremos com o chicote e forçaremos sua vontade rebelde com a dupla ação do freio e da espora*. Toda resistência orgulhosa deverá ceder, cedo ou tarde. Mas, bem-aventurados aqueles que são mansos, pois receberão com doçura os ensinamentos.

A CÓLERA

Um Espírito Protetor - Bordeaux, 1863

9 Levados pelo orgulho, vos julgais mais do que sois a ponto de não suportardes uma comparação que possa vos rebaixar, e vos considerais tão acima de vossos irmãos, seja como Espírito, seja em posição social ou em superioridade pessoal, que o menor paralelo vos irrita e vos fere. E o que acontece então? Ficais encolerizados.

Procurai a origem desses acessos de demência passageira que vos igualam aos brutos e vos fazem perder a razão e o sangue frio. Procurai o porquê disso, e encontrareis quase sempre por base o orgulho ferido. Não é o orgulho ferido por uma opinião contrária que vos faz rejeitar as observações justas, que vos faz repelir com cólera os mais sábios conselhos? A própria impaciência, decorrente das contrariedades freqüentemente fúteis, prende-se à importância que cada um atribui à sua própria personalidade, diante da qual acreditais que tudo deve se curvar.

Na sua impaciência, o homem colérico se volta contra tudo: desde a natureza bruta até os objetos, que acaba por destruir, por não lhe obedecerem. Se nesse momento ele pudesse ver-se a sangue frio, teria medo de si próprio, ou se acharia ridículo. Que julgue por aí a impressão que deve causar aos outros. Ainda que seja por respeito a si mesmo, cumpre-lhe esforçar-se para vencer uma tendência que faz dele objeto de piedade.

* **N. E. - Gênio:** (neste caso) inteligência superior.
* **N. E. - Freio e espora:** obediência e censura, moderação e crítica, estímulo e controle.

Se soubesse que a impaciência e a exaltação não resolvem nada, que alteram sua saúde e até mesmo comprometem sua vida, veria que ele próprio é sua primeira vítima. Além disso, uma outra consideração deveria detê-lo: o pensamento de que torna infelizes todos aqueles que o rodeiam. Se tem coração, não sentirá remorso em fazer sofrer os seres que mais ama? E que desgosto mortal se, num acesso de raiva, cometer um ato do qual tiver de se arrepender por toda a sua vida!

Em resumo, o homem que tem um temperamento colérico não deixa de ter certas qualidades no coração, mas pode impedi-lo de praticar muito o bem e pode levá-lo a praticar muito o mal. Isto basta para fazer esforços para dominá-la. O espírita deve ainda levar em conta uma outra razão: ela é contrária à caridade e à humildade cristãs.

Hahnemann - Paris, 1863

10 Segundo a idéia muito falsa de que não se pode alterar a sua própria natureza, o homem se julga dispensado de fazer esforços para se corrigir dos defeitos nos quais se satisfaz de bom grado, ou que lhe exigiriam muita perseverança para serem eliminados. É desse modo, por exemplo, que aquele que é inclinado à cólera quase sempre se desculpa por seu temperamento. Antes de se considerar culpado, atribui a falta ao seu organismo, acusando assim a Deus de seus próprios defeitos. É ainda uma conseqüência do orgulho que se encontra ligado a todas as suas imperfeições.

Não há dúvida de que há temperamentos que se prestam, mais do que outros, a atos violentos, como há músculos mais flexíveis que se prestam às exibições de força. Mas não acrediteis que aí esteja a causa principal da cólera, e podeis ter a certeza de que um Espírito pacífico, mesmo num corpo guerreiro, será sempre pacífico; e que um Espírito violento, num corpo debilitado, não será por isso mais dócil. A violência tomará apenas uma outra feição; se não possuir um organismo apropriado para se manifestar, a cólera ficará contida e, no outro caso, será expansiva.

O corpo não dá cólera àquele que não a possui, assim como também não lhe dá outros vícios. Todas as virtudes e todos os vícios são próprios da natureza do Espírito. Do contrário, onde estaria o mérito e a responsabilidade? O homem que tem uma deformação física não pode tornar-se sadio porque o Espírito nada tem a ver com isso; mas pode modificar o que é do Espírito, quando tem uma vontade firme. A experiência não vos prova, espíritas, até onde pode ir o poder da vontade, pelas transformações verdadeiramente miraculosas que vedes acontecer? Convencei-vos, portanto, de que *o homem apenas permanece vicioso porque assim o quer;* mas aquele que quer se corrigir sempre tem a oportunidade. De outra maneira, a lei do progresso não existiria para o homem.

Capítulo

10

Bem-aventurados os que são misericordiosos

Perdoai para que Deus vos perdoe
Reconciliar-se com seus adversários
O sacrifício mais agradável a Deus • O argueiro* e a trave* no olho
Não julgueis para não serdes julgados
Aquele que estiver sem pecado atire a primeira pedra
Instruções dos Espíritos: O perdão das ofensas
A indulgência • É permitido repreender os outros?
Observar as suas imperfeições? Divulgar o mal alheio?

PERDOAI PARA QUE DEUS VOS PERDOE

1. Bem-aventurados os que são misericordiosos, porque eles próprios alcançarão misericórdia. (Mateus, 5:7)

2. Se perdoardes aos homens as faltas que cometem contra vós, vosso Pai celeste também perdoará vossos pecados; mas se não perdoardes aos homens quando vos ofendem, vosso Pai também não perdoará vossos pecados. (Mateus, 6:14 e 15)

3. Se vosso irmão pecou contra vós, ide acertar a falta em particular, entre vós e ele. Se ele vos ouvir, tereis ganho o vosso irmão. Então Pedro, se aproximando, Lhe disse: Senhor, quantas vezes perdoarei ao meu irmão quando pecar contra mim? Será até sete vezes? Jesus lhe respondeu: Não vos digo que apenas sete vezes e sim setenta vezes sete vezes. (Mateus, 18:15, 21 e 22)

4 A misericórdia é o complemento da doçura; porque aquele que não é misericordioso não será também dócil nem pacífico. Ela consiste no esquecimento e no perdão das ofensas. O ódio e o rancor revelam uma alma sem elevação e sem grandeza. O esquecimento das ofensas é próprio da alma elevada, que está acima do mal que lhe quiseram fazer. Uma é sempre ansiosa, de uma irritabilidade desconfiada e cheia de amargura; a outra é calma, cheia de mansidão e de caridade.

Infeliz daquele que diz: "Nunca perdoarei!" Este, se não for condenado pelos homens, certamente o será por Deus. Com que direito pedirá o perdão das suas próprias faltas, se ele próprio não perdoa as dos outros? Quando diz para perdoarmos ao nosso irmão não sete vezes, mas setenta vezes sete vezes, Jesus nos ensina que a misericórdia não deve ter limites.

Mas há duas maneiras bem diferentes de perdoar: uma é grandiosa e nobre, verdadeiramente generosa, sem pensar no que passou, que evita com delicadeza ferir o amor-próprio e os sentimentos do agressor, ainda que este último tenha toda a culpa. A outra maneira é quando o ofendido, ou aquele que assim se julga, impõe ao ofensor condições humilhantes e o faz sentir todo o peso de um perdão que irrita ao invés de acalmar. Se estende a mão, não é com benevolência e sim com ostentação para se mostrar, a fim de poder dizer a todos: "Vede o quanto sou generoso!" Em tais condições é impossível que a reconciliação seja sincera de ambas as partes. Isto não é generosidade; é, antes, uma maneira de satisfação do orgulho. Em todas as contendas, aquele que se mostra mais pacificador, que demonstra maior tolerância, caridade e verdadeira grandeza da alma, conquistará sempre a simpatia das pessoas imparciais.

RECONCILIAR-SE COM SEUS ADVERSÁRIOS

5. Reconciliai-vos o mais cedo possível com vosso adversário, enquanto estiverdes com ele a caminho, para que não suceda que o vosso adversário vos entregue ao juiz e que o juiz vos leve ao ministro da justiça, e que sejais mandado para a prisão. Eu vos digo, em verdade, que não saireis de lá, enquanto não houverdes pago até o último ceitil. (Mateus, 5:25 e 26)*

6 Há, na prática do perdão assim como na do bem, geralmente, além do efeito moral, também um efeito material. Sabemos que a morte não nos livra dos nossos inimigos. Em muitos casos, os Espíritos desejosos de vingança, no além-túmulo, movidos por seu ódio, perseguem aqueles contra os quais conservaram seu rancor. Por isso, o provérbio que diz: "Morta a cobra, cessa o veneno", é falso, quando aplicado ao homem. O Espírito mau aproveita o fato de que aquele a quem ele quer mal esteja ainda preso ao corpo e, portanto, menos livre, para mais facilmente atormentá-lo e atingi-lo em seus interesses ou afeições mais caras. Esta é a causa da maior parte dos casos de obsessão*, principalmente daqueles que apresentam uma certa gravidade, como a subjugação* e a possessão*. O obsediado e o possesso são, quase sempre, vítimas de uma vingança, à qual eles deram motivo por sua conduta e cuja ação se acha numa vida anterior. Deus consente

* **N. E. - Ceitil:** moeda de pequeno valor.
* **N. E. - Subjugação:** dominação profunda. A vítima perde a vontade própria.
* **N. E. - Possessão:** a vítima perde o domínio total da vontade e das ações e passa a agir sob o comando do obsessor. (Veja *O Livro dos Médiuns*, Cap. 23, e *O Livro dos Espíritos*, Cap. 9, item 3.)

esta situação como uma punição pelo mal que fizeram ou, se não o fizeram, por terem faltado com a indulgência e a caridade, não perdoando. É importante, pois, do ponto de vista da sua tranqüilidade futura, corrigir o mais rápido possível os erros que cada um tenha cometido contra seu próximo, perdoando aos inimigos, a fim de eliminar, antes de desencarnar, qualquer motivo de desavenças ou ódios, ou qualquer causa motivada por rancor. Deste modo, de um inimigo enfurecido neste mundo pode-se fazer um amigo no outro, ou, pelo menos, ficar do lado do bem, e Deus ampara aqueles que perdoam. Quando Jesus recomenda reconciliar-se o mais cedo possível com seu adversário não é apenas com o objetivo de eliminar as discórdias durante a atual existência, mas para evitar que elas continuem nas existências futuras. *Não saireis de lá,* disse Jesus, *enquanto não houverdes pago até o último ceitil,* isto quer dizer que, enquanto não nos perdoarmos uns aos outros, estaremos presos em cadeias de ódio e rancor, das quais só nos libertaremos quando estiver satisfeita completamente a justiça de Deus.

O SACRIFÍCIO MAIS AGRADÁVEL A DEUS

7. Se, portanto, quando apresentardes vossa oferenda ao altar, vos lembrardes de que vosso irmão tem algo contra vós, deixai vosso donativo aos pés do altar e ide antes de mais nada vos reconciliar com vosso irmão e, só depois, voltai para oferecer vossa oferta. (Mateus, 5:23 e 24)

8 Quando Jesus disse: *Ide vos reconciliar com vosso irmão antes de apresentar vossa oferenda ao altar*, ensinou ao homem que o sacrifício mais agradável ao Senhor é o de sacrificar o seu próprio ressentimento; que, antes de se apresentar a Ele para ser perdoado, é preciso perdoar e, se cometemos alguma injustiça contra um de nossos irmãos, é preciso tê-la corrigido. Então, só assim a oferenda será agradável, pois virá de um coração puro e isento de qualquer mau pensamento. Ele explicou assim este ensinamento porque os judeus ofereciam sacrifícios de coisas materiais e suas palavras deviam estar de acordo com os costumes em vigor naquela época. Mas, como o cristão espiritualizou o sacrifício, não oferece mais dádivas materiais a Deus; para ele, o ensinamento ganha mais força. Oferecendo sua alma a Deus, ela deve estar purificada. *Entrando no templo do Senhor, deve deixar do lado de fora todo sentimento de ódio e de animosidade, todo mau pensamento contra seu irmão* e só então sua prece será levada pelos anjos aos pés do Eterno. Eis o que Jesus ensina com estas palavras: *Deixai vosso donativo ao pé do altar e ide primeiro vos reconciliar com vosso irmão, se quiserdes ser agradável ao Senhor*.

O ARGUEIRO E A TRAVE NO OLHO

9. Por que vedes um argueiro no olho do vosso irmão, vós que ***não vedes uma trave no vosso?*** *Ou como dizeis ao vosso irmão: Deixai-me tirar um argueiro do vosso olho, vós que tendes uma trave no vosso? Hipócritas, retirai primeiramente a trave de vosso olho, e então vereis como podereis tirar o argueiro do olho do vosso irmão. (Mateus, 7:3 a 5)*

10 É uma insensatez dos homens ver o mal nos outros antes de ver aquele que está em nós próprios. Para julgar-se a si mesmo, seria preciso poder olhar seu íntimo num espelho, transportar-se de algum mődo para fora de si, se isso fosse possível, e se considerar como uma outra pessoa, perguntando-se: O que eu pensaria se visse alguém fazendo o que faço? Indiscutivelmente o orgulho faz com que o homem disfarce seus próprios defeitos, tanto morais quanto físicos. Essa insensatez é totalmente contrária à caridade, pois a verdadeira caridade é modesta, simples e indulgente. A caridade orgulhosa é contrária ao bom-senso, já que esses dois sentimentos se neutralizam um ao outro. De que maneira um homem bastante vaidoso por crer na importância de sua personalidade e na supremacia de suas qualidades pode ter ao mesmo tempo abnegação suficiente para fazer sobressair, nos outros, o bem que poderia ocultá-lo, em lugar de ressaltar o mal que poderia destacá-lo? O orgulho, além de ser o pai de muitos vícios, é também a negação de muitas virtudes. Encontramo-lo como base e como razão de quase todas as más ações. Eis porque Jesus se dedicou a combater o orgulho como principal obstáculo ao progresso.

NÃO JULGUEIS PARA NÃO SERDES JULGADOS. AQUELE QUE ESTIVER SEM PECADO ATIRE A PRIMEIRA PEDRA.

11. Não julgueis, para não serdes julgados; pois sereis julgados conforme houverdes julgado os outros; e aplicar-se-á a vós, na mesma medida, aquilo que aplicastes contra eles. (Mateus, 7:1 e 2)

12. Então os escribas e os fariseus levaram-Lhe uma mulher que havia sido surpreendida em adultério, fizeram-na ficar de pé no meio do povo e disseram a Jesus: Mestre, esta mulher acaba de ser surpreendida em adultério. Moisés nos ordena, na lei, apedrejar as adúlteras. Qual é, portanto, vossa opinião a respeito disso? Eles diziam isso querendo tentá-Lo, a fim de ter do que acusá-Lo. Mas Jesus, abaixando-se, escrevia com seu dedo na areia. Como continuassem a interrogá-Lo, levantou-se e lhes disse: ***Aquele dentre vós que estiver sem pecado lhe atire a primeira pedra****. Após isso, abaixou-se de novo e continuou a escrever na areia. Mas eles, o tendo ouvido falar assim, retiraram-se, um após o outro, os velhos saindo primeiro. E assim Jesus permaneceu sozinho com a mulher, que estava no meio da praça.*

Então Jesus, levantando-se de novo, lhe disse: Mulher, onde estão os vossos acusadores? Ninguém vos condenou? Ela Lhe disse: Não, Senhor. Jesus lhe respondeu: Eu também não vos condenarei. Ide e, no futuro, não pequeis mais. (João, 8:3 a 11)

13 *Aquele que estiver sem pecado, atire-lhe a primeira pedra.* Com este ensinamento, Jesus faz do perdão um dever, pois não há ninguém que dele não tenha necessidade para si mesmo, e nos ensina que não devemos julgar os outros mais severamente do que julgaríamos a nós mesmos e nem condenar nos outros o que perdoaríamos em nós. Antes de condenar uma falta de alguém, vejamos se a mesma reprovação não pode recair sobre nós.

A censura lançada sobre a conduta dos outros pode ser por dois motivos: reprimir o mal ou desacreditar a pessoa cujos atos estamos criticando. Este último motivo nunca tem desculpa, pois vem da maledicência e da maldade. O primeiro pode ser louvável, e em certos casos torna-se até mesmo um dever, se disso deve resultar um bem, e sem esse procedimento o mal nunca seria combatido na sociedade. Aliás, não deve o homem ajudar o progresso de seu semelhante? Não se deve, portanto, tomar este princípio no sentido amplo ilimitado: *Não julgueis, se não quiserdes ser julgados*, porque a letra mata e o espírito vivifica*.

Não é possível que Jesus tenha proibido de se censurar o mal. Em todas as oportunidades Ele o combateu energicamente. Quis nos ensinar que a autoridade da censura se dá em razão da autoridade moral daquele que a pronuncia. Se nos sentirmos culpados por aquilo que condenamos nos outros, não temos o direito de ter essa autoridade, e, ainda mais, usamos de forma injusta, caso o façamos, o direito de condenação. Além disso, a consciência íntima recusa todo respeito e toda obediência voluntária àquele que, estando investido de qualquer poder, não respeite as leis e os princípios que está encarregado de aplicar. *Não há maior autoridade legítima aos olhos de Deus do que aquela que se apóia no exemplo que dá do bem.* Isto é o que ressalta, de forma bem clara, nas palavras de Jesus.

Instruções dos Espíritos

O PERDÃO DAS OFENSAS

Simeão - Bordeaux, 1862

14 Quantas vezes perdoarei ao meu irmão? Deveis perdoar-lhe não sete vezes, mas sim setenta vezes sete vezes. Eis um dos ensinamentos de Jesus que mais deve marcar vossa inteligência e falar mais diretamente ao vosso coração. Comparai estas palavras de misericórdia com

* **N. E. - A letra mata e o espírito vivifica:** Paulo, 2ª epístola aos Coríntios, 3:60, significa que de nada valerá o que está escrito (a letra) se não for seguido o ensinamento (o espírito).

a prece tão simples, tão resumida e tão elevada no seu alcance, o Pai-Nosso que Jesus ensinou a seus discípulos, e encontrareis sempre o mesmo pensamento. Jesus, o justo por excelência, responde a Pedro: "Tu perdoarás, mas sem limites. Perdoarás ainda que a ofensa te seja feita muitas vezes. Ensinarás aos teus irmãos o esquecimento de si mesmos, que os torna invulneráveis a agressões, aos maus procedimentos e às injúrias. Serás doce e humilde de coração, nunca medindo tua mansidão e brandura. Farás, enfim, o que desejas que o Pai Celestial faça por ti. Não tem Ele te perdoado sempre? Acaso conta as inúmeras vezes em que Seu perdão vem apagar as tuas faltas?"

Prestai atenção à resposta de Jesus e, como Pedro, aplicai-a a vós mesmos. Perdoai, usai de indulgência, sede caridosos, generosos, isto é, pródigos no vosso amor. Dai, e o Senhor vos restituirá. Perdoai, e o Senhor vos perdoará. Abaixai-vos, e o Senhor vos reerguerá. Humilhai-vos, e o Senhor vos fará sentar à sua direita.

Ide, meus bem-amados, estudai e comentai estas palavras que vos dirijo da parte d'Aquele que, do alto dos esplendores celestes, sempre cuida de vós e continua com amor a tarefa ingrata que começou há dezoito séculos. Perdoai, portanto, aos vossos irmãos como tendes necessidade de serdes perdoados, e se os seus atos vos prejudicarem pessoalmente é mais um motivo para serdes indulgentes, porque o mérito do perdão é proporcional à gravidade do mal cometido. Além de tudo, nenhum merecimento teríeis se não perdoásseis sinceramente, aos vossos irmãos, as pequenas ofensas que vos façam.

Espíritas, nunca vos esqueçais que nas palavras, bem como nas ações, o perdão das injúrias não deve ser uma palavra vazia e inútil. Se vos dizeis espíritas, sede-o de fato. Esquecei o mal que vos foi feito e pensai apenas em uma coisa: no bem que podeis fazer. Aquele que entrou neste caminho não deve nem mesmo em pensamento desviar-se dele, porque sois responsáveis pelo que pensais, e Deus vos conhece. Fazei, portanto, com que eles sejam desprovidos de qualquer sentimento de rancor. Deus sabe o que se passa no coração de cada um dos seus filhos. *Feliz, portanto, daquele que pode a cada noite dizer ao deitar-se: "Nada tenho contra meu próximo"*.

Paulo, Apóstolo - Lyon, 1861

15 Perdoar aos inimigos é pedir perdão para si mesmo. Perdoar aos amigos é dar-lhes uma prova de amizade. Perdoar as ofensas é mostrar que se tornou melhor do que se era antes. Perdoai, portanto, meus amigos, a fim de que Deus vos perdoe, pois, se fordes duros, exigentes, inflexíveis, se fordes rigorosos mesmo por uma pequena ofensa, como quereis que Deus esqueça que a cada dia tendes mais necessidade de perdão? Infeliz daquele que diz: "Nunca perdoarei", pois pronuncia a sua própria condenação. Será que, em vos autoanalisando, não fostes vós o agressor? Quem sabe se, nessa luta que começa por uma simples bagatela e termina por uma ruptura, não provocastes a primeira desavença? Se uma palavra ofensiva não escapou de vós? Se usastes de toda moderação necessária? Sem dúvida, vosso adversário errou em se mostrar tão melindroso, mas isto é uma razão a mais para serdes indulgentes e de não fazer por merecer a censura que vos foi endereçada. Admitamos que fostes realmente o ofendido numa certa situação. Quem garante que não envenenastes a situação por vinganças e que não transformastes em disputa séria o que poderia ter caído facilmente no esquecimento? Se depender de vós impedir as conseqüências e não o fizerdes, sereis sem dúvida culpado. Admitamos, enfim, que não tendes absolutamente nenhuma censura a vos fazer. Neste caso, quanto mais clementes fordes, maior será o vosso mérito.

Mas há duas maneiras bem diferentes de se perdoar: o perdão dos lábios e o do coração. Muitas pessoas dizem a respeito de seus adversários: "Eu lhe perdôo", enquanto interiormente experimentam um secreto prazer pelo mal que lhes acontece, dizendo a si mesmos que eles bem o merecem. Quantos dizem: "Eu perdôo", e acrescentam: "Mas nunca me reconciliarei. Não quero vê-lo pelo resto de minha vida". Esse é o perdão segundo o Evangelho? Não! O verdadeiro perdão, o perdão daquele que crê, lança um véu sobre o passado. É o único que vos será cobrado, pois Deus não se satisfaz com a aparência: sonda o fundo dos corações e os mais secretos pensamentos, não aceitando apenas palavras e simples fingimentos. O esquecimento total e completo das ofensas é próprio das grandes almas. O rancor é sempre um sinal de baixeza e de inferioridade. Não vos esqueçais de que o verdadeiro perdão se reconhece mais pelos atos do que pelas palavras.

A INDULGÊNCIA

Joseph, Espírito Protetor - Bordeaux, 1863

16 Espíritas, gostaríamos hoje de vos falar sobre a indulgência*, esse sentimento tão doce, tão fraternal que todo homem deveria ter para com seus irmãos, mas que poucos praticam.

A indulgência jamais vê os defeitos alheios, ou, se os vê, evita falar deles e divulgá-los. Pelo contrário, ela os esconde, a fim de que não sejam conhecidos e, se a malevolência os descobre, sempre tem uma desculpa pronta para amenizá-los, ou seja, uma desculpa aceitável, séria, e não daquelas que, parecendo atenuar a falta, a destacam de um modo maldoso.

* **N. E. - Indulgência:** clemência, misericórdia, tolerância.

A indulgência nunca se interessa pelos maus atos dos outros, a menos que isso seja para prestar um serviço, exemplificando, e ainda tem o cuidado de atenuá-los tanto quanto possível. Não faz observações ofensivas, não tem censura em seus lábios, mas apenas conselhos, muitas vezes velados. Quando vos lançais à crítica, que conclusões se devem tirar de vossas palavras? É que vós, que censurais, não teríeis feito o que reprovais e que, portanto, valeis mais que o culpado. Homens! Quando então julgareis os vossos próprios corações, os vossos próprios pensamentos, os vossos próprios atos, sem vos ocupardes do que fazem vossos irmãos? Quando abrireis os olhos somente para vós mesmos?

Sede, portanto, severos para convosco mesmos e indulgentes para com os outros. Pensai n'Aquele que julga em última instância, que vê os pensamentos secretos de cada coração e que, conseqüentemente, perdoa muitas vezes os erros que repreendeis, ou condena os que desculpais, pois conhece bem a causa de todos os atos. Pensai que vós que proclamais tão alto: "Maldito!", podereis, talvez, ter cometido erros mais graves.

Sede indulgentes, meus amigos, pois a indulgência encanta, acalma, reergue, enquanto a severidade discrimina, distancia e irrita.

João, Bispo de Bordeaux - 1862

17 Sede indulgentes para com as faltas dos outros, quaisquer que sejam. Julgai com severidade apenas vossas próprias ações e o Senhor usará de indulgência para convosco, do mesmo modo como a usastes para com os outros.

Apoiai os fortes: encorajai-os a prosseguir no bem. Fortificai os fracos, mostrando-lhes a bondade de Deus, que considera o menor arrependimento. Mostrai a todos o anjo do arrependimento estendendo suas asas brancas sobre as faltas dos humanos, ocultando-as assim aos olhos daquele que em tudo vê impureza. Compreendei toda a misericórdia infinita de vosso Pai e não vos esqueçais nunca de Lhe dizer pelos vossos pensamentos e especialmente pelos vossos atos: *Perdoai as nossas ofensas, assim como perdoamos aqueles que nos têm ofendido.* Entendei bem o valor dessas sublimes palavras; não só sua letra é admirável, mas também o ensinamento que elas contêm.

O que solicitais ao Senhor quando implorais o perdão? Esquecimento, só isso? Se assim fosse, resultaria em nada, pois, se Deus se contenta em esquecer as vossas faltas, não pune, *mas também não vos recompensa.* A recompensa não pode ser o preço do bem que não se fez e ainda menos do mal que se haja feito, mesmo que esse mal tenha sido esquecido. Pedindo perdão por vossas transgressões, pedis a Deus o favor de suas graças, para não mais cairdes nelas, e a força necessária para entrardes num novo caminho, de submissão e de amor, no qual podereis acrescentar ao arrependimento a reparação do erro.

Quando perdoardes aos vossos irmãos, não vos contenteis em estender o véu do esquecimento sobre suas faltas. Esse véu é, muitas vezes, bastante transparente aos vossos olhos, e é preciso acrescentar-lhe o amor ao mesmo tempo que o perdão. Fazei por eles o que pediríeis que vosso Pai Celeste fizesse por vós. Trocai a cólera que desonra pelo amor que purifica. Pregai e exemplificai essa caridade ativa, incansável, que Jesus vos ensinou. Pregai como Ele próprio fez durante o tempo em que viveu na Terra, visível aos olhos do corpo, e como ainda a prega sem cessar, desde que se tornou visível apenas aos olhos do Espírito. Segui o Divino Modelo, segui os seus passos, que vos conduzirão ao lugar de refúgio onde encontrareis o repouso após a luta. Como Ele, carregai todos a vossa cruz e subi, sofridamente, mas com coragem, o vosso calvário*: a glorificação está no cimo.

Dufêtre, Bispo de Nevers - Bordeaux

18 Meus caros amigos, sede severos para convosco e indulgentes para com as fraquezas dos outros. Esta é uma prática da santa caridade que poucas pessoas observam. Todos vós tendes más tendências a vencer, defeitos a corrigir, hábitos a modificar. Todos vós tendes um fardo mais ou menos pesado do qual vos deveis livrar para subir o cume da montanha do progresso. Por que havereis de ser observadores tão exigentes para com o vosso próximo e tão cegos em relação a vós mesmos? Quando cessareis de perceber no olho de vosso irmão o argueiro, o cisco que o fere, sem ver no vosso a trave que vos cega e vos faz caminhar de queda em queda? Acreditai nos Espíritos, vossos irmãos: Todo homem muito orgulhoso, por se julgar superior, em virtudes e em méritos, aos seus irmãos encarnados, é insensato e culpado, e Deus o julgará por isso no dia da Sua justiça. O verdadeiro caráter da caridade é a modéstia e a humildade, ambas consistem em ver apenas superficialmente os defeitos dos outros e ressaltando neles o que há de bom. Ainda que o coração humano seja um abismo de corrupção, sempre existe, em algumas de suas regiões mais ocultas, o gérmen de bons sentimentos, centelha viva da essência espiritual.

Espiritismo, doutrina consoladora e bendita! Felizes daqueles que te conhecem e que tiram proveito dos salutares ensinamentos dos Espíritos do Senhor! Para eles, o caminho está iluminado, e ao longo do trajeto podem ler estas palavras que lhes indicam o meio de chegar ao objetivo: caridade prática, caridade de coração, caridade para com o próximo como para consigo mesmo. Em uma palavra, caridade para com todos e o amor a Deus acima de todas as coisas. O amor a Deus resume todos os deveres, e é impossível amar realmente a Deus sem praticar a caridade da qual Ele faz uma lei para todas as criaturas.

* N. E. - **Calvário:** monte em Jerusalém onde Jesus foi crucificado; (neste caso) sofrimento, martírio.

É PERMITIDO REPREENDER OS OUTROS?

São Luís - Paris, 1860

19 *Se considerarmos que ninguém é perfeito, significa que ninguém tem o direito de repreender o seu próximo?*

Certamente não, uma vez que cada um de vós deve trabalhar para o progresso de todos e principalmente para aqueles cuja proteção vos está confiada. Mas isso é uma razão para o fazerdes com moderação, com um objetivo útil, e não como se faz, na maioria das vezes, pelo prazer de desacreditar. Nesse último caso, a repreensão é uma maldade. No primeiro, é um dever que a caridade manda realizar com todos os cuidados possíveis. E mais ainda, a repreensão que se lança sobre os outros deve ao mesmo tempo se dirigir a nós para ver se não a merecemos também.

São Luís - Paris, 1860

20 *Será repreensível observar as imperfeições dos outros, quando disso não pode resultar nenhum proveito para eles, mesmo que não as divulguemos?*

Tudo depende da intenção. Certamente não é proibido ver o mal, quando o mal exista. Seria inconveniente ver por toda parte somente o bem: seria uma ilusão que prejudicaria o progresso. O erro está em direcionar tal observação em prejuízo do próximo, rebaixando-o sem necessidade perante a opinião pública. Seria ainda condenável fazer isso apenas para satisfazer a nós mesmos com um sentimento de malevolência e de alegria, ao verificar o defeito dos outros. Ocorre o contrário quando, lançando um véu sobre o mal, ocultando-o do público, limitamo-nos a observá-lo para tirar dele lição pessoal, ou seja, para estudá-lo e evitar fazer o que repreendemos nos outros. Esta observação, aliás, não é útil ao moralista? Como descreveria ele os problemas da Humanidade, se não estudasse os modelos?

São Luís - Paris, 1860

21 *Haverá casos em que pode ser útil revelar o mal dos outros?*

Esta questão é muito delicada, é aí que é preciso fazer surgir a caridade bem entendida. Se as imperfeições de uma pessoa prejudicam apenas a ela mesma, não há nenhuma utilidade em revelálas. Porém, se elas podem prejudicar aos outros, é preferível o interesse da maioria do que o interesse de um só. Conforme as condições, desmascarar a hipocrisia e a falsidade pode ser um dever, pois é preferível um homem cair do que vários serem enganados ou serem suas vítimas. Em semelhante caso, é preciso pesar a soma das vantagens e das desvantagens.

CAPÍTULO

11

AMAR AO PRÓXIMO COMO A SI MESMO

O maior mandamento
Fazer aos outros o que gostaríamos que fizessem por nós
Parábola dos credores e dos devedores
Dai a César o que é de César
Instruções dos Espíritos: A lei de amor • O egoísmo
A fé e a caridade • Caridade para com os criminosos
Devemos arriscar nossa vida por um malfeitor?

O MAIOR MANDAMENTO

1. Os fariseus, ao ouvirem que Jesus havia feito os saduceus se calarem, reuniram-se; e um deles, que era doutor da lei, perguntou-Lhe para tentá-Lo: Mestre, qual é o maior mandamento da lei? Jesus lhe respondeu: Amarás ao Senhor teu Deus de todo o teu coração, de toda a tua alma e de todo o teu espírito. Este é o maior e o primeiro mandamento. E eis o segundo, que é semelhante àquele: Amarás teu próximo como a ti mesmo. Toda a lei e os profetas estão contidos nestes dois mandamentos. (Mateus, 22: 34 a 40)

2. Fazei aos homens tudo o que gostaríeis que eles vos fizessem; pois esta é a lei e os profetas. (Mateus, 7:12)

Tratai todos os homens da mesma maneira que gostaríeis que eles vos tratassem. (Lucas, 6:31)

3. O reino dos Céus é comparável a um rei que quis pedir contas aos seus servidores. E tendo começado a fazer isso, apresentaram-lhe um, que lhe devia dez mil talentos. Mas como ele não tinha condições de pagar-lhe, seu senhor lhe ordenou que vendesse sua mulher, seus filhos e tudo o que possuía, para liquidar sua dívida. O servidor, lançando-se aos seus pés, suplicou-lhe, dizendo: Senhor, tende um pouco de paciência, pois eu vos pagarei tudo. Então o senhor desse servidor, ficando tocado de compaixão, deixou-o ir e perdoou-lhe a dívida. Mas, esse servidor, mal tendo saído, encontrando um de seus companheiros que lhe devia cem moedas, agarrou-o pelo pescoço sufocando-o e dizia: Paga-me o que me deves. E seu companheiro, atirando-se aos seus pés, suplicou-lhe dizendo: Tende um pouco de paciência que vos pagarei tudo. Mas ele não quis escutá-lo; e, indo embora, fez com que o prendessem, até que lhe pagasse o que devia.

Os outros servidores, seus companheiros, vendo o que se passava, ficaram extremamente aflitos e avisaram seu senhor de tudo o que tinha acontecido. Então o senhor, fazendo-o vir, disse-lhe: Mau servidor, perdoei tudo pelo que me devias, pois me pediste isso. Não deverias então ter tido piedade do teu companheiro como tive de ti? E seu senhor, furioso, deixou-o nas mãos dos carrascos até que pagasse tudo o que lhe devia.
É deste modo que meu Pai que está no Céu vos tratará, se cada um de vós não perdoar ao seu irmão, do fundo do coração, as faltas que tiverem cometido contra vós. (Mateus, 18:23 a 35)

4 *Amar o próximo como a si mesmo; fazer aos outros o que gostaríamos que fizessem por nós* é a expressão mais completa da caridade, pois resume todos os deveres em relação ao próximo. Não há guia mais seguro sobre isso do que ter como regra fazer aos outros o que desejamos para nós. Com que direito exigiremos de nossos semelhantes bom procedimento, indulgência, benevolência, dedicação, se não lhes damos isso? A prática destes ensinamentos morais orienta e conduz à destruição do egoísmo. Quando os homens as tomarem como regra de conduta e como base de suas instituições, entenderão a verdadeira fraternidade e farão reinar entre eles a paz e a justiça. Não haverá mais ódios nem desavenças e sim união, concórdia e benevolência mútua.

DAI A CÉSAR O QUE É DE CÉSAR

5. Então os fariseus, ao se retirarem, decidiram entre si comprometê-Lo em suas palavras. Juntaram-se aos herodianos, para lhe dizer: Senhor, sabemos que sois verdadeiro e que ensinais o caminho de Deus pela verdade, sem considerar a quem quer que seja, pois não discriminais a ninguém entre os homens; dizei-nos, então, qual é vossa opinião sobre o seguinte: Devemos ou não pagar o tributo a César?*

Mas Jesus, conhecendo sua malícia, lhes disse: Hipócritas, por que quereis me tentar? Mostrai-me a moeda exigida para o tributo. E então, tendo eles mostrado a moeda, disse-lhes: De quem é esta imagem e esta inscrição? De César, disseram. Então Jesus lhes respondeu: ***Dai a César o que é de César e a Deus o que é de Deus.***

Ao ouvirem isso, admiraram-se com sua resposta e, deixando-o, se retiraram. (Mateus, 22:15 a 22; Marcos, 12:13 a 17)

6 A pergunta feita a Jesus era motivada pelo fato de que os judeus, tendo horror ao pagamento dos impostos que os romanos os obrigavam a pagar, haviam feito disto uma questão religiosa. Um numeroso partido havia se formado para lutar contra o pagamento do

* N. E. - **Herodianos:** partidários de Herodes. Eram opositores dos fariseus.

imposto. O pagamento do tributo era, portanto, para eles, um tema de discussões daqueles dias que os enfurecia, sem o que a pergunta a Jesus: *Devemos ou não pagar o tributo a César?*, não teria o menor sentido. A pergunta em si já era uma cilada, e, conforme a resposta, pretendiam jogar contra Ele a autoridade romana e os judeus discordantes. Mas *Jesus, conhecendo sua malícia*, contornou a dificuldade, dando-lhes uma lição de justiça, mandando que se dê a cada um o que se lhe deve. (Veja na Introdução: Publicanos.)

7 Este ensinamento: *Dai a César o que é de César*, não deve ser entendido de uma maneira ilimitada e indiscutível. Neste, como em todos os ensinamentos de Jesus, há um princípio geral, resumido sob forma prática e usual, extraído de uma situação particular. Esse princípio é conseqüente daquele que nos diz: devemos agir para com os outros como gostaríamos que eles agissem para conosco. Ele condena todo prejuízo material e moral que se possa causar ao próximo e toda violação dos seus interesses, determinando que se respeitem os direitos de cada um, como cada um deseja que se respeitem os seus. Este princípio estende-se ao cumprimento dos deveres em relação à família, à sociedade, à autoridade, bem como a todos os indivíduos.

Instruções dos Espíritos

A LEI DE AMOR

Lázaro - Paris, 1862

8 O amor é o sentimento que acima de tudo resume, de forma completa, a doutrina de Jesus, e os sentimentos são os instintos que se elevam de acordo com o progresso realizado. Na sua origem, o homem possui instintos; mais avançado e corrompido, possui sensações; mais instruído e purificado, possui sentimentos. No ponto mais delicado e evoluído dos seus sentimentos, surge o amor, não o amor no sentido vulgar da palavra, mas sim o sol interior que condensa e reúne em seu foco ardente todos os anseios e todas as sublimes revelações. A lei de amor substitui o individualismo pela integração das criaturas e acaba com as misérias sociais. Feliz daquele que, no decorrer de sua vida, ama amplamente seus irmãos em sofrimento! Feliz daquele que ama, pois não conhece nem a angústia da alma, nem a do corpo. Seus pés são leves e vive como se estivesse transportado fora de si mesmo. Quando Jesus pronunciou a divina palavra, *amor*, os povos se emocionaram, e os mártires, cheios de esperança, desceram ao circo.

O Espiritismo, por sua vez, vem pronunciar uma segunda palavra do alfabeto divino. Ficai atentos, pois esta palavra ergue a laje das sepulturas vazias: é a *reencarnação*, que, triunfando sobre a morte, revela ao homem deslumbrado seu patrimônio intelectual. Ela já não o conduz mais aos suplícios, mas sim à conquista de seu ser, elevado e transformado. O sangue resgatou* o Espírito e o Espírito deve agora resgatar* o homem da matéria.

Disse-lhes eu que, na sua origem, o homem possuía apenas instintos, e aquele em que os instintos dominam está mais próximo do ponto de partida do que da chegada. Para alcançar a meta a que o homem se destina, é preciso vencer os instintos aperfeiçoando os sentimentos, ou seja, melhorando-os, sufocando os germens latentes da matéria. Os instintos são a germinação e os embriões dos sentimentos e trazem consigo o progresso, assim como a semente contém em si a árvore. Os seres menos avançados são aqueles que, libertando-se pouco a pouco de sua crisálida*, estão escravizados aos seus instintos. O Espírito deve ser cultivado como um campo. Toda riqueza futura depende do trabalho atual e, mais do que os bens terrenos, ele vos levará à gloriosa elevação. É então que, entendendo a lei de amor que une todos os seres, encontrareis os suaves prazeres da alma, que são o início das alegrias celestes.

Fénelon - Bordeaux, 1861

9 O amor é de essência divina. Desde o maior até o menor, todos vós possuís, no fundo do coração, a chama desse fogo sagrado. É um fato que já haveis constatado muitas vezes: o pior dos homens, o mais perverso, o mais criminoso tem por um ser ou por um objeto qualquer uma afeição viva e ardente, à prova de tudo que tente diminuí-la, e muitas vezes atingindo proporções admiráveis.

Dissemos por um ser ou por um objeto qualquer, porque existem entre vós indivíduos que dedicam tesouros de amor, que lhes transbordam do coração, aos animais, às plantas e até mesmo a objetos materiais: são os solitários, críticos da sociedade, reclamando da Humanidade em geral. Eles resistem contra a tendência natural de sua alma, que procura ao seu redor afeição e simpatia; rebaixam a lei de amor ao estado de instinto. Mas, façam o que fizerem, não serão capazes de sufocar o gérmen vivo que Deus depositou em seus corações ao criá-los. Este gérmen se desenvolve e cresce com a moralidade e com a inteligência e, ainda que freqüentemente comprimido pelo egoísmo, é a origem das santas e doces virtudes que fazem as afeições sinceras e duráveis, que vos ajudam a percorrer a difícil e dura estrada da existência humana.

Para algumas pessoas a prova da reencarnação é inaceitável e causa horror, por acharem que outros participarão de afetuosas simpatias das quais são ciumentas. Pobres irmãos! O vosso afeto é que vos torna egoístas. Vosso amor é limitado a um círculo íntimo de parentes ou de amigos e todos os demais são indiferentes para vós. Pois bem!

* N. E. - **Resgatou/resgatar:** redimir, salvar, apagar a culpa.
* N. E. - **Crisálida:** corpo da borboleta quando ainda é lagarta; (neste caso) transformando, mudando o comportamento.

Para praticar a lei de amor tal qual Deus a estabelece, é preciso que passeis progressivamente a amar todos os vossos irmãos indistintamente. A tarefa é longa e difícil, mas se cumprirá. Deus assim o quer, e a lei de amor é o primeiro e o mais importante ensinamento de vossa nova doutrina, pois é ela que deve um dia destruir o egoísmo sob qualquer forma que se apresente, porque, além do egoísmo pessoal, há ainda o egoísmo de família, de casta, de nacionalidade. Disse Jesus: *Amai ao vosso próximo como a vós mesmos*; pergunta-se, qual é o limite do próximo? Seria a família, a religião, a Pátria? Não. É toda a Humanidade. Nos mundos superiores é o amor mútuo que harmoniza e dirige os Espíritos adiantados que os habitam. E o vosso Planeta, destinado a um progresso que se aproxima, para sua transformação social, verá essa lei sublime ser praticada por seus habitantes, como um reflexo da Divindade.

Os efeitos da lei de amor são o aperfeiçoamento moral da raça humana e a felicidade durante a vida terrena. Os mais rebeldes e os mais viciosos deverão se reformar, quando virem os benefícios produzidos por esta prática: Não façais aos outros o que não gostaríeis que vos fizessem, mas sim fazei a eles todo o bem que está ao vosso alcance.

Não acrediteis na secura e no endurecimento do coração humano. Ele cede, mesmo a contragosto, ao verdadeiro amor. É como se fosse um ímã ao qual não se pode resistir. O contato desse amor vivifica e fecunda os germens dessa virtude que estão nos vossos corações adormecidos. A Terra, morada de provações e de exílio, será então purificada por esse fogo sagrado e verá serem nela praticados a caridade, a humildade, a paciência, a dedicação, a abnegação, a resignação e o sacrifício, virtudes todas filhas do amor. Não vos canseis de ouvir as palavras de João, o Evangelista. Como sabeis, quando a enfermidade e a velhice suspenderam o curso de suas pregações, ele apenas repetia estas doces palavras: *Meus filhinhos, amai-vos uns aos outros.*

Caros irmãos amados, praticai estas lições; sua prática é difícil, mas a alma retira delas um imenso benefício. Acreditai em mim, fazei o sublime esforço que vos peço: "Amai-vos", e vereis a Terra se transformar e tornar-se um novo paraíso, onde as almas virtuosas desfrutarão do repouso merecido.

Sansão - antigo membro da Sociedade Espírita de Paris - 1863

10 Meus caros companheiros de estudo, os Espíritos aqui presentes vos dizem por minha voz: Amai muito, para serdes amados. Este pensamento é tão justo que encontrareis nele tudo o que consola e acalma as penas de cada dia. E mais ainda: praticando este ensinamento, vos elevareis de tal maneira acima da matéria que vos espiritualizareis antes mesmo de deixar o vosso corpo terreno. Tendo os estudos espíritas desenvolvido em vós a compreensão do futuro, tendes agora uma certeza: a ascensão até Deus, com todas as promessas que respondem aos desejos da vossa alma. Deveis vos elevar bem alto, para julgar sem as limitações da matéria e não condenar vosso próximo sem antes terdes elevado vosso pensamento até Deus.

Amar, no sentido profundo da palavra, é ser honrado, leal, consciencioso, e fazer aos outros o que se deseja para si mesmo. É procurar ao redor de si o verdadeiro sentido de todas as dores que afligem vossos irmãos, para levar-lhes alívio. É olhar a grande família humana como sendo a sua, porque, essa família, vós a encontrareis numa outra época, em mundos mais avançados. Os Espíritos que a compõem são, como vós, filhos de Deus, que estão predestinados a se elevar ao infinito. É por isso que não podeis recusar a nenhum de vossos irmãos o que Deus generosamente vos deu – o amor –, tal qual, por vossa parte, felizes seríeis se os vossos irmãos vos dessem tudo do que necessitais. Dai a todos os sofredores uma palavra de esperança e de apoio, para que sejais todo amor, todo justiça.

Acreditai que estas sábias palavras: "Amai muito, para serdes amados", seguirão seu caminho. Elas são revolucionárias e obedecem a um traçado que é fixo, invariável. Mas vós, que, me escutais, já ganhastes algo. Sois infinitamente melhores hoje do que há cem anos. Mudastes de tal modo para melhor que aceitais de forma confiante uma grande quantidade de novas idéias sobre a liberdade e a fraternidade, que antigamente teríeis rejeitado. Assim é que, daqui a cem anos, aceitareis com a mesma facilidade outras idéias que ainda não puderam entrar na vossa cabeça.

Hoje, que o movimento espírita avançou a grandes passos, vede com que rapidez as idéias de justiça e de renovação contidas nos ensinamentos dos Espíritos são aceitas por boa parte do mundo inteligente. É que essas idéias correspondem a tudo o que existe de divino em vós. É que estais preparados por uma semeadura produtiva: a do último século, que implantou na sociedade as grandes idéias de progresso. E como tudo se encadeia sob a orientação do Altíssimo, todas as lições recebidas e aceitas estarão contidas na troca universal de amor ao próximo. Por ele, os Espíritos encarnados melhor compreendendo e sentindo-se unidos como irmãos, fraternalmente, até os extremos de vosso Planeta, se reunirão para se entender e se amar, para acabar com todas as injustiças e todas as causas de desentendimentos entre os povos.

Este grande pensamento de renovação pelo Espiritismo, tão bem exposto n'*O Livro dos Espíritos,* produzirá o extraordinário milagre dos próximos séculos vindouros: o da união de todos os interesses materiais e espirituais dos homens, pela aplicação deste ensinamento bem entendido: "Amai muito, para serdes amados".

O EGOÍSMO

Emmanuel - Paris, 1861

11 O egoísmo, esta chaga da Humanidade, tem que desaparecer da Terra, pois retarda seu progresso moral, e é ao Espiritismo que está reservada a tarefa de fazê-la elevar-se nas ordens dos mundos. O egoísmo é, então, o objetivo para o qual todos os verdadeiros cristãos devem dirigir suas armas, suas forças e sua coragem. Digo *coragem*, pois é preciso mais coragem para vencer a si mesmo do que para vencer aos outros. Que cada um empregue todos os seus esforços em combatê-lo em si mesmo, já que esse monstro devorador de todas as inteligências, esse filho do orgulho, é a causa de todas as misérias aqui na Terra. É a negação da caridade e, conseqüentemente, o maior obstáculo para a felicidade dos homens.

Jesus vos deu o exemplo da caridade e Pôncio Pilatos, o do egoísmo. Enquanto o Justo vai percorrer as santas estações* de seu martírio, Pilatos lava as mãos, dizendo: Que me importa? E disse aos judeus: Este homem é justo, por que quereis crucificá-Lo? E, no entanto, deixa-O ser conduzido ao suplício.

Se o Cristianismo ainda não cumpriu sua missão por completo, é por causa da luta que se trava entre a caridade e o egoísmo, que invadiu o coração humano como uma praga. É a vós, novos apóstolos da fé esclarecidos pelos Espíritos Superiores, que cabe a tarefa e o dever de destruir este mal para dar ao Cristianismo toda sua força e limpar o caminho dos obstáculos que impedem sua marcha. Expulsai da Terra o egoísmo para que ela possa elevar-se na escala dos mundos, pois está no tempo de a Humanidade envergar seu traje de luta. Mas, para isso, é preciso inicialmente expulsar o egoísmo dos vossos corações.

Pascal - Sens, 1862

12 Se houvesse amor entre os homens, a caridade seria melhor praticada. Mas, para isso, seria preciso que vos esforçásseis no sentido de libertar os vossos corações dessa couraça*, a fim de ficardes mais sensíveis ao sofrimento do próximo. A indiferença mata todos os bons sentimentos. O Cristo atendia a todos. Qualquer um que a Ele se dirigisse era sempre atendido: a mulher adúltera ou o criminoso eram igualmente socorridos. Ele nunca temia que sua própria reputação viesse a sofrer com isso. Quando, então, o tomareis como modelo de todas as vossas ações? *Se a caridade reinasse na Terra, o mal não dominaria. Ele fugiria envergonhado e se esconderia, pois se encontraria deslocado em toda a parte.* O mal então desapareceria, ficai bem convencidos disto.

---

* N. E. - **Santas estações:** locais que Jesus percorreu com a cruz a caminho do Calvário.
* N. E. - **Couraça:** armadura de aço; (neste caso) falta de amor, de caridade.

Começai dando o exemplo vós mesmos. Sede caridosos para com todos. Esforçai-vos para não vos preocupar com aqueles que vos desprezam. Deixai a Deus o cuidado de toda justiça, pois a cada dia, em seu reino, Ele separa o joio do trigo*.

O egoísmo é o sentimento oposto da caridade. Sem a caridade não haverá paz alguma na sociedade; e digo mais: não haverá segurança. Com o egoísmo e o orgulho, que andam de mãos dadas, haverá sempre uma corrida favorável ao espertalhão, uma luta de interesses em que são pisoteadas as mais santas afeições, em que nem sequer os laços sagrados da família são respeitados.

A FÉ E A CARIDADE

Um Espírito Protetor - Cracóvia, 1861

13 Eu vos disse, recentemente, meus queridos filhos, que a caridade sem a fé não basta para manter entre os homens uma ordem social capaz de torná-los felizes. Deveria ter dito que a caridade é impossível sem a fé. Podereis encontrar, em verdade, impulsos generosos até mesmo junto a pessoas sem religião, mas essa caridade verdadeira, que apenas se exerce pela abnegação, pelo sacrifício constante de todo interesse egoísta, somente pela fé poderá ser inspirada. Nada, além dela, nos dá condições para carregar com coragem e persistência a cruz desta vida.

Meus filhos, é em vão que o homem, ansioso de prazeres, tenta se iludir quanto ao seu destino aqui na Terra, achando que deve se ocupar apenas de sua felicidade. Deus nos criou com a certeza de sermos felizes na eternidade, por isso a vida terrena deve servir exclusivamente para o aperfeiçoamento moral, que se adquire mais facilmente com o auxílio dos órgãos físicos e as exigências do mundo material, que devem ser supridas. Além do mais, os problemas comuns da vida, a diversidade dos gostos, das tendências e das vossas necessidades são um meio de vos aperfeiçoardes, exercitando-vos na caridade. Portanto, apenas à custa de concessões e de sacrifícios mútuos é que podeis manter a harmonia entre elementos tão diversos.

Tendes toda a razão ao afirmar que a felicidade está destinada ao homem aqui na Terra, se a procurais na prática do bem e não nos prazeres materiais. A história da cristandade nos fala de mártires que foram para o suplício com alegria. Hoje, na vossa sociedade, para serdes cristãos, não é necessário nem o sacrifício do mártir, nem o sacrifício da vida, mas única e simplesmente o sacrifício do vosso egoísmo, do vosso orgulho e da vossa vaidade. Triunfareis, se a caridade vos inspirar sempre, e se a fé for a vossa sustentação.

* N. E. - **Separar o joio do trigo:** separar o mal do bem. **Joio:** semente tóxica que nasce no meio do trigo como praga.

CARIDADE PARA COM OS CRIMINOSOS

Elisabeth de França - Havre, 1862

14 A verdadeira caridade é um dos mais sublimes ensinamentos que Deus deu ao mundo por Jesus, e deve existir entre os autênticos discípulos de sua doutrina uma completa fraternidade. Deveis amar os infelizes e os criminosos como criaturas de Deus, aos quais o perdão e a misericórdia serão dados, desde que se arrependam, como também a vós mesmos pelas faltas que cometeis contra Sua lei. Imaginai que sois mais repreensíveis, mais culpados que aqueles aos quais recusais o perdão e a compaixão, pois, muitas vezes, eles não conhecem a Deus como vós e, por essa razão, menos se exigirá deles.

Não julgueis! Não julgueis, meus queridos amigos, pois o julgamento que fizerdes vos será aplicado ainda mais severamente! E tendes necessidade de indulgência para as faltas que cometeis com freqüência. Não sabeis que há muitas ações que são crimes aos olhos do Deus de pureza e que o mundo não as considera sequer como faltas leves?

A verdadeira caridade não está apenas na esmola que dais, nem mesmo nas palavras de consolação que lhe acrescentais. Não, não é apenas isso o que Deus exige de vós! A caridade divina ensinada por Jesus baseia-se também na benevolência permanente e em tudo mais para com o vosso próximo. Podeis praticar essa sublime virtude com muitas criaturas que não precisam de esmolas e sim de palavras de amor, consolação e de encorajamento que as conduzirão ao Senhor.

Os tempos estão próximos, volto a dizer, em que a grande fraternidade reinará neste globo. A lei do Cristo é a que regerá os homens, será a moderação e a esperança e conduzirá as almas às moradas bem-aventuradas. Amai-vos, portanto, como filhos do mesmo Pai. Não façais distinção entre vós, pois Deus quer que todos sejam iguais; não desprezeis a ninguém. A presença de criminosos encarnados entre vós é um meio de que Deus se utiliza para que as más ações deles vos mostrem lições e ensinamentos. Brevemente, quando os homens praticarem as verdadeiras leis de Deus, não haverá mais necessidade destes ensinamentos e *todos os Espíritos impuros e revoltados serão dispersados para mundos inferiores, de acordo com suas tendências.*

Deveis, aos criminosos de quem falo, o socorro de vossas preces; esta é a verdadeira caridade. Não vos cabe dizer de um criminoso: "É um miserável; é preciso eliminá-lo da Terra; a morte que lhe é imposta é muito suave para um ser dessa espécie". Não, não é assim que deveis falar. Observai Jesus, vosso modelo. Que diria Ele se visse este infeliz ao seu lado: o lamentaria; o consideraria como um doente miserável e lhe estenderia a mão. Em verdade, não podeis fazer isso, mas ao menos podeis orar por ele e dar assistência ao seu Espírito durante os poucos instantes que ainda deva passar em vossa Terra. O arrependimento pode tocar seu coração, se orardes com fé. Ele é vosso próximo também, como o melhor dentre os homens; sua alma desnorteada e revoltada foi criada, como a vossa, para se aperfeiçoar. Ajudai-o, então, a sair do lamaçal e orai por ele.

Lamennais - Paris, 1862

15 *Um homem corre perigo de morte. Para salvá-lo, é preciso arriscar a nossa própria vida; sabe-se que aquele homem é um malfeitor, e que, se escapar, poderá cometer novos crimes. Devemos, apesar disso, arriscar-nos para salvá-lo?*

Esta é uma questão muito importante e que naturalmente pode ocorrer. Responderei segundo meu adiantamento moral, uma vez que se trata de saber se devemos arriscar a nossa vida ainda que seja por um malfeitor. O devotamento é cego. Se socorremos a um inimigo, devemos, portanto, socorrer um inimigo da sociedade, numa palavra, um malfeitor. Acreditais que é apenas à morte que se vai arrancar esse infeliz? É, talvez, a toda sua vida passada. Pensai que, nesses rápidos instantes em que se acabam os últimos minutos de vida, o homem perdido revê sua vida passada, ou melhor, ela se ergue diante dele. Quem sabe, a morte estará chegando muito cedo para ele. A reencarnação poderá ser-lhe terrível. Coragem, portanto, homens! Vós a quem a ciência espírita esclareceu; socorrei-o, arrancai-o à sua condenação e, então, talvez esse homem, que morreria vos insultando, se lançará em vossos braços. No entanto, não é preciso perguntar se ele o fará ou não; salvando-o, obedeceis a essa voz do coração que vos diz: "Podeis salvá-lo, salvai-o!"

Capítulo

12

Amai os vossos inimigos

Pagar o mal com o bem
Os inimigos desencarnados
Se alguém vos bater na face direita, apresentai-lhe também a outra
Instruções dos Espíritos: A vingança • O ódio • O duelo.

PAGAR O MAL COM O BEM

1. Aprendestes o que foi dito: Amareis vosso próximo e odiareis vossos inimigos. E eu vos digo: Amai os vossos inimigos; fazei o bem aos que vos odeiam e orai por aqueles que vos perseguem e vos caluniam; a fim de que sejais filhos de vosso Pai que está nos Céus, que faz erguer o Sol sobre os bons e os maus e faz chover sobre os justos e os injustos. Pois, se amais apenas os que vos amam, que recompensa tereis? Os publicanos também não fazem isso? E se vós apenas cumprimentais vossos irmãos, o que fazeis mais do que os outros? Os pagãos também não fazem o mesmo? Eu vos digo que, se vossa justiça não for maior do que a dos escribas e dos fariseus, jamais entrareis no reino dos Céus. (Mateus, 5:5 a 20, 43 a 47)

2. Se amardes apenas os que vos amam, que recompensa tereis, uma vez que as pessoas de má vida também amam aqueles que as amam? E se vós fazeis o bem apenas aos que vos fazem, que recompensa tereis, uma vez que as pessoas de má vida fazem a mesma coisa? E se vós emprestais apenas àqueles de quem esperais receber a mesma graça, que recompensa tereis, uma vez que as pessoas de má vida também se emprestam mutuamente para receber a mesma vantagem?
Quanto a vós, amai os vossos inimigos, fazei o bem a todos e emprestai sem nada esperar e então vossa recompensa será bem maior e sereis os filhos do Altíssimo, pois Ele é bom com os ingratos e até mesmo com os maus. Sede, pois, misericordiosos, como vosso Pai o é. (Lucas, 6:32 a 36)

3 Se o amor ao próximo é o princípio da caridade, amar aos inimigos é a sua aplicação máxima, pois esta virtude é uma das maiores vitórias alcançadas sobre o egoísmo e o orgulho.

Entretanto, o sentido da palavra amar, utilizada neste ensinamento, pode não ser corretamente entendida. Jesus não quis dizer com estas palavras que devemos ter pelo inimigo a ternura que temos por um irmão ou por um amigo. A ternura dá a entender confiança e não podemos confiar naquele que sabemos que nos quer mal. Não podemos ter para com ele as mesmas demonstrações de amizade, pois sabemos que ele é capaz de abusar disso. Entre as pessoas que desconfiam umas das outras não poderá haver os mesmos laços de simpatia que existem entre aqueles que têm a mesma maneira de pensar. Quando encontramos um inimigo, não podemos ter, para com ele, a mesma alegria que sentimos quando encontramos um amigo.

Este sentimento resulta de uma lei física: a da assimilação e da repulsão dos fluidos. O pensamento maldoso carrega em si mesmo uma corrente fluidica que causa má influência. O pensamento benevolente nos envolve com uma agradável impressão; daí a diferença de sensações que experimentamos ao nos aproximar de um amigo ou de um inimigo. Amar aos inimigos não pode significar, portanto, que não devamos diferenciá-los dos amigos. Este ensinamento só nos parece difícil, até mesmo impossível de ser praticado, porque acreditamos que ele manda dar a uns e a outros o mesmo lugar no coração, quando não é isso. Se a pobreza das línguas humanas obriga a nos servirmos de uma mesma palavra para expressar diversas formas de sentimentos, a razão nos diz que de acordo com o caso devemos diferenciar os seus significados.

Amar aos inimigos não é ter para com eles uma afeição forçada, que não é natural, já que o contato com um inimigo faz bater o coração de uma maneira totalmente diferente. Amar aos inimigos segundo este ensinamento de Jesus é não ter contra eles nem ódio, nem rancor, nem desejo de vingança. É perdoar-lhes, *sem pensamento oculto e sem impor condições,* o mal que nos fazem. É não colocar nenhum obstáculo à reconciliação. É desejar-lhes o bem no lugar do mal. É alegrar-se pelo bem que lhes aconteça ao invés de se entristecer. É socorrê-los em caso de necessidade. É não fazer nada que possa prejudicá-los *em palavras ou em atos*. É, enfim, pagar-lhes todo mal com o bem, *sem intenção de os humilhar.* Quem fizer isto, estará seguindo o mandamento: *Amai aos vossos inimigos*.

4 Amar aos inimigos é um absurdo para o incrédulo. Aquele para quem a vida presente é tudo vê apenas em seu inimigo um ser nocivo e perturbador de sua tranqüilidade e do qual somente a morte, pensa ele, o pode livrar. Daí, o desejo de vingança. Ele só terá motivo para perdoar se for para satisfazer seu orgulho aos olhos do mundo. O próprio ato de perdoar, em certos casos, parece-lhe uma fraqueza indigna de si. Se não se vingar, nem por isso deixará de guardar rancor e um secreto desejo de fazer o mal.

Para aquele que crê e, especialmente, para o espírita, a maneira de ver é completamente diferente, pois observa as coisas com as vistas do passado e sobre o futuro, e percebe que a vida presente não passa de um momento. Ele sabe que pela própria destinação da Terra é natural encontrar nela homens maus e perversos; que as maldades das quais é vítima fazem parte de provas que deve passar, e essa noção mais esclarecida que tem o faz ver os problemas da vida de forma menos cruel, venham eles dos homens ou das coisas. *E se ele não reclama das provas, não deve reclamar contra aqueles que dela são os instrumentos.* Se, ao invés de se lamentar, agradecer a Deus por pô-lo à prova, *deve agradecer a mão que lhe fornece a ocasião de mostrar sua paciência e sua resignação.* Este pensamento o leva a perdoar naturalmente e o faz sentir que, quanto mais generoso for, mais se engrandece aos seus próprios olhos e fica fora do alcance do ódio do seu inimigo.

O homem que ocupa no mundo uma posição de destaque não se ofende com insultos dos seus inferiores. Assim ocorre com aquele que se eleva, no mundo moral, acima da Humanidade material. Ele compreende que o ódio e o rancor o fariam sentir-se desprezível e o rebaixariam. Portanto, para ser superior a seu adversário, é preciso que tenha a alma maior, mais nobre e mais generosa.

OS INIMIGOS DESENCARNADOS

5 O espírita tem ainda outros motivos de indulgência para com os seus inimigos. Primeiramente, sabe que a maldade não é o estado permanente dos homens, mas que é devida a uma imperfeição momentânea e, do mesmo modo que a criança se corrige dos seus defeitos, o homem mau um dia reconhecerá os seus erros e se tornará bom.

Sabe também que a morte apenas o livra da presença material de seu inimigo e que este pode persegui-lo com seu ódio, mesmo após ter deixado a Terra. Sabe que qualquer vingança que faça não atingirá o seu objetivo, ao contrário, ela terá por efeito produzir uma irritação ainda maior, capaz de passar de uma existência à outra. Cabia ao Espiritismo provar, pela experiência e pelas leis que regem as relações do mundo visível com o mundo invisível, que a expressão *extinguir o ódio com sangue* é completamente falsa, pois a verdade é que o sangue realimenta o ódio, mesmo além-túmulo, na erraticidade. O Espiritismo apresenta, em vista disto, um argumento positivo, uma utilidade prática no perdão e no sublime ensinamento do Cristo: *Amai os vossos inimigos*. De fato, não há coração tão perverso que não se deixe tocar pelas boas ações, mesmo a contragosto. Pelas boas ações, elimina-se o motivo da vingança contra um inimigo e pode-se fazer dele um amigo antes e depois da sua morte. Com os maus procedimentos o homem irrita seu inimigo, que então se constitui *em instrumento da justiça de Deus, para punir aquele que não perdoou.*

6 Podemos assim ter inimigos entre os encarnados e os desencarnados. Os inimigos do mundo invisível manifestam sua maldade pelas obsessões* e subjugações* às quais tantas pessoas estão sujeitas e que são algumas das várias provas da vida, contribuindo para o adiantamento do homem no globo terrestre e que, por isso, deve aceitá-las com resignação e como conseqüência da natureza inferior do nosso planeta. Se não houvesse homens maus na Terra, não haveria Espíritos maus ao seu redor. Devemos ter, portanto, indulgência e benevolência para com os inimigos encarnados e desencarnados.

Antigamente, para apaziguar os deuses infernais, depois chamados demônios, mas que não passavam de espíritos maus, sacrificavam-se animais e até pessoas. O Espiritismo vem provar que esses demônios são apenas almas de homens perversos que ainda não se livraram dos instintos materiais, e *que somente se pode pacificá-los sacrificando-se o ódio que possuem, por meio da caridade;* que a caridade não tem apenas o efeito de impedi-los de fazer o mal, mas também de conduzi-los ao caminho do bem e contribuir para sua salvação. É assim que o ensinamento de Jesus: *Amai os vossos inimigos,* não está unicamente limitado ao Planeta Terra e à vida presente, mas inclui também a grande lei de solidariedade e fraternidade universais.

SE ALGUÉM VOS BATER NA FACE DIREITA, APRESENTAI-LHE TAMBÉM A OUTRA

7. Aprendestes o que foi dito: Olho por olho, dente por dente. E eu vos digo para não resistir ao mal que quiserem vos fazer; mas ***se alguém vos bater na face direita, apresentai-lhe também a outra****. E se alguém quiser demandar contra vós para tomar vossa túnica, dai-lhe também vosso manto. E se alguém quiser vos obrigar a andar mil passos com ele, andai ainda mais dois mil. Dai àquele que vos pede e não rejeiteis jamais aquele que vos pedir emprestado. (Mateus, 5:38 a 42)*

8 Os preconceitos* do mundo, sobre o que costumamos chamar de questão de honra, provocam esses melindres, nascidos do orgulho e da exaltação da personalidade, que levam o homem a pagar injúria por injúria, golpe por golpe, o que parece ser uma atitude justa para aquele cujo sentido moral não se eleva acima das paixões terrenas. Esta é a razão pela qual a lei de Moisés dizia: "Olho por olho, dente por dente". Lei que estava de acordo com o seu tempo. Mas o Cristo veio e disse: *Pagai o mal com o bem*. E disse ainda: *Não resistais ao mal que quiserem vos fazer; se alguém vos bater numa face, apresentai-lhe também a outra.* Ao orgulhoso, este ensinamento parece uma covardia, pois ele não entende que há mais coragem em suportar um insulto do que em se vingar, já que a sua noção do que é a vida alcança somente

* **N. E. - Preconceito:** idéia preconcebida. Opinião de separação, de ódio racial, crença, intolerância, etc.

o momento presente. Devemos, então, entender ao pé da letra este ensinamento de Jesus? Não, da mesma maneira que aquele que diz para "arrancar o olho, se este for um motivo de escândalo". Se o ensinamento fosse seguido literalmente, a conseqüência seria condenar toda ação da lei e deixar o campo livre aos maus, que nada temeriam. Se não colocarmos um freio às suas agressões, logo todos os bons serão suas vítimas. Até o próprio instinto de conservação, que é uma lei da Natureza, diz que não se deve desistir da vida sem luta. Por estas palavras, Jesus não quis proibir a defesa e sim *condenar a vingança.* Ao dizer para oferecer a face quando a outra for batida, quis dizer, de uma outra forma, que não é preciso pagar o mal com o mal; que o homem deve aceitar com humildade tudo o que faz rebaixar seu orgulho; que é mais glorioso para ele ser ferido do que ferir, suportar pacientemente uma injustiça do que cometê-la; que é melhor ser enganado do que enganar, ser arruinado do que arruinar os outros. É ao mesmo tempo a condenação do duelo, que nada mais é do que uma das manifestações do orgulho. Apenas a fé na vida futura e na justiça de Deus, que nunca deixa o mal impune, pode dar a força para suportar-se pacientemente os golpes dados aos nossos interesses e ao nosso amor-próprio. Eis porque dizemos sempre: Elevai vossos olhares; quanto mais vos elevardes pelo pensamento acima da vida material, menos vos magoarão as coisas da Terra.

Instruções dos Espíritos

A VINGANÇA

Jules Olivier - Paris, 1862

9 A vingança é um dos últimos vestígios dos costumes bárbaros que tendem a desaparecer dentre os homens. Ela é, juntamente com o duelo, um dos últimos vestígios desses costumes selvagens que faziam a Humanidade sofrer no início da era cristã. Por isso a vingança é um sinal da inferioridade dos homens que se deixam levar por ela e dos Espíritos que também podem sugeri-la. Portanto, meus amigos, esse sentimento nunca deve fazer vibrar o coração daquele que se diga e proclame espírita. Vingar-se é, bem o sabeis, totalmente contrário ao ensinamento do Cristo: *Perdoai aos vossos inimigos,* e aquele que se recusa a perdoar não é espírita, como também não é cristão. A vingança é um sentimento tão nocivo quanto a falsidade e a baixeza, que são suas companheiras constantes. De fato, todo aquele que se entrega a essa paixão cega e fatal quase nunca se vinga a céu aberto. Se ele é o mais forte, ataca ferozmente aquele a quem chama de inimigo, bastando para isso a simples presença do desafeto para que nele se inflamem a cólera, a paixão e o ódio. Porém, na maioria das vezes, ele toma uma aparência fingida, disfarçando no fundo de seu coração os maus sentimentos que o animam. Segue caminhos tortuosos, espreita na sombra o inimigo e, sem que ele sequer desconfie, espera o momento mais favorável para, sem correr nenhum risco e sem receio, executar a sua vingança. Ocultando-se, vigia-o sem cessar, prepara-lhe armadilhas odiosas e, na ocasião propícia, derrama-lhe no copo o veneno mortal. Quando seu ódio não vai até a esses extremos, então ataca sua honra e suas afeições. Não recua diante da calúnia e das falsas insinuações que, habilmente semeadas aos quatro ventos, vão aumentando pelo caminho. Desta forma, quando o perseguido se apresenta nos lugares onde aquele sopro envenenado passou, se admira de encontrar rostos frios, onde encontrava antigamente rostos amigos e benevolentes. Fica surpreso quando as mãos, que procuravam a sua, agora se recusam a apertá-la; enfim, fica arrasado quando seus amigos mais caros e mais próximos se desviam e fogem dele. O covarde que se vinga desta maneira é cem vezes mais culpado do que aquele que vai direto a seu inimigo e o insulta de cara limpa.

Parem, portanto, com estes costumes selvagens! Parem com estes costumes de outros tempos! Todo espírita que hoje pretender ainda ter o direito de se vingar será indigno de figurar por mais tempo entre aqueles que tomaram por lema: *Fora da caridade não há salvação!* Recuso-me a aceitar a simples idéia que um membro da grande família espírita possa ceder ao impulso da vingança ao invés de perdoar.

O ÓDIO

Fénelon - Bordeaux, 1861

10 Amai-vos uns aos outros e sereis felizes. Fazei por amar aqueles que vos inspiram indiferença, ódio e desprezo. O Cristo, que deveis ter como modelo, vos deu o exemplo desse devotamento. Missionário do amor, amou até dar seu sangue e a vida. O sacrifício de amar aqueles que vos ofendem e vos perseguem é difícil, mas é, exatamente, o que vos torna superior a eles. Se os odiais como eles vos odeiam, não valeis mais do que eles. Amá-los, esta é a substância que deveis oferecer a Deus no altar de vossos corações; essência de agradável fragrância, cujos perfumes sobem até Ele. Mas, ainda que a lei do amor nos mande amar indistintamente a todos nossos irmãos, ela não nos livra o coração do convívio e da ação dos maus; esta é uma das provas mais difíceis, bem o sei, uma vez que durante minha última existência passei por essa tortura. Mas Deus está presente e pune, nesta vida e na outra, aqueles que falham na lei do amor. Não vos esqueçais, meus queridos filhos, que o amor aproxima-nos de Deus, e o ódio nos afasta d'Ele.

O DUELO

Adolfo, Bispo de Argel - Marmande, 1861

11 Só é verdadeiramente grande aquele que, considerando a vida como uma viagem que o deve levar a um destino certo, faz pouco caso das contrariedades do caminho e dele nunca se desvia. De olhos fixos na meta a que se destina, pouco lhe importa se os obstáculos e os espinhos do caminho podem lhe causar danos, já que eles apenas o roçam sem o ferir e não o impedem de avançar. Arriscar a vida em duelo para se vingar é uma injúria, é recuar diante das provações que tem que passar. É sempre um crime aos olhos de Deus. Se não fôsseis enganados, como sois, pelos vossos preconceitos*, o veríeis como uma coisa ridícula e uma suprema loucura aos olhos dos homens.

É crime o homicídio pelo duelo; até mesmo a vossa legislação o reconhece. Ninguém tem o direito, em nenhum caso, de tirar a vida de seu semelhante. É crime aos olhos de Deus, que vos indica vossa linha de conduta. Neste caso, mais do que em qualquer outro, sois juízes em causa própria. Lembrai-vos de que sereis perdoados conforme o que perdoardes. Pelo perdão vos aproximais da Divindade, pois a clemência é irmã do poder. Enquanto uma gota de sangue correr na Terra pela mão do homem, o verdadeiro reino de Deus não terá chegado, reino de paz e de amor que deverá afastar para sempre de vosso Planeta o rancor, a discórdia e a guerra. Então, a palavra *duelo* existirá em vossa língua apenas como uma lembrança vaga e distante de um passado que não existirá mais, e os homens só admitirão disputar entre si, em competições, a nobre prática do bem.

Santo Agostinho - Paris, 1862

12 O duelo pode, sem dúvida, em alguns casos, ser considerado como uma prova de coragem física, de desprezo pela vida, mas é de forma indiscutível a prova de uma covardia moral semelhante ao suicídio: o suicida não tem a coragem de encarar de frente as contrariedades e aflições da vida, e o duelista não a tem para suportar as ofensas. O Cristo não vos disse que há mais honra e coragem em oferecer a face esquerda àquele que bateu na direita do que em se vingar de uma injúria? Cristo não disse a Pedro no Jardim das Oliveiras: *Coloca a tua espada na bainha, pois aquele que matar pela espada, pela espada morrerá?* Por estas palavras, Jesus não condena o duelo? De fato, meus filhos, que coragem é essa, nascida de um caráter violento, sanguinário e colérico, que reage à primeira ofensa? Onde está, então, a grandeza da alma daquele que, à menor injúria, quer lavá-la em sangue? Mas que ele trema! porque sempre, no fundo de sua consciência, uma voz lhe gritará: "Caim! Caim! Que fizeste de teu irmão?" "Foi necessário sangue para salvar minha honra", dirá ele a essa voz. Mas ela lhe responderá: "Tu quiseste salvá-la diante dos homens pelos poucos instantes que te restavam a viver na Terra e não pensaste em salvá-la perante Deus!" Pobre tolo! Quanto sangue o Cristo vos pediria por todas as ofensas que Lhe tendes feito! Não somente O machucastes com os espinhos e a lança, não somente O pregastes na cruz infamante, mas ainda em meio à agonia, Ele pôde escutar as zombarias que Lhe foram dirigidas. Que reparação, após tantas ofensas, vos pediu Ele? O último grito do Cordeiro foi uma prece para seus carrascos. Tal como Ele, perdoai e orai por aqueles que vos ofendem.

Amigos, lembrai-vos deste preceito: *Amai-vos uns aos outros*, e, então, ao golpe dado pelo ódio, respondereis com um sorriso, e, à ofensa, com o perdão. Sem dúvida, o mundo se voltará furioso contra vós e vos chamará de covardes. Elevai a cabeça bem ao alto e mostrai que a vossa fronte também não receia ser coroada de espinhos a exemplo do Cristo. No entanto, que vossa mão nunca queira ser cúmplice de um homicídio, que permite, digamos, uma falsa aparência de honra, mas que é apenas orgulho e amor-próprio. Ao vos criar, Deus vos deu o direito de vida e de morte uns aos outros? Não! Esse direito somente a Natureza o tem, para se reformar e se reconstruir a si mesma, mas quanto a vós, nem sobre o vosso corpo tendes direitos. Como o suicida, o duelista estará marcado de sangue quando comparecer perante Deus e, tanto sobre um como sobre o outro, a Soberana Justiça atuará em longos e dolorosos sofrimentos. Se Ele ameaçou com sua justiça aquele que dissesse a seu irmão: *És louco*, quanto mais não será severa a pena para aquele que se apresentar diante d'Ele com as mãos manchadas do sangue de seu irmão!

Um Espírito Protetor - Bordeaux, 1861

13 O duelo, que antigamente se chamava de julgamento de Deus, é um desses costumes bárbaros que ainda têm vestígios na sociedade. O que diríeis vós, entretanto, se vísseis mergulhados os dois adversários em água fervente ou submetidos ao contato do ferro em brasa, para decidirem entre si a disputa, e dar razão àquele que suportasse melhor a prova? Vós chamaríeis a esses costumes de insensatos. O duelo é ainda pior que tudo isso. Para o duelista habilidoso, perito na arte, é um assassinato praticado a sangue frio, com toda ação planejada; pois ele está certo do golpe preciso que dará. Para o adversário, quase certo de morrer em razão de sua fraqueza e de sua inabilidade, é um suicídio cometido com a mais fria reflexão. Bem sei que, muitas vezes, se procura evitar essa alternativa, igualmente criminosa, elegendo-se o acaso como juiz. Mas, então, não é isto, de uma outra forma, voltar ao que se chamava julgamento de Deus, da Idade Média? E ainda naquela época éramos infinitamente menos culpados. Até mesmo a denominação, julgamento de Deus, indicava uma fé, ingênua, é bem verdade, mas enfim uma fé na justiça de Deus, que não podia deixar morrer um inocente, enquanto, num duelo, tudo se lança à força bruta, de tal maneira que o ofendido é quem geralmente morre.

Estúpido amor-próprio, tola vaidade e louco orgulho! Quando os trocareis pela caridade cristã, pelo amor ao próximo e a humildade, das quais o Cristo deu o exemplo e o ensino? Somente então desaparecerão esses costumes monstruosos que ainda governam os homens e que as leis são impotentes para reprimir, pois não basta impedir o mal e exigir o bem; é preciso que o princípio do bem e do horror ao mal estejam gravados no coração do homem.

Francisco Xavier - Bordeaux, 1861

14 Que opinião terão de mim, dizeis freqüentemente, se recuso a tirar satisfação que me é cobrada, ou se não a exigir daquele que me ofendeu? Os loucos, como vós, os homens atrasados, vos censurarão, mas os que são esclarecidos pela chama do progresso intelectual e moral dirão que agistes com verdadeira sabedoria. Refleti um pouco: por uma palavra muitas vezes dita sem querer, ou até mesmo inofensiva, da parte de um dos vossos irmãos, o vosso orgulho já fica machucado, vós lhe respondeis de uma maneira agressiva e acontece a provocação. Antes de chegar ao momento decisivo, perguntai-vos se agistes como cristão? Que contas prestareis à sociedade se a eliminais de um de seus membros? Pensai no remorso de ter tirado o marido a uma mulher, um filho à sua mãe, às crianças o seu pai e com ele o sustento delas? Certamente aquele que fez a ofensa deve uma satisfação. Mas não é mais honroso para ele dá-la espontaneamente, reconhecendo seus erros, do que arriscar a vida daquele que tem o direito de se queixar? Quanto ao ofendido, concordo que, algumas vezes, pode se encontrar gravemente atingido, seja em sua pessoa, seja em relação àqueles que lhe são caros. Não é somente o amor-próprio que está em questão. O coração está também ferido e sofrendo, mas, além de ser estupidez jogar sua vida contra um miserável, capaz de infâmias, mesmo que morto o infamante, deixará, por isto, a afronta de existir? Não é certo que o sangue derramado produzirá mais barulho sobre um fato que, se for falso, deve esquecer-se por si mesmo e que, se for verdadeiro, deve se esconder no silêncio? Resta-lhe, portanto, a satisfação da vingança executada, nada mais. Triste satisfação que, freqüentemente, já nesta vida deixa insuportáveis remorsos! E se o ofendido morre, onde estará a reparação?

Quando a caridade for a regra de conduta dos homens, eles deverão ajustar seus atos e palavras ao ensinamento de Jesus: *Não façais aos outros o que não quereríeis que vos fizessem.* Aí, então, desaparecerão todas as causas de desavenças e, com elas, os duelos e também as guerras, que não passam de duelos entre povos!

Agostinho - Bordeaux, 1861

15 O homem do mundo, o homem feliz, que por uma palavra ofensiva, um motivo insignificante, arrisca a vida que recebeu de Deus, e arrisca a vida de seu semelhante que pertence a Deus, é cem vezes mais culpado do que o miserável que, empurrado pela cobiça, algumas vezes pela necessidade, se introduz em uma casa para roubar e mata aqueles que tentam impedi-lo. Esse último é quase sempre um homem sem educação, que tem apenas noções imperfeitas do bem e do mal, enquanto o duelista pertence sempre à classe mais esclarecida. Um mata brutalmente; o outro, com método e regras definidas, o que faz com que a sociedade o desculpe. Acrescento ainda que o duelista é infinitamente mais culpado que o infeliz que, levado por um sentimento de vingança, mata num momento de desespero. O duelista não tem de modo algum como desculpa o sentimento da violenta emoção, pois que, entre o insulto e a reparação, existe sempre um tempo para se refletir. Ele age, portanto, fria e planejadamente. Tudo é calculado e estudado para matar com mais segurança seu adversário. É bem verdade que ele arrisca sua vida, e é isso o que justifica o duelo aos olhos do mundo, porque vêem nele um ato de coragem e de desprezo pela própria vida. Mas existirá verdadeira coragem quando se está seguro de si? O duelo data dos tempos selvagens, quando o direito do mais forte era a lei. Ele desaparecerá com uma análise mais criteriosa e justa do que é o verdadeiro ponto de honra e à medida que o homem tiver uma fé mais viva na vida futura.

16 *Nota:* Os duelos tornaram-se cada vez mais raros e se ainda vemos de vez em quando alguns dolorosos exemplos, o seu número não é mais comparável ao que foi no passado. Antigamente, um homem não saía de casa sem prever um confronto e conseqüentemente sempre tomava suas precauções. Um sinal característico dos costumes daqueles tempos e dos povos era o uso do porte habitual, de forma visível ou não, das armas defensivas e de ataque. A abolição desse uso já testemunha o abrandamento dos costumes e é curioso seguir-se a escala, desde a época em que os cavaleiros somente cavalgavam com armaduras de ferro e armados de lança até o uso simples da espada, tornada mais tarde apenas um enfeite, um acessório de nobreza e não uma arma agressiva. Uma outra característica do abrandamento dos costumes é que, antigamente, os combates pessoais aconteciam em plena rua, diante da multidão que se afastava para deixar o campo livre, e, hoje, se ocultam. Hoje, a morte de um homem é um acontecimento que provoca emoção, enquanto, antigamente, ninguém lhe dava atenção. O Espiritismo apagará esses últimos vestígios de selvageria, colocando na mente dos homens o espírito de caridade e de fraternidade.

Capítulo

13

Que vossa mão esquerda não saiba o que faz vossa mão direita

Fazer o bem sem ostentação
Os infortúnios ocultos • O óbolo* da viúva
Convidar os pobres e os estropiados
Ajudar sem esperar recompensa
Instruções dos Espíritos: A caridade material e a caridade moral
A beneficência • A piedade • Os órfãos
Benefícios pagos com a ingratidão • Beneficência exclusiva

FAZER O BEM SEM OSTENTAÇÃO

1. Tomai cuidado para não fazer vossas boas obras serem vistas diante dos homens; de outro modo, não recebereis recompensa alguma de vosso Pai que está nos Céus. Quando derdes esmola, não façais soar a trombeta diante de vós, como fazem os hipócritas nas sinagogas e nas ruas, para serem honrados pelos homens. Eu vos digo, em verdade, que já receberam sua recompensa. Mas, quando derdes uma esmola, que vossa mão esquerda não saiba o que faz a vossa mão direita, a fim de que a esmola fique em segredo. E vosso Pai, que vê o que se passa em segredo, vos dará a recompensa. (Mateus, 6:1 a 4)*

2. Uma grande multidão seguia Jesus quando este descia do monte; e ao mesmo tempo um leproso veio a Ele e o adorou dizendo: Senhor, se quiseres podes me curar. Jesus estendendo a mão tocou-o e disse-lhe: Assim o quero, fique curado. E nesse momento a lepra foi curada. Depois Jesus lhe disse: ***Não diga isso a ninguém****; mas vá mostrar aos sacerdotes e ofereça o donativo prescrito por Moisés, a fim de que isso lhes sirva de testemunho. (Mateus, 8:1 a 4)*

3 Fazer o bem sem se exibir, sem ostentação, é um grande mérito. Esconder a mão que dá é ainda mais louvável. É o sinal indiscutível de uma grande superioridade moral, porque, para compreender além da vulgaridade comum as coisas do mundo, é preciso elevar-se acima da vida presente e se identificar com a vida futura. É preciso, em

* N. E. - **Óbolo:** esmola, dádiva.
* N. E. - **Hipócrita:** falso, impostor, fingido; (neste caso) falsa devoção.

uma palavra, colocar-se acima da Humanidade para renunciar à satisfação que o aplauso dos homens proporciona e pensar na aprovação de Deus. Aquele que estima mais a aprovação dos homens do que a de Deus prova que tem mais fé nos homens do que em Deus e que a vida presente vale mais do que a vida futura. Se disser o contrário, age como se não acreditasse no que diz. Quantos ajudam apenas na esperança de que essa ajuda tenha grande repercussão; que, em público, dão uma grande soma e que ocultamente não dariam nem um centavo! Eis porque Jesus disse: *Aqueles que fazem o bem com ostentação já receberam sua recompensa.* De fato, aquele que procura sua glorificação na Terra pelo bem que faz já se pagou a si mesmo. Deus não lhe deve mais nada. Resta-lhe apenas receber a punição do seu orgulho.

Que a mão esquerda não saiba o que faz a mão direita é um ensinamento que caracteriza admiravelmente a beneficência modesta. Mas, se existe a modéstia real, há também a fingida, isto é: a simulação da modéstia. Há pessoas que escondem a mão que dá, tendo o cuidado de deixar à mostra uma parte da sua ação, para que alguém observe o que fazem. Ridícula comédia dos ensinamentos do Cristo! Se os benfeitores orgulhosos são desconsiderados entre os homens, muito mais o serão diante de Deus! Estes também já receberam sua recompensa na Terra. Foram vistos; ficaram satisfeitos por terem sido vistos: é tudo o que terão.

Qual será, portanto, a recompensa daquele que faz pesar seus benefícios sobre o beneficiado, que lhe obriga, de alguma maneira, os testemunhos de reconhecimento, que lhe faz sentir sua posição realçando as dificuldades e os sacrifícios a que se impôs por ele? Para este, nem mesmo existe a recompensa terrena, pois ele é privado da doce satisfação de ouvir abençoar seu nome. E aí está o primeiro castigo de seu orgulho. As lágrimas que ele seca em benefício de sua vaidade, ao invés de subirem ao Céu, recaem sobre o coração do aflito e o ferem. O bem que ele faz não lhe traz o menor proveito, pois, ele o lamenta, e todo benefício lamentado é moeda falsa e sem valor.

A beneficência sem exibicionismo tem um duplo mérito: além de ser caridade material é caridade moral. Ela respeita os sentimentos do beneficiado. Faz com que, em aceitando o benefício, seu amor-próprio não seja atingido, protegendo assim sua dignidade de homem, pois este poderá aceitar um serviço, mas não uma esmola. Acontece que converter um serviço em esmola, conforme a maneira como é proposto que se faça, é humilhar aquele que o recebe e sempre há orgulho e maldade em humilhar alguém. A verdadeira caridade, pelo contrário, é delicada, habilidosa e sutil em disfarçar o benefício, em evitar até as menores aparências que ferem, pois toda contrariedade moral aumenta o sofrimento do necessitado. Ela sabe encontrar palavras doces e afáveis que colocam o beneficiado à vontade em face do benfeitor, enquanto a caridade orgulhosa o humilha. O sublime da verdadeira generosidade é quando o benfeitor, invertendo os papéis, encontra um meio de parecer ser ele próprio o beneficiado frente àquele a quem presta um favor. Eis o que querem dizer estas palavras: *Que a mão esquerda não saiba o que faz a mão direita.*

OS INFORTÚNIOS OCULTOS

4 Nas grandes calamidades, a caridade se manifesta e vêem-se campanhas nobres e generosas para remediar os desastres. Mas, ao lado dessas tragédias gerais, existem milhares de tragédias particulares, que passam despercebidas: é o caso das pessoas que jazem num leito de dor sem se queixarem. São a esses desventurados discretos e ocultos que a verdadeira generosidade sabe procurar sem esperar que lhe venham pedir assistência.

Quem é esta mulher com ar distinto, vestida de modo simples, embora com distinção, seguida de uma jovem também vestida modestamente? Ela entra numa casa de miserável aspecto, onde, sem dúvida, é conhecida, pois, à porta, saúdam-na com respeito. Onde ela vai? Sobe até um quarto humilde. Ali mora uma mãe de família cercada de criancinhas. Com sua chegada, a alegria brilha nas faces enfraquecidas. É porque ela vem acalmar todas as dores. Traz o necessário, acompanhada de doces e consoladoras palavras, que fazem aceitar o benefício sem se sentirem envergonhados, uma vez que esses infortunados não são de maneira alguma profissionais da mendicância. O pai está no hospital e, durante esse tempo, a mãe não pode suprir as necessidades da família. Graças a esta senhora, as pobres crianças não sofrerão nem com o frio nem com a fome. Irão à escola bem agasalhadas, no seio da mãe haverá o sustento para amamentar os pequeninos e, se entre elas alguma adoece, a boa senhora nenhuma dúvida terá em tratá-la em tudo o que necessite. Dali se dirigirá ao hospital para levar ao pai algum consolo e tranqüilizá-lo sobre a situação de sua família. Na esquina, um veículo a espera, verdadeiro depósito de tudo o que doa a seus protegidos, que visita sucessivamente. Ela não lhes pergunta a sua crença nem sua opinião, pois, para ela, todos os homens são irmãos e filhos de Deus. Quando termina a visita, diz a si mesma: Comecei bem o meu dia. Qual é seu nome? Onde mora? Ninguém o sabe. Para os infelizes, é um nome que não revela nada, mas é o anjo da consolação. E, à noite, um cântico de bênçãos se eleva por ela até o Criador: católicos, judeus, protestantes, todos a bendizem.

Por que se veste de uma maneira tão simples? É que não quer insultar a miséria com seu luxo. Por que sua jovem filha a acompanha? É para ensinar-lhe como se deve praticar o bem. Sua filha também quer fazer a caridade, mas sua mãe lhe diz: “O que podes dar, minha filha, se nada tens de teu? Se te dou algo para dar aos outros que mérito terás? Na realidade serei eu quem estará fazendo a caridade, e tu terás o mérito. Isso não é justo. Quando formos visitar os doentes, tu me ajudarás, já que cuidar deles é dar alguma coisa. Isso não te parece suficiente? Nada é mais simples: aprende a fazer coisas úteis, e confeccionarás roupinhas para essas crianças. Dessa maneira, darás algo que vem de ti". É assim que essa mãe verdadeiramente cristã forma sua filha para a prática das virtudes, ensinadas pelo Cristo. É espírita? O que importa!

Para a sociedade, é a mulher do mundo, pois sua posição o exige. Mas ninguém sabe o que ela faz, pois não quer outra aprovação senão a de Deus e da sua consciência. Entretanto, um dia, um acontecimento imprevisto conduziu até sua casa uma de suas protegidas a oferecer-lhe serviços manuais. Esta a reconheceu e quis pedir a bênção à sua benfeitora. "Silêncio!", disse-lhe ela. "Não diga nada a ninguém". Assim também falava Jesus.

O ÓBOLO DA VIÚVA

5. Jesus, estando sentado em frente ao gazofilácio, observava como o povo nele deitava o dinheiro, como as pessoas ricas davam muito. Veio então uma pobre viúva que colocou apenas duas pequenas moedas. Então Jesus, tendo chamado seus discípulos, lhes disse: Eu vos digo, em verdade, que essa pobre viúva deu mais do que todos os que colocaram no gazofilácio, pois todos os outros deram o que era de sua abundância, mas esta deu de sua penúria, até mesmo tudo o que tinha e tudo o que lhe restava para viver. (Marcos, 12:41 a 44; Lucas, 21:1 a 4)*

6 Muitas pessoas lamentam não poder fazer todo o bem que desejariam por falta de recursos suficientes e desejam a riqueza, dizem elas, para fazer da fortuna um bom uso. Sem dúvida a intenção é louvável e talvez muito sincera em alguns, mas será que é totalmente desinteressada em todos? Não há aqueles que, desejando fazer o bem aos outros, ficariam felizes se começassem primeiro a fazer o bem para si mesmos? Se permitirem mais prazeres, se proporcionarem um pouco mais do luxo que lhes falta, com a condição de darem o resto aos pobres? Esta segunda intenção, oculta, disfarçada, que encontrariam no fundo de seus corações se o interrogassem, anula o mérito da intenção, visto que a verdadeira caridade faz o homem pensar primeiro nos outros, para depois pensar em si mesmo. O sublime da caridade, neste caso, seria procurar em seu próprio trabalho, pelo emprego de suas forças, de sua inteligência e de seus talentos, os recursos que faltam para realizar suas intenções generosas.

* **N. E. - Gazofilácio:** caixa de esmolas nos templos.

Aí estaria o sacrifício mais agradável ao Senhor. Infelizmente a maior parte das pessoas sonha com meios fáceis de se enriquecer rapidamente e sem trabalho, correndo atrás de ilusões, como as descobertas de tesouros, uma oportunidade favorável, recebimento de heranças inesperadas, etc. O que dizer daqueles que esperam encontrar auxiliares, entre os Espíritos, para ajudá-los nas pesquisas dessa natureza? Certamente não conhecem o objetivo sagrado do Espiritismo, muito menos a missão dos Espíritos, a quem Deus permite se comunicar com os homens. Decorre, por isso, serem punidos pelas decepções. (*O Livro dos Médiuns*, questões 294 e 295)

Aqueles cuja intenção está isenta de todo interesse pessoal devem se consolar com a sua impossibilidade em fazer o bem que gostariam, sabendo que a dádiva do pobre, como no caso da viúva no ensinamento de Jesus, que deu do pouco que possuía, pesou mais na balança de Deus do que o ouro do rico que dá sem se privar de nada. Sem dúvida, seria grande a satisfação de poder socorrer largamente a pobreza; mas, se isso é impossível, é preciso se submeter e se limitar a fazer o que se pode. Aliás, não é apenas com dinheiro que se podem secar as lágrimas e não é preciso ficar inativo por não possuí-lo! Aquele que quer, sinceramente, ser útil aos seus irmãos encontra mil ocasiões para fazê-lo. Quem as procura, as encontrará, seja de uma maneira ou de outra, pois não há ninguém que, dentro de um padrão de vida normal, não possa prestar um serviço, prestar-se a uma consolação, aliviar um sofrimento físico ou moral, fazer um esforço útil. Na falta de dinheiro, cada um não possui seu trabalho, seu tempo, seu repouso, dos quais pode dar uma pequena parte? Aí também está a dádiva do pobre, o óbolo, a esmola da viúva.

CONVIDAR OS POBRES E OS ESTROPIADOS

7. E Ele também disse àquele que o tinha convidado: Quando derdes um banquete, não convideis nem vossos amigos nem vossos irmãos, nem vossos parentes, nem vossos vizinhos que forem ricos, para que também eles o convidem em seguida, por sua vez, e que assim vos retribuam o que tenham recebido de vós. Mas quando derdes um festim, convidai os pobres, os estropiados, os coxos e os cegos. E ficareis felizes por eles não terem meios de vos retribuir; isso vos será retribuído na ressurreição dos justos.*

Um daqueles que estavam à mesa, tendo escutado estas palavras, Lhe disse: Feliz daquele que comer do pão no reino de Deus! (Lucas, 14:12 a 15)

8 Jesus disse: *Quando derdes um banquete, não convideis vossos amigos e sim os pobres e os estropiados.* Estas palavras, absurdas se

* **N. E. - Estropiado:** mutilado, aleijado.

tomadas ao pé da letra, são sublimes se delas entendermos o espírito. Jesus não queria dizer que, ao invés de seus amigos, é preciso reunir à mesa os mendigos da rua. Sua linguagem era quase sempre simbólica, e, para homens incapazes de entender as formas delicadas do pensamento, eram necessárias imagens fortes, que produzissem o efeito semelhante às cores berrantes. A substância de seus pensamentos se revela nestas palavras: *Sereis felizes, pois não têm meios de vos retribuir.* Isto quer dizer que não se deve de modo algum fazer o bem esperando por retribuição, mas pelo puro prazer de fazê-lo. Para fazer uma comparação surpreendente, Jesus diz: *Convidai para vossos banquetes os pobres, pois sabeis que estes não poderão vos retribuir.* E por *banquetes* é preciso entender não a refeição propriamente dita, mas sim a participação na fartura de que desfrutais.

Estas palavras podem, entretanto, ser entendidas num sentido mais literal. Quantas pessoas só convidam à sua mesa aqueles que podem, como dizem, lhes honrar, ou que podem retribuir-lhes o convite! Outras, ao contrário, encontram satisfação em receber seus parentes ou amigos menos afortunados; e quem não os tem entre os seus? É a forma de prestar-lhes um grande serviço discretamente. Estes, sem ir recrutar os cegos e os estropiados•, praticam o ensinamento de Jesus, se o fazem por benevolência, sem ostentação, e se sabem disfarçar o benefício com uma sincera cordialidade.

Instruções dos Espíritos

A CARIDADE MATERIAL E A CARIDADE MORAL

Irmã Rosália - Paris, 1860

9 "Amemo-nos uns aos outros e façamos aos outros o que gostaríamos que nos fizessem". Toda religião e toda moral se encontram nesses dois ensinamentos. Se eles fossem seguidos aqui na Terra, seríeis todos perfeitos, sem ódios, sem conflitos. Direi mais ainda: sem pobreza, visto que, do excesso das sobras da mesa dos ricos, muitos pobres se alimentariam e não veríeis mais nos sombrios bairros em que vivi, durante a minha última encarnação, pobres mulheres, arrastando consigo crianças miseráveis precisando de tudo.

Ricos! Pensai um pouco nisto. Ajudai com o melhor de vós os infelizes. Dai, para que um dia Deus vos retribua o bem que fizerdes, para que encontreis, quando desencarnardes, um cortejo de Espíritos agradecidos, que vos receberão no limiar de um mundo mais feliz.

Se pudésseis saber a alegria que senti ao reencontrar no Além aqueles a quem pude ajudar em minha última encarnação terrena!...

Amai, portanto, ao vosso próximo. Amai-o como a vós mesmos, porque sabeis agora que este infeliz que afastais talvez seja um irmão, um pai, um amigo que rejeitais para longe de vós. E qual não será então vosso desespero ao reconhecê-lo no mundo dos Espíritos!

Espero que tenhais entendido bem o que deve ser a *caridade moral,* aquela que qualquer um pode praticar, porque não custa nada de material e, no entanto, é a mais difícil de se pôr em prática.

A caridade moral consiste em tolerardes uns aos outros. E isto é o que menos fazeis, neste mundo inferior onde estais encarnados no momento. Há um grande mérito, acreditai em mim, em saber calar-se para deixar falar a um mais tolo. Isto também é uma forma de caridade. Fazer-se de surdo quando uma palavra de menosprezo escapa de uma boca habituada a zombar, não ver o sorriso desdenhoso que vos recepciona nas casas de pessoas que, freqüentemente, sem razão, acreditam ser superiores a vós, quando na vida espírita, *a única real,* estão algumas vezes bem longe disso: eis um merecimento, não de humildade, mas de caridade, pois não observar os erros dos outros é caridade moral.

Entretanto, esta caridade não deve impedir a outra. Pensai especialmente em não desprezar vosso semelhante. Lembrai-vos de tudo o que vos tenho dito: O pobre rejeitado talvez seja um Espírito que vos foi caro e que se encontra, momentaneamente, em uma posição inferior à vossa. Reencontrei, na vida espiritual, um dos pobres de vossa Terra, a quem pude, por felicidade, ajudar algumas vezes e a quem me cabe *agora implorar,* por minha vez.

Lembrai-vos de que Jesus disse que somos irmãos e pensai sempre nisso antes de rejeitar o indigente ou o mendigo. Adeus, pensai naqueles que sofrem e orai!

Um Espírito Protetor - Lyon, 1860

10 Meus amigos, tenho ouvido muitos dentre vós dizerem: Como posso fazer caridade se muitas vezes nem mesmo tenho o necessário?

A caridade, meus amigos, é feita de muitas maneiras. Podeis praticá-la em pensamentos, em palavras e em ações. Em pensamentos, orando pelos pobres abandonados que desencarnaram sem mesmo terem visto a luz, uma prece de coração os alivia. Em palavras, ao dirigir aos vossos companheiros de todos os dias alguns bons conselhos. Aos homens aflitos pelo desespero, pelas privações, e que ofendem o nome do Altíssimo, dizei-lhes: "Eu era como vós; sofria, era infeliz, mas acreditei no Espiritismo e, vede, agora sou feliz". Aos velhos que vos disserem: "É inútil, estou no fim do meu caminho, morrerei como vivi", respondei: "Deus tem para todos nós uma justiça igual. Lembrai-vos dos trabalhadores da última hora". Às criancinhas que, já viciadas pela maldade dos mais velhos, vão se perder pelos caminhos, prestes a ceder às más tentações, dizei-lhes: "Deus toma conta de vós, meus queridos pequenos", e não temais em repetir-lhes sempre estas doces palavras. Elas acabarão por germinar em sua jovem inteligência, e, em vez de pequenos desocupados e viciosos, tereis feito homens. Isso também é uma forma de caridade.

Muitos dentre vós também dizem: "Somos tantos na Terra, Deus não pode ver a cada um de nós". Escutai bem isto, meus amigos: quando estais no alto de uma montanha, vosso olhar não abrange milhares de grãos de areia que a cobrem? Pois bem! Deus vos observa da mesma maneira. Ele vos deixa usar o vosso livre-arbítrio•, como deixais esses grãos de areia se moverem ao sabor do vento que os dispersa. A diferença é que Deus, em sua misericórdia infinita, colocou no fundo de vosso coração uma sentinela vigilante que se chama *consciência*. Escutai-a. Ela vos dará somente bons conselhos. Às vezes podereis entorpecê-la opondo-lhe o espírito do mal. Então ela se cala. Mas ficai certos de que a pobre desprezada se fará ouvir, assim que deixardes que ela perceba em vós a sombra do remorso. Escutai-a, interrogai-a, e com freqüência achareis consolo no conselho que dela tiverdes recebido.

Meus amigos, a cada novo regimento o general fornece uma bandeira. Eu vos dou a minha, este ensinamento do Cristo: *Amai-vos uns aos outros*. Praticai-o. Reuni-vos ao redor desta bandeira e recebereis a felicidade e a consolação.

A BENEFICÊNCIA

Adolfo, Bispo de Argel - Bordeaux, 1861

11 A beneficência, meus amigos, vos proporcionará neste mundo os mais puros e os mais doces prazeres, as alegrias do coração que não são abaladas nem pelo remorso, nem pela indiferença. Se pudésseis compreender tudo o que existe de grande e doce na generosidade das belas almas, esse sentimento que faz com que vejamos nosso próximo como a nós mesmos, com que nos dispamos com alegria para cobrir nosso irmão. Pudésseis, meus amigos, não ter outra ocupação senão a de fazer os outros felizes! Quais as festas do mundo que poderíeis comparar a essas festas alegres, quando, como representantes da Divindade, dais alegria a essas pobres famílias, que conhecem da vida apenas dificuldades e decepções. Quando vedes subitamente essas faces descoradas ficarem iluminadas de esperança, pois não tinham pão, esses infelizes e seus filhos pequenos, ignorando que viver é sofrer, choravam, gritavam e repetiam estas palavras, que penetravam como punhais agudos no coração maternal: "Estou com fome!..." Compreendei o quanto são deliciosas as impressões daquele que encontra a alegria onde, no momento anterior, só havia desespero! Entendei quais são vossas obrigações para com os vossos irmãos! Ide! Ide ao encontro do infortúnio. Ide em socorro, principalmente, das misérias escondidas, pois essas são as mais dolorosas. Ide, meus bem-amados, e lembrai-vos destas palavras do Salvador: *Quando vestirdes um destes pequenos, pensai que é a mim que estais vestindo!*

Caridade! Palavra sublime, que resume todas as virtudes, és tu que deves conduzir os povos à felicidade! Praticando-te, terão prazeres infinitos no futuro e, durante seu exílio na Terra, tu serás sua consolação, a antecipação das alegrias que provarão mais tarde, quando se abraçarão todos juntos no amor de Deus. Foste tu, virtude divina, que me proporcionaste os únicos momentos de alegria que senti na Terra. Que meus amigos encarnados possam acreditar na voz do amigo que lhes fala e lhes diz: É na caridade que deveis procurar a paz do coração, o contentamento da alma, o remédio contra as aflições da vida. Quando estiverdes a ponto de acusar a Deus, lançai um olhar abaixo de vós e vereis quanta miséria há para aliviar, quantas pobres crianças sem família, quantos velhos que não têm uma mão amiga para os amparar e, na morte, lhes fechar os olhos! Quanto bem a ser feito! Não vos lamenteis, mas, pelo contrário, agradecei a Deus e distribuí sem limites, à vontade, vossa simpatia, vosso amor, vosso dinheiro, a todos que, pobres dos bens deste mundo, se enfraquecem no sofrimento e na solidão. Colhereis aqui na Terra alegrias muito doces e mais tarde... apenas Deus o sabe!...

São Vicente de Paulo - Paris, 1858

12 Sede bons e caridosos: esta é a chave dos Céus que tendes em vossas mãos. Toda felicidade eterna está contida neste ensinamento de Jesus: *Amai-vos uns aos outros.* A alma somente pode se elevar às regiões espirituais pelo devotamento ao próximo e apenas encontra felicidade e consolo na prática da caridade. Sede bons, amparai vossos irmãos, deixai de lado a terrível chaga do egoísmo. Se cumprido, este dever abrirá o caminho da felicidade eterna para vós. Quem dentre vós não sentiu seu coração pulsar, sua alegria interior se ampliar ao relato de uma boa ação, de uma obra verdadeiramente caridosa? Se procurásseis apenas o prazer que proporciona uma boa ação, estaríeis sempre no caminho do progresso espiritual. Os exemplos não vos faltam. O que falta é a boa vontade, que é rara. Notai que a história guarda lembranças de amor e respeito por muitos homens de bem.

Não vos ensinou o Cristo tudo o que diz respeito a essas virtudes de caridade e de amor? Por que deixar de lado os seus divinos ensinamentos? Por que fechar os olhos e os ouvidos às suas divinas palavras e o coração às suas bondosas recomendações? Gostaria que se desse mais importância, mais fé, às leituras evangélicas. No entanto, abandona-se esse livro, faz-se dele uma palavra vazia, uma carta fechada, deixa-se esse código admirável no esquecimento. Vossos males são conseqüência apenas do abandono voluntário desses resumos das leis divinas. Lede essas páginas ardentes do devotamento de Jesus e meditai sobre elas.

Homens fortes, armai-vos. Homens fracos, fazei de vossa doçura e de vossa fé armas decisivas; sede mais determinados e mais constantes na propagação de vossa nova doutrina. O que viemos vos dar é apenas um encorajamento. É apenas para estimular vosso zelo e vossas virtudes que Deus nos permite esta manifestação, porém, já vos bastaria a ajuda de Deus e da vossa própria vontade, pois as manifestações espíritas se produzem especialmente para aqueles que têm os olhos fechados e os corações indóceis.

A caridade é a virtude fundamental que deve sustentar todo o edifício das virtudes terrenas. Sem ela, as outras não existem. Sem a caridade não existe esperança num futuro melhor, não existe interesse moral que nos guie. Sem caridade não há fé, pois a fé é apenas um raio de luz que faz brilhar uma alma caridosa.

A caridade é a âncora eterna de salvação em todos os mundos. É a mais pura emanação do próprio Criador; é sua própria virtude dada por Ele à criatura. Como desconhecer esta suprema bondade? Qual seria o pensamento, o coração suficientemente perverso para reprimir e expulsar este sentimento inteiramente divino? Qual seria o filho suficientemente mau para se rebelar contra esse doce carinho: a caridade?

Não ouso falar do que fiz, pois os Espíritos também são modestos quanto às suas obras. Mas acredito naquela que comecei como uma das que mais devem contribuir para o alívio dos vossos semelhantes. Vejo, freqüentemente, os Espíritos pedirem que lhes seja dada por missão continuar a minha tarefa. Eu as vejo, minhas doces e caras irmãs, em sua piedosa e divina missão, vejo-as praticar a virtude que eu recomendei, com toda alegria que proporciona essa existência de devotamento e sacrifícios. É uma grande alegria para mim ver o quanto seu caráter é honrado, o quanto sua missão é amada e docemente protegida. Homens de bem, de boa e forte vontade, uni-vos para continuar amplamente a obra de propagação da caridade. Encontrareis a recompensa dessa virtude no seu próprio exercício; não há alegria espiritual que ela não proporcione já na vida presente. Sede unidos; amai-vos uns aos outros conforme os ensinamentos do Cristo. Que assim seja!

Cáritas - Martirizada, em Roma, Lyon, 1861

13 Meu nome é Caridade, sou o caminho principal que leva a Deus; segui-me, pois sou o objetivo a que todos deveis visar.

Fiz esta manhã minha caminhada habitual e, com o coração aflito, vos digo: Meus amigos, quantas misérias, quantas lágrimas e quanto tendes a fazer para secá-las! Procurei em vão consolar pobres mães, dizendo-lhes ao ouvido: Coragem! Há bons corações que vos protejem. Não sereis abandonadas. Paciência! Deus está aí, sois suas amadas, sois suas eleitas. Elas pareciam ter me ouvido e voltavam para mim os seus grandes olhos ansiosos. Via-se em seus pobres rostos que o corpo, esse tirano do Espírito, estava com fome e que, se minhas palavras tranqüilizavam um pouco seu coração, não enchiam seu estômago. Eu repetia ainda: Coragem! Coragem! Então uma pobre mãe, bem jovem, que amamentava uma criancinha, tomou-a em seus braços e a estendeu no espaço vazio, como a me pedir para proteger esse pobre e pequeno ser, que se alimentava ao seio estéril apenas de um alimento insuficiente.

Mais adiante, meus amigos, vi pobres velhos sem trabalho e também sem abrigo, atormentados por todos os sofrimentos da necessidade e envergonhados da sua miséria, sem coragem, eles, que nunca mendigaram, a implorar a piedade dos passantes. Eu, com o coração tomado de compaixão e que nada tenho, fiz-me de mendiga para eles e vou por toda parte estimular a beneficência, inspirar bons pensamentos aos corações generosos e sensíveis. Por isso, venho até vós, meus amigos, e vos digo: Há por aí infelizes cujo prato não tem pão, cuja lareira não tem fogo e cuja cama não tem cobertor. Não vos digo o que deveis fazer. Deixo a iniciativa aos vossos bons corações. Se vos ditasse vossa linha de conduta, não teríeis o mérito de vossa boa ação. Apenas vos digo: Eu sou a caridade e vos estendo a mão pelos vossos irmãos sofredores.

Mas se peço, também dou e dou muito. Convido-vos a um grande banquete e vos forneço a árvore onde vos fartareis! Vede como é bela, como está carregada de flores e frutos! Vinde, colhei, pegai todos os frutos dessa bela árvore que se chama beneficência. No lugar dos ramos que tirardes dela, fixarei todas as boas ações que fizerdes e levarei essa árvore até Deus para que a carregue de novo, pois a beneficência é inesgotável. Segui-me, portanto, meus amigos, a fim de que sejais anotados entre aqueles que se alistam sob minha bandeira. Nada receeis: eu vos conduzirei pelo caminho da salvação, pois sou *a Caridade*.

Cáritas - Lyon, 1861

14 Há muitas maneiras de se fazer a caridade, que muitos de vós julgais ser somente a esmola, mas entre esmola e caridade há uma grande diferença. A esmola, meus amigos, é algumas vezes útil, pois dá alívio aos pobres, mas é quase sempre humilhante tanto para quem a dá quanto para quem a recebe. A caridade, ao contrário, une o benfeitor ao ajudado e, além disso, disfarça-se de todas as maneiras! Pode-se ser caridoso até mesmo com os nossos familiares, com nossos amigos, sendo indulgentes uns para com os outros, perdoando as fraquezas, tendo cuidado para não ferir o amor-próprio de ninguém, e para vós, espíritas, em vossa maneira de agir para com aqueles que não pensam como vós; levando os menos esclarecidos a crer e isso sem ofendê-los, sem alterar sua maneira de pensar, mas levando-os alegremente a reuniões onde poderão nos ouvir e onde saberemos encontrar a brecha do coração por onde poderemos penetrar. Eis também uma das formas da caridade.

Escutai agora o que é a caridade para com os pobres, esses deserdados aqui da Terra, mas recompensados por Deus, e que, dependendo do que vós fizerdes por eles, saberão aceitar suas misérias sem queixumes. Vou vos esclarecer com um exemplo.

Observo, algumas vezes na semana, uma reunião de senhoras, de todas as idades, que, para nós, como sabeis, são todas irmãs. O que estão fazendo? Elas trabalham muito rápido. Os dedos são ágeis; vejo também como seus rostos estão radiantes e como seus corações vibram todos juntos! Mas qual é seu objetivo? É que elas vêem se aproximar o inverno, que será rude para as pobres famílias. As formigas não puderam guardar, durante o verão, o alimento necessário para o sustento, e a maior parte de seus pertences está empenhada. As pobres mães se preocupam e choram pensando nas suas criancinhas que, neste inverno, passarão frio e fome! Mas, paciência, minhas pobres mulheres! Deus inspirou a outras, mais afortunadas do que vós; elas estão reunidas e vos confeccionarão roupinhas, depois, num destes dias, quando a neve tiver coberto a terra e murmurardes dizendo: "Deus não é justo", que esta é a expressão comum nos vossos períodos de sofrimento, então vereis aparecer um dos filhos dessas boas trabalhadoras, que se constituíram em operárias dos pobres. Era para vós que elas trabalhavam, e vossas lamentações se transformarão em bênçãos, porque, no coração dos infelizes, o amor aparece bem perto do ódio.

Como é preciso a todas essas trabalhadoras um estímulo, vejo as comunicações dos bons Espíritos lhes chegar de todas as partes. Os homens que fazem parte dessa sociedade trazem também sua ajuda, fazendo uma dessas leituras que tanto agradam. E nós, para recompensar o cuidado de todos e de cada um em particular, prometemos a essas trabalhadoras laboriosas uma boa clientela, que lhes pagará, à vista, em bênçãos, a única moeda que tem valor nos Céus, assegurando-lhes ainda, e sem temor de errar, que estas bênçãos jamais lhes faltarão.

Um Espírito Protetor - Lyon, 1861

15 Meus caros amigos, a cada dia ouço dentre vós os que dizem: "Sou pobre, não posso fazer a caridade", e a cada dia vos vejo faltar com a indulgência para com os vossos semelhantes. Não lhes perdoais nada e vos colocais como juízes muitas vezes severos, sem vos perguntar se ficaríeis satisfeitos que fizessem o mesmo convosco. A indulgência também não é caridade? Vós que podeis fazer apenas a caridade indulgente, fazei pelo menos essa, mas fazei-a sem limitações. Em relação à caridade material, vou lhes contar uma história do outro mundo.

Dois homens acabavam de morrer. Deus tinha dito: "Enquanto esses dois homens viverem, serão colocados, em sacos separados, cada uma de suas boas ações e, quando de sua morte, serão pesados os sacos. Quando esses dois homens chegaram à sua hora final, Deus fez com que trouxessem os dois sacos. Um estava pesado, grande, bem cheio, nele ressoava o metal que o enchia. O outro era muito pequeno e tão fino que podiam-se ver as poucas moedas que continha. Cada um daqueles homens reconheceu seu saco: Eis o meu, disse o primeiro, posso reconhecê-lo; fui rico e dei muito. Eis o meu, disse o outro, sempre fui pobre. Não tinha quase nada para repartir. Mas que surpresa! Quando os dois sacos foram colocados na balança, o maior tornou-se leve e o menor ficou pesado, tanto que elevou muito o outro prato da balança. Então Deus disse ao rico: Tu deste muito, é verdade, mas deste por exibicionismo e vaidade e para ver teu nome figurar em todos os templos do orgulho, e, ainda que doando, não te privaste de nada. Vai para a esquerda e fica satisfeito que a esmola ainda te seja contada como alguma coisa. Depois disse ao pobre: Deste pouco, meu amigo, mas cada uma destas moedas que estão nesta balança representam uma privação para ti. Se não deste esmola, fizeste a caridade e, o que é melhor: fizeste a caridade naturalmente, sem pensar que a levariam em conta. Foste indulgente e não julgaste teu semelhante; pelo contrário, desculpaste-o de todas suas ações. Passa à direita e vai receber tua recompensa".

João - Bordeaux, 1861

16 A mulher rica, feliz, que não tem necessidade de empregar seu tempo com o trabalho de casa, não pode dedicar algumas horas em benefício dos seus semelhantes? Compre, com as sobras do seus gastos desnecessários, algum agasalho para os que, infelizes, não têm o que vestir; que confeccione, com as suas delicadas mãos, alguma roupa que, embora simples, seja um aconchegante agasalho para quem precisa, e ajude a uma pobre mãe a vestir o filho que vai nascer e, ainda que o seu próprio filho fique sem algum pequeno enfeite de renda, o pobre, agasalhado, não ficará esquecido. Isto é trabalhar na seara do Senhor.

E tu, pobre trabalhadora, que não tens sobras, mas que queres, por amor aos teus irmãos, também dar do pouco do que possuis, dedica algumas horas de teu dia, de teu tempo, que é o teu único tesouro. Faze alguns trabalhos delicados que chamam a atenção dos mais afortunados. Com o produto do teu esforço poderás também proporcionar aos teus irmãos tua parte de consolo. Terás, talvez, algumas fitas a menos, mas darás sapatos àqueles que têm os pés descalços.

E vós, mulheres devotas a Deus, trabalhai também em sua obra, mas que vossos trabalhos delicados e dispendiosos não sejam feitos apenas para enfeitar vossas capelas, para chamar atenção sobre vossa habilidade e paciência. Trabalhai, minhas filhas, e que o produto do vosso trabalho seja destinado ao socorro dos vossos irmãos, os pobres, que como vós são filhos bem-amados de Deus. Trabalhar por eles é glorificá-Lo. Sede para eles a Providência que diz: Às aves do céu, Deus dá seu alimento. Que o ouro e a prata, tecidos pelas vossas mãos, se transformem em roupas e em alimentos para os necessitados. Fazei isso e vosso trabalho será abençoado.

E todos vós que podeis produzir, dai. Dai vosso talento, vossas inspirações, vosso coração, que Deus vos abençoará. Poetas, literatos, que sois lidos pelas pessoas da sociedade, satisfazei o gosto deles, mas que o produto de alguma de vossas obras seja consagrado ao consolo dos infelizes. Pintores, escultores, artistas de todos os gêneros, que vossa inteligência também venha em ajuda dos vossos irmãos, não tereis por isso diminuído a vossa glória e tereis aliviado o sofrimento de muitos.

Todos vós podeis dar. Qualquer que seja a vossa condição, tendes alguma coisa que podeis dividir. De tudo o que Deus vos tenha dado, disso deveis uma parte àquele que não tem nem o necessário, pois, em seu lugar, ficaríeis felizes se alguém dividisse convosco. Vossos tesouros na Terra serão um pouco menores, mas vossos tesouros no Céu serão maiores e lá colhereis cem vezes mais o que tiverdes semeado e ajudado aqui na Terra.

A PIEDADE

Michel - Bordeaux, 1862

17 A piedade é a virtude que mais vos aproxima dos anjos, ela é irmã da caridade que vos conduz a Deus. Deixai o vosso coração se comover diante das misérias e dos sofrimentos de vossos semelhantes. Vossas lágrimas são como uma consolação que lhes aplicais sobre as feridas e, quando, por uma doce simpatia, conseguis lhes dar a esperança e a resignação, que alegria experimentais! Essa ventura, é bem verdade, tem um certo pesar, visto que nasce ao lado da infelicidade; mas, se não possui a ilusão dos prazeres terrenos, não tem as decepções angustiantes do vazio que eles deixam atrás de si. Há uma suavidade penetrante que alegra a alma. A piedade, uma piedade bem sentida, é amor. O amor é devotamento. O devotamento é o esquecimento de si mesmo. Esse esquecimento, essa renúncia em favor dos infelizes, é a virtude no seu mais alto grau; a que o divino Messias praticou durante sua vida e que ensinou em sua doutrina tão santa e tão sublime. Quando esta doutrina for restabelecida na sua pureza primitiva e quando for praticada por todos os povos, garantirá a felicidade à Terra, fazendo, finalmente, reinar a concórdia, a paz e o amor.

A piedade é o sentimento mais apropriado para vos fazer progredir, dominando o vosso egoísmo e vosso orgulho; é o sentimento que prepara vossa alma para a humildade, a beneficência e para o amor ao vosso próximo. Essa piedade vos comove profundamente, diante do sofrimento de vossos irmãos, vos faz estender-lhes a mão caridosa e vos arranca lágrimas de simpatia. Não oculteis, portanto, jamais em vossos corações essa emoção celeste, não façais como os egoístas endurecidos que se afastam dos aflitos, porque a visão da miséria perturbaria por instantes sua feliz existência. Temei ficar indiferentes, quando puderdes ser úteis. A tranqüilidade comprada a preço de uma indiferença condenável é semelhante a tranqüilidade do Mar Morto*, que esconde no fundo de suas águas o lodo apodrecido e a corrupção.

Quanto a piedade está longe, entretanto, de causar a perturbação e o aborrecimento que apavoram o egoísta! Sem dúvida, ao tomar contato com a desgraça do próximo e voltando-se para si mesma, a alma experimenta um abalo natural e profundo, que faz vibrar todo o vosso ser e vos afeta dolorosamente. Mas a compensação será grande, todas as vezes que conseguirdes devolver a coragem e a esperança a um irmão infeliz, que se emociona com o aperto de mão, e cujo olhar, em lágrimas, ao mesmo tempo de emoção e de reconhecimento, fixar-se docemente em vós, antes de elevar-se ao Céu, em agradecimento por lhe ter enviado um consolador, um apoio. A piedade compadece-se dos males alheios, é a celeste precursora da caridade, a primeira das virtudes, da qual é irmã, e cujos benefícios prepara e enobrece.

OS ÓRFÃOS

Um Espírito Familiar - Paris, 1860

18 Meus irmãos, amai os órfãos. Se soubésseis o quanto é triste estar só e abandonado, principalmente na infância! Deus permite que haja órfãos para nos animar a lhes servir de pais. Que divina caridade é ajudar uma pobre e pequena criatura abandonada, impedi-la de sofrer fome e frio, conduzir sua alma a fim de que ela não se perca no vício! Quem estende a mão à criança abandonada agrada a Deus, pois compreende e pratica sua lei. Considerai também que, muitas vezes, a criança que socorreis vos foi querida noutra encarnação e, se caso pudésseis vos lembrar, isso não seria mais caridade e sim um dever. Assim, portanto, meus amigos, todo ser que sofre é vosso irmão e tem o direito à vossa caridade, mas não aquela caridade que fere o coração, não aquela esmola que queima a mão que a recebe, pois vossas esmolas são, muitas vezes, bem amargas! Quantas vezes

* N. E. - Mar Morto: lago salgado na Palestina onde deságua o rio Jordão.

seriam recusadas se, em casa, a doença e a miséria não precisassem delas! Dai delicadamente, acrescentai à vossa dádiva o mais precioso de todos os benefícios: uma boa palavra, uma carícia, um sorriso amigo. Evitai esse tom de proteção que fere o coração já aflito e pensai que, ao fazer o bem, trabalhais para vós e para os vossos.

BENEFÍCIOS PAGOS COM A INGRATIDÃO

Guia Protetor - Sens, 1862

19 *O que pensar das pessoas que, recebendo a ingratidão em troca de um benefício prestado, negam-se a fazer outra vez o bem com temor de encontrar pessoas ingratas?*

Tais pessoas são mais egoístas do que caridosas, pois fazer o bem esperando reconhecimento não é fazê-lo com desinteresse. O benefício desinteressado é o único que agrada a Deus. São também orgulhosas, pois se envaidecem pela humildade do beneficiado, que deve vir fazer o reconhecimento a seus pés. Aquele que procura na Terra a recompensa do bem que faz, não a receberá no Céu; Deus recompensará aquele que não a procura na Terra.

É preciso sempre ajudar os fracos, mesmo sabendo antecipadamente que aqueles a quem fazemos o bem não nos agradecerão. Sabei que se aquele a quem ajudais esquece o benefício, Deus levará isso mais em conta do que se já fôsseis recompensados pela gratidão. *Deus permite que às vezes sejais pagos com a ingratidão, para provar vossa perseverança em fazer o bem.*

Como podeis saber se esse benefício, esquecido no momento, não trará mais tarde bons frutos? Ficai certos de que é uma semente que com o tempo germinará. Infelizmente, vedes apenas o presente. Trabalhais para vós e não para os outros. Os favores acabam por abrandar os corações mais endurecidos; podem até ser esquecidos aqui na Terra, mas, quando o Espírito se livrar de seu envoltório carnal, ele se lembrará, e esse será o seu castigo. Então, lamentará sua ingratidão e desejará reparar sua falta, pagar sua dívida em uma outra existência, até mesmo, muitas vezes, aceitando uma vida de dedicação ao seu benfeitor. É assim que, sem suspeitardes, tereis contribuído para seu adiantamento moral e reconhecereis mais tarde toda verdade desse ensinamento: um benefício jamais se perde. Mas tereis também trabalhado para vós, pois tereis o mérito de ter feito o bem com desinteresse e sem vos deixar desencorajar pelas decepções.

Meus amigos, se conhecêsseis todos os laços que, na vida presente, vos unem às vossas existências anteriores, e se pudésseis entender a grande multiplicidade de relações que unem os seres uns aos outros para o progresso de todos, admiraríeis ainda muito mais a sabedoria e a bondade do Criador, que vos permite reviver para chegar até Ele.

BENEFICÊNCIA EXCLUSIVA

São Luís - Paris, 1860

20 *É correta a beneficência quando é exclusivamente praticada entre pessoas de uma mesma opinião, da mesma crença ou de um mesmo grupo social?*

Não, pois é principalmente o espírito de seita e de grupo que é preciso eliminar, porque todos os homens são irmãos. Aquele que crê, o cristão, vê irmãos em todos seus semelhantes e, quando socorre aquele que está necessitado, não lhe interessa nem crença, nem opinião, no que quer que seja. Estaria ele seguindo o preceito de Jesus Cristo, que diz para amar até mesmo aos inimigos, se rejeitasse um infeliz por ele ter uma crença diferente da sua? Portanto, que o socorra sem lhe interrogar a consciência, porque, se ele for um inimigo da religião, será um meio de fazer com que ele a ame. Repelindo-o, fará com que ele a odeie.

Capítulo

14

Honrai vosso pai e vossa mãe

Piedade filial
Quem é minha mãe e quem são meus irmãos?
Parentesco corporal e parentesco espiritual
Instruções dos Espíritos: A ingratidão dos filhos e os laços de família

1. Vós sabeis os mandamentos: não cometereis adultério; não matareis; não roubareis; não dareis falso testemunho; não fareis mal a ninguém, honrai vosso pai e vossa mãe. (Marcos, 10:19; Lucas, 18:20; Mateus, 19:19)

2. Honrai vosso pai e vossa mãe a fim de viverdes por muito tempo na Terra que o Senhor vosso Deus vos dará. (Decálogo; Êxodo, 20:12)

PIEDADE FILIAL

3 O mandamento "Honrai vosso pai e vossa mãe" é uma decorrência da lei geral de caridade e de amor ao próximo, pois não podemos amar ao nosso próximo sem amar a nosso pai e a nossa mãe. Porém, a palavra *honrai* encerra um dever a mais para com eles: o da piedade filial. Deus quis mostrar que ao amor é preciso acrescentar o respeito, as atenções, a submissão e a concordância, o que resulta na obrigação de fazer aos pais, com maiores cuidados, tudo o que a caridade ordena para com o próximo. Este dever se estende, naturalmente, às pessoas que assumem o compromisso de pais, e que tão maior mérito terão quanto menos obrigatório for o seu devotamento. Deus sempre pune de uma maneira rigorosa toda violação a este mandamento.

Honrar pai e mãe não é apenas respeitá-los, é também ajudá-los na necessidade; é proporcionar-lhes o repouso em seus dias de velhice e rodeá-los de atenções como fizeram conosco em nossa infância.

Principalmente para com os pais sem recursos é que se demonstra a verdadeira piedade filial. Acaso julgam que cumprem este mandamento aqueles que pensam estar fazendo muito, dando-lhes apenas o necessário para que não morram de fome, enquanto eles mesmos não se privam de nada? Deixando-os nos piores cômodos da casa, só para não deixá-los na rua, enquanto reservam para si o que há de melhor e de mais confortável? Menos mal, quando não o fazem de má-vontade, obrigando os pais a viverem o resto de suas vidas fazendo os trabalhos de casa! Caberá aos pais, velhos e fracos, serem os servidores dos filhos jovens e fortes? Sua mãe, ao embalá-los no berço, cobrou-lhes o leite com que os alimentava? Contou suas vigílias quando estavam doentes e passos que deu para lhes proporcionar o de que tinham necessidade? Não, não é só o estritamente necessário que os filhos devem a seus pais pobres; devem-lhes também, enquanto puderem, as pequenas doçuras dos agrados, as atenções, os cuidados carinhosos, que são apenas a retribuição do amor que receberam, o pagamento de uma dívida sagrada. Essa é a única piedade filial aceita por Deus.

Infeliz daquele que esquece o que deve aos que o sustentaram em sua infância, que, com a vida material, deram-lhe a vida moral e muitas vezes se obrigaram a duras privações para assegurar seu bem-estar. Infeliz do ingrato, porque será punido com a ingratidão e o abandono; será atingido em suas mais caras afeições, *algumas vezes já na vida presente,* mas, com toda a certeza, numa outra existência, em que sofrerá o que fez os outros sofrerem.

Alguns pais, é bem verdade, descuidam-se dos seus deveres, e não são para seus filhos o que deveriam ser. Cabe a Deus puni-los e não aos filhos. Não cabe a estes censurá-los, porque talvez eles mesmos merecessem que assim fosse. Se a lei de caridade estabelece pagar o mal com o bem, ser indulgente para com as imperfeições dos outros, não maldizer seu próximo, esquecer e perdoar as faltas, até mesmo amar aos inimigos, quanto maior não é esta obrigação em relação aos pais! Os filhos devem, portanto, tomar por regra de conduta para com os pais todos os ensinamentos de Jesus para com o próximo, dizendo a si mesmos que todo procedimento reprovável em relação a estranhos é ainda mais condenável em relação aos pais, e o que pode ser apenas uma falta no primeiro caso pode, no segundo, considerar-se um crime, porque à ingratidão junta-se a falta de caridade.

4 Deus disse: *Honrai vosso pai e vossa mãe, a fim de viverdes por muito tempo na Terra que o Senhor vosso Deus vos dará;* por que então promete como recompensa a vida na Terra e não a vida celeste? A explicação se encontra nestas palavras: "que Deus vos dará", que foram suprimidas na forma moderna do Decálogo* e por isso alteram-lhe completamente a significação. Para compreender estas palavras, é preciso voltar às idéias, aos pensamentos dos hebreus naquela época em que foram ditas. Como não sabiam nada sobre a vida futura, sua visão não se estendia além da vida corporal; deviam, portanto, ser impressionados mais com o que viam do que com o que não viam. É por isto que a mensagem de Deus lhes fala numa linguagem ao alcance do que podiam compreender, como se falasse a crianças, e lhes

* **N. E. - Decálogo:** os Dez Mandamentos bíblicos da Lei de Deus. (Veja Êxodo, 20:12.)

faz uma promessa que poderia satisfazê-los. Eles estavam ainda no deserto; a terra que Deus *dará* a eles é a Terra da Promissão, objetivo de seus desejos. Eles nada desejavam além disso e Deus lhes diz que viveriam lá por muito tempo, ou seja, que eles a possuiriam se cumprissem seus mandamentos.

Mas, quando da vinda de Jesus, as idéias deles já estavam mais desenvolvidas e o momento de lhes dar um alimento menos grosseiro era chegado. Ele os inicia na vida espiritual dizendo: *Meu reino não é deste mundo; é nele, e não na Terra, que recebereis a recompensa das vossas boas obras*. Com estas palavras, a Terra da Promissão passa a ser uma pátria celeste; assim, quando lhes recomenda o respeito ao mandamento: *Honrai vosso pai e vossa mãe,* já não é mais a Terra que lhes promete, mas sim o Céu. (Veja nesta obra Caps. 2 e 3.)

QUEM É MINHA MÃE E QUEM SÃO MEUS IRMÃOS?

5. Chegando a casa, lá reuniu-se uma multidão tão grande de pessoas que nem mesmo puderam completar sua refeição. Quando seus parentes ouviram isto, saíram para o prender, pois diziam: ***Ele tinha perdido o espírito*****.

Entretanto, sua mãe e seus irmãos chegaram, ficando do lado de fora, e o mandaram chamar. O povo estava sentado ao seu redor, e disseram-Lhe: Vossa mãe e vossos irmãos que estão lá fora vos chamam. Mas Jesus lhes responde: ***Quem é minha mãe e quem são meus irmãos?*** *E olhando para aqueles que estavam ao seu redor: Eis aqui minha mãe e meus irmãos; pois quem quer que faça a vontade de Deus é meu irmão, minha irmã e minha mãe. (Marcos, 3:20 e 21, 31 a 35; Mateus, 12:46 a 50)*

6 Certas palavras ditas por Jesus soam estranhas, parecendo contraditórias com sua bondade e sua inalterável benevolência para com todos. Os incrédulos não perderam a oportunidade de fazer disto uma arma, dizendo que Jesus se contradizia. Um fato irrecusável é que sua doutrina tem por pedra angular, por base principal, a lei de amor e de caridade; não poderia destruir de um lado o que tinha estabelecido do outro, de onde é preciso tirar esta conseqüência rigorosa: que certos ensinamentos estão em contradição com aquele princípio básico porque as palavras que se Lhe atribuíram foram mal reproduzidas, mal compreendidas, ou nem são d'Ele.

7 Causa estranheza, com razão, Jesus mostrar neste caso tanta indiferença para com seus parentes e, além do mais, renegar sua mãe.

Em relação a seus irmãos, sabemos que nunca tiveram simpatia por Ele; espíritos pouco avançados, não compreendiam sua missão.

* N.E. - **Perdido o Espírito:** estava louco.

A conduta de Jesus, conforme entendiam, era esquisita, e os seus ensinamentos não os tinham convencido, já que nenhum deles tornou-se seu discípulo. Parece que, até certo ponto, partilhavam das prevenções dos inimigos d'Ele. O fato é que eles O tinham mais como a um estranho do que como a um irmão, quando se apresentava em família, e São João afirma positivamente: *Não acreditavam Nele. (Veja João, 7:5)*

Quanto à sua mãe, ninguém poderá contestar sua ternura para com o filho, mas é preciso deixar claro que também ela parecia não fazer uma idéia muito exata de sua missão, pois, ao que se sabe, nunca seguiu seus ensinamentos, nem lhes deu testemunho, como fez João Batista. A atenção maternal era nela o sentimento dominante. Quanto a Jesus, supor-se que houvesse renegado sua mãe seria desmerecer-Lhe o caráter; tal pensamento não pode ser d'Aquele que disse: *Honrai vosso pai e vossa mãe.* É preciso, portanto, procurar um outro significado para estas palavras de Jesus, quase sempre encobertas sob forma simbólica.

Jesus não perdia nenhuma ocasião para dar um ensinamento, aproveitou, então, a chegada de sua família para estabelecer a diferença que existe entre parentesco corporal e parentesco espiritual.

PARENTESCO CORPORAL E PARENTESCO ESPIRITUAL

8 Os laços de sangue não determinam necessariamente os laços espirituais. O corpo gera o corpo, porém o Espírito não é gerado pelo Espírito, porque já existia antes da gestação do corpo. Não foram os pais que geraram o Espírito de seu filho, eles apenas forneceram-lhe um corpo carnal. Além disso, devem ajudá-lo no seu desenvolvimento intelectual e moral para fazê-lo progredir.

Os Espíritos que encarnam numa mesma família, principalmente como parentes próximos, são quase sempre ligados por laços de simpatia, unidos por relações anteriores, que são demonstrados na afeição mútua durante a vida terrena. Pode acontecer, também, que esses Espíritos sejam completamente estranhos uns aos outros, separados por antipatias igualmente anteriores, que se manifestam por suas aversões na Terra, e elas servirão de provação entre eles. Portanto, os verdadeiros laços de família não são os da consangüinidade, mas sim os da simpatia e da afinidade de pensamentos que unem os Espíritos *antes*, *durante* e *depois* da encarnação. É assim que dois seres nascidos de pais diferentes podem ser mais irmãos pelo Espírito do que se o fossem pelo sangue. Eles se querem, se procuram, sentem prazer em estar juntos, enquanto dois irmãos consangüíneos podem repelir-se, como aliás se vê todos os dias, questão que só o Espiritismo pode explicar pela pluralidade das existências. (Veja nesta obra Cap. 4:13.)

Há, portanto, duas espécies de famílias: *as famílias por laços espirituais e as famílias por laços corporais.* As primeiras, duráveis, se fortificam pela purificação e prosseguirão no mundo dos Espíritos, por meio das muitas migrações da alma; as segundas, frágeis como a própria matéria, acabam com o tempo e, muitas vezes, se desfazem moralmente já na existência atual. Foi isto o que Jesus quis ensinar naquele momento dizendo aos seus discípulos: *Eis minha mãe e meus irmãos,* ou seja, minha família pelos laços do Espírito, *pois quem quer que faça a vontade de meu Pai que está nos Céus é meu irmão, minha irmã e minha mãe.*

A hostilidade de seus irmãos está claramente expressa no relato de São Marcos, que diz terem eles a intenção de prender Jesus sob o pretexto de que *estava fora de si**. Jesus, informado da chegada de seus parentes e sabedor do que pensavam a seu respeito, aproveita a oportunidade para transmitir aos seus discípulos o ensinamento sobre o ponto de vista da família espiritual: *Eis meus verdadeiros irmãos,* e, como sua mãe se achava entre eles, generaliza o ensinamento. Não devemos de nenhuma forma entender, entretanto, que sua mãe, segundo o corpo, não Lhe era nada como Espírito, ou que tinha por ela indiferença; sua conduta, em outras ocasiões, comprova suficientemente o contrário.

INSTRUÇÕES DOS ESPÍRITOS

A INGRATIDÃO DOS FILHOS E OS LAÇOS DE FAMÍLIA

Santo Agostinho - Paris, 1862

9 A ingratidão é um dos frutos imediatos do egoísmo; revolta sempre os corações honestos; mas a dos filhos em relação aos pais tem um caráter ainda mais revoltante. É particularmente sob esse ponto de vista que vamos considerá-la para analisar-lhe as causas e os efeitos. Também nesta questão, como em tantas outras, o Espiritismo vem lançar luz sobre um dos problemas do coração humano.

Quando o Espírito deixa a Terra leva consigo as paixões ou as virtudes de sua natureza e vai para o Espaço se aperfeiçoar, ou permanece estacionário até que deseje esclarecer-se. Alguns partiram cheios de ódios violentos e desejos de vingança insatisfeitos. Mas, pela compreensão que alguns têm, por estarem mais avançados que os outros, conseguem distinguir algo da verdade e, compreendendo os desastrosos efeitos de suas paixões, tomam então boas resoluções, reconhecendo que, para chegar até Deus, há somente um caminho: *a caridade*. Acontece que não há caridade sem o esquecimento das ofensas e das injúrias; não há caridade com ódio no coração e não há caridade sem perdão.

* **N. E. - Estava fora de si:** estava louco. (Marcos, 3:21)

Então, com um grande esforço, observam aqueles que odiaram na Terra. Ao vê-los, o rancor é intenso. A idéia de terem de esquecer de si mesmos lhes revolta e revoltam-se ainda mais ao saber que têm que perdoar e, principalmente, amar aos que talvez lhes tenham destruído a honra, a fortuna e a própria família. Assim é que o coração desses infortunados está abalado; hesitam, vacilam, movidos por esses sentimentos opostos. Se a boa resolução triunfa, oram a Deus, imploram aos bons Espíritos para lhes dar forças no momento mais decisivo da prova.

Enfim, após alguns anos de meditações e preces, o Espírito aproveita de um corpo que está em preparo e encarna na família daquele a quem detestou, pede aos Espíritos encarregados de transmitir as ordens superiores permissão para realizar na Terra os destinos desse corpo que acaba de se formar. Qual será então a sua conduta nessa família? Dependerá da maior ou menor persistência de suas boas resoluções. O contato incessante com os seres a quem odiou é uma prova terrível sob a qual ele, às vezes, fracassa, se a sua vontade não for bastante forte. Desta forma, de acordo com a boa ou má resolução que tomar, será amigo ou inimigo daqueles no meio dos quais terá que viver. Assim se explicam ódios, repulsas instintivas, que se notam em algumas crianças, e que nenhum ato anterior parece justificar; nada, de fato, nessa nova existência pôde provocar essa antipatia. Para compreendê-la, é necessário voltar os olhos ao passado.

Espíritas! Compreendei o grande papel da Humanidade, compreendei que, quando se gera um corpo, a alma que nele reencarna vem do Espaço para progredir. Cumpri vossos deveres e colocai todo o vosso amor em aproximar essa alma de Deus: esta é a missão que vos está confiada e recebereis a recompensa se a cumprirdes fielmente. Vossos cuidados, a educação que lhe dareis, ajudarão o seu aperfeiçoamento e o seu bem-estar futuro. Lembrai-vos de que, a cada pai e a cada mãe, Deus perguntará: "Que fizestes do filho confiado à vossa guarda?" Se permaneceu atrasado por vossa culpa, vosso castigo será vê-lo entre os Espíritos sofredores, quando dependia de vós a sua felicidade. Então, vós mesmos, atormentados pelo remorso, pedireis para reparar essa falta; solicitareis uma nova encarnação para vós e para ele na qual o rodeareis de melhores cuidados, e ele, cheio de reconhecimento, vos retribuirá com o seu amor.

Não rejeiteis, portanto, o filho que no berço repele a mãe, nem aquele que vos paga com ingratidão; não foi o acaso que o fez assim e nem a sorte o enviou para vós. Uma intuição imperfeita do passado se revela e disso podeis deduzir que um ou outro já odiou muito, ou foi muito ofendido; que um ou outro veio para perdoar, ser perdoado ou expiar. Mães! Abraçai o filho que vos causa desgosto e dizei a vós mesmas: *um de nós é culpado.* Fazei por merecer os prazeres que

Deus concede à maternidade, ensinando a vossos filhos que eles estão na Terra para se aperfeiçoar, amar e abençoar, porém, muitas dentre vós, ao invés de tirar pela educação os maus princípios inatos, de existências anteriores, mantêm e desenvolvem esses mesmos princípios por culpa da fraqueza com que agem ou por despreocupação, e, mais tarde, vosso coração, amargurado pela ingratidão dos filhos, será para vós, já nesta vida, o começo da vossa expiação.

A tarefa não é tão difícil quanto poderíeis pensar; ela não exige o saber do mundo; tanto o inculto quanto o sábio podem cumpri-la, e o Espiritismo vem facilitá-la, fazendo-nos conhecer a causa das imperfeições da alma humana.

Desde o berço, a criança manifesta os instintos bons ou maus que traz da sua existência anterior; é preciso aplicar-se em estudá-los; todos os males têm origem no egoísmo e no orgulho; analisai, portanto, os menores sinais que revelem o gérmen desses vícios, e empenhai-vos em combatê-los sem esperar que criem raízes profundas; fazei como o bom jardineiro, que corta os brotos daninhos à medida que os vê nascer na árvore. Se deixardes desenvolver o egoísmo e o orgulho, não vos espanteis de serdes mais tarde pagos com ingratidão. Quando os pais fizeram tudo o que deviam para o adiantamento moral dos filhos, e, apesar de tudo, não alcançaram êxito, sua consciência poderá ficar tranqüila, e é natural o desgosto que sintam por verem fracassados todos os esforços feitos. Deus lhes reserva uma grande, uma imensa consolação, na *certeza* de que isso é apenas um atraso, e que lhes será permitido terminar, em uma outra existência, a obra começada nesta, e que um dia o filho ingrato os recompensará com seu amor. (Veja nesta obra Cap. 13:19.)

Deus não submete a provas aquele que não as pode suportar, apenas permite as que podem ser cumpridas. Se fracassamos, não é por falta de condições, mas por falta de vontade, pois quantos há que, ao invés de resistir aos maus procedimentos, neles se satisfazem e é a estes que estão reservados os choros e os gemidos em suas existências posteriores. Admirai, no entanto, a bondade de Deus, que nunca fecha a porta ao arrependimento. Chegará o dia em que ao culpado, cansado de sofrer, com o orgulho por fim abatido, Deus abre seus braços paternais ao filho pródigo*, que se lança a seus pés. *As grandes provas, entendei-me bem, são quase sempre o sinal de um fim de sofrimento e de um aperfeiçoamento do Espírito, quando são aceitas por amor a Deus.* Para o Espírito, é um momento supremo, e é aí que importa não se lamentar, se não quiser perder o

* **N. E. - Filho pródigo:** parábola do filho pródigo (Veja: Lucas, 15:11 a 29.), arrependido, aguardado, festejado.

fruto da prova e ter de recomeçar. Ao invés de lamentardes, agradecei a Deus, que vos oferece a ocasião de vencer para vos dar o prêmio da vitória. Então, quando saírdes do turbilhão da vida terrena e entrardes no mundo dos Espíritos, sereis lá aclamados como o soldado que sai vitorioso da batalha.

De todas as provas, as mais difíceis são aquelas que afetam o coração; há os que suportam com coragem a miséria e as privações materiais, mas abatem-se sob o peso dos desgostos domésticos, esmagados pela ingratidão dos seus. Que angústia terrível! Mas o que pode, nessas situações, reerguer a coragem moral senão o conhecimento das causas do mal e a certeza de que, se há longas discórdias, não há desesperos eternos, porque Deus não quer que a sua criatura sofra para sempre. O que há de mais consolador e mais encorajador do que o pensamento de que depende só de si mesmo, de seus próprios esforços, abreviar seu sofrimento, destruindo em si as causas do mal? Mas, para isso, não se deve estacionar o olhar na Terra e ver apenas uma existência; é preciso elevar-se, planar no infinito do passado e do futuro. Então, a grande justiça de Deus se revelará aos vossos olhos e encarareis a vida com paciência, pois tereis a explicação do que vos parecia como monstruosidades na Terra, e as feridas que recebestes apenas vos parecerão arranhões. Nesse golpe de vista lançado sobre o conjunto, os laços de família aparecem no seu verdadeiro sentido; já não são mais os frágeis laços da matéria que reúnem os seus membros, mas sim os laços duráveis do Espírito, que se perpetuam e se consolidam ao se purificarem, ao invés de se destruírem pelo efeito da reencarnação.

Os Espíritos reúnem-se e formam famílias, induzidos pela identidade de progresso moral, semelhança de gostos e de afeições. Esses mesmos Espíritos, nas suas migrações terrenas, procuram-se para se agrupar, como o faziam no espaço, originando-se as famílias unidas e homogêneas. Se, nas suas peregrinações, ficarem temporariamente separados, mais tarde eles se reencontram, felizes com seu novo progresso. Entretanto, como não devem trabalhar apenas para si mesmos, Deus permite que Espíritos menos avançados venham encarnar entre eles a fim de receberem conselhos e bons exemplos para progredirem. Causam, por vezes, perturbações no ambiente, mas é aí que está a prova a executar. Recebei-os como irmãos; ajudai-os e, mais tarde, no mundo dos Espíritos, a família se alegrará por ter salvo alguns náufragos•, que, por sua vez, poderão salvar outros.

Capítulo

15

Fora da caridade não há salvação

O que é preciso para ser salvo
Parábola do bom samaritano • O maior mandamento
Necessidade da caridade segundo São Paulo
Fora da Igreja não há salvação. Fora da verdade não há salvação
Instruções dos Espíritos: Fora da caridade não há salvação

O QUE É PRECISO PARA SER SALVO. PARÁBOLA DO BOM SAMARITANO

1. *Portanto, quando o Filho do homem vier em sua majestade acompanhado de todos os anjos, se sentará sobre o trono de sua glória; e, todas as nações estando reunidas perante ele, separará uns dos outros, como um pastor separa as ovelhas dos cabritos, e colocará as ovelhas à sua direita e os cabritos à sua esquerda.*

Então o Rei dirá àqueles que estiverem à sua direita: Vinde, vós que fostes abençoados por meu Pai, possuí o reino que vos foi preparado desde o início do mundo; pois tive fome e me destes de comer; tive sede e me destes de beber; tive necessidade de abrigo e me abrigastes; estive nu e me vestistes; estive doente e fostes me visitar; estive na prisão e viestes me ver.

Então os justos perguntarão: Senhor, quando vos vimos faminto e vos demos de comer, ou que tivestes sede e vos demos de beber? Quando vos vimos sem abrigo e vos abrigamos e sem roupas e vos vestimos? E quando vos vimos doente ou na prisão e que fomos vos visitar? E o Rei responderá a eles: Eu vos digo em verdade que, todas as vezes que fizestes isso a um destes meus irmãos mais pequeninos, foi a mim mesmo que o fizestes.

Ele dirá em seguida àqueles que estiverem à sua esquerda: Separai-vos de mim, malditos; ide ao fogo eterno, que foi preparado para o diabo e para seus anjos; pois tive fome e não me destes de comer; tive sede e não me destes de beber; tive necessidade de abrigo e não me abrigastes; estive sem roupas e não me vestistes; estive doente e na prisão e não me visitastes.

Então, eles assim responderão: Senhor, quando vos vimos ter fome, ter sede, ou estar sem abrigo, sem roupas, ou doente ou na prisão, e que não vos assistimos? Mas ele responderá: Eu vos digo em verdade que, todas as vezes que deixastes de dar assistência a um desses pequeninos, deixastes de fazê-lo a mim mesmo.

E então estes irão para o suplício eterno, e os justos para a vida eterna. (Mateus, 25:31 a 46)

2. Então um doutor da lei, se levantando, disse-Lhe para tentá-Lo: Mestre, o que devo fazer para possuir a vida eterna? Jesus lhe respondeu: O que está escrito na lei? Como lês? Ele Lhe respondeu: Amareis ao Senhor vosso Deus de todo o vosso coração, de toda a vossa alma, de todas as vossas forças e de todo o vosso Espírito, e vosso próximo como a vós mesmos. Jesus lhe disse: Respondestes muito bem; fazei isso e vivereis.

Mas este homem, querendo justificar-se a si mesmo, disse a Jesus: E quem é meu próximo? E Jesus, tomando a palavra, lhe disse: Um homem que descia de Jerusalém a Jericó caiu nas mãos de ladrões, que o despojaram, cobriram-no de feridas e deixaram-no meio morto. E eis que de repente um sacerdote passava pelo mesmo caminho e que, tendo-o notado, passou bem longe. Um levita, que também vinha pelo mesmo lugar, vendo-o, também passou longe. Mas um samaritano que viajava, passando pelo lugar onde estava esse homem, e tendo-o visto, ficou tomado por compaixão. Aproximou-se então dele, passou azeite e vinho em suas feridas, e as enfaixou; e, pondo-o sobre seu cavalo, levou-o a uma estalagem e tomou conta dele. No dia seguinte, tirou duas moedas, que deu ao hospedeiro, e lhe disse: Cuidai bem deste homem, e tudo o que gastardes a mais, eu vos restituirei em minha volta.

Qual destes três vos parece ter sido o próximo daquele que caiu nas mãos dos ladrões? O doutor Lhe respondeu: Aquele que usou de misericórdia para com ele. Ide, pois, lhe disse Jesus, e fazei o mesmo. (Lucas, 10:25 a 37)

3 Toda moral de Jesus se resume na caridade e na humildade, ou seja, nas duas virtudes contrárias ao egoísmo e ao orgulho. Em todos os seus ensinamentos, mostra estas virtudes como sendo o caminho da felicidade eterna: Bem-aventurados – disse Ele – os pobres de espírito, ou seja, os humildes, pois é deles o reino dos Céus; bem-aventurados aqueles que têm o coração puro; bem-aventurados aqueles que são mansos e pacíficos; bem-aventurados aqueles que são misericordiosos; amai ao vosso próximo como a vós mesmos; fazei aos outros o que gostaríeis que vos fizessem; amai aos vossos inimigos; perdoai as ofensas, se quiserdes ser perdoados; fazei o bem com discrição; julgai a vós mesmos antes de julgardes os outros. Humildade e caridade, eis o que Ele não cessa de recomendar e exemplificar. Orgulho e egoísmo, eis o que não se cansa de combater. E faz mais do que recomendar a caridade, coloca-a claramente, e em termos bem definidos, como a condição absoluta da felicidade futura.

No quadro em que Jesus nos mostra o julgamento final é preciso, como em muitas outras coisas, separar o que pertence à linguagem figurada, à alegoria. A homens como estes a quem falava, ainda incapazes de compreender as questões puramente espirituais, devia apresentar imagens materiais chocantes, surpreendentes e capazes de impressionar; para melhor serem aceitas, devia mesmo não se afastar das idéias do seu tempo, quanto à forma, reservando sempre para o futuro a verdadeira interpretação de suas palavras e dos pontos sobre os quais não podia explicar-se claramente. Mas, ao lado da parte acessória ou figurada do quadro, há uma idéia dominante: a da felicidade reservada ao justo e a da infelicidade que espera o mau.

Naquele julgamento supremo, quais são as razões em que se baseia a sentença? No que se baseia o inquérito? O juiz pergunta se foram atendidas estas ou aquelas formalidades, observadas estas ou aquelas práticas exteriores? Não, ele pergunta apenas sobre uma coisa – a prática da caridade – e se pronuncia dizendo: "Vós, que socorrestes vossos irmãos, passai à direita; vós, que fostes duros para com eles, passai à esquerda". Indaga pela ortodoxia• da fé? Faz diferença entre aquele que crê de uma maneira e o que crê de outra? Não; pois Jesus coloca o samaritano, tido como herético•, mas que tem amor ao próximo, acima do ortodoxo que falta com a caridade. Jesus não põe a caridade apenas como uma das condições da salvação e, sim, a condição única. Se houvesse outras a serem consideradas, Ele as teria mencionado. Se coloca a caridade como a primeira das virtudes, é que dela fazem parte, necessariamente, todas as outras: a humildade, a doçura, a benevolência, a indulgência, a justiça, etc.; e porque ela é totalmente oposta ao orgulho e ao egoísmo.

O MAIOR MANDAMENTO

4. Mas os fariseus, ao verem que Jesus tinha feito calar a boca dos saduceus, reuniram-se, e um deles, que era doutor da lei, veio fazer essa pergunta para tentá-Lo: Mestre, qual é o grande mandamento da lei? Jesus lhe respondeu: Amareis ao Senhor vosso Deus de todo o vosso coração, de toda a vossa alma, e de todo o vosso Espírito. Este é o maior e o primeiro mandamento. E eis o segundo, que lhe é semelhante: Amareis ao vosso próximo como a vós mesmos. Toda a lei e os profetas estão contidos nesses dois mandamentos. (Mateus, 22:34 a 40)

5 Caridade e humildade, eis portanto o único caminho para a salvação; egoísmo e orgulho, eis o caminho da perdição. Este ensinamento está formulado em termos precisos nestas palavras:

Amareis a Deus de toda vossa alma e ao vosso próximo como a vós mesmos; ***toda lei e os profetas estão contidos nesses dois mandamentos.***

Jesus, para que não houvesse dúvidas na interpretação do amor a Deus e ao próximo, acrescentou: *E eis o segundo mandamento que é semelhante ao primeiro,* isto é: não se pode verdadeiramente amar a Deus sem amar ao próximo, nem amar ao próximo sem amar a Deus. Portanto, tudo o que se faz contra o próximo, é o mesmo que fazê-lo contra Deus. Não podendo amar a Deus sem praticar a caridade para com o próximo, todos os deveres do homem se encontram resumidos neste ensinamento moral: *Fora da caridade não há salvação.*

NECESSIDADE DA CARIDADE SEGUNDO SÃO PAULO

6. *Ainda que eu fale as línguas dos homens e até mesmo a língua dos anjos, se não tiver caridade, sou apenas como um metal que soa e um sino que tine; e ainda que tivesse o dom de profecia, e penetrasse em todos os mistérios, e tivesse uma perfeita ciência de todas as coisas; e se tivesse toda a fé possível, capaz de transportar montanhas,* ***se não tiver caridade, nada serei****. E quando tivesse distribuído meus bens para alimentar os pobres e houvesse entregado meu corpo para ser queimado, se não tiver caridade, tudo isso de nada me servirá.*

A caridade é paciente, é doce e benigna; a caridade não é invejosa, não é temerária e precipitada; não se enche de orgulho, não é desdenhosa; não procura seus próprios interesses; não se vangloria e não se irrita com nada; não suspeita mal, não se alegra com a injustiça, e sim com a verdade; tudo suporta, tudo crê, tudo espera e tudo sofre.

Agora, estas três virtudes: a fé, a esperança e a caridade permanecem; mas entre elas, a mais excelente é a ***caridade****. (Paulo, 1ª Epístola aos Coríntios, 13:1 a 7, 13.)*

7 O apóstolo Paulo compreendeu tão claramente esta grande verdade que disse: *Ainda que eu tivesse a linguagem dos anjos; e ainda que tivesse o dom de profecia, e penetrasse em todos os mistérios; e ainda que tivesse toda fé possível capaz de transportar montanhas, se não tiver caridade, nada serei. Destas três virtudes: a fé, a esperança e a caridade, a mais excelente é a caridade.* Coloca assim, com clareza, a caridade até mesmo acima da fé, porque a caridade está ao alcance de todos: do inculto, do sábio, do rico e do pobre, e é independente de toda crença particular. E faz mais: define a verdadeira caridade; mostra-a não apenas na beneficência, como também no conjunto de todas as qualidades do coração, na bondade e na benevolência para com o próximo.

FORA DA IGREJA NÃO HÁ SALVAÇÃO. FORA DA VERDADE NÃO HÁ SALVAÇÃO

8 Enquanto o ensinamento moral: *fora da caridade não há salvação* se apóia num princípio universal e abre a todos os filhos de Deus o acesso à suprema felicidade, o dogma* *fora da Igreja não há salvação* se apóia não na fé fundamental em Deus e na imortalidade da alma, fé comum a todas as religiões, mas *numa fé especial em dogmas particulares;* é separatista e incontestável. Ao invés de unir os filhos de Deus, divide-os; ao invés de estimulá-los ao amor fraterno, mantém e deixa evidente o rancor entre os seguidores de diferentes cultos, que se consideram reciprocamente como malditos na eternidade, ainda que eles sejam parentes ou amigos neste mundo. Desprezando a grande lei de igualdade diante do túmulo, separa-os até mesmo no cemitério. O ensinamento moral: *fora da caridade não há salvação*, consagra o princípio de igualdade perante Deus e da liberdade de consciência; tendo como norma que todos os homens são irmãos, seja qual for sua maneira de adorar ao Criador, eles se estendem as mãos e oram uns pelos outros. Com o dogma: *fora da Igreja não há salvação,* eles se amaldiçoam, se perseguem e vivem como inimigos; o pai não ora por seu filho, nem o filho pelo pai, nem o amigo pelo amigo, por julgarem-se mutuamente condenados, para sempre. Este dogma da Igreja é, portanto, essencialmente contrário aos ensinamentos do Cristo e à lei evangélica.

9 *Fora da verdade não há salvação* equivaleria a: *fora da Igreja não há salvação,* e seria também exclusivo, pois não existe uma única seita que não pretenda ter o privilégio da verdade. Qual é o homem que pode se vangloriar de possuí-la integralmente, se a área dos conhecimentos cresce sem cessar e as idéias evoluem a cada dia? A verdade absoluta é apenas acessível aos Espíritos da mais elevada ordem, e a Humanidade terrena não poderia pretender possuí-la, pois não lhe é permitido saber tudo; ela pode apenas conhecer uma verdade relativa e proporcional ao seu adiantamento. Se Deus tivesse feito da posse da verdade absoluta a condição expressa da felicidade futura, isso seria como um decreto de proscrição* geral, enquanto a caridade, até mesmo no seu sentido mais amplo, pode ser praticada por todos. O Espiritismo, de acordo com o Evangelho, admitindo que se pode ser salvo seja qual for a crença, contanto que se observe a Lei de Deus, não diz: *fora do Espiritismo não há salvação* e, como ele não pretende ensinar ainda toda a verdade, também não diz: *fora da verdade não há salvação,* o que dividiria ao invés de unir e tornaria eternos os antagonismos, isto é, as rivalidades.

* N. E. - **Proscrição:** banimento, expulsão.

INSTRUÇÕES DOS ESPÍRITOS

FORA DA CARIDADE NÃO HÁ SALVAÇÃO

Paulo, Apóstolo - Paris, 1860

10 Meus filhos, *fora da caridade não há salvação* é o ensinamento moral que contém a destinação dos homens, tanto na Terra quanto no Céu. Na Terra, porque à sombra dessa bandeira viverão em paz; no Céu, porque aqueles que a tiverem praticado encontrarão graça diante do Senhor. Este símbolo é a luz celeste, a coluna luminosa que guia o homem no deserto da vida para conduzi-lo à Terra da Promissão; e brilha no Céu como uma auréola santa na fronte dos eleitos e, na Terra, está gravada no coração daqueles a quem Jesus dirá: *passai à direita, vós, os abençoados de meu Pai*. Vós os reconhecereis pelo perfume de caridade que espalham ao seu redor. Nada exprime melhor o pensamento de Jesus, nada resume melhor os deveres do homem do que este ensinamento moral de ordem divina. O Espiritismo não podia provar melhor sua origem do que dando-a por regra, pois ela é o reflexo do mais puro Cristianismo, e, com esta orientação, o homem nunca se desencaminhará. Dedicai-vos, meus amigos, a compreender-lhe o profundo significado e suas conseqüências, e nela procurar, por vós mesmos, as suas aplicações. Deixai que a caridade governe todas as vossas ações, e vossa consciência responderá; ela não somente evitará a vós de fazer o mal, mas levar-vos a fazer o bem, porque não basta uma virtude passiva, é preciso uma virtude ativa. Para fazer o bem, é preciso sempre a ação da vontade; para não fazer o mal, basta freqüentemente o não fazer nada e a indiferença.

Meus amigos, agradecei a Deus, que vos permitiu desfrutar da luz do Espiritismo. Não é porque só os que a possuem podem salvar-se, mas porque, ao vos ajudar a compreender melhor os ensinamentos do Cristo, ela faz de vós melhores cristãos. Que os vossos irmãos, ao vos observar, possam dizer que o verdadeiro espírita e verdadeiro cristão são uma só e a mesma coisa, pois todos aqueles que praticam a caridade são discípulos de Jesus, qualquer que seja o culto a que pertençam.

Capítulo

16

Não se pode servir a Deus e a Mamon

Salvação dos ricos
Resguardar-se da avareza • Jesus na casa de Zaqueu
Parábola do mau rico • Parábola dos talentos
Utilidade providencial da riqueza. Provas da riqueza e da miséria
Desigualdade das riquezas
Instruções dos Espíritos: A verdadeira propriedade
Emprego da riqueza • Desprendimento dos bens terrenos
Transmissão da riqueza

SALVAÇÃO DOS RICOS

1. Ninguém pode servir a dois senhores, porque, ou ele aborrecerá a um e amará ao outro, ou se afeiçoará a um e desprezará ao outro. Não podeis servir ao mesmo tempo a Deus e a Mamon. (Lucas, 16:13)*

2. Então um jovem se aproximou de Jesus e disse: Bom mestre, o que é preciso fazer para alcançar a vida eterna? Jesus lhe respondeu: Por que me chamais de bom? Só Deus é bom. Se quereis entrar na vida, guardai os mandamentos. Que mandamentos, perguntou-Lhe? Jesus lhe respondeu: Não matareis; não cometereis adultério; não roubareis; não direis falso testemunho. Honrai vosso pai e vossa mãe, e amai ao vosso próximo como a vós mesmos.

O jovem respondeu: Guardei todos esses mandamentos desde minha juventude; o que ainda me falta? Jesus lhe disse: Se quiserdes ser perfeito, ide, vendei o que tendes e dai-o aos pobres, e tereis um tesouro no Céu; depois, vinde e segui-me.

Porém o jovem, ouvindo estas palavras, retirou-se muito triste, pois possuía muitos bens. E então, Jesus disse a seus discípulos: Eu vos digo, em verdade, que é bem difícil a um rico entrar no reino dos Céus. Ainda vos digo mais: ***É mais fácil um camelo[1] passar pelo buraco de uma agulha do que um rico entrar no reino dos Céus****. (Mateus, 19:16 a 24; Lucas, 18:18 a 25; Marcos, 10:17 a 25)*

---

* **N. E. - Mamon:** deus das riquezas; (neste caso) as riquezas.

[1] Esta figura original pode nos parecer um pouco estranha, pois não se percebe a relação que existe entre um camelo e uma agulha. É que, em hebreu, a mesma palavra era empregada para designar "cabo" e "camelo". Na tradução, foi-lhe dada este último significado; é provável que no pensamento de Jesus estivesse o primeiro; ele é, pelo menos, mais natural.

N. E. - Jesus referia-se não ao animal camelo, mas à corda de amarrar navios que era feita com o pêlo do animal e, que, popularmente, era chamada "camelo".

RESGUARDAR-SE DA AVAREZA

3. Então um homem Lhe disse do meio da multidão: Mestre, dizei a meu irmão que reparta comigo a herança que nos coube. Mas Jesus lhe disse: Homem, quem estabeleceu que eu pudesse ser juiz, ou fazer vossas partilhas? Depois lhe disse: Tende cuidado para guardar-vos de toda avareza; pois, em qualquer abundância que o homem esteja, sua vida não depende dos bens que possui.

Jesus lhes disse em seguida esta parábola: Havia um homem rico cujas terras tinham produzido extraordinariamente; e revolvia dentro de si estes pensamentos: O que farei, se não tenho lugar onde guardar tudo o que vou colher? Eis o que farei, pensou: Derrubarei meus celeiros e construirei outros maiores, e aí colocarei toda minha colheita e todos os meus bens; e direi à minha alma: Tendes agora muitos bens em reserva para muitos anos; descansa, come, bebe, regala-te. Mas Deus nesse mesmo instante disse a esse homem: Como és insensato! Tua alma será arrebatada ainda esta noite, e para quem ficará isso que guardaste?

Assim acontece com aquele que guarda tesouros para si mesmo e que não é rico perante Deus. (Lucas, 12:13 a 21)

JESUS NA CASA DE ZAQUEU

4. E tendo Jesus entrado em Jericó, atravessou a cidade. Havia lá um homem chamado Zaqueu, chefe dos publicanos e bastante rico, e, querendo encontrar Jesus para conhecê-Lo, não o podia devido à multidão, porque era de estatura baixa; foi por isso que correu adiante e subiu numa grande árvore para vê-Lo, pois Ele devia passar por lá. E, tendo Jesus chegado a esse lugar, levantou os olhos para o alto; e tendo-o visto, disse-lhe: Zaqueu, descei depressa pois preciso ficar hoje em vossa casa. Zaqueu desceu depressa, e recebeu-o com alegria. Todos viram isso e disseram murmurando: Ele foi hospedar-se na casa de um homem de má vida. (Veja na Introdução desta obra: Publicanos.)

Entretanto, Zaqueu, apresentando-se diante do Senhor, Lhe disse: Senhor, dou a metade de meus bens aos pobres, e, se fiz o mal a quem quer que seja, pago-lhe quatro vezes mais. Sobre o que Jesus lhe disse: Esta casa recebeu hoje a salvação, pois este também é filho de Abraão; pois o Filho do Homem veio para procurar e salvar o que estava perdido. (Lucas, 19:1 a 10)

PARÁBOLA DO MAU RICO

5. Havia um homem rico que se vestia de púrpura e linho, e que se cuidava magnificamente todos os dias. Havia também um mendigo chamado Lázaro, deitado à sua porta, todo coberto de chagas, que desejava saciar-se das migalhas que caíam da mesa do rico; mas ninguém lhe dava nada, e os cães vinham lamber-lhe as chagas. Aconteceu que esse mendigo morreu, e foi levado pelos anjos ao seio de Abraão. O rico também morreu, e foi sepultado no inferno. E quando estava nos tormentos, levou os olhos ao alto e viu de longe Abraão e Lázaro em seu seio; e gritando, disse estas palavras: Meu Pai, tende piedade de mim, e enviai-me Lázaro, a fim de que ele molhe a ponta de seu dedo na água para refrescar minha língua, pois sofro extremos tormentos nesta chama.

Mas Abraão lhe respondeu: Meu filho, lembrai-vos de que recebestes vossos bens em vida, e que Lázaro somente recebeu males; por isso está agora na consolação, e vós, nos tormentos. E além disso, está firmado um grande abismo entre nós e vós; de maneira que aqueles que querem passar daqui para onde estais não o podem, como não se pode passar daí para cá.

O rico lhe disse: Eu vos suplico que o mandeis à casa de meu pai, onde tenho cinco irmãos, a fim de que lhes dê testemunho, para que eles também não venham para este lugar de tormentos. Abraão lhe disse: Eles têm Moisés e os profetas; que eles os ouçam. Mas o rico respondeu: Meu pai, se algum dos mortos for encontrá-los, farão penitência. Abraão lhe respondeu: Se eles não ouvem nem a Moisés nem aos profetas, não acreditarão em mais nada, ainda que algum dos mortos ressuscite. (Lucas, 16:19 a 31)

PARÁBOLA DOS TALENTOS

6. O Senhor age como um homem que, tendo que fazer uma longa viagem para fora de seu país, chamou seus servidores e lhes entregou seus bens. E tendo dado cinco talentos a um, dois ao outro e um a outro, segundo a capacidade diferente de cada um, logo partiu. Aquele, pois, que havia recebido cinco talentos, foi-se embora; negociou esse dinheiro e ganhou outros cinco. Aquele que havia recebido dois, ganhou da mesma forma outros dois. Mas aquele que havia recebido apenas um, cavou um buraco na terra e lá guardou o dinheiro do seu amo. Muito tempo depois, tendo o amo voltado, chamou seus servidores, para que lhe prestassem contas. E aquele que havia recebido cinco talentos veio e apresentou-lhe outros cinco, dizendo-lhe: Senhor, vós me colocastes cinco talentos nas mãos; e tendes aqui mais outros cinco que ganhei. O amo respondeu-lhe: Bom e fiel servidor, porque fostes fiel com pouca coisa, dar-vos-ei muitas outras; entrai no gozo de vosso Senhor. Aquele que havia recebido dois talentos, também veio se apresentar e disse: Senhor, vós me colocastes dois talentos nas mãos; tendes aqui mais outros dois que ganhei. E o amo respondeu-lhe: Bom e fiel servidor, porque fostes fiel com pouca coisa, dar-vos-ei muitas outras; entrai no gozo de vosso Senhor. Aquele que tinha recebido apenas um talento veio em seguida e lhe disse: Senhor, sei que sois exigente; que ceifais onde não semeastes, e que colheis onde não haveis semeado; porque eu vos temia, fui esconder vosso dinheiro na terra; eis aqui, eu vos entrego o que vos pertence.

Mas o amo respondeu-lhe: Servidor mau e preguiçoso, sabíeis que ceifo onde não semeei, e que colho onde não espalhei; devíeis, pois, colocar meu dinheiro nas mãos dos banqueiros, a fim de que, em meu retorno, retirasse com juros o que me pertencia. Tirai-lhe, pois, o talento, e dai-o àquele que tem dez talentos; pois dar-se-á a todos que têm, e terão em abundância; mas àquele que nada tem, tirar-se-lhe-á até mesmo o que parece ter; e que se lance esse servidor inútil nas trevas exteriores: ali haverá choros e ranger de dentes. (Mateus, 25:14 a 30)

UTILIDADE PROVIDENCIAL DA RIQUEZA. PROVAS DA RIQUEZA E DA MISÉRIA

7 A riqueza se tornaria um obstáculo absoluto à salvação daqueles que a possuem se interpretarmos ao pé da letra certas palavras de Jesus e não procurarmos entender o seu sentido. Deus, que a distribuiu, teria colocado nas mãos de alguns um meio inevitável de perdição, pensamento que contraria a razão. A riqueza é, sem dúvida, uma prova bastante arriscada, mais perigosa do que a miséria, em virtude das excitações, das tentações que oferece e da fascinação que exerce. É o supremo excitante do orgulho, do egoísmo e da vida sensual; é o laço mais forte que prende o homem à Terra e desvia seus pensamentos do Céu. Causa tamanha perturbação, que se vê, freqüentemente, aquele que passa da miséria à fortuna esquecer-se depressa da sua condição anterior, daqueles que foram seus companheiros, que o ajudaram, tornando-se insensível, egoísta e fútil. Mas, embora a riqueza dificulte o caminho, não significa que o torne impossível e não possa vir a ser até um meio de salvação nas mãos daquele que dela sabe fazer bom uso, tal como certos venenos que restabelecem a saúde, quando empregados apropriadamente e com equilíbrio.

Quando Jesus responde ao jovem que o interrogava sobre os meios de alcançar a vida eterna: *desfazei-vos de todos os vossos bens e segui-me*, não pretendia estabelecer como condição absoluta que cada um deva se desfazer do que possui, e que a salvação só se consegue a esse preço, mas mostrar que *o amor possessivo aos bens terrenos* é um obstáculo à salvação. Aquele jovem, de fato, julgava-se quite com a lei, porque havia cumprido certos mandamentos e, no entanto, recua perante a idéia de abandonar seus bens; seu desejo de alcançar a vida eterna não ia até ao sacrifício de desfazer-se do que possuía.

A proposta de Jesus era uma questão decisiva para esclarecer o pensamento do jovem. Ele podia, sem dúvida, ser um padrão de homem honesto perante o mundo, não fazer o mal a ninguém, não maldizer seu próximo, não ser nem leviano, fútil ou orgulhoso, honrar seu pai e sua mãe; mas não possuía a verdadeira caridade, pois sua virtude não chegava até a renúncia em favor do próximo. O que Jesus quis demonstrar era uma aplicação do princípio: *fora da caridade não há salvação.*

A conseqüência destas palavras, se consideradas ao pé da letra, em seu exato sentido, seria a abolição da riqueza por ser prejudicial à felicidade futura, e como causa de incontáveis males na Terra. Seria também a condenação do trabalho que a pode conquistar. Isto seria um absurdo, uma vez que reconduziria o homem à vida selvagem, e que estaria em contradição com a lei do progresso, que é uma Lei de Deus.

Se a riqueza é a fonte de muitos males, se provoca tantas más paixões e tantos crimes, não é a ela que devemos culpar, e sim ao homem que dela abusa, como abusa de todos os dons que Deus lhe dá. Esse abuso torna ruim o que lhe poderia ser útil. É a conseqüência do estado de inferioridade do mundo terreno. Se a riqueza devesse apenas produzir o mal, Deus não a colocaria na Terra; cabe ao homem fazer dela surgir o bem. Se ela não é um elemento direto do progresso moral, é, sem contestação, um poderoso elemento de progresso intelectual.

De fato, o homem tem por missão trabalhar para o melhoramento material da Terra; deve desbravá-la, prepará-la e saneá-la para um dia receber toda a população que sua extensão comporta; para alimentar toda essa população que cresce sem cessar, é preciso aumentar sua produção; se a produção de uma região é insuficiente, é preciso procurá-la fora. Por isso mesmo, as relações entre os povos tornam-se uma necessidade; para facilitá-las, é preciso destruir os obstáculos materiais que as separam, e tornar as comunicações mais rápidas. Para os trabalhos das gerações, que se realizam no decorrer dos séculos, o homem teve de extrair materiais das próprias entranhas da Terra; procurou na Ciência os meios de executá-los mais segura e rapidamente; mas, para fazê-los cumprir, necessitava de recursos: a necessidade fez com que criasse a riqueza, assim como ela o fez descobrir a Ciência. A atividade exigida para esses mesmos trabalhos aumenta e desenvolve sua inteligência; essa inteligência, que ele a princípio concentra na satisfação das necessidades materiais, o ajudará mais tarde a compreender as grandes verdades morais. Sem a riqueza, que é o principal meio de realização das necessidades do homem, não haveria grandes trabalhos, nem atividades, nem estímulos, nem pesquisas. É, com razão, que ela é considerada um elemento de progresso.

DESIGUALDADE DAS RIQUEZAS

8 A desigualdade das riquezas é um desses problemas que se procura resolver em vão, desde que se considere apenas a vida atual. A principal questão que se apresenta é esta: por que todos os homens não são igualmente ricos? Eles não o são por uma razão muito simples: *porque não são igualmente inteligentes, ativos e laboriosos para adquirir, nem moderados e previdentes para conservar.* Está matematicamente demonstrado que, se a riqueza fosse igualmente repartida, daria a cada qual uma parte mínima e insuficiente; supondo-se que essa divisão fosse feita, o equilíbrio seria rompido em pouco tempo, pelas diferenças de qualidade e de aptidões de cada um; que, se isso fosse possível e durável, cada um tendo somente o necessário para viver, resultaria na destruição de todos os grandes trabalhos que contribuem para o progresso e bem-estar da Humanidade; que, ao supor que ela daria a cada um o necessário, não haveria mais o estímulo que impulsiona o homem às grandes descobertas e aos empreendimentos úteis. Se Deus a concentra em certos pontos, é para que dali ela se expanda em quantidade suficiente, de acordo com as necessidades.

Admitindo-se isto, pergunta-se: Por que Deus a dá a pessoas incapazes de fazê-la frutificar para o bem de todos? É novamente uma prova da sabedoria e da bondade de Deus. Dando ao homem o livre-arbítrio, quis que ele chegasse, por sua própria ação, a estabelecer a diferença entre o bem e o mal, de tal forma que a prática do bem fosse o resultado de seus esforços e de sua própria vontade. O homem não deve ser conduzido fatalmente nem ao bem, nem ao mal, porque seria apenas um ser passivo e irresponsável, como os animais. A riqueza é um meio de colocá-lo à prova moralmente; mas, como ela é, ao mesmo tempo, um poderoso meio de ação para o progresso, Deus não quer que ela fique por muito tempo improdutiva, e eis por que *a transfere incessantemente.* Cada qual deve possuí-la para aprender a utilizá-la e demonstrar que uso dela saberá fazer. Mas há uma impossibilidade material de que todos a possuam ao mesmo tempo. Se todas as pessoas a possuíssem, ninguém trabalharia, e o melhoramento da Terra sofreria com isso. Essa é a razão de *cada um a possuir por sua vez.* Desta maneira, aquele que hoje não a tem, já a teve ou a terá em uma outra existência, e outro que a tem agora poderá não ter mais amanhã. Há ricos e pobres, porque Deus, sendo justo como é, determina a cada um trabalhar por sua vez. A pobreza é para uns a prova de paciência e resignação; a riqueza é para outros a prova de caridade e abnegação.

Lamenta-se, com razão, o péssimo uso que algumas pessoas fazem de suas riquezas, as vergonhosas paixões que a cobiça desperta, e pergunta-se: Deus é justo ao dar a riqueza a tais pessoas? É claro que, se o homem tivesse apenas uma existência, nada justificaria tal repartição dos bens da Terra; entretanto, se ao invés de limitar sua visão à vida presente, considerar o conjunto das existências, vê que tudo se equilibra com justiça. Assim, o pobre não tem motivos para acusar a Providência, nem de invejar os ricos, e nem estes têm motivos para vangloriar-se do que possuem. Se abusam da riqueza, não será nem com decretos, nem com leis que limitem o supérfluo e o luxo que se poderá remediar o mal. As leis podem momentaneamente modificar o exterior, mas não o coração; eis por que essas leis têm apenas uma duração temporária e são sempre seguidas de uma reação desenfreada. A origem do mal está no egoísmo e no orgulho; os abusos de toda espécie cessarão por si mesmos, quando os homens deixarem-se reger pela lei da caridade.

INSTRUÇÕES DOS ESPÍRITOS

A VERDADEIRA PROPRIEDADE

Pascal - Genebra, 1860

9 Verdadeiramente, o homem só possui como seu aquilo que pode levar deste mundo. Do que encontra ao chegar e do que deixa ao partir, desfruta durante sua permanência na Terra. Mas, forçado que é a abandonar tudo, tem apenas o usufruto e não a posse real. O que é, afinal, que ele possui? Nada do que se destina ao uso do corpo e tudo o que se refere ao uso da alma: a inteligência, os conhecimentos, as qualidades morais. Isso é o que traz e o que leva, e que ninguém tem o poder de lhe tirar, que servirá a ele no outro mundo, muito mais do que neste. Dependerá dele ser mais rico em sua partida do que quando chegou, visto que, do que tiver adquirido em bens morais, resultará a sua posição futura. Quando um homem viaja para um país distante, arruma sua bagagem de acordo com o uso daquele país; não carrega o que lhe será inútil. Fazei, pois, o mesmo, em relação à vida futura e fazei provisões de tudo o que poderá vos servir lá.

Ao viajante que chega a uma estalagem é dado um bom alojamento, se puder pagar; àquele que tem pouca coisa, é dado um pior; quanto àquele que nada tem, é deixado ao relento. Assim acontece ao homem quando chega no mundo dos Espíritos: o lugar para onde irá depende de suas posses; mas não é com ouro que pode pagar. Ninguém irá perguntar-lhe: Quanto tinhas na Terra? Que posição ocupavas? Eras príncipe ou operário? Mas pergunta: O que trazes? Não será computado nem o valor de seus bens nem o de seus títulos, mas, sim, a soma de suas virtudes; portanto, é desse modo que o operário pode ser mais rico do que o príncipe. Em vão alegará o homem que antes de sua partida pagou sua entrada no outro mundo com ouro, pois terá como resposta: os lugares daqui não são comprados, são obtidos pelo bem que se fez; com a moeda terrestre, pudestes comprar campos, casas, palácios; aqui, tudo é pago com as qualidades da alma. És rico dessas qualidades? Sê bem-vindo, e vai aos primeiros lugares, onde todas as felicidades te esperam. És pobre delas? Vai para os últimos lugares, onde serás tratado de acordo com as tuas posses.

M., Espírito Protetor - Bruxelas, 1861

10 Os bens da Terra pertencem a Deus, que os distribui de acordo com sua vontade, e o homem é apenas seu usufrutuário, um administrador mais ou menos íntegro e inteligente. Tanto assim é que não constituem esses bens propriedade individual do homem e que Deus freqüentemente frustra todas as previsões, e a riqueza escapa daquele que acredita possuí-la por direito.

Podeis pensar que isso se compreende em relação aos bens hereditários, mas que não ocorre o mesmo em relação à riqueza que o homem adquiriu por seu trabalho. Sem dúvida alguma, se há riqueza legítima, é a que foi adquirida honestamente, pois *uma propriedade é apenas adquirida honestamente, quando, para possuí-la, não se faz o mal a ninguém.* Serão exigidas rigorosas contas de todo dinheiro mal ganho, isto é, ganho em prejuízo de alguém. Mas por que um homem conquistou sua riqueza por si mesmo, terá alguma vantagem ao morrer? Os cuidados que toma ao transmiti-la a seus descendentes não são muitas vezes inúteis? Sim, sem dúvida, pois, se Deus não quiser que estes a recebam, nada poderá prevalecer contra Sua vontade. Pode o homem usar e abusar dela impunemente, durante sua vida, sem prestar contas? Não; permitindo-lhe adquiri-la, Deus pôde querer recompensá-lo, durante esta vida, por seus esforços, coragem, perseverança. Se a utilizar para servir apenas à satisfação de seus sentidos ou de seu orgulho, se ela se torna um motivo de queda em suas mãos, melhor seria não a ter possuído, pois perde o que ganhou e, ainda, anula todo o mérito de seu trabalho, e, quando deixar a Terra, Deus lhe dirá que já recebeu sua recompensa.

EMPREGO DA RIQUEZA

Cheverus - Bordeaux, 1861

11 Não podeis servir a Deus e a Mamon; guardai bem isso, vós, a quem o amor pelo ouro domina, que venderíeis vossa alma para possuir tesouros, pois eles podem vos elevar acima dos outros homens e vos dar as alegrias das paixões. Não, não podeis servir a Deus e a Mamon! Se, portanto, sentirdes vossa alma dominada pela cobiça da carne, apressai-vos em vos libertar desse domínio que vos esmaga, pois Deus, justo e severo, vos dirá: O que fizeste, depositário infiel, dos bens que te confiei? Tu empregaste esse poderoso instrumento das boas obras apenas para a tua satisfação pessoal.

Qual é, pois, o melhor emprego da riqueza? Procurai nestas palavras: *Amai-vos uns aos outros*, a solução desse problema; aí está o segredo do bom emprego das riquezas. Aquele que ama ao seu próximo já tem a sua linha de conduta traçada. A aplicação da riqueza que mais agrada a Deus é na caridade: não na caridade fria e egoísta, que consiste em distribuir ao redor de si o supérfluo de uma existência dourada, mas na caridade plena de amor, que procura a desgraça e a socorre sem humilhá-la. Rico, dá do teu supérfluo; faze melhor: dá um pouco do teu necessário, pois teu necessário ainda é excessivo, e dá com sabedoria. Não rejeites o pranto, com medo de seres enganado, mas vai à origem do mal; ajuda primeiro, informa-te em seguida, e vê se o trabalho, os conselhos, até mesmo a afeição não serão mais eficientes do que a tua esmola. Espalha ao redor de ti, com abundância, o amor a Deus, o amor ao trabalho e o amor ao próximo. Coloca tuas riquezas sobre uma base segura que te garantirá grandes lucros: as boas obras. A riqueza da inteligência deve te servir como a do ouro; espalha ao teu redor os tesouros da instrução, e sobre teus irmãos os tesouros do teu amor, e eles frutificarão.

Um Espírito Protetor - Cracóvia, 1861

12 Quando considero a brevidade da vida, causa-me dolorosa impressão o fato de terdes como objetivo incessante a conquista do bem-estar material, ao passo que dedicais tão pouca importância e consagrais apenas pouco ou nenhum tempo ao vosso aperfeiçoamento moral, que vos será levado em conta por toda eternidade. Diante da atividade que desenvolveis, seria de se acreditar tratar-se de uma questão do mais elevado interesse para a Humanidade, mas ela, quase sempre, é para atender aos vossos exageros, às vaidades e ao vosso gosto pelos excessos. Quantas penas, quantos cuidados e tormentos, quantas noites em claro para aumentar uma fortuna muitas das vezes já mais do que suficiente! O cúmulo do absurdo é ver, não raro, aqueles que têm um amor imoderado pela fortuna e pelos prazeres que ela proporciona sujeitarem-se a um trabalho árduo, vangloriarem-se de uma existência dita de sacrifício e mérito, como se trabalhassem para os outros e não para si mesmos. Insensatos! Acreditais, então, realmente, que vos serão levados em conta os cuidados e os esforços que fazeis movidos pelo egoísmo, a vaidade e o orgulho, enquanto esqueceis o cuidado com o vosso futuro, assim como dos deveres de solidariedade fraterna, obrigatórios a todos os que desfrutam das vantagens da vida social? Pensastes apenas em vosso corpo; seu bem-estar, seus prazeres, foram o objetivo único de vossa preocupação egoísta; pelo corpo que morre, vos esqueceis do Espírito que viverá eternamente. Assim, esse senhor tão estimado e acariciado tornou-se o vosso tirano; comanda vosso Espírito, que se fez escravo dele. Seria essa a finalidade da existência que Deus vos concedeu?

Fénelon - Argel, 1860

13 O homem, sendo o depositário, o administrador dos bens que Deus lhe depositou nas mãos, terá que prestar contas rigorosas do emprego que deles fizer, por seu livre-arbítrio*. O mau uso consiste em fazê-los servir apenas à satisfação pessoal; ao contrário, o uso é bom todas as vezes que resultar num benefício para o próximo, e o mérito será proporcional ao sacrifício que para isso se impôs. A beneficência é apenas um dos modos de empregar a riqueza. Ela alivia a miséria atual, mata a fome, protege do frio e dá asilo ao abandonado. Além disso, há um dever igualmente imperioso, meritório, o de prevenir a miséria. Eis a missão das grandes fortunas: gerar trabalhos de toda a espécie e executá-los; e ainda que dessa atividade resulte um legítimo ganho em favor dos que assim as empregam, o bem não deixaria de existir, pois o trabalho desenvolve a inteligência e eleva a dignidade do homem, permitindo-lhe dizer com satisfação que ganha o pão que o alimenta, enquanto a esmola humilha e envergonha. A fortuna concentrada em uma só mão deve ser como uma fonte de água viva*, que espalha a fecundidade e o bem-estar ao seu redor. Ricos, vós que a empregardes conforme a vontade de vosso Senhor, vosso próprio coração será o primeiro a beneficiar-se dessa fonte generosa; tereis nesta vida os indescritíveis prazeres da alma, ao invés dos prazeres materiais do egoísta, que deixam um vazio no coração. Vosso nome será abençoado na Terra, e, quando a deixardes, o soberano Senhor vos dirigirá a palavra da parábola dos talentos: *Bom e fiel servidor, entrai no gozo de vosso Senhor!* Nesta parábola, o servidor que enterrou na terra o dinheiro que lhe foi confiado não é a imagem das pessoas avarentas, nas mãos das quais a riqueza é improdutiva? Se, no entanto, Jesus fala principalmente das esmolas, é que no seu tempo, e no país onde vivia, ainda não se conheciam os trabalhos que as artes e as indústrias mais tarde criariam, e nos quais a riqueza pode ser empregue utilmente, para o bem geral. A todos os que podem dar, pouco ou muito, direi: Dai a esmola quando for necessário, mas, tanto quanto possível, convertei-a em salário, a fim de que aquele que a recebe não tenha do que se envergonhar.

DESPRENDIMENTO DOS BENS TERRENOS

Lacordaire - Constantina, Argel, 1863

14 Venho, meus irmãos, meus amigos, trazer meu auxílio para ajudar corajosamente no caminho de melhoria em que entrastes. Somos devedores uns dos outros; somente pela união sincera e fraternal entre os desencarnados e os encarnados é que será possível esse melhoramento.

O apego aos bens terrenos é um dos maiores obstáculos ao vosso adiantamento moral e espiritual; pelo desejo de possuí-los,

* **N. E. - Água viva:** (neste caso) benefício, progresso e vitalidade.

destruís o sentimento do amor, voltando-o para coisas materiais. Sede sinceros: a riqueza dá uma felicidade pura? Quando vossos cofres estão cheios, não há sempre um vazio no coração? No fundo dessa cesta de flores não há sempre um réptil escondido? Compreendo que um homem, que por um trabalho constante e honrado ganhou a riqueza, experimente uma satisfação, muito justa, que Deus aprova. Porém, daí a um apego que absorva todos os outros sentimentos e provoque a frieza do coração, há uma distância tão grande quanto da avareza sórdida ao esbanjamento exagerado, dois vícios contra os quais Deus colocou a caridade, santa e salutar virtude, que ensina ao rico a dar sem orgulho, para que o pobre receba sem humilhação.

Quer a riqueza se tenha originado de vossa família, quer a tenhais ganho pelo vosso trabalho, há uma coisa que não deveis vos esquecer nunca: tudo o que vem de Deus retorna a Deus. Nada vos pertence na Terra, nem mesmo vosso corpo: a morte vos liberta dele, como de todos os bens materiais. Sois depositários e não proprietários, não vos enganeis. Deus vos emprestou, deveis restituir, e Ele vos empresta sob a condição de que o supérfluo, pelo menos, reverta em favor daqueles que não têm o necessário.

Um dos vossos amigos vos empresta uma soma; por pouco que sejais honesto, tereis a preocupação de lhe restituir o empréstimo, e lhe ficareis agradecido. Pois bem, essa é a posição de todo homem rico: Deus é o amigo celeste que lhe emprestou a riqueza; pede-lhe apenas o amor e o reconhecimento, mas exige que, por sua vez, o rico dê também aos pobres, que são, tanto quanto ele, seus filhos.

O bem que Deus vos confiou desperta em vossos corações uma ardente e desvairada cobiça. Quando vos apegais imoderadamente a uma riqueza tão perecível e passageira quanto vós, já pensastes que chegará o dia em que devereis prestar contas ao Senhor do que Ele vos emprestou? Esqueceis que, pela riqueza, estais revestidos do caráter sagrado de ministros da caridade na Terra para serdes os seus inteligentes distribuidores? Que sois, portanto, quando usais em vosso próprio proveito o que vos foi confiado, senão depositários infiéis? Que resulta desse esquecimento voluntário de vossos deveres? A morte certa, implacável, rasga o véu sob o qual vos escondíeis e vos força a prestar contas até mesmo ao amigo esquecido que vos favoreceu e que, nesse momento, se apresenta diante de vós com a autoridade de juiz.

É em vão que na Terra procurais iludir a vós mesmos, colorindo com o nome de virtude o que freqüentemente não passa de egoísmo. O que chamais de economia e previdência não passa de ambição e avareza, e de generosidade, o que não passa de esbanjamento em vosso favor. Um pai de família, por exemplo, ao deixar de fazer a caridade, economizará, amontoará ouro sobre ouro, e isso, diz ele, para deixar a seus filhos a maior quantidade de bens possíveis, e evitar deixá-los na miséria. Isto é bastante justo e paternal, convenhamos, e não se pode censurá-lo por isso, mas será este o objetivo que o orienta? Não é isso freqüentemente uma desculpa para com sua consciência, para justificar aos próprios olhos e aos olhos do mundo o apego pessoal aos bens terrenos? Admitindo-se que o amor paternal seja seu único propósito, será motivo para esquecer-se de seus irmãos perante Deus? Se ele mesmo já tem o supérfluo, deixará seus filhos na miséria só porque terão um pouco menos desse supérfluo? Não estará dando-lhes uma lição de egoísmo a endurecer-lhes os corações? Não será sufocar neles o amor ao próximo? Pais e mães, cometeis um grande erro se acreditais que, desse modo, aumentais a afeição de vossos filhos por vós; ao ensinar-lhes a ser egoístas para com os outros, ensinais a sê-lo para convosco.

Quando um homem trabalhou bastante, e com o suor do seu rosto acumulou bens, ouvireis dizer freqüentemente que, quando o dinheiro é ganho, sabemos dar-lhe valor. É a mais pura verdade. Pois bem! Que este homem que confessa conhecer todo valor do dinheiro faça a caridade segundo suas possibilidades, e terá maior mérito do que aquele que, nascido na fartura, ignora as rudes fadigas do trabalho. Mas, se esse homem que se recorda de suas lutas, seus esforços, tornar-se egoísta, impedioso para com os pobres, será bem mais culpado do que aquele outro; pois, quanto mais cada um conhece por si mesmo as dores ocultas da miséria, tanto mais deve se empenhar em ajudar aos outros.

Infelizmente, o homem de posses sempre carrega consigo um outro sentimento tão forte quanto o apego à riqueza: o orgulho. É comum ver-se o novo-rico atormentar o infeliz que implora sua ajuda, com a história de seus trabalhos e suas habilidades, ao invés de ajudá-lo, e por fim dizer-lhe: "faça como eu fiz". Na sua opinião, a bondade de Deus não influiu em nada na sua riqueza; o mérito cabe somente a ele; seu orgulho põe-lhe uma venda nos olhos e um tampão nos ouvidos. Apesar de toda sua inteligência e toda sua capacidade, não compreende que Deus pode derrubá-lo com uma só palavra.

Desperdiçar a riqueza não é desprendimento dos bens terrenos: é descaso e indiferença. O homem, como depositário desses bens, não tem direito de os esbanjar ou usá-los só em seu proveito. O gasto irresponsável não é generosidade. É, muitas vezes, uma forma de egoísmo. Aquele que esbanja ouro para satisfazer uma fantasia talvez não dê um centavo para prestar auxílio. O desapego aos bens terrenos consiste em apreciar a riqueza no seu justo valor, saber usufruir dela em benefício de todos e não somente para si, em não sacrificar por sua causa os interesses da vida futura e, se Deus a retirar, perdê-la sem reclamar. Se, por infortúnios imprevistos, vos tornardes como Jó*, dizei como ele: *Senhor, vós me destes, vós me tirastes; que seja feita a vossa vontade.* Eis o verdadeiro desprendimento. Sede, antes de tudo, submissos; tende fé n'Aquele que, assim como vos deu e tirou, pode devolver-vos; resisti com coragem ao abatimento, ao desespero que paralisa vossas forças; não vos esqueçais nunca de que, quando Deus vos prova por uma aflição, sempre coloca uma consolação ao lado de uma rude prova. Pensai também que há bens infinitamente mais preciosos do que os da Terra, e esse pensamento vos ajudará a desapegar destes últimos. Quanto menos valor se dá a uma coisa, menos sensível se fica à sua perda. O homem que se apega aos bens da Terra é como uma criança que apenas vê o momento presente; aquele que não é apegado é como o adulto, que vê coisas mais importantes, pois compreende essas palavras proféticas do Salvador: *Meu reino não é deste mundo.*

O Senhor não ordena a ninguém desfazer-se do que possua para se reduzir a mendigo voluntário, porque, então, se tornaria uma carga para a sociedade. Agir desse modo seria compreender mal o desprendimento aos bens terrenos; é um egoísmo de outro modo. Seria fugir à responsabilidade que a riqueza faz pesar sobre aquele que a possui. Deus a dá a quem Lhe parece ser bom para administrá-la em benefício de todos; o rico tem, portanto, uma missão que pode tornar-se bela e proveitosa para si mesmo. Rejeitar a riqueza, quando é dada por Deus, é renunciar ao benefício do bem que se pode fazer administrando-a com sabedoria. Saber passar sem ela quando não a temos, saber empregá-la utilmente quando a recebemos, saber sacrificá-la quando for necessário é agir de acordo com a vontade do Senhor. Que diga, pois, aquele que recebe o que o mundo chama de uma boa fortuna: meu Deus, vós me enviastes um novo encargo; dai-me a força para desempenhá-lo conforme vossa santa vontade.

Eis, meus amigos, o que vos queria ensinar quanto ao desprendimento dos bens terrenos; posso resumir dizendo: contentai-vos com pouco. Se sois pobres, não invejeis aos ricos, pois a riqueza não é necessária para a felicidade. Sois ricos, não vos esqueçais de que vossos bens vos foram confiados, e que deveis justificar o seu emprego, como uma prestação de contas de um empréstimo. Não sejais depositários infiéis, fazendo com que eles sirvam apenas para a satisfação de vosso orgulho e sensualidade; não vos acrediteis com o direito de dispor para vós unicamente o que recebestes, não como doação, mas somente como um empréstimo. Se não sabeis restituir, não tendes o direito de pedir, e lembrai-vos de que aquele que dá aos pobres salda a dívida que contrai para com Deus.

* **N. E. - Jó**: patriarca judeu, escreveu o Livro de Jó, que encerra grande sabedoria sobre a renúncia e a confiança em Deus (Velho Testamento).

TRANSMISSÃO DA RIQUEZA

São Luís - Paris, 1860

15 *O princípio segundo o qual o homem não passa de um depositário da fortuna que Deus lhe permite gozar durante sua vida tira-lhe o direito de transmiti-la a seus descendentes?*

O homem pode perfeitamente transmitir, quando desencarna, os bens de que gozou durante sua vida, pois o efeito desse direito está subordinado sempre à vontade de Deus, que pode, quando quiser, impedir seus descendentes de desfrutar deles; é assim que se vê desmoronarem fortunas que pareciam solidamente estabelecidas. Portanto, o homem é impotente na sua vontade, julgando que pode manter a sua fortuna em sua linha de descendência, mas isso não lhe tira o direito de transmitir o empréstimo que recebeu, uma vez que Deus o retirará quando achar conveniente.

CAPÍTULO

17

SEDE PERFEITOS

Características da perfeição
O homem de bem • Os bons espíritas • Parábola do semeador
Instruções dos Espíritos: O dever • A virtude
Os superiores e os inferiores • O homem no mundo
Cuidar do corpo e do Espírito

CARACTERÍSTICAS DA PERFEIÇÃO

1. Amai aos vossos inimigos; fazei o bem àqueles que vos odeiam e orai por aqueles que vos perseguem e vos caluniam; pois, se amais apenas àqueles que vos amam, que recompensa tereis? Os publicanos também não fazem isso? E se apenas saudardes vossos irmãos, o que fazeis mais que os outros? Os pagãos não fazem o mesmo? Sede, pois, perfeitos, como vosso Pai Celestial é perfeito. (Mateus, 5:44, 46 a 48)

2 Deus possui a perfeição infinita em todas as coisas; assim, este ensinamento moral: *Sede perfeitos, como vosso Pai Celestial é perfeito*, tomado ao pé da letra, dá a entender a possibilidade de se atingir a perfeição absoluta. Se fosse dado à criatura ser tão perfeita quanto o Criador, ela O igualaria, o que é inadmissível. Mas os homens aos quais Jesus se dirigia não teriam compreendido essa questão; por isso, Ele se limitou a apresentar-lhes um modelo e dizer que se esforçassem para atingi-lo.

É preciso entender por estas palavras a perfeição relativa que a Humanidade é capaz de compreender e que mais a aproxima da Divindade. Em que consiste essa perfeição? Jesus o diz: *Amar aos inimigos, fazer o bem àqueles que nos odeiam, orar por aqueles que nos perseguem.* Ele mostra que a essência da perfeição é a caridade em sua mais ampla significação, porque define a prática de todas as outras virtudes.

De fato, se observarmos as conseqüências de todos os vícios e até mesmo dos pequenos defeitos, reconheceremos que não há nenhum que não altere de alguma forma, um pouco mais, um pouco menos, o sentimento da caridade, porque todos têm o seu princípio no egoísmo e no orgulho, que são sua negação; visto que o que estimula exageradamente o sentimento da personalidade destrói, ou pelo menos enfraquece, os princípios da verdadeira caridade, que são: a benevolência, a indulgência, a abnegação e o devotamento. O amor ao próximo, levado até o amar aos inimigos, não podendo se aliar a nenhum defeito contrário à caridade, é, por isso mesmo, sempre o indício de uma maior ou menor superioridade moral; de onde resulta que o grau de perfeição se dá em razão da extensão desse amor. Eis porque Jesus, após ter dado a seus discípulos as regras da caridade, no que ela tem de mais sublime, disse: *Sede, pois, perfeitos, como vosso Pai Celestial é perfeito.*

O HOMEM DE BEM

3 O verdadeiro homem de bem é aquele que pratica a lei de justiça, de amor e de caridade, na sua maior pureza. Questiona sua consciência sobre seus próprios atos, perguntará se não violou essa lei, se não fez o mal, se fez todo o bem *que podia*, se negligenciou voluntariamente uma ocasião de ser útil, se ninguém tem queixa dele, enfim, se fez aos outros tudo o que gostaria que lhe fizessem.

Tem fé em Deus, na sua bondade, na sua justiça e na sua sabedoria divina. Sabe que nada acontece sem a sua permissão e submete-se, em todas as coisas, à sua vontade.

Tem fé no futuro; por isso coloca os bens espirituais acima dos bens temporais.

Sabe que todas as alternativas da vida, todas as dores, todas as decepções são provas ou expiações, e as aceita sem lamentações.

O homem de bem que tem o sentimento de caridade e de amor ao próximo faz o bem pelo bem, sem esperar retorno, retribui o mal com o bem, toma a defesa do fraco contra o forte e sempre sacrifica seus interesses à justiça.

Encontra satisfação nos benefícios que distribui, nos serviços que presta, nas alegrias que proporciona aos seus semelhantes, nas lágrimas que seca, nas consolações que leva aos aflitos. Seu primeiro impulso é o de pensar nos outros antes de si, acudir aos interesses dos outros antes de procurar os seus. O egoísta, ao contrário, calcula os ganhos e as perdas de toda ação generosa.

É bom, humano e benevolente para com todos, sem distinção *de raças nem de crenças,* pois vê irmãos em todos os homens.

Respeita nos outros todas as convicções sinceras e não amaldiçoa quem não pensa como ele.

Em todos os momentos, a caridade é o seu guia; tendo como certo que aquele que prejudica os outros com palavras maldosas, que agride os sentimentos de alguém com seu orgulho e seu desdém, que não recua perante a idéia de causar um sofrimento, uma contrariedade, ainda que ligeira, quando poderia evitá-la, falta ao dever do amor ao próximo e não merece a clemência do Senhor.

Não tem nem ódio, nem rancor, nem desejos de vingança; a exemplo de Jesus, perdoa e esquece as ofensas e apenas se recorda dos benefícios, pois sabe que será perdoado conforme perdoou.

É indulgente para com as fraquezas dos outros, porque sabe que ele mesmo precisa de indulgência, e se recorda das palavras do Cristo: *Que aquele que estiver sem pecado lhe atire a primeira pedra*.

Não se satisfaz em procurar defeitos nos outros, nem colocá-los em evidência. Se a necessidade o obriga a fazer isso, procura sempre o bem que possa atenuar o mal.

Estuda suas próprias imperfeições e trabalha sem cessar para combatê-las. Emprega todos os seus esforços para poder dizer no dia seguinte que há nele algo de melhor do que no dia anterior.

Não se exalta a si mesmo nem seus talentos à custa de outrem, ao contrário, aproveita todas as ocasiões para ressaltar as qualidades dos outros.

Não se envaidece de sua riqueza, nem de suas vantagens pessoais, pois sabe que tudo o que lhe foi dado pode ser retirado.

Usa, sem exagero, dos bens que lhe são concedidos, pois sabe que se trata de um depósito do qual deverá prestar contas, e que o emprego, que resultaria mais prejudicial para si mesmo, seria o de fazê-los servir à satisfação de suas paixões.

Se, na ordem social, alguns homens estão sob seu mando, dependem dele, trata-os com bondade e benevolência, pois são seus semelhantes perante Deus; usa da sua autoridade para erguer-lhes o moral, e não para esmagá-los com seu orgulho; evita tudo o que poderia dificultar-lhes a posição subalterna.

O subordinado, por sua vez, compreende os deveres de sua posição e se empenha em cumpri-los conscientemente. (Veja Cap. 17:9.)

Finalmente, o homem de bem respeita todos os direitos que as leis da Natureza dão aos seus semelhantes, como gosta que os seus sejam respeitados.

Esta não é a relação completa de todas as qualidades que distinguem o homem de bem, mas quem quer que se esforce para possuí-las está no caminho que conduz a todas as outras.

OS BONS ESPÍRITAS

4 O Espiritismo bem compreendido e bem sentido leva o homem naturalmente às qualidades mencionadas, que caracterizam o verdadeiro espírita, o verdadeiro cristão, pois um e outro são a mesma coisa. O Espiritismo não estabelece nenhuma nova ordem moral, mas facilita aos homens a compreensão e a prática da moral do Cristo, dando a fé inabalável e esclarecida àqueles que duvidam ou vacilam.

Muitos daqueles que acreditam nos fatos das manifestações espíritas não compreendem nem suas conseqüências, nem seu alcance moral, ou, se os compreendem, não os aplicam a si mesmos. Por que isso acontece? Será falta de clareza da Doutrina? Não. A Doutrina

Espírita não contém nem alegorias*, nem figuras* que possam dar lugar a falsas interpretações. A clareza é sua própria essência, e é de onde vem a sua força, pois vai diretamente à inteligência. Ela não tem nada de misteriosa, e seus seguidores não estão de posse de nenhum segredo oculto ao povo.

É preciso, então, para compreendê-la, uma inteligência fora do comum? Não. Há homens de uma reconhecida capacidade que não a compreendem, enquanto inteligências simples, até mesmo jovens, mal saídos da adolescência, apreendem-na com uma admirável exatidão, nos seus mais delicados detalhes. Isso acontece porque a parte por assim dizer *material* da Ciência não requer mais do que olhos para ser observada. Enquanto a parte *essencial do Espiritismo* exige um certo grau de sensibilidade, que independe da idade ou do grau de instrução da criatura, ao qual podemos chamar de *maturidade do senso moral,* essa maturidade lhe é própria porque, de certa forma, corresponde ao grau de desenvolvimento que o Espírito encarnado já possui.

Os laços da matéria, em alguns, estão ainda muito fortes para permitir ao Espírito libertar-se das coisas da Terra; o nevoeiro que o envolve impede-lhe a visão do infinito. Eis porque ele não rompe facilmente nem com seus gostos, nem com seus hábitos, não percebendo que possa haver qualquer coisa de melhor do que aquilo que possui. A crença nos Espíritos é, para eles, um simples fato, que modifica muito pouco, ou quase nada, suas tendências instintivas. Numa palavra: vêem apenas um raio de luz, insuficiente para orientá-los e lhes dar uma vontade determinada, capaz de vencer suas tendências. Eles prendem-se mais aos fenômenos do que à moral, que lhes parece banal e monótona; pedem aos Espíritos para ter acesso de imediato aos novos mistérios, sem perguntar a si mesmos se são dignos para penetrar nas vontades e mistérios do Criador. São espíritas imperfeitos, alguns deles estacionam no caminho ou se distanciam de seus irmãos em crença, pois recuam diante da obrigação de se reformarem, ou então reservam suas simpatias para aqueles que compartilham das suas fraquezas e prevenções. Entretanto, a aceitação dos princípios da Doutrina Espírita é um primeiro passo que lhes permitirá um segundo mais fácil numa outra existência.

Aquele que pode, com razão, ser qualificado como verdadeiro e sincero espírita está num grau superior de adiantamento moral; o Espírito, já dominando mais completamente a matéria, dá-lhe uma

* N. E. - **Alegorias e figuras:** linguagem ou pensamento figurado, simbólico, fantasias, conjunto de figuras, de metáforas.

percepção mais clara do futuro; os princípios da Doutrina Espírita fazem nele vibrar os sentimentos, que permanecem adormecidos nos outros; em uma palavra, *foi tocado no coração* e a sua fé é inabalável. Um é como o músico que se comove com os acordes, enquanto o outro ouve apenas sons. *Reconhece-se o verdadeiro espírita por sua transformação moral e pelos esforços que faz para dominar suas más tendências;* enquanto um se satisfaz em seu horizonte limitado, o outro, que compreende um pouco mais, esforça-se para se libertar dele e sempre o consegue, quando tem uma vontade firme.

PARÁBOLA DO SEMEADOR

5. Nesse mesmo dia, Jesus, ao sair de casa, sentou-se à beira do mar; reuniu-se ao seu redor uma grande multidão de pessoas; foi por isso que subiu numa barca e todo o povo ficou em pé na margem; e Ele lhes disse, então, muitas coisas em parábolas:

Saiu aquele que semeia a semear; e enquanto semeava, caiu ao longo do caminho um pouco de semente, e os pássaros do céu vieram e comeram-na.

Uma outra quantidade caiu nas pedras, onde não havia muita terra; e logo germinou, pois a terra onde estava não era muito profunda. Mas queimou-se com o sol, pois tinha acabado de nascer; e, como não tinha raízes, secou.

Outra igualmente caiu nos espinhos, e os espinhos cresceram e afogaram-na.

Uma outra, enfim, caiu na boa terra que dava frutos, havendo grãos que rendiam cem por um, outros sessenta e outros trinta.

Que ouça aquele que tem ouvidos para ouvir. (Mateus, 13:1 a 9)

Escutai, pois, vós outros, a parábola do semeador.

Todo aquele que ouve a palavra do reino e não presta a menor atenção, surge o Espírito mau e arrebata o que se havia semeado em seu coração; este é aquele que recebeu a semente ao longo da estrada.

Aquele que recebeu a semente junto às pedras, é o que ouve a palavra e que a recebe na mesma hora com alegria; mas não tem raízes em si, e isso dura pouco tempo; e quando lhe sobrevêm tribulações e perseguições por causa da palavra, logo se escandaliza.

Aquele que recebeu a semente entre os espinhos, é o que ouve a palavra; mas, em seguida, as solicitudes deste século e a ilusão das riquezas sufocam nele essa palavra e a tornam infrutífera.

Mas aquele que recebeu a semente em uma boa terra, é aquele que ouve a palavra, que lhe dá atenção e ela frutifica, e rende cem ou sessenta, ou trinta por um. (Mateus, 13:18 a 23)

6 A parábola do semeador representa perfeitamente as várias faces que existem na maneira de se pôr em prática os ensinamentos do Evangelho. Quantas pessoas há, de fato, para as quais os ensinamentos não passam de letra morta e, semelhantes às sementes caídas sobre as pedras, nada produzem, nada frutificam!

A parábola encontra aplicação igualmente justa nas diferentes categorias de espíritas. Não é o símbolo daqueles que apenas se apegam aos fenômenos materiais, e deles não tiram nenhuma conseqüência? Que apenas os vêem como objeto de curiosidade? Não simboliza os que procuram o lado brilhante nas comunicações dos Espíritos, interessando-se somente enquanto lhes satisfazem a imaginação, mas que, após ouvi-las, continuam frios e indiferentes como antes? Daqueles que acham os conselhos muito bons e os admiram, aplicados a outrem e não a si mesmos? E, finalmente, daqueles para quem os ensinamentos são como a semente que caiu em terra boa e produz frutos?

Instruções dos Espíritos

O DEVER

Lázaro - Paris, 1863

7 O dever é a obrigação moral, primeiro para consigo mesmo e, em seguida, para com os outros. O dever é a lei da vida: encontra-se desde os menores detalhes, assim como nos mais elevados atos. Refiro-me apenas ao dever moral e não ao dever que as profissões impõem.

Na ordem dos sentimentos o dever é muito difícil de ser cumprido, pois se encontra em antagonismo com as seduções do interesse e do coração. Suas vitórias não têm testemunhos e suas derrotas não estão sujeitas à repressão. O dever íntimo do homem é governado pelo seu livre-arbítrio•, este aguilhão* da consciência, guardião da integridade interior, o adverte e o sustenta, mas permanece, muitas vezes, impotente perante os enganos da paixão. O dever do coração, fielmente observado, eleva o homem, mas, como este dever pode ser determinado? Onde ele começa? Onde termina? *O dever começa precisamente no ponto onde ameaçais a felicidade ou a tranqüilidade de vosso próximo, e termina no limite em que não desejaríeis vê-lo transposto em relação a vós mesmos.*

Deus criou todos os homens iguais perante a dor; pequenos ou grandes, incultos ou esclarecidos, sofrem todos pelas mesmas causas, a fim de que cada um avalie com sensatez o mal que pôde fazer. O critério para o bem, infinitamente mais variado em suas expressões,

* **N. E. - Aguilhão:** estimulante, incitador, provocador.

não é o mesmo. *A igualdade perante a dor é uma sublime providência de Deus, que quer que seus filhos, instruídos pela experiência comum, não cometam o mal, alegando a ignorância de seus efeitos.*

O dever reflete, na prática, todas as virtude morais; é uma fortaleza da alma que enfrenta as angústias da luta; é severo e dócil; pronto para dobrar-se às diversas complicações, mas permanece inflexível perante suas tentações. *O homem que cumpre seu dever ama mais a Deus do que às criaturas, e às criaturas mais do que a si mesmo.* É, ao mesmo tempo, juiz e escravo em sua própria causa.

O dever é o mais belo laurel* da razão; provém dela, como um filho nasce de sua mãe. O homem deve amar o dever, não porque o preserve dos males da vida, aos quais a Humanidade não pode subtrair-se, mas sim por dar à alma o vigor necessário ao seu desenvolvimento.

O dever cresce e se irradia, sob forma mais elevada, em cada uma das etapas superiores da Humanidade; a obrigação moral da criatura para com Deus nunca cessa; ela deve refletir as virtudes do Eterno, que não aceita um esboço imperfeito, pois quer que a beleza de sua obra resplandeça perante Ele.

A VIRTUDE

François, Nicolas, Madeleine, Cardeal Morlot - Paris, 1863

8 A virtude, no seu mais alto grau, é o conjunto de todas as qualidades essenciais que constituem o homem de bem. Ser bom, caridoso, laborioso, sóbrio, modesto, são qualidades do homem virtuoso. Infelizmente são acompanhadas quase sempre de pequenas falhas morais que as desmerecem e as enfraquecem. Aquele que faz alarde de sua virtude não é virtuoso, pois lhe falta a principal qualidade: a modéstia. E tem o vício mais oposto: o orgulho. A virtude realmente digna desse nome não gosta de se exibir; ela é sentida, mas se esconde no anonimato e foge da admiração das multidões. São Vicente de Paulo era virtuoso; o digno Cura de Ars era virtuoso, e muitos outros não muito conhecidos do mundo, mas conhecidos de Deus. Todos esses homens de bem ignoravam que eram virtuosos; deixavam-se ir pela corrente de suas santas inspirações e praticavam o bem com total desinteresse e completo esquecimento de si mesmos.

À virtude, assim compreendida e praticada, é que eu vos convido, meus filhos; a essa virtude verdadeiramente cristã e verdadeiramente espírita que eu vos convido a consagrar-vos. Afastai de vossos corações o sentimento do orgulho, da vaidade, do amor-próprio, que sempre desvalorizam as mais belas qualidades. Não imiteis o homem

* **N. E. - Laurel:** prêmio, distintivo, galardão.

que se coloca como um modelo e se gaba de suas próprias qualidades para todos os ouvidos tolerantes. Essa virtude com ostentação esconde, muitas vezes, uma multidão de pequenas mesquinharias e odiosas fraquezas.

Em princípio, o homem que exalta a si mesmo, que ergue uma estátua à sua própria virtude, aniquila, por essa única razão, todo mérito efetivo que possa ter. Mas o que direi daquele que dá valor em parecer aquilo que não é? Compreendo muito bem que o homem que faz o bem sinta no fundo do coração uma satisfação íntima, mas, uma vez que essa satisfação se exteriorize para provocar elogios, degenera em amor-próprio.

Vós todos, a quem a fé espírita reanimou com seus raios, e que sabeis o quanto o homem está longe da perfeição, não façais nunca uma tolice dessas. A virtude é uma graça que eu desejo a todos os espíritas sinceros, mas advirto: Mais vale poucas virtudes com modéstia do que muitas com orgulho. Foi pelo orgulho que as humanidades se perderam sucessivamente, e será pela humildade que deverão um dia redimir-se.

OS SUPERIORES E OS INFERIORES

François, Nicolas, Madeleine, Cardeal Morlot - Paris, 1863

9 A autoridade, assim como a riqueza, é uma delegação da qual terá que prestar contas aquele que dela estiver investido. Não acrediteis que ela seja dada para satisfazer o vão prazer de mandar, nem tampouco, conforme acredita falsamente a maior parte dos poderosos da Terra, como um direito ou uma propriedade.

Deus tem lhes provado constantemente que não é nem uma coisa nem outra, pois as retira deles quando quer. Se fosse um privilégio ligado à pessoa, seria intransferível. Ninguém pode dizer que uma coisa lhe pertence, quando ela pode lhe ser tirada sem o seu consentimento. Deus concede a autoridade a título de *missão* ou de prova, quando quer, e a retira do mesmo modo.

Todo aquele que é depositário da autoridade, seja qual for em grau de importância, desde um senhor para com seu servidor até o soberano para com seu povo, não deve esquecer-se de que é um encarregado de almas e responderá pela boa ou a má orientação que der a seus subordinados. Vai arcar com as culpas das faltas que estes poderão cometer, dos vícios aos quais serão arrastados em conseqüência dessa orientação ou *dos maus exemplos recebidos;* mas, também, colherá os frutos do seu esforço por conduzi-los ao bem. Todo homem tem, na Terra, uma missão pequena ou grande; seja qual for, sempre lhe é dada para o bem; desviá-la do seu verdadeiro sentido é fracassar no seu cumprimento.

Se Deus pergunta ao rico: Que fizeste da riqueza que deveria ser nas tuas mãos uma fonte espalhando fecundidade ao seu redor? Também perguntará àquele que dispõe de alguma autoridade: Que uso fizeste dessa autoridade? Que mal impediste? Que progresso promoveste? Se te dei subordinados, não foi para fazer deles escravos de tua vontade, nem instrumentos dóceis dos teus caprichos ou de tua ambição; te fiz forte e te confiei os fracos para que, amparando-os, os ajudasses a subir até mim.

Aquele que, investido de autoridade, segue as palavras do Cristo não despreza nenhum dos que estão abaixo dele, porque sabe que as diferenças sociais não existem perante Deus. O Espiritismo lhe ensina que, se hoje eles lhe obedecem, já puderam tê-lo comandado, ou poderão vir a comandá-lo mais tarde e, então, será tratado como os tratou.

Se o superior tem deveres a cumprir, o subordinado também os tem por sua vez e não menos sagrados. Se este último é espírita, sua consciência lhe dirá, melhor ainda, que não está dispensado de os cumprir, mesmo que seu chefe não cumpra os que lhe competem, pois sabe que não se deve pagar o mal com o mal, e que as faltas de um não justificam as faltas de outros. Se sofre na sua condição de subalterno, sabe que é merecido, porque ele mesmo pode já ter também abusado da autoridade que tinha, e agora deve sentir, por sua vez, os inconvenientes daquilo que fez os outros sofrerem. Se é obrigado a suportar essa situação, na falta de encontrar outra melhor, o Espiritismo lhe ensina a resignar-se a isso, como uma prova para sua humildade, necessária a seu adiantamento. Sua crença o guia na sua conduta; ele age como gostaria que seus subordinados agissem para com ele, se fosse o chefe. Por isso mesmo, é mais cuidadoso no cumprimento de suas obrigações, pois compreende que toda negligência no trabalho que lhe é confiado é um prejuízo para aquele que o remunera, a quem deve seu tempo e seus esforços. Em resumo, é guiado pelo sentimento do dever, que lhe advém de sua fé, e a certeza de que todo desvio do caminho correto é uma dívida que deverá pagar cedo ou tarde.

O HOMEM NO MUNDO

Um Espírito Protetor - Bordeaux, 1863

10 Um sentimento de piedade deve sempre orientar o coração daqueles que se reúnem sob os olhos do Senhor e imploram a assistência dos bons Espíritos. Purificai, vossos corações; não vos deixeis perturbar por nenhum pensamento fútil ou de prazeres materiais; elevai vosso Espírito em direção àqueles que vós chamais, a fim de que, encontrando em vós as necessárias condições, possam lançar em quantidade a semente que deve germinar em vossos corações, e nele produzir os frutos da caridade e da justiça. Não acrediteis, contudo, que, incentivando vossa dedicação à prece e à evocação mental, desejamos vos levar a viver uma vida mística, que vos coloque fora das leis da sociedade, onde estais obrigados a viver. Não; vivei com os homens de vossa época, como devem viver os homens. Mas se renunciardes às necessidades, ou mesmo às banalidades do dia-a-dia, fazei-o com um sentimento de pureza que possa santificá-las.

Se sois obrigados a estar em contato com homens cujos espíritos são de natureza diferente da vossa e de caracteres opostos, não deveis afrontá-los; não os contrarieis. Sede alegres, felizes, mas com a alegria que provém da consciência limpa da felicidade de um herdeiro do Céu que conta os dias que o aproximam de sua herança.

A virtude não consiste em assumir um aspecto severo e sombrio, em rejeitar os prazeres que a vossa condição humana permite; basta reger todos os vossos atos pela lei do Criador, que vos deu a vida. Quando se começa ou termina uma obra, deveis elevar o pensamento a Ele e pedir-Lhe, num impulso da alma, a proteção para nela ter êxito ou sua bênção para a obra acabada. O que quer que façais, ligai vosso pensamento à fonte suprema de todas as coisas e não façais nada sem que a lembrança de Deus purifique e santifique vossos atos.

A perfeição encontra-se inteiramente, como disse o Cristo, na prática da caridade sem limites, porém, os deveres da caridade se estendem a todas as posições sociais, desde a mais elevada à mais simples. O homem, se vivesse só, não teria como exercitar a caridade, e, somente no contato com seus semelhantes, nas lutas mais difíceis é que ele encontra a ocasião de exercê-la. Aquele que se isola, priva-se voluntariamente do mais poderoso meio de aperfeiçoar-se e, pensando apenas nele, sua vida é a de um egoísta. (Veja nesta obra Cap. 5:26.)

Não imagineis que, para viver em comunicação constante conosco, para viver sob a observação do Senhor, seja preciso entregar-se ao martírio e cobrir-se de cinzas. Não; mais uma vez não! Sede felizes, de acordo com as necessidades humanas, mas que na vossa felicidade nunca entre um pensamento ou um ato que possa ofender a Deus, ou entristecer a face daqueles que vos amam e vos dirigem. Deus é amor e abençoa aqueles que amam com pureza.

CUIDAR DO CORPO E DO ESPÍRITO

Georges, Espírito Protetor - Paris, 1863

11 Será que a perfeição moral consiste na martirização do corpo? Para resolver essa questão apóio-me nos princípios elementares e começo por demonstrar a necessidade de cuidar do corpo que, conforme esteja sadio ou doente, influi de uma maneira muito importante sobre a alma, que é considerada prisioneira da carne. Para que ela vibre, se movimente e até mesmo conceba as ilusões de liberdade, o corpo deve estar são, disposto e vigoroso. Estabeleçamos uma situação: eis que ambos se encontram em perfeito estado; o que devem fazer para manter o equilíbrio entre suas aptidões e suas necessidades tão diferentes? Dessa confrontação torna-se inevitável buscar seu ajuste equilibrado entre ambos, sendo que o segredo está em achar esse equilíbrio.

Aqui, dois sistemas se defrontam: o dos ascetas, que querem aniquilar o corpo, e o dos materialistas, que negam a alma. Dois sistemas igualmente constrangedores, tão insensatos, tanto um quanto o outro. Ao lado destas grandes correntes de pensamento, há um grande número de indiferentes que, sem convicção e sem afeições, amam com frieza e não sabem se divertir. Onde, pois, está a sabedoria? E a ciência de viver? Em nenhum lugar. Este problema ficaria inteiramente sem ser resolvido se o Espiritismo não viesse em ajuda dos pesquisadores, demonstrando-lhes as relações que existem entre o corpo e a alma, comprovando que são necessários um ao outro e é preciso cuidar de ambos. Amai, pois, vossa alma, mas cuidai também do corpo, instrumento da alma. Desconhecer as necessidades que a própria Natureza indica é desconhecer a Lei de Deus. Não castigueis vosso corpo pelas faltas que o vosso livre-arbítrio o induziu a cometer, e das quais é tão responsável quanto um cavalo mal guiado o é pelos acidentes que causa. Sereis, por acaso, mais perfeitos se, ao martirizar o vosso corpo, continuardes egoístas, orgulhosos e sem caridade para com o vosso próximo? Não, a perfeição não está nisso. Ela se encontra nas reformas a que submeterdes o vosso Espírito: dobrai-o, subjugai-o, humilhai-o, dominai-o, este é o meio de torná-lo dócil à vontade de Deus e o único que conduz à perfeição*.

* N. E. - Esta mensagem foi transcrita e traduzida do original da primeira edição de *Imitation de L'Évangile Selon le Spiritisme*, por nele estar completa.

Capítulo

18

Muitos os chamados e poucos os escolhidos

Parábola da festa de núpcias
A porta estreita
Nem todos que dizem: Senhor! Senhor! entrarão no Reino dos Céus • A quem muito foi dado muito será pedido
Instruções dos Espíritos: Será dado àquele que tem
Reconhece-se o cristão por suas obras

PARÁBOLA DA FESTA DE NÚPCIAS

1. Jesus falando ainda em parábolas lhes disse: O reino dos Céus é semelhante a um rei que, querendo fazer as bodas de seu filho, enviou seus servidores para chamar às bodas aqueles que foram convidados; mas eles se recusaram a ir. Ele ainda enviou outros servidores com ordem de dizer de sua parte aos convidados: preparei meu banquete; matei meus bois e tudo o que tinha engordado; tudo está pronto, vinde às bodas. Mas eles, desprezando o convite, se foram, um à casa de campo e o outro para seu negócio. Os outros lançaram mão de seus servidores e os mataram, após lhes terem feito vários ultrajes. O rei, tendo ouvido isto, irou-se e, tendo enviado seus soldados, exterminou esses homicidas e queimou a cidade deles.

Então disse a seus servidores: a festa de bodas está pronta; mas os que foram convidados não foram dignos. Ide, pois, às encruzilhadas, e chamai às núpcias todos que encontrardes. Seus servidores foram então para as ruas e chamaram todos aqueles que encontraram, bons e maus; e a sala de bodas ficou repleta de pessoas que se sentaram à mesa.

Entrou o rei, em seguida, para ver aqueles que estavam à mesa e, tendo percebido um homem que não estava vestido com a roupa nupcial, lhe disse: Meu amigo, como entraste aqui sem ter a roupa nupcial? E esse homem ficou mudo. Então o rei disse às pessoas: Atai-lhe as mãos e os pés, e lançai-o nas trevas exteriores: lá, haverá prantos e ranger de dentes; ***pois muitos são os chamados e poucos os escolhidos****. (Mateus, 22:1 a 14)*

2 O incrédulo ri desta parábola, que lhe parece de uma ingenuidade pueril, pois não compreende que possa haver tanta dificuldade para ir a uma festa, e ainda mais quando os convidados chegam ao ponto de massacrar os enviados do dono da casa. "As parábolas" – diz o incrédulo – "são, sem dúvida, alegorias, mas é preciso que elas não saiam do limite do aceitável".

O mesmo se pode dizer de todas as alegorias, das fábulas mais engenhosas, se não tirarmos do seu enredo o sentido oculto. Jesus compunha as suas, com os fatos usuais e vulgares da vida, e as adaptava aos costumes e ao caráter do povo a quem falava. A maioria delas tinha como objetivo fazer o povo compreender a idéia da vida espiritual. O significado só é incompreensível quando aqueles que as interpretam não as observam desse ponto de vista.

Nesta parábola, Jesus compara o reino dos Céus, onde tudo é alegria e felicidade, a uma festa de núpcias. Em relação aos primeiros convidados, refere-se aos hebreus, que foram os primeiros chamados por Deus para o conhecimento de sua Lei. Os enviados do rei são os profetas, que convidaram os judeus a seguir o caminho da verdadeira felicidade, mas suas palavras eram pouco escutadas, suas advertências eram desprezadas e muitos foram mesmo massacrados como os servidores da parábola. Os convidados que se desculpam, por terem de ir cuidar dos campos e de seu negócio, representam as pessoas que, absorvidas pelas coisas do mundo, são indiferentes em relação às coisas celestes.

Era uma crença, para os judeus de então, de que sua nação deveria ter o domínio sobre todas as outras. Deus não tinha, de fato, prometido a Abraão que seus descendentes cobririam toda a Terra? Mas, como sempre, desprezando a substância, tomaram o ensinamento divino pelo lado dos seus interesses e acreditavam realmente no domínio da sua nação no plano material, sobre as outras.

Antes da vinda do Cristo, com exceção dos hebreus, todos os povos eram idólatras* e politeístas*. Se alguns homens mais instruídos haviam atingido a idéia de unidade divina, esta idéia permaneceu no estado de opinião pessoal, pois em nenhuma parte foi aceita como verdade fundamental, a não ser por alguns iniciados que ocultavam seus conhecimentos sob o véu do mistério, impenetrável à compreensão do povo. Os hebreus foram os primeiros que praticaram publicamente o monoteísmo*. Foi a eles que Deus transmitiu sua lei, inicialmente por Moisés, depois por Jesus. E foi desse pequeno foco que partiu a luz, que deveria expandir-se pelo mundo inteiro, triunfar sobre o paganismo e dar a Abraão uma posteridade *espiritual tão numerosa quanto as estrelas do firmamento*. Mas os judeus, embora rejeitassem completamente a idolatria, haviam negligenciado a lei moral para

* N. E. - **Idólatra:** que adora ídolos.
* N. E. - **Politeísta:** que crê em muitos deuses.
* N. E. - **Monoteísmo:** crença em um só deus.

se dedicar à prática mais fácil do culto exterior. O mal atingira o seu ponto mais extremo: a nação, dominada pelos romanos, estava desfigurada pelas lutas políticas, dividida pelas seitas. A incredulidade havia penetrado até mesmo no Templo. Foi então que apareceu Jesus, enviado para chamá-los à observância da Lei e abrir-lhes os novos horizontes da vida futura. Sendo os *primeiros* a serem convidados para o grande banquete da fé universal, rejeitaram a palavra do celeste Messias e sacrificaram-no; foi assim que perderam o fruto que deveriam ter colhido de sua própria iniciativa.

Seria injusto, entretanto, acusar todo o povo por esse estado de coisas; a responsabilidade coube principalmente aos fariseus e aos saduceus, que tinham arruinado a nação por orgulho e fanatismo de uns e pela incredulidade de outros. É a eles que Jesus compara os convidados que se recusam a comparecer à festa das núpcias. Depois, acrescenta: *O rei, vendo isto, convidou todos aqueles que se encontravam nas encruzilhadas, bons e maus.* Queria dizer com isso que a palavra iria ser pregada a todos os outros povos, pagãos e idólatras, e que estes, aceitando-a, seriam admitidos na festa no lugar dos primeiros convidados.

Mas não basta ser convidado; não basta dizer-se cristão, nem sentar-se à mesa para fazer parte do banquete celestial. É preciso, antes de mais nada, e como condição primeira, estar vestido com a roupa nupcial, ou seja, ter a pureza de coração e praticar a lei conforme o espírito.

Acontece que essa Lei está totalmente contida nessas palavras: *fora da caridade não há salvação;* mas, entre todos os que ouvem a palavra divina, poucos são os que a guardam, colocando-a em prática, e poucos se tornam dignos de entrar no reino dos Céus! Foi por isso que Jesus disse: *Muitos são chamados e poucos os escolhidos.*

A PORTA ESTREITA

3. Entrai pela porta estreita, pois a porta da perdição é larga e o caminho que a ela conduz é espaçoso, e há muitos que por ela entram. Como a porta da vida é pequena! Como o caminho que a ela conduz é estreito! E como há poucos que a encontram! (Mateus, 7:13 e 14)

4. Alguém da multidão Lhe perguntou: Senhor, são poucos os que se salvam? Ele respondeu: Fazei esforços para entrardes pela porta estreita, pois vos asseguro que muitos procurarão por ela entrar, e não poderão. E quando o pai de família tiver entrado, e tiver fechado a porta, e que, estando do lado de fora, começardes a bater à porta dizendo: Senhor, abre-nos; Ele vos responderá: Eu não sei de onde sois. Então, recomeçareis a dizer: Comemos e bebemos em vossa presença, e ensinastes em nossas praças públicas. E Ele vos responderá: Não sei de onde sois; afastai-vos de mim, vós todos que cometeis iniqüidades.

E então haverá choros e ranger de dentes quando virdes que Abraão, Isaac, Jacó e todos os profetas estarão no reino de Deus, e que vós outros ficareis excluídos. Virão do Oriente e do Ocidente, do Setentrião e do Meio-dia*, muitos que terão lugar na festa do reino de Deus. Então, aqueles que forem os últimos serão os primeiros, e os que forem os primeiros serão os últimos. (Lucas, 13:23 a 30)*

5 Larga é a porta da perdição, porque as más paixões são numerosas e o caminho do mal é freqüentado pela maioria. A da salvação é estreita, pois o homem que quer transpô-la deve fazer grandes esforços para vencer suas más tendências, e poucos se submetem a isso; é o complemento do ensinamento moral: *muitos são os chamados e poucos os escolhidos*.

Tal é o estado atual da Humanidade terrena, pois, sendo a Terra um mundo de expiação, nela o mal predomina, mas quando se transformar, o caminho do bem será o mais freqüentado. Este ensinamento deve ser entendido na sua verdadeira significação e não no sentido que as palavras expressam. Se fosse esse o estado normal da Humanidade, Deus teria voluntariamente condenado à perdição a imensa maioria de suas criaturas; suposição inadmissível, desde que se reconheça que Deus é todo justiça e bondade.

Mas de quais faltas esta Humanidade seria culpada para merecer uma sorte tão triste, no presente e no futuro, se estivesse na sua totalidade relegada à Terra e se a alma não tivesse tido outras existências? Por que tantos entraves no caminho? Por que essa porta tão estreita, para ser transposta por tão poucos, se a sorte da alma está definitivamente fixada após a morte? É assim que, com a idéia de uma única vida, o homem está sempre em contradição consigo mesmo e com a justiça de Deus. Com a vivência anterior da alma e a pluralidade dos mundos, o horizonte se alarga; a luz ilumina os pontos menos esclarecidos da fé; o presente e o futuro tornam-se solidários com o passado e, então, só assim se pode compreender toda a grandeza, toda a verdade e toda a sabedoria dos ensinamentos morais do Cristo.

NEM TODOS AQUELES QUE DIZEM: SENHOR! SENHOR! ENTRARÃO NO REINO DOS CÉUS.

6. Nem todos os que dizem: Senhor! Senhor! entrarão no reino dos Céus; mas apenas entrará aquele que faz a vontade de meu pai que está nos Céus. Muitos me dirão: Senhor! Senhor! Não profetizamos em vosso nome? Não expulsamos os demônios em vosso nome,

* **N. E. - Setentrião:** Norte.
* **N. E. - Meio-dia:** Sul.

e não fizemos diversos milagres em vosso nome? E então lhes direi em voz alta: Afastai-vos de mim, vós que cometeis atos de iniqüidade. (Mateus, 7:21 a 23)

7. Todo aquele que ouvir estas palavras que Eu digo e as praticar, será comparado a um homem sábio que construiu sua casa sobre a rocha; e quando a chuva caiu, e os rios transbordaram, e os ventos sopraram e se abateram sobre esta casa, ela não caiu, pois foi fundada sobre a rocha. Mas todo aquele que ouve estas palavras que Eu digo e não as pratica, será como o homem insensato que construiu sua casa sobre a areia; e quando a chuva veio, e os rios transbordaram, e os ventos sopraram e se abateram sobre essa casa, ela então desmoronou e foi grande a sua ruína. (Mateus 7:24 a 27; Lucas, 6:46 a 49)

8. Aquele, pois, que violar um desses menores mandamentos, e que ensinar aos homens a violá-los, será tido como o último no reino dos Céus; porém, aquele que os cumprir e ensinar, será grande no reino dos Céus. (Mateus, 5:19)

9 Todos aqueles que reconhecem a missão de Jesus dizem: Senhor! Senhor! Mas de que serve chamá-Lo de Mestre ou Senhor se seus ensinamentos não são seguidos? São cristãos aqueles que o honram por seus atos exteriores de devoção e o sacrificam, ao mesmo tempo, no altar do orgulho, do egoísmo, da ambição e de todas as paixões? São seus discípulos aqueles que passam dias orando e não são nem melhores, nem mais caridosos, nem mais indulgentes para com seus semelhantes? Não, porque, assim como os fariseus, têm a prece nos lábios e não no coração. Com a forma cerimonial podem impor-se aos homens, mas não a Deus. É em vão que dirão a Jesus: "Senhor, profetizamos, ou seja, ensinamos em vosso nome; expulsamos os demônios em vosso nome; bebemos e comemos convosco"; Ele responderá: "Não sei quem sois; afastai-vos de mim, vós que cometeis iniqüidades, vós que desmentis as vossas palavras com as vossas ações, que caluniais vosso próximo, que espoliais as viúvas e cometeis adultério; afastai-vos de mim, vós cujo coração destila ódio e fel, vós que derramais o sangue de vossos irmãos em meu nome, que fazeis correr as lágrimas ao invés de secá-las. Para vós, haverá choro e ranger de dentes, pois o reino de Deus é para aqueles que são dóceis, humildes e caridosos. Não espereis dobrar a justiça do Senhor pela multiplicidade de vossas palavras e vossas genuflexões*; o único caminho que está aberto para vós, para encontrar a graça perante Ele, é a prática sincera da lei do amor e da caridade."

As palavras de Jesus são eternas, pois são a verdade. Elas são não somente a salvaguarda da vida celeste como também são a garantia da paz, da tranqüilidade e da estabilidade para os homens nas

* **N. E. - Genuflexão:** ato de ajoelhar-se.

coisas da vida terrena. Eis por que todas as instituições humanas, políticas, sociais e religiosas que se apoiarem nas suas palavras serão estáveis como a casa construída sobre a rocha, e os homens as conservarão, pois nelas encontrarão a felicidade; mas as que, porém, forem violação daquelas palavras, serão como a casa construída sobre a areia: o vento das transformações e o rio do progresso as levarão de arrastão.

A QUEM MUITO FOI DADO MUITO SERÁ PEDIDO

10. O servidor que soube a vontade de seu mestre e que não se apercebeu, e não fez o que lhe foi pedido, apanhará rudemente; mas aquele que não soube de sua vontade e que fizer coisas dignas de castigo, apanhará menos. Pedir-se-á muito àquele que muito recebeu, e prestará contas aquele a quem foram confiadas muitas coisas. (Lucas, 12:47 e 48)

11. Vim a este mundo para fazer um julgamento, a fim de que aqueles que não vêem vejam, e aqueles que vêem se tornem cegos. Alguns fariseus que com Ele estavam, ouviram estas palavras e Lhe disseram: Somos nós, acaso, também cegos? Jesus lhes respondeu: Se fôsseis cegos, não teríeis pecados; mas agora dizeis que vedes, e é por isso que o pecado permanece em vós. (João, 9:39 a 41)

12 É principalmente aos ensinamentos dos Espíritos que se aplicam estas palavras de Jesus. Todo aquele que conhece os ensinamentos do Cristo é certamente culpado se não os praticar, mas, além do Evangelho que os contém estar somente divulgado entre as religiões cristãs, mesmo entre estas muitas pessoas não o lêem e, entre as que o lêem, muitas não o compreendem! Disso resulta que as palavras de Jesus ficam perdidas para grande número de pessoas.

O ensino dos Espíritos reproduz estas palavras de Jesus sob diferentes formas e por isso desenvolve-as e comenta-as para colocá-las ao alcance de todos e tem uma característica própria: é universal. Qualquer um, letrado ou não, tenha ou não uma crença, cristão ou não, pode recebê-lo, porque os Espíritos se manifestam em todos os lugares. Nenhum daqueles que recebe o ensinamento, diretamente ou por intermédio de outras pessoas, pode alegar ignorância ou desculpar-se, nem por sua falta de instrução, nem por falta de clareza ou sentido alegórico•. Aquele, pois, que conhece os ensinamentos de Jesus e não os coloca em prática para melhorar-se, que os admira como coisas interessantes e curiosas, sem que o coração seja tocado por eles, que ao seu contato não se torna menos fútil, menos orgulhoso, menos egoísta, menos apegado aos bens materiais, nem melhor para com seu próximo, é tanto mais culpado quanto mais haja tido meios de conhecer a verdade.

Os médiuns que obtêm boas comunicações são ainda mais repreensíveis se persistirem no mal, pois, muitas vezes, escrevem sua própria condenação e, se não fossem cegos pelo orgulho, reconheceriam que é a eles mesmos que os Espíritos se dirigem. Mas, ao invés de tomar para si as lições que escrevem ou que vêm escrever, seu único pensamento é aplicá-las aos outros, confirmando, assim, estas palavras de Jesus: *Vedes um argueiro• no olho de vosso próximo e não vedes a trave• no vosso.* (Veja nesta obra Cap. 10:9.)

Por estas outras palavras: *Se fôsseis cegos, não teríeis pecado*, Jesus quer dizer que a culpa existe em razão do conhecimento que se possui. Portanto, os fariseus, que tinham a pretensão de ser, e que eram de fato, a parte mais esclarecida da nação, eram mais repreensíveis aos olhos de Deus do que o povo sem esclarecimento, inculto. O mesmo acontece hoje.

Aos espíritas, muito será pedido, porque muito receberam, mas, àqueles que aproveitarem os ensinamentos, muito será dado.

O primeiro pensamento de todo espírita sincero deve ser o de procurar nos conselhos dados pelos Espíritos se não há algo que lhe diga respeito.

O Espiritismo vem multiplicar o número dos *chamados*; pela fé que proporciona, multiplicará também o número dos *escolhidos*.

INSTRUÇÕES DOS ESPÍRITOS

SERÁ DADO ÀQUELE QUE TEM

Um Espírito Amigo - Bordeaux, 1862

13. Seus discípulos, se aproximando, Lhe disseram: Por que falais por parábolas? E lhes respondendo disse: É porque vos foi permitido conhecer o reino dos Céus, mas, quanto a eles, não lhes foi permitido. Pois a todo aquele que já tem será dado ainda mais, e ficará na abundância; mas daquele que nada tem será retirado até mesmo o que tem. Eis por que falo por parábolas; porque, ao ver, nada vêem, e, ao ouvir, nada entendem nem compreendem. E a profecia de Isaías neles se cumpre quando disse: Escutareis com vossos ouvidos e não entendereis; olhareis com vossos olhos e não vereis. (Mateus, 13:10 a 14)

14. Prestai atenção ao que ouvis. Com a medida com que medirdes, medir-vos-ão a vós, e ainda darão de acréscimo. Porque, a quem tem dar-se-lhe-á, mas de quem não tem tirar-se-lhe-á ainda aquilo que possui. (Marcos, 4:24 e 25)

15 *Dá-se àquele que tem e retira-se daquele que não tem;* meditai sobre este grande ensinamento que, muitas vezes, vos parece contraditório. Aquele que recebeu é aquele que possui o sentido da palavra divina; recebeu porque tentou tornar-se digno disso, e porque o Senhor, em seu amor misericordioso, encoraja-lhe os esforços que tendem para o bem.

Estes esforços contínuos, perseverantes, atraem as graças do Senhor; são como um ímã que atrai as melhoras progressivas, as graças abundantes que vos tornam fortes para subir a montanha sagrada, no cume da qual se encontra o repouso após o trabalho.

Tira-se daquele que nada tem, ou tem pouco; tomai isso como um ensinamento figurado. Deus não retira de suas criaturas o bem que se dignou a fazer-lhes. Homens cegos e surdos! Abri vossas inteligências e vossos corações; vede pelo Espírito, entendei pela alma, e não interpreteis de uma maneira tão grosseiramente injusta as palavras d'Aquele que fez resplandecer aos vossos olhos a justiça do Senhor. Não é Deus que retira daquele que recebeu pouco, é o próprio Espírito que, dispersivo e descuidado, não sabe conservar o que tem e aumentar, na fecundidade, a dádiva semeada no seu coração.

Aquele que não cultiva o campo que o trabalho de seu pai conquistou e do qual é herdeiro vê esse campo cobrir-se de ervas daninhas. É seu pai culpado pelas colheitas que ele não quis preparar? Se deixou esses grãos destinados a produzir nesse campo morrerem por falta de cuidado, deve acusar a seu pai se eles nada produzem? Não, não; ao invés de acusar ao pai que tudo lhe deu, e que agora lhe retoma os bens, deve acusar-se a si mesmo por ser o verdadeiro autor do seu fracasso e, então, arrependido e com fé, entregar-se ao trabalho com coragem. Que prepare o solo estéril pelo esforço de sua vontade; que o lavre até o coração com a ajuda do arrependimento e da esperança; que lance com confiança a semente que tiver escolhido como boa entre as más, que o regue com seu amor e sua caridade, e Deus, o Deus de amor e de caridade, dará àquele que já tem. Então, verá seus esforços coroados de sucessos, e um grão produzir cem, e outro, mil. Coragem, trabalhadores! Pegai vossas grades e vossos arados; arai vossos corações; arrancai deles o joio*, o mal; semeai neles o bom grão, o bem, que o Senhor vos confia, e o orvalho do amor os fará produzir frutos de caridade.

RECONHECE-SE O CRISTÃO POR SUAS OBRAS

Simeão - Bordeaux, 1863

16 *Nem todos que dizem: Senhor, Senhor, entrarão no reino dos Céus, mas apenas aqueles que fizerem a vontade de meu Pai que está nos Céus.*

Escutai estas palavras do Mestre, todos vós que rejeitais a Doutrina Espírita como obra do demônio.

Abri os ouvidos, pois chegou o momento de ouvir.

Basta trazer os sinais do Senhor para ser um fiel servidor? Basta dizer: "sou cristão", para ser seguidor do Cristo? Procurai os verdadeiros cristãos e os reconhecereis por suas obras. Eis as palavras do Mestre: *Uma boa árvore não pode dar maus frutos, nem uma árvore ruim dar frutos bons. Toda árvore que não dá bons frutos será cortada e lançada ao fogo.* Discípulos de Cristo, compreendei-as bem. Quais são os frutos que deve produzir a árvore do Cristianismo, árvore majestosa, cujos ramos frondosos cobrem com sua sombra uma parte do mundo, mas que ainda não abrigaram todos aqueles que devem se reunir ao seu redor? Os frutos da árvore da vida são frutos de vida, de esperança e de fé. O Cristianismo, tal como tem feito há muitos séculos, continua a pregar as divinas virtudes; procura distribuir seus frutos, mas poucos os colhem! A árvore é sempre boa, mas os jardineiros são maus. Eles a moldaram à sua vontade; talharam-na de acordo com suas necessidades; cortaram-na, diminuíram-na, mutilaram-na; seus ramos estéreis já nem maus frutos produzem, porque não produzem nada mais. O viajante cansado que pára, procurando em sua sombra o fruto da esperança que deve lhe dar força e coragem, encontra apenas ramos áridos que prenunciam a tempestade. Pede em vão o fruto de vida à árvore da vida: as folhas caem secas; a mão do homem as manuseou e remanejou tanto que as secou!

Abri, pois, vossos ouvidos e vossos corações, meus bem-amados! Cultivai essa árvore da vida cujos frutos dão a vida eterna. Aquele que a plantou vos convida a cuidar dela com amor, e a vereis dar ainda, com abundância, seus frutos divinos. Deixai-a tal como o Cristo vô-la deu: não a mutileis; ela quer estender sobre o Universo sua imensa sombra: não corteis seus ramos. Seus frutos generosos caem em abundância para sustentar o viajante faminto que quer atingir o seu objetivo; não os amontoeis para guardá-los e deixá-los apodrecer para que não sirvam a ninguém. *Muitos são os chamados e poucos os escolhidos;* é que existem monopolizadores do pão da vida, como os há do pão material. Não vos coloqueis dentre eles; a árvore que dá bons frutos deve distribuí-los para todos. Ide, então, procurar aqueles que estão famintos; trazei-os para a sombra da árvore e partilhai com eles o abrigo que ela vos oferece. *Não se colhem uvas dos espinheiros.* Meus irmãos, afastai-vos daqueles que vos chamam para vos arrastar para os espinheiros do caminho, e segui aqueles que vos conduzem à sombra da árvore da vida.

O Divino Salvador, o justo por excelência, disse, e suas palavras não passarão: *Nem todos aqueles que me dizem: Senhor, Senhor, entrarão no reino dos Céus, mas só aqueles que fizerem a vontade de meu pai que está nos Céus.*

Que o Senhor de bênçãos vos abençoe; que o Deus de luz vos ilumine; que a árvore da vida vos ofereça seus frutos com abundância! Crede e orai.

Capítulo

19

A fé transporta montanhas

Poder da fé
A fé religiosa • Condição da fé inabalável
Parábola da figueira que secou
Instruções dos Espíritos: A fé, mãe da esperança e da caridade
A fé divina e a fé humana

PODER DA FÉ

1. Quando se dirigia ao povo, um homem se aproximou d'Ele, ajoelhou-se a seus pés e disse: Senhor, tende piedade de meu filho que está lunático, sofre muito e freqüentemente cai, ora no fogo ora na água. Apresentei-o a vossos discípulos, mas não puderam curá-lo. E Jesus respondeu dizendo: Oh, raça incrédula e depravada! Até quando vos sofrerei? Até quando deverei ficar convosco? Trazei-me até aqui essa criança. E Jesus, tendo ameaçado o demônio, fez com que ele saísse da criança, que foi curada no mesmo instante. Então, os discípulos vieram encontrar Jesus em particular, e Lhe disseram: Por que nós mesmos não pudemos tirar esse demônio? Jesus lhes respondeu: É por causa de vossa pouca fé. Pois eu vos digo em verdade que, se tivésseis fé como um grão de mostarda, diríeis a esta montanha: transporta-te daqui até lá, e ela se transportaria, e nada vos seria impossível. (Mateus, 17:14 a 19)

2 É certo que a confiança do homem em suas próprias forças o torna capaz de realizar coisas materiais que não se podem fazer quando se duvida de si mesmo; mas, aqui, é unicamente no sentido moral que é preciso entender estas palavras. As montanhas que a fé transporta são as dificuldades, as resistências, a má vontade, que se encontram entre os homens, mesmo quando se trata das melhores coisas. Os preconceitos rotineiros, o interesse material, o egoísmo, a cegueira do fanatismo, as paixões orgulhosas são também montanhas que barram o caminho de todo aquele que trabalha pelo progresso da Humanidade. A fé robusta dá a perseverança, a energia e os recursos que fazem vencer os obstáculos, tanto nas pequenas quanto nas grandes coisas. A fé, que é vacilante, provoca incerteza, hesitação, de que se aproveitam os adversários que devemos combater; ela não procura os meios de vencer, porque não crê na possibilidade de vitória.

3 Noutro sentido, entende-se como fé a confiança que se tem no cumprimento de uma coisa, na certeza de atingir um objetivo. Ela dá uma espécie de lucidez, que faz ver, pelo pensamento, os fins que se tem em vista e os meios para atingi-los, de modo que quem a possui caminha, por assim dizer, com total segurança. Num como noutro caso, ela leva a realizar grandes coisas.

A fé sincera e verdadeira é sempre calma, dá a paciência que sabe esperar, porque, apoiando-se na inteligência e na compreensão das coisas, tem a certeza de atingir o objetivo. A fé vacilante sente sua própria fraqueza; quando é estimulada pelo interesse, torna-se enfurecida e acredita que, aliando-se à violência, obterá a força que não tem. A calma na luta é sempre um sinal de força e de confiança; a violência, ao contrário, é uma prova de fraqueza e dúvida de si mesmo.

4 É preciso não confundir a fé com a presunção. A verdadeira fé se alia à humildade; aquele que a possui confia mais em Deus do que em si mesmo; sabe que, simples instrumento da vontade de Deus, nada pode sem Ele e é por isso que os bons Espíritos o ajudam. A presunção é mais orgulho do que fé, e o orgulho é sempre castigado, cedo ou tarde, pela decepção e pelos fracassos que lhe são impostos.

5 O poder da fé é demonstrado direta e especialmente no magnetismo. Por ele, o homem age sobre o fluido, agente universal, modifica-lhe as qualidades e lhe dá uma impulsão, por assim dizer, irresistível. Aquele que, a um grande poder fluídico normal, juntar uma fé ardente pode, unicamente pela vontade dirigida para o bem, operar esses fenômenos especiais de cura e outros mais que antigamente eram tidos como prodígios e, no entanto, são apenas o efeito de uma lei natural. Este é o motivo pelo qual Jesus disse a seus apóstolos: *Se não o curastes, é porque não tínheis fé.*

A FÉ RELIGIOSA. CONDIÇÃO DA FÉ INABALÁVEL.

6 No seu aspecto religioso, a fé é a crença nos dogmas particulares que constituem as diferentes religiões, e todas as religiões têm seus artigos de fé. Sob esse aspecto, a fé pode ser *raciocinada* ou *cega*. A fé cega nada examina, aceita sem verificar tanto o falso como o verdadeiro e choca-se, a cada passo, com a evidência e a razão. Em excesso, leva ao *fanatismo*. Quando a fé está apoiada no erro, cedo ou tarde desmorona. Aquela que tem por base a verdade é a única que tem o futuro assegurado, pois nada tem a temer com o progresso dos conhecimentos: *o que é verdadeiro na sombra também o é à luz do dia*. Cada religião pretende ter a posse exclusiva da verdade, e *impor a alguém a fé cega, sobre uma questão de crença, é confessar sua impotência para demonstrar que se está com a razão.*

7 Diz-se vulgarmente que *a fé não se receita,* não se impõe; daí muitas pessoas dizerem que não são culpadas por não terem fé. Sem dúvida, a fé não se receita, e o que é ainda mais certo: *a fé não se impõe.* Não, ela é adquirida, e ninguém está impedido de possuí-la, nem mesmo entre os que mais lhe resistem. Falamos de verdades espirituais básicas e não desta ou daquela crença em particular. Não cabe à fé procurar essas pessoas; elas, sim, é que devem procurá-la e, se o fizerem com sinceridade, a encontrarão. Tende certeza de que aqueles que dizem: *Não queríamos nada melhor do que crer, mas não o podemos,* dizem com os lábios e não com o coração, pois, ao dizer isso, fecham os ouvidos. As provas, entretanto, são muitas ao redor deles; por que se recusam a vê-las? Em alguns é indiferença, noutros é o medo de ser forçado a mudar seus hábitos; na maioria, há o orgulho negando-se a reconhecer uma força que lhes é superior, porque teriam de inclinar-se perante ela. Em certas pessoas, a fé parece ter nascido com elas, é inata, basta uma faísca para desenvolvê-la, sendo essa facilidade em assimilar as verdades espirituais um sinal evidente de progresso anterior; porém, em outras, ao contrário, são assimiladas com dificuldade, o que é um sinal evidente de naturezas em atraso. As primeiras já acreditaram e compreenderam; trazem, ao *renascer*, a intuição do que sabiam: sua educação está feita; as segundas têm de aprender tudo: sua educação está por fazer, mas ela será feita e, se não concluir nesta existência, será concluída numa outra.

A resistência do que não crê, convenhamos, se deve freqüentemente menos a ele do que à maneira pela qual se lhe apresentam as coisas. A fé necessita de uma base, e essa base é a compreensão perfeita daquilo em que se deve acreditar. Para acreditar não basta *ver*; é preciso, sobretudo, *compreender.* A fé cega não pertence mais a este tempo. É precisamente o dogma da fé cega que produz hoje o maior número de incrédulos, porque ela quer impor-se exigindo, ao homem, a renúncia ao raciocínio e ao livre-arbítrio•: preciosos dons do Espírito. É contra essa fé, principalmente, que se levanta o incrédulo, e é a ela que nos referimos quando dizemos que não se impõe. Não admitindo provas, ela deixa no Espírito um vazio, em que nasce a dúvida. A fé raciocinada, aquela que se apóia nos fatos e na lógica, é clara, não deixa atrás de si nenhuma dúvida. Acredita-se porque se tem a certeza, e só se tem a certeza quando se compreendeu. Eis porque não se dobra, pois *somente é inabalável a fé que pode encarar a razão face a face, em todas as épocas da Humanidade.*

É a esse resultado que o Espiritismo conduz, triunfando, assim, sobre a incredulidade, todas as vezes que não encontra oposição sistemática e interesseira.

PARÁBOLA DA FIGUEIRA QUE SECOU

8. Quando saíram de Betânia, Jesus teve fome; e vendo ao longe uma figueira, foi até ela para ver se encontrava alguma coisa, e, ao se aproximar, encontrou apenas folhas, pois não era época de figos. Então Jesus disse à figueira: Que ninguém coma nenhum fruto de ti; foi o que seus discípulos ouviram. No dia seguinte, ao passarem pela figueira, perceberam que esta tinha se tornado seca até a raiz. E Pedro, lembrando-se das palavras de Jesus, Lhe disse: Mestre, vede como a figueira que amaldiçoastes tornou-se seca. Jesus, tomando a palavra, disse: Tende fé em Deus. Eu vos digo, em verdade, que todo aquele que disser a esta montanha: tira-te daí e lança-te ao mar, sem que seu coração hesite, mas acreditando firmemente que tudo aquilo que disser acontecerá, ele o verá de fato acontecer. (Marcos, 11:12 a 14, 20 a 23)

9 A figueira que secou é o símbolo das pessoas que têm apenas a aparência do bem, mas que, na realidade, não produzem nada de bom; oradores que têm mais brilho do que solidez, cujas palavras têm o verniz da superfície, agradam aos ouvidos, mas quando são analisadas, não encontramos nada de proveitoso para o coração e, após tê-las ouvido, fica-se perguntando qual proveito que delas se tirou.

É também o símbolo de todas as pessoas que têm a oportunidade de ser úteis e não o são; de todas as utopias*, de todos os sistemas vazios e de todas as doutrinas sem base sólida. O que lhes falta, na maior parte das vezes, é a verdadeira fé, a fé produtiva, a fé que comove as fibras do coração; em uma palavra, a *fé que transporta montanhas*. São árvores que têm folhas mas não têm frutos. Eis porque Jesus as condena à esterilidade, pois chegará o dia em que ficarão secas até a raiz, ou seja, todos os sistemas, todas as doutrinas que não tiverem produzido nenhum bem para a Humanidade serão reduzidos ao nada; e todos os homens deliberadamente inúteis, que não utilizaram os recursos de que dispunham, serão tratados como a figueira que secou.

10 Os médiuns são os intérpretes dos Espíritos; suprem-lhes os organismos materiais que lhes faltam para nos transmitir suas instruções; eis porque são capacitados com dons para esse fim. Nestes tempos atuais de renovação social, têm uma missão especial: são como árvores que devem dar o alimento espiritual aos seus irmãos. Devem multiplicar-se para que o alimento seja farto; serão encontrados em todas as partes, em todos os países, em todas as classes sociais, junto aos ricos e aos pobres, aos grandes e aos pequenos, a fim de que não faltem em nenhum lugar e para provar aos homens que *todos são chamados*. Mas se desviam de

* **N. E. - Utopia:** projeto fantástico, coisa ilusória.

seu objetivo providencial o dom precioso que lhes foi concedido, a mediunidade, se a fazem servir às coisas fúteis ou prejudiciais, se a colocam a serviço dos interesses materiais, se ao invés de frutos salutares dão maus frutos, se recusam torná-la benéfica para os outros, se dela não tiram proveito para sua própria melhoria, são como a figueira estéril. Deus, então, lhes retirará um dom que se tornou inútil em suas mãos: a semente, que não souberam fazer frutificar; e assim se tornarão vítimas de maus Espíritos.

INSTRUÇÕES DOS ESPÍRITOS

A FÉ, MÃE DA ESPERANÇA E DA CARIDADE

José, Espírito Protetor - Bordeaux, 1862

11 A fé, para ser proveitosa, deve ser ativa; não deve ficar adormecida. Mãe de todas as virtudes que conduzem a Deus, deve velar atentamente pelo desenvolvimento de suas próprias filhas.

A esperança e a caridade são resultantes da fé; essas três virtudes formam uma trindade inseparável. Não é a fé que dá a esperança de se ver cumprirem as promessas do Senhor? Pois, se não tendes fé, o que esperais? Não é a fé que dá o amor? Se não tendes fé, que amor tereis, e que amor será esse?

A fé, inspiração divina, desperta todos os nobres sentimentos que conduzem o homem para o bem e é a base da sua renovação. É preciso que esta base seja forte e durável, pois, se a menor dúvida vier abalá-la, que será do edifício que construístes sobre ela? Construí, portanto, esse edifício sobre sólidas fundações; que vossa fé seja mais forte que as fórmulas enganosas e as zombarias dos incrédulos, pois a fé que não encara a zombaria dos homens não é a verdadeira fé.

A fé sincera é atraente e contagiante; comunica-se àqueles que não a têm ou, até mesmo, não fariam questão de tê-la. Encontra palavras convenientes que chegam até a alma, enquanto a fé aparente usa palavras sonoras que apenas produzem o frio e a indiferença. Pregai pelo exemplo de vossa fé para transmiti-la aos homens; pregai pelo exemplo de vossas obras, para que vejam o mérito da fé; pregai pela vossa esperança inabalável, para que vejam a confiança que fortifica e, até mesmo, estimula a enfrentar todas as contrariedades da vida.

Tende fé com o que ela tem de belo e de bom, em sua pureza e em sua racionalidade. Não vos conformeis em aceitar a fé sem comprovação, filha cega da cegueira. Amai a Deus, mas sabei por que O amais. Acreditai em suas promessas, mas sabei por que crê nelas. Segui nossos conselhos, mas conscientes do objetivo que vos mostramos e dos meios que indicamos para o atingir. Acreditai e esperai sem nunca fraquejar: os milagres são obras da fé.

A FÉ DIVINA E A FÉ HUMANA

Um Espírito Protetor - Paris, 1863

12 A fé é o sentimento que nasce com o homem sobre o seu destino futuro. É a consciência que ele tem das suas imensas capacidades, cujo gérmen foi nele depositado, a princípio adormecido, e que lhe cumpre no tempo fazer germinar e crescer por força de sua vontade ativa.

Até o presente, a fé foi apenas compreendida em seu sentido religioso, porque o Cristo a revelou como uma poderosa alavanca, mas apenas viram n'Ele o chefe de uma religião. O Cristo, que realizou milagres verdadeiros, mostrou, por esses mesmos milagres, o quanto pode o homem quando tem fé, ou seja, quando tem *a vontade de querer* e a certeza de que essa vontade pode se realizar. Os apóstolos, assim como Ele, também não fizeram milagres? E o que eram esses milagres senão efeitos naturais, cuja causa era desconhecida dos homens de então, mas que, hoje, em grande parte se explicam e se compreendem completamente pelo estudo do Espiritismo e do Magnetismo?

A fé é humana ou divina, conforme o homem aplique as suas capacidades em relação às necessidades terrenas ou aos seus anseios celestes e futuros. O homem de muita inteligência, o gênio, que persegue a realização de algum grande empreendimento, triunfa se tem fé, pois sente que pode e deve atingir sua meta, e essa certeza lhe dá uma imensa força. O homem de bem que, acreditando no seu futuro celeste, quer preencher sua vida com nobres e belas ações, tira de sua fé, na certeza da felicidade que o espera, a força necessária, e, aí então, se realizam os milagres de caridade, de devotamento e de renúncia. Enfim, com a fé, não há tendências más que não possam ser vencidas.

O Magnetismo é uma das maiores provas do poder da fé colocada em ação. É pela fé que ele cura e produz esses fenômenos que antigamente eram qualificados como milagres.

Eu repito: a fé é *humana* e *divina*. Se todos os encarnados estivessem cientes da força que trazem em si mesmos e se quisessem pôr sua vontade a serviço desta força, seriam capazes de realizar o que, até agora, chamamos de prodígios, e que não passam de um desenvolvimento dos dons e capacidades humanas.

Capítulo

20

Os trabalhadores da última hora

Instruções dos Espíritos: Os últimos serão os primeiros
Missão dos Espíritas
Os trabalhadores do Senhor

1. O reino dos Céus é semelhante a um pai de família que, ao romper do dia, saiu a fim de assalariar trabalhadores para sua vinha; tendo combinado com os trabalhadores que eles teriam uma moeda por sua jornada de trabalho, enviou-os à vinha. Saiu ainda na terceira hora do dia e, tendo visto outros que permaneciam na praça sem nada fazer, lhes disse: Ide também vós outros à minha vinha, e vos darei o que for razoável; e eles para lá se foram. Saiu ainda na sexta e na nona hora do dia, fez a mesma coisa. E saindo na décima primeira hora, encontrou outros que estavam sem nada fazer, aos quais disse: Por que permaneceis aí durante todo o dia sem trabalhar? Foi porque ninguém nos assalariou, disseram. Ele lhes disse: Ide também vós outros para minha vinha.

Chegada a noite, o senhor da vinha disse àquele que tomava conta de seus negócios: Chamai os trabalhadores e pagai-lhes, começando pelos últimos até os primeiros. Aqueles, pois, que vieram para a vinha apenas na décima primeira hora, aproximando-se, receberam uma moeda cada um. Os que foram assalariados primeiro, vindo por sua vez, julgaram que deveriam receber mais, mas não receberam mais que uma moeda cada um; e, ao recebê-la, murmuraram contra o pai de família, dizendo: Os últimos trabalharam apenas uma hora, e pagastes tanto quanto a nós, que suportamos o peso do dia e do calor.

Mas, como resposta, disse a um deles: Meu amigo, não cometi injustiça para convosco; não combinamos receberdes uma moeda por vossa jornada? Tomai o que vos pertence e ide; quanto a mim, quero dar a este último tanto quanto dei a vós. Não me é permitido fazer o que quero? Vosso olho é mau porque sou bom?

Assim, ***os últimos serão os primeiros, e os primeiros serão os últimos, porque muitos são os chamados e poucos os escolhidos****. (Mateus, 20:1 a 16. Veja também: Parábola da festa de núpcias, 18:1)*

INSTRUÇÕES DOS ESPÍRITOS

OS ÚLTIMOS SERÃO OS PRIMEIROS

Constantino, Espírito Protetor - Bordeaux, 1863

2 O trabalhador da última hora tem direito ao salário, mas é preciso que sua boa vontade permaneça à disposição do senhor que devia empregá-lo, e que o seu atraso não seja fruto de preguiça ou de má vontade. Ele tem direito ao salário, porque, desde o alvorecer, esperava impacientemente aquele que, enfim, o chamaria ao trabalho. Era trabalhador; apenas lhe faltava trabalho.

Mas, se houvesse recusado o trabalho a qualquer hora do dia, se dissesse: "Tenham paciência! O repouso me faz bem; quando a última hora chegar, será o momento de pensar no salário da jornada. Que me importa um patrão que não conheço nem estimo! Quanto mais tarde, melhor". Este, meus amigos, não receberia o salário do trabalhador e sim o da preguiça.

E o que será daquele que, ao invés de permanecer ocioso, tiver empregado as horas destinadas ao labor do dia para praticar a delinqüência? Que tiver blasfemado contra Deus, derramado o sangue de seus irmãos, lançado a desarmonia nas famílias, arruinado os homens de boa-fé, abusado da inocência e que tiver praticado todas as maldades humanas? O que será dele? Será suficiente dizer na última hora: Senhor, utilizei mal meu tempo; emprega-me, até o fim do dia, para que eu faça, pelo menos, um pouco de minha tarefa, e dá-me o salário do trabalhador de boa vontade? Não, não; o Senhor lhe dirá: Não tenho trabalho para ti no momento; tu desperdiçaste teu tempo; esqueceste o que aprendeste; tu não sabes mais trabalhar na minha vinha. Recomeça, aprendendo, e, quando estiveres mais disposto, virás até mim e abrirei meu vasto campo e, poderás trabalhar a qualquer hora do dia.

Bons espíritas, meus bem-amados, sois os trabalhadores da última hora. Bem orgulhoso seria o que dissesse: Comecei meu trabalho no alvorecer do dia e só o terminarei ao escurecer. Todos vós viestes quando fostes chamados, um pouco mais cedo, um pouco mais tarde, para a encarnação cujas correntes arrastais; mas, há quantos séculos o Senhor vos chamava para sua vinha, sem que quisésseis entrar! Eis chegado o momento de receber o salário; empregai bem essa hora que vos resta, e não vos esqueçais nunca de que vossa existência, por mais longa que possa parecer, é apenas um momento muito breve na imensidade dos tempos que formam para vós a eternidade.

Henri Heine - Paris, 1863

3 Jesus empregava a simplicidade dos símbolos. Na sua vigorosa linguagem, os trabalhadores chegados à primeira hora são os profetas, Moisés e todos os iniciadores que marcaram as etapas do progresso, continuadas no decorrer dos séculos pelos apóstolos, pelos mártires, pelos Pais da Igreja•, pelos sábios, pelos filósofos e, por fim, pelos espíritas. Estes, que vieram por último, foram anunciados e profetizados desde a vinda do Messias e receberão a mesma recompensa. Que digo eu? Receberão uma recompensa ainda maior. Sendo os últimos a chegar, os espíritas aproveitam dos trabalhos intelectuais de seus antecessores, pois o homem deve herdar do homem, e porque seus trabalhos e seus resultados são coletivos: Deus abençoa a solidariedade. Muitos daquela época revivem hoje, ou reviverão amanhã, para completar a obra que começaram outrora. Mais de um patriarca, mais de um profeta, mais de um discípulo do Cristo, mais de um propagador da fé cristã se encontram entre vós, porém mais esclarecidos, mais avançados, trabalhando não mais na base e sim na cúpula do edifício; seu salário será proporcional ao mérito do trabalho.

A reencarnação, esse belo dogma•, eterniza e certifica a filiação espiritual. O Espírito, chamado para prestar contas de seu mandato terreno, compreende a continuidade da tarefa interrompida, mas sempre retomada; ele vê, sente que apanhou no "ar" o pensamento de seus antecessores; reinicia a luta, amadurecido pela experiência, para avançar mais e mais, e todos, trabalhadores da primeira e da última hora, com os olhos bem abertos sobre a profunda justiça de Deus, não se queixam mais e O adoram.

Este é um dos verdadeiros sentidos desta parábola, cujo ensinamento contém, como todas as que Jesus dirigiu ao povo, o gérmen do futuro, e também, sob todas as formas, e sob todas as imagens, a revelação da magnífica unidade que harmoniza todas as coisas no Universo, da solidariedade que liga todos os seres presentes ao passado e ao futuro.

MISSÃO DOS ESPÍRITAS

Erasto, Protetor do Médium - Paris, 1863

4 Não percebeis desde já a formação da tempestade que deve arrebatar o velho mundo e reduzir ao nada a soma das perversidades terrenas? Louvai ao Senhor, vós que colocastes vossa fé na sua soberana justiça e que, novos apóstolos da crença revelada pelas proféticas vozes superiores, ides pregar e ensinar o novo dogma da *reencarnação* e da elevação dos Espíritos à medida que cumpram bem ou mal as suas missões e tenham suportado suas provas terrenas.

Nada de temor! As línguas de fogo* estão sobre vossas cabeças. Verdadeiros adeptos do Espiritismo, vós sois os eleitos de Deus! Ide e pregai a palavra divina. É chegada a hora em que deveis sacrificar, em favor da sua divulgação, hábitos, trabalhos, ocupações fúteis. Ide e pregai: os Espíritos elevados estão convosco. Certamente falareis com pessoas que não quererão ouvir a palavra de Deus, pois ela recomenda a renúncia constante. Pregareis o desinteresse aos avarentos, a abstinência aos devassos, a mansidão aos tiranos domésticos e aos opressores. Palavras perdidas? Talvez, mas o que importa! É preciso regar com vosso suor o terreno que deveis semear, pois ele apenas frutificará e produzirá sob os constantes esforços da enxada e do arado evangélicos. Ide e pregai!

Sim, todos vós, homens de boa-fé, que sabeis da vossa pequenez observando os mundos espaciais no Infinito, parti em cruzada contra a injustiça e a maldade. Ide e aniquilai esse culto ao bezerro de ouro, que se expande dia após dia. Ide, Deus vos conduz! Homens simples e ignorantes, vossas línguas se soltarão, e falareis como nenhum orador fala. Ide e pregai, as populações atentas recolherão com alegria vossas palavras de consolação, fraternidade, esperança e paz.

Que importam as ciladas que armarem no vosso caminho! Apenas os lobos caem na armadilha de lobos, pois o pastor saberá defender suas ovelhas das fogueiras do sacrifício.

Ide, homens confiantes perante Deus, mais felizes do que São Tomé, que acreditais sem precisar ver e aceitais os fatos da mediunidade até mesmo quando nunca conseguistes obtê-los por vós mesmos. Ide, o Espírito de Deus vos guia!

Marchai, pois, adiante, legião majestosa pela vossa fé! Os grandes batalhões dos incrédulos se desmancharão perante vós como as névoas da manhã aos primeiros raios do sol matinal.

A fé é a virtude que transporta montanhas, disse Jesus. Porém, mais pesadas que as maiores montanhas são as jazidas da impureza e de todos os vícios que dela derivam no coração humano. Parti, com coragem, para remover essas montanhas de maldades das quais as gerações futuras ouvirão referências apenas como lenda, tal como vós conheceis, muito vagamente, os tempos que antecederam à civilização pagã.

Sim, as revoluções morais e filosóficas surgirão em todos os pontos da Terra. Aproxima-se a hora em que a luz divina brilhará sobre os dois mundos.

* **N. E. - Línguas de fogo:** referência à manifestação dos Espíritos em que os apóstolos falavam línguas desconhecidas e que ocorreu no dia de Pentecostes. Os videntes atestaram o fenômeno hoje perfeitamente explicado pela Doutrina Espírita. (Veja no Novo Testamento Atos, 2:2 a 13 e 3:17.)

Ide, pois, levando a palavra divina aos grandes, que a desprezarão; aos sábios, que exigirão provas; aos simples e pequeninos, que a aceitarão, porque, principalmente entre os mártires do trabalho, desta provação terrena, encontrareis entusiasmo e fé. Eles a receberão alegremente, agradecendo, louvando a Deus a consolação divina que lhes oferecerdes e, baixando a fronte, renderão graças pelas aflições que a Terra lhes reservou.

Arme-se de decisão e coragem a vossa legião! Mãos à obra! O arado está pronto e a terra preparada: Arai!

Ide e agradecei a Deus a gloriosa tarefa que vos confiou. Mas, cuidado: entre os chamados para o Espiritismo, muitos se desviaram do caminho! Alerta, pois, no vosso caminho, buscai a verdade.

Perguntareis: Se entre os chamados para o Espiritismo, muitos se desviaram, como reconhecer os que se acham no bom caminho?

Responderemos: Podeis reconhecê-los pelo ensino e pela prática dos princípios verdadeiros da caridade; pela consolação que distribuírem aos aflitos; pelo amor que dedicarem ao próximo; pela sua renúncia, pela dedicação ao próximo. Podeis reconhecê-los, finalmente, pela vitória dos seus princípios divinos, porque Deus quer que a sua lei triunfe; os que a seguem são os escolhidos que vencerão. Os que, porém, falseiam o espírito dessa lei, para satisfazer à sua vaidade e à sua ambição, esses serão destruídos*.

OS TRABALHADORES DO SENHOR

O Espírito de Verdade - Paris, 1862

5 É chegado o tempo em que se cumprirão as coisas anunciadas para a transformação da Humanidade, e felizes serão aqueles que tiverem trabalhado no campo do Senhor generosamente e sem outro interesse que não a caridade! Suas jornadas de trabalho serão recompensadas cem vezes mais do que esperavam. Felizes serão os que houverem dito a seus irmãos: "Trabalhemos juntos e unamos nossos esforços a fim de que o Senhor encontre a obra terminada quando chegar", e o Senhor lhes dirá: "Vinde a mim, vós que sois bons servidores, que calastes vossos melindres e discórdias para não deixar a obra prejudicada!" Mas, infelizes daqueles que, por suas divergências vaidosas, houverem retardado a hora da colheita, pois a tempestade virá e serão levados no turbilhão! E clamarão: "Graça! Graça, Senhor!" Ele lhes dirá: "Por que pedis graças, vós que não tivestes piedade de vossos irmãos? Que recusastes estender a mão

* **N. E. -** Esta mensagem foi transcrita e traduzida do original da primeira edição de *Imitation de L'Évangile Selon le Spiritisme*, por nele estar completa.

ao fraco e o esmagastes ao invés de socorrê-lo? Por que pedis graças, vós que procurastes na Terra vossa recompensa nos gozos e na satisfação de vosso orgulho? Já recebestes a vossa recompensa de acordo com vossa vontade, nada mais deveis pedir. As recompensas celestes são para aqueles que não tenham recebido as recompensas na Terra".

Deus faz neste momento a enumeração de seus servidores fiéis, e marcou "a dedo" aqueles que do devotamento só têm a aparência, a fim de que não se apoderem do salário dos servidores corajosos. A estes, que não recuarem perante a tarefa, é que Ele vai confiar os postos mais difíceis na grande obra da regeneração pelo Espiritismo, e estas palavras se cumprirão: "Os primeiros serão os últimos, e os últimos serão os primeiros no reino dos Céus".

CAPÍTULO

21

HAVERÁ FALSOS CRISTOS E FALSOS PROFETAS

Conhece-se a árvore pelos frutos
Missão dos profetas • Prodígios dos falsos profetas
Não acrediteis em todos os Espíritos
Instruções dos Espíritos: Os falsos profetas
Características do verdadeiro profeta
Os falsos profetas da erraticidade•
Jeremias e os falsos profetas

CONHECE-SE A ÁRVORE PELOS FRUTOS

1. A árvore que produz maus frutos não é boa, e a árvore que produz bons frutos não é má; porque se conhece cada árvore por seu próprio fruto. Não se colhem figos dos espinheiros e nem se colhem cachos de uvas dos abrolhos. O homem de bem tira boas coisas do tesouro de seu coração, e o mau, do mau tesouro do seu coração; pois a boca fala aquilo do que o coração está cheio. (Lucas, 6:43 a 45)

2. ***Guardai-vos dos falsos profetas*** *que por fora se disfarçam de ovelhas e que por dentro são lobos roubadores. Vós os reconhecereis por seus frutos.* ***Acaso podem-se colher uvas de espinheiros ou figos de abrolhos?*** *Assim, toda árvore que é boa produz bons frutos, e toda árvore que é má produz maus frutos.* ***Uma árvore boa não pode produzir maus frutos, e uma árvore má não pode produzir bons frutos.*** *Toda árvore que não produz bons frutos será cortada e lançada ao fogo. Vós as reconhecereis, pois, pelos seus frutos. (Mateus, 7:15 a 20)*

3. Tomai cuidado para que ninguém vos engane; pois muitos virão em meu nome, dizendo: "Sou o Cristo", e enganarão a muitos. Levantar-se-ão muitos falsos profetas que enganarão muitas pessoas; e a caridade em muitos esfriará porque a iniqüidade se multiplicará. Mas será salvo aquele que perseverar até o fim. Então, se alguém vos disser: O Cristo está aqui, ou, está ali, não acrediteis; pois ***levantar-se-ão falsos cristos e falsos profetas que farão grandes prodígios*** *e coisas espantosas, a ponto de enganar, se fosse possível, até mesmo aos escolhidos. (Mateus, 24:4 e 5, 11 a 13, 23 e 24; Marcos, 13:5 e 6, 21 e 22)*

MISSÃO DOS PROFETAS

4 É comum atribuir-se aos profetas o dom de revelar o futuro, de maneira que as palavras *profecia* e *predição* passam a ter o mesmo significado. No sentido evangélico, a palavra *profeta* tem um sentido mais amplo: diz-se de todo enviado de Deus com missão de instruir os homens e lhes revelar as coisas ocultas e os mistérios da vida espiritual. Um homem pode, então, ser profeta sem fazer profecias; esta era a idéia dos judeus no tempo de Jesus. Eis por que, quando foi levado perante o sumo sacerdote Caifás, os escribas e os anciãos, que estavam reunidos, Lhe cuspiram no rosto, Lhe deram socos e bofetadas, dizendo: "Cristo, profetiza, e dize quem foi que Te bateu". Entretanto, é certo que houve profetas que tinham previsão do futuro, seja por intuição, seja por revelação providencial, a fim de transmitir advertências aos homens. Como as suas previsões aconteceram, o dom de adivinhar o futuro foi visto como um dos atributos da qualidade de profeta.

PRODÍGIOS DOS FALSOS PROFETAS

5 *Surgirão falsos cristos e falsos profetas que farão grandes prodígios e coisas surpreendentes para enganar os escolhidos.* Estas palavras alertam para o verdadeiro sentido da palavra prodígio. No sentido teológico•, os prodígios e os milagres são fenômenos excepcionais, fora das leis da Natureza. Estas leis, sendo obra *unicamente* de Deus, são passíveis de serem modificadas, sem dúvida, se Ele quiser. O simples bom-senso nos diz que Ele não pode ter dado a seres perversos e inferiores um poder igual ao seu e, ainda menos, o direito de desfazer o que Ele fez. Jesus não pode ter consagrado tal princípio. Se, pois, segundo o sentido que se atribui àquelas palavras, o Espírito do mal tem o poder de fazer tais prodígios, que até mesmo os eleitos seriam enganados, disso resultaria que, podendo fazer o que Deus faz, os prodígios e os milagres não são privilégio exclusivo dos enviados de Deus e, por isso, nada provam, uma vez que nada distingue os milagres dos santos dos milagres dos demônios. É preciso, pois, procurar um sentido mais racional para essas palavras de Jesus.

Aos olhos do povo, todo fenômeno cuja causa é desconhecida passa por algo sobrenatural, maravilhoso e miraculoso. Conhecida a causa, reconhece-se que o fenômeno, por mais extraordinário que possa parecer, nada mais é do que a aplicação de uma lei da Natureza. Assim, o círculo dos fatos sobrenaturais se restringe à medida que se alarga o conhecimento das leis científicas. Em todos os tempos, os homens têm explorado, em benefício de sua ambição, de seu interesse e de seu desejo de dominação, certos conhecimentos que possuíam, a fim de usufruírem de um prestígio e de um poder supostamente sobre-humano, ou que uma pretensa missão divina lhes daria. Estes são os falsos Cristos e os falsos profetas. A propagação dos conhecimentos acaba por desacreditá-los, e eis por que seu número diminui, à medida que os homens se esclarecem. O fato de operarem o que, aos olhos de algumas pessoas, passa por prodígios não é, portanto, sinal de uma missão divina, uma vez que pode resultar de conhecimentos que qualquer um pode adquirir, ou capacidades orgânicas especiais, que tanto o mais digno quanto o mais indigno podem possuir. O verdadeiro profeta se reconhece por características mais sérias e, exclusivamente, de ordem moral.

NÃO ACREDITEIS EM TODOS OS ESPÍRITOS

6. Meus bem-amados, ***não acrediteis em todos os Espíritos****, mas provai se os Espíritos são de Deus, pois muitos falsos profetas se têm levantado no mundo. (João, 1ª Epístola, 4:1)*

7 Os fenômenos espíritas, longe de confirmarem os falsos cristos e os falsos profetas, como algumas pessoas gostam de dizer, vêm, ao contrário, dar-lhes o golpe mortal. Não peçais ao Espiritismo milagres nem prodígios, pois ele declara formalmente que não os produz. Assim como a Física, a Química, a Astronomia e a Geologia vieram revelar as leis do mundo material, ele vem revelar outras leis desconhecidas, aquelas que regem as relações entre o mundo corporal e o mundo espiritual, e que, tanto quanto as leis científicas, são leis da Natureza. Ao explicar uma certa ordem de fenômenos até então incompreendidos, o Espiritismo destrói o que ainda permanecia sob o domínio do maravilhoso. Aqueles que estivessem tentados a explorar esses fenômenos em seu proveito, fazendo-se passar por messias de Deus, não poderiam abusar por muito tempo da credulidade, e logo seriam desmascarados. Aliás, como já ficou dito, só esses fenômenos por si mesmos nada provam: a missão se prova por efeitos morais que nem todos podem produzir. Eis um dos resultados do desenvolvimento da Ciência Espírita; pesquisando a causa de certos fenômenos, ela levanta o véu de muitos mistérios. Aqueles que preferem a obscuridade à luz são os únicos interessados em combatê-la; mas a verdade é como o sol: dissipa os nevoeiros mais densos.

O Espiritismo vem revelar uma outra categoria bem mais perigosa de falsos cristos e de falsos profetas, que se encontram não entre os homens, mas entre os desencarnados: é a dos Espíritos embusteiros, hipócritas, orgulhosos e falsos sábios, que, da Terra, passaram para a erraticidade•, e se disfarçam com nomes veneráveis para procurar, disfarçados pela máscara com que se cobrem, tornar suas idéias aceitáveis, freqüentemente as mais extravagantes e absurdas. Antes que as relações mediúnicas fossem conhecidas, eles atuavam com menos ostentação, menos pompa, pela inspiração, pela mediunidade inconsciente, auditiva ou de incorporação. O número daqueles que, em diversas épocas, mas principalmente nesses últimos tempos, se apresentaram como uns dos antigos profetas, como o Cristo, como Maria, mãe do Cristo, e até mesmo como Deus, é considerável. O apóstolo João nos previne contra eles quando diz: *Meus bem-amados, não acrediteis em todos os Espíritos, mas provai se os Espíritos são de Deus; pois muitos falsos profetas têm surgido no mundo.* O Espiritismo dá os meios de pô-los à prova ao indicar as características pelas quais se reconhecem os bons Espíritos, características *sempre morais e nunca materiais.*[1] É para distinguir entre os bons e os maus Espíritos que podem, sobretudo, se aplicar estas palavras de Jesus: *Reconhece-se a qualidade da árvore pelo seu fruto; uma boa árvore não pode produzir maus frutos, e uma árvore má não pode produzir bons frutos*. Julgam-se os Espíritos pela qualidade de suas obras, como a uma árvore pela qualidade de seus frutos.

INSTRUÇÕES DOS ESPÍRITOS

OS FALSOS PROFETAS

Luís - Bordeaux, 1861

8 Se alguém vos disser: "Cristo está aqui", não o procureis, mas, ao contrário, ficai atentos, pois os falsos profetas serão numerosos. Não vedes as folhas da figueira que começam a embranquecer, seus numerosos brotos esperando pela época da floração, e Cristo não vos disse: Reconhece-se uma árvore por seu fruto? Se os frutos são amargos, sabeis que a árvore é má, mas, se são doces e saudáveis, direis: Nada de tão puro pode sair de uma fonte má.

É assim, meus irmãos, que deveis julgar; são as obras que deveis examinar. Se aqueles que se dizem revestidos do poder divino revelam, de fato, os sinais de uma missão de elevada natureza, ou seja, se possuem no mais alto grau as virtudes cristãs e eternas: a caridade, o amor, a indulgência, a bondade que reconcilia todos os corações e, se, em confirmação às palavras, juntam os atos, então podereis dizer: estes são realmente os enviados de Deus.

Desconfiai das palavras hipócritas, desconfiai dos escribas e dos fariseus que pregam nas praças públicas, vestidos de longas roupas. Desconfiai daqueles que dizem ter a posse única e exclusiva da verdade!

Não, não, o Cristo não está entre esses. Aqueles que Ele envia para propagar sua santa doutrina e regenerar seu povo serão, a exem-

[1] Veja, para a distinção dos Espíritos, *O Livro dos Médiuns*, Cap. 24 e seguintes.

plo do Mestre, dóceis e humildes de coração, acima de tudo. Aqueles que devem, por seus exemplos e seus conselhos, salvar a Humanidade, que corre para a perdição e se desvia por caminhos tortuosos, serão, acima de tudo, modestos e humildes. Todo aquele que revele o menor sinal de orgulho, fugi dele como uma praga contagiosa que corrompe tudo o que toca. Lembrai-vos de que *cada criatura traz na fronte, mas sobretudo em seus atos, a marca de sua grandeza ou de sua decadência.*

Ide, meus filhos bem-amados, marchai sem vacilações, sem segundas intenções, no caminho abençoado que vós empreendestes. Ide, avançai sempre sem temor; afastai corajosamente tudo aquilo que poderia impedir vossa marcha em busca do objetivo eterno. Viajores, ficareis apenas pouco tempo mais nas trevas e nas dores da provação se deixardes vossos corações caminharem para essa doce doutrina que vem vos revelar as leis eternas, e satisfazer todos os anseios de vossa alma com relação ao desconhecido. Desde já, podeis dar corpo a essas esperanças fugidias dos vossos sonhos e que, de pouca duração, podem apenas deliciar vosso Espírito, sem nada dizer ao vosso coração. Agora, meus bem-amados, a morte desapareceu para dar lugar ao anjo radiante que conheceis, o anjo do reencontro e da reunião! Agora, que bem cumpristes a tarefa que o Criador vos deu, não tendes mais nada a temer de sua justiça, pois Ele é Pai e perdoa sempre aos seus filhos desgarrados que clamem por misericórdia. Continuai, avançai sem cessar. Que vossa bandeira seja a do progresso, do progresso constante em todas as coisas, até que chegueis, enfim, ao final feliz da jornada em que vos esperam todos aqueles que vos antecederam.

CARACTERÍSTICAS DO VERDADEIRO PROFETA

Erasto - Paris, 1862

9 *Desconfiai dos falsos profetas.* Esta recomendação é útil em todos os tempos mas, principalmente, nos momentos de transição em que, como os de agora, se elabora uma transformação da Humanidade, porque, nessas horas, uma multidão de ambiciosos e intrigantes se apresenta como reformadores e messias. É contra esses impostores que é preciso estar em guarda; é dever de todo homem honesto desmascará-los. Perguntareis, sem dúvida, como podereis reconhecê-los; eis os seus sinais:

Só se confia o comando de um exército a um general hábil e capaz de dirigi-lo. Acreditais que Deus seja menos prudente do que os homens? Ficai sabendo que Ele apenas confia as missões importantes àqueles que sabe serem capazes de cumpri-las, pois as grandes missões são fardos pesados, que esmagariam o homem muito fraco para carregá-los. Como em todas as coisas, o mestre deve saber mais do que o aluno; para que a Humanidade avance, tanto moral quanto intelectualmente, são precisos homens superiores em inteligência e em moralidade. Eis por que são sempre Espíritos já bastante evoluídos que, tendo cumprido suas provas em outras existências, encarnam com esse objetivo, visto que, se não forem superiores ao meio em que devem agir, sua ação resultará nula.

Assim sendo, concluireis que o verdadeiro missionário de Deus, pela sua superioridade, suas virtudes, pela grandeza, pelo resultado e influência moralizadora de suas obras, tem de justificar a missão de que se diz portador. Tirai ainda esta conclusão: se, pelo seu caráter, suas virtudes e sua inteligência ele demonstrar não estar à altura da função a que se atribui, nem do nome de cujo personagem se utiliza, não passa de um farsante, mau ator de condições inferiores, que nem mesmo sabe copiar o seu modelo.

Uma outra consideração que deve ser feita é a de que os verdadeiros missionários de Deus ignoram-se a si mesmos; cumprem aquilo a que foram chamados, pelo seu caráter determinado e inteligente, e secundados por uma força interior que os inspira e os dirige, sem que se apercebam disso, mas sem intenção premeditada. Em outras palavras: *os verdadeiros profetas se revelam por seus atos, os outros os pressentem, enquanto os falsos profetas se apresentam a si mesmos como enviados de Deus.* Os verdadeiros são humildes, modestos, e os outros são orgulhosos e cheios de si mesmos, falam com arrogância e, como todos os hipócritas, sempre parecem receosos de não serem aceitos.

Esses impostores já se apresentaram como apóstolos do Cristo, outros como o próprio Cristo, e, para vergonha da Humanidade, encontraram pessoas crédulas o bastante para admitir tais infâmias. Uma consideração bem simples, no entanto, que deveria abrir os olhos do mais cego, é que, se o Cristo reencarnasse na Terra, aqui viria com todo o poder e as suas virtudes, a menos que se admita, o que seria um absurdo, que Ele houvesse degenerado. Portanto, da mesma maneira que, se tirardes de Deus um único de seus atributos, não tereis mais Deus; se tirardes uma única virtude do Cristo, não tereis mais o Cristo. Aqueles que se apresentam como o Cristo têm, como Ele, todas as suas virtudes? Eis a questão. Observai-os bem, sondai-os pelos pensamentos e atos que praticam e percebereis que não têm, acima de tudo, as qualidades distintivas do Cristo: a humildade e a caridade. Mas, ao contrário, que têm o que Ele não tinha: a ambição e o orgulho. Observai que há sempre e, em diferentes países, muitos pretensos cristos, como há muitos pretensos Elias, São João ou São Pedro e que, necessariamente, não podem ser verdadeiros. Ficai certos de que são pessoas que exploram a credulidade e acham cômodo viver às custas daqueles que os ouvem.

Desconfiai, portanto, dos falsos profetas, especialmente num tempo de renovação, visto que muitos impostores se dirão enviados de Deus; são os que procuram a satisfação de suas vaidades na Terra. Mas uma terrível justiça os espera, disso podeis estar certos.

OS FALSOS PROFETAS DA ERRATICIDADE

Erasto, Discípulo de São Paulo - Paris, 1862

10 Os falsos profetas não estão somente entre os encarnados; existem também, e em maior número, entre os Espíritos orgulhosos que, sob a falsa aparência de amor e caridade, semeiam a desunião e retardam a obra de emancipação libertadora da Humanidade, lançando, por médiuns, dos quais se servem, sistemas de idéias polêmicas e absurdas. Para melhor fascinar aqueles a quem desejam iludir e para dar mais peso às suas teorias, apresentam-se, sem escrúpulos, sob nomes que os homens só com muito respeito pronunciam.

Estes médiuns geram o fermento das discórdias entre os grupos, que os levam a se isolar uns dos outros e a se olharem com desconfiança. Apenas isso bastaria para desmascará-los, porque, assim agindo, eles mesmos dão o mais completo desmentido do que dizem ser. Cegos são os homens que se deixam enganar por eles de maneira tão grosseira.

Mas há muitos outros meios de reconhecê-los. Os Espíritos da ordem a qual dizem pertencer devem ser não somente bons, mas, acima de tudo, devem ser altamente racionais. Pois bem, passai seus sistemas pelo crivo da razão e do bom senso e vereis o que restará. Concordareis, portanto, comigo: todas as vezes em que um Espírito indicar, como remédio para os males da Humanidade, ou como meios de atingir a sua transformação, coisas fantasiosas e impraticáveis, medidas pueris e ridículas, ou quando formula um sistema contrário às mais vulgares noções da Ciência, não passa de um Espírito ignorante e mentiroso.

Por outro lado, desejamos vos dizer que, se a verdade nem sempre é apreciada pelos indivíduos, ela é sempre apreciada pelo bom-senso das massas e isto também é um critério. Se dois princípios se contradizem, tereis a medida do valor próprio de cada um observando aquele que encontra mais repercussão e mais simpatia. *Seria ilógico,* de fato, *admitir que uma doutrina cujo número de adeptos diminua seja mais verdadeira do que aquela que visse os seus aumentarem.* Deus, querendo que a verdade chegue a todos, não a confia a um círculo restrito: faz com que ela surja em diferentes lugares, a fim de que a luz se apresente para todos, em contraposição às trevas.

Recusai rigorosamente todos esses Espíritos que se apresentam como conselheiros exclusivos, pregando a divisão e o isolamento. São quase sempre Espíritos vaidosos e medíocres, que tendem a se impor aos homens fracos e crédulos, distribuindo-lhes louvores exagerados, a fim de iludi-los e tê-los sob o seu domínio. São geralmente Espíritos sedentos de poder, que, tendo sido tiranos públicos ou da família durante sua vida terrena, ainda querem vítimas para tiranizar após a morte. *Desconfiai das comunicações que trazem um caráter de misticismo e extravagância, ou que recomendem cerimônias e atos estranhos.* Há sempre então um legítimo motivo para desconfiança, quando isto ocorrer.

Por um outro lado, acreditai que quando uma verdade deve ser revelada à Humanidade, é, por assim dizer, instantaneamente comunicada em todos os grupos sérios que possuem médiuns sérios, e não a estes ou àqueles, com a exclusão dos outros. Ninguém é médium perfeito se estiver obsediado, e há obsessão evidente quando um médium está apto apenas para receber as comunicações de um determinado Espírito, por mais elevado que pretenda ou diga ser. Em conseqüência disto, todo médium e todo grupo que acredita ser privilegiado por comunicações que só eles podem receber e que, além disso, se submetem a práticas que tendam para a superstição estão, sem dúvida, sob a ação de uma obsessão bem caracterizada, sobretudo quando o Espírito dominador se vangloria de um nome que todos, encarnados e desencarnados, devemos honrar e respeitar, e não permitir que ele seja comprometido a todo instante.

É incontestável que, uma vez submetidas ao crivo da razão e da lógica todas as observações e todas as comunicações dos Espíritos, será fácil rejeitar o absurdo e o erro. Um médium pode ser fascinado, um grupo pode ser enganado; mas a verificação severa dos outros grupos, com a ciência adquirida e a alta autoridade moral dos dirigentes de grupo, mais as comunicações que os principais médiuns recebam, com um sinal de lógica e de autenticidade dos melhores Espíritos, farão justiça rapidamente, desmascarando essas comunicações mentirosas e astuciosas, procedentes de um grupo de Espíritos mistificadores e maus.
(Veja na introdução desta obra o parágrafo 2: Controle universal do ensinamento dos Espíritos. Consulte *O Livro dos Médiuns, Cap. 23,* Obsessão.)

JEREMIAS E OS FALSOS PROFETAS

Luiz, Espírito Protetor - Carlsruhe, 1861

11. Eis o que diz o Senhor dos exércitos: Não escuteis as palavras dos profetas que vos profetizam e vos enganam. Divulgam as visões do seu coração e não o que aprenderam da boca do Senhor. Dizem àqueles que me blasfemam: O senhor o disse, tereis a paz; e a todos aqueles que marcham para a corrupção de seus corações: O mal não acontecerá convosco. Mas qual deles assistiu ao conselho do Senhor: o que O viu e entendeu o que Ele disse? Eu não enviava esses profetas e eles corriam por si mesmos; não lhes falava nada, e eles profetizavam. Ouvi o que disseram esses profetas que profetizam a mentira em meu nome; dizem: Sonhei, sonhei. Até quando esta imaginação estará no coração dos profetas que profetizam a mentira, e cujas profecias são apenas seduções de seus corações? Se, pois, esse povo, ou um profeta, ou um sacerdote vos interroga e vos diz: Qual é o fardo do Senhor? Vós lhes direis: Vós mesmos sois o fardo, e eu vos lançarei bem longe de mim, diz o Senhor. (Jeremias, 23:16 a 18, 21, 25 e 26, 33)

É a respeito desta passagem do profeta Jeremias que quero vos falar, meus amigos. O profeta, em nome de Deus, disse: *É a visão do coração deles que os faz falar.* Estas palavras indicam claramente que, desde aquela época, os charlatães e os vaidosos abusavam do dom da profecia e o exploravam. Abusavam, portanto, da fé simples e quase cega do povo, e prediziam, *por dinheiro*, as coisas boas e agradáveis. Esse tipo de enganação era muito comum entre o povo judeu, e fácil é compreender que o pobre povo, em sua ignorância, estava impossibilitado de distinguir os bons dos maus, e era sempre mais ou menos enganado por esses supostos profetas, que não passavam de impostores ou fanáticos. Não pode haver nada mais esclarecedor do que estas palavras: *Não enviei esses profetas e eles correram por si mesmos; não lhes falava nada, e eles profetizavam?* Mais adiante ele diz: *Ouvi esses profetas que profetizam a mentira em meu nome, dizendo: Sonhei, sonhei*; indicando, assim, um dos meios empregados para explorar a confiança que o povo tinha neles. A multidão, sempre crédula, não constestava a veracidade de seus sonhos ou de suas visões; sempre achava isso natural, e sempre convidava os profetas a falarem.

Após estas palavras do profeta, meditai também sobre os sábios conselhos do apóstolo João, quando diz: *Não acrediteis em todos os Espíritos, mas provai se os Espíritos são de Deus**; pois entre os desencarnados há também os que têm prazer em enganar, quando encontram ocasião. Esses enganados são, bem entendido, os médiuns que não tomam a necessária precaução. Eis aí, sem dúvida, um dos maiores obstáculos, contra o qual muitos esbarram, sobretudo quando são novatos no Espiritismo. É para eles uma prova na qual somente podem triunfar orientando-se com prudência. Aprendei, pois, antes de tudo, a distinguir os bons dos maus Espíritos, para que vós mesmos não vos torneis falsos profetas.

* **N. E.** - Não acrediteis ... - 1ª Epístola de João, 4:1.

Capítulo

22

Não separeis o que Deus uniu

Indissolubilidade do casamento
O divórcio

INDISSOLUBILIDADE DO CASAMENTO

1. Os fariseus também vieram a Jesus para tentá-o, e Lhe disseram: É permitido a um homem repudiar sua mulher por qualquer motivo? Ele lhes respondeu: Não lestes que aquele que criou o homem desde o início, os criou macho e fêmea? E disse: Por esta razão, o homem deixará seu pai e sua mãe e se unirá à sua mulher, e farão os dois uma só carne. Assim eles não serão mais dois e, sim, uma só carne. Que o homem, pois, não separe o que Deus uniu.
Mas por que razão, disseram eles, Moisés ordenou que se entregue à mulher uma carta de separação e que a repudie? Jesus lhes respondeu: É devido à dureza de vossos corações que Moisés vos permitiu repudiar vossas mulheres; mas isso não aconteceu desde o início. Eu também vos declaro que todo aquele que repudiar sua mulher, se não for por causa de adultério, e se casar com outra, comete adultério; e que aquele que se casar com aquela que um outro repudiou, também comete adultério. (Mateus, 19:3 a 9)

2 Nada é imutável, a não ser o que vem de Deus. Toda obra que é dos homens está sujeita a mudanças. As leis da Natureza são as mesmas em todos os tempos e em todos os países; as leis humanas transformam-se de acordo com o tempo, com os lugares e com o progresso da inteligência. No casamento, o que é de ordem divina é a união dos sexos para permitir a renovação dos seres que morrem, mas as condições que regulam essa união são de tal modo humanas que não há em todo o mundo, e até mesmo na cristandade, dois países em que elas sejam rigorosamente as mesmas, e nem há um sequer em que essas condições não tenham sofrido mudanças impostas pelo tempo. O resultado disso é que pela lei civil o que é legítimo num país e numa época, é adultério noutro e em outro tempo; isto, em razão de ter a lei civil, por objetivo, regular os interesses das famílias na sociedade, e esses interesses variam de acordo com os costumes e as necessidades locais. Assim é, por exemplo, que em certos países apenas o casamento religioso é legítimo e, em outros, é preciso acrescentar-lhe o casamento civil e, em outros, enfim, o casamento civil é o bastante.

3 Mas, na união dos sexos, a par da lei divina material, comum a todos os seres vivos, existe uma outra lei divina, imutável como todas as leis de Deus, exclusivamente moral: é a lei do amor. Deus quis que os seres se unissem não só pelos laços da carne, mas também pelos da alma, a fim de que a afeição mútua dos esposos se transmitisse aos filhos, e que fossem dois, ao invés de um, a amá-los, a cuidar deles e fazê-los progredir. Nas condições normais do casamento, a lei do amor foi sempre levada em conta? De maneira nenhuma. O que se leva em conta não é a afeição de dois seres que se atraem mutuamente, eis porque, na maioria das vezes, esse sentimento é rompido. O que se procura não é a satisfação do coração e, sim, a do orgulho, da vaidade e da ambição; em resumo: a satisfação de todos os interesses materiais. Se tudo corre bem, segundo esses interesses, diz-se que o casamento é conveniente e, quando as bolsas estão bem cheias, diz-se que os esposos estão bem, e que por isso devem ser bem felizes.

Contudo, nem a lei civil, nem tampouco os compromissos que ela determina podem suprir a lei de amor, se esta lei não presidir à união. Disso resultará que, muitas vezes, *o que se uniu à força se separa por si mesmo,* e que o juramento que se pronuncia aos pés de um altar se torna uma falsidade, se é dito como uma fórmula banal e, então, surgem as uniões infelizes que acabam por se tornar criminosas. Infelicidade dupla, que seria evitada se, nas condições do casamento, não se esquecesse da única lei que o torna legítimo aos olhos de Deus: a lei de amor. Quando Deus disse: *Sereis somente uma só carne;* e quando Jesus disse: *Não separareis o que Deus uniu*, isso deve ser entendido segundo a Lei de Deus que não se altera jamais, e não conforme a lei variável dos homens.

4 Será então supérflua e desnecessária a lei civil, e deveríamos voltar aos casamentos segundo a Natureza? Certamente que não. A lei civil tem por objetivo reger as relações da sociedade e os interesses das famílias de acordo com as exigências da civilização, e eis porque ela é útil, necessária, porém, variável, devendo ser previdente, porque o homem civilizado não pode mais viver como selvagem. Levando-se em conta tudo isto, nada, absolutamente nada, se contrapõe para que ela seja a decorrência e a confirmação da Lei de Deus. Os obstáculos ao cumprimento da lei divina decorrem dos preconceitos humanos e não da lei civil. Estes preconceitos*, ainda que muito ativos, já perderam a sua força junto aos povos esclarecidos. Eles desaparecerão totalmente com o progresso moral, que abrirá, definitivamente, os olhos aos homens para os males incontáveis, as faltas e até mesmo os crimes que resultam de uniões contraídas visando apenas interesses materiais; e um dia se perguntará se é mais humano, mais caridoso, mais moral unirem-se, um ao outro, dois seres que não podem viver juntos ou restituir-lhes a liberdade e, ainda, se a perspectiva de uma aliança indissolúvel não aumenta o número das uniões irregulares.

O DIVÓRCIO

5 O divórcio é uma lei humana que tem por objetivo separar legalmente o que, de fato, já está separado. O divórcio não contraria a Lei de Deus, uma vez que apenas corrige o que os homens fizeram e se aplica apenas aos casos em que foi desconsiderada a lei divina. Se fosse contrário a essa lei, a própria Igreja seria forçada a considerar como prevaricadores* aqueles dentre seus chefes que, por sua própria autoridade e em nome da religião, impuseram o divórcio em mais de uma ocasião. E dupla seria a prevaricação, porque, nesses casos, foi unicamente com vista aos interesses temporais e não para satisfazer à lei de amor.

Porém, nem mesmo Jesus consagrou a indissolubilidade absoluta do casamento. Ele disse que: *Foi devido à dureza de vossos corações que Moisés vos permitiu repudiar vossas mulheres.* Isto significa que, desde os tempos de Moisés, quando a afeição mútua não fosse o único motivo do casamento, a separação poderia tornar-se necessária. Mas acrescenta: *Isso não foi assim desde o princípio;* ou seja, que no início da Humanidade, quando os homens ainda não estavam pervertidos pelo egoísmo e pelo orgulho e que viviam segundo a Lei de Deus, as uniões fundadas sobre simpatia e não sobre a vaidade ou a ambição não davam motivo ao repúdio.

Jesus vai mais longe e especifica o caso em que o repúdio pode ocorrer: o de adultério. Todavia, sabemos que o adultério não existe onde reina uma afeição mútua e sincera. Jesus proíbe, é bem verdade, a todo homem poder casar-se com a mulher repudiada, mas é preciso considerar os costumes e o caráter dos homens daquela época. A lei mosaica, nesse caso, prescrevia a morte para a mulher adúltera, pelo apedrejamento. Querendo abolir um costume bárbaro como esse, seria preciso naturalmente uma penalidade que o substituísse. Jesus a encontra na proibição do casamento com a adúltera, considerando-o desonroso. Era, de qualquer maneira, uma lei civil substituída por outra lei civil, mas que, como todas as leis dessa natureza, deveria sofrer a prova do tempo.

* N. E. - **Prevaricador/Prevaricação:** que falta ao dever; (neste caso) adúltero.

Capítulo

23

Moral Estranha

Quem não odiar seu pai e sua mãe
Abandonar pai, mãe e filhos
Deixai os mortos enterrar seus mortos
Não vim trazer a paz, mas a divisão

QUEM NÃO ODIAR SEU PAI E SUA MÃE

1. Havia uma grande multidão acompanhando Jesus, e, voltando para eles, lhes disse: Se alguém vier a mim e não odiar a seu pai e sua mãe, sua mulher e seus filhos, seus irmãos e suas irmãs e, até mesmo, sua própria vida, não pode ser meu discípulo. Assim, todo aquele que não carrega sua cruz e não me segue, não pode ser meu discípulo, e todo aquele que dentre vós não renuncia a tudo o que tem, não pode ser meu discípulo. (Lucas, 14:25 a 27, 33)

2. Aquele que ama mais seu pai ou sua mãe do que a mim, não é digno de mim; aquele que ama mais a seu filho ou à sua filha do que a mim, não é digno de mim. (Mateus, 10:37)

3 Certas palavras, aliás, muito raras, fazem um contraste tão estranho na linguagem atribuída ao Cristo que, instintivamente, repelimos o seu sentido literal sem que a perfeição de sua doutrina nada sofra com isso. Escritas após sua morte, uma vez que nenhum Evangelho foi escrito enquanto vivia, podemos supor que, nesses casos, a idéia principal do seu pensamento não foi bem traduzida ou, o que não é menos provável, que o sentido original tenha sofrido alguma alteração ao passar pela tradução de uma língua para outra. Basta que um erro tenha sido cometido uma só vez para que fosse repetido pelos copistas, como se vê, com freqüência, nos fatos históricos.

A palavra *odiar*, nesta frase do evangelista Lucas: *Se alguém vier a mim e não odiar seu pai e sua mãe,* está nesse caso. Ninguém pode ter a idéia de atribuí-la a Jesus. Seria inútil discuti-la e, pior ainda seria procurar justificá-la. Seria preciso saber inicialmente se Ele a pronunciou e, em caso afirmativo, saber se, na língua em que falava, essa palavra tinha o mesmo significado que na nossa. Noutra passagem do evangelista João: *Aquele que odeia sua vida neste mundo, conserva-a para a vida eterna,* é claro que ela não traduz a idéia que lhe atribuímos.

A língua hebraica era pobre e tinha muitas palavras com diversas significações. É o que acontece, por exemplo, n'A Gênese: a palavra que indica as fases da criação serve, também, para expressar um período de tempo qualquer e, ainda, o período diurno, de que derivou sua tradução para a palavra *dia* e a crença de que o mundo fora feito em seis dias. Também ocorre o mesmo com a palavra que designava um *camelo* e um *cabo,* pois os cabos eram feitos de pêlo de camelo, e que foi traduzida por *camelo* na alegoria do buraco da agulha. (Veja nesta obra Cap. 16:2.)[1]

É preciso, além de tudo, considerar os costumes e o caráter dos povos que influem na natureza particular das línguas. Sem esse conhecimento, o sentido verdadeiro das palavras nos escapa e, de uma língua para a outra, a mesma palavra tem um significado de maior ou menor energia. Pode ser uma injúria ou uma blasfêmia em uma e ter um sentido insignificante em outra, conforme a idéia que se queira exprimir. Numa mesma língua, ocorre também que o sentido de certas palavras se altera com o passar dos séculos, e é por isso que uma tradução rigorosamente ao pé da letra nem sempre revela perfeitamente o pensamento original para manter a exatidão é preciso, às vezes, empregar não as palavras correspondentes à tradução, mas, sim, palavras que sejam equivalentes ou semelhantes.

Estas observações encontram uma aplicação especial na interpretação das Sagradas Escrituras e nos Evangelhos em particular. Se não considerarmos o meio em que Jesus vivia, ficaremos sujeitos a enganos sobre o sentido de certas expressões e de certos fatos, em virtude do hábito de as entendermos de acordo com os nossos pontos de vista atuais. A palavra *odiar,* empregada neste caso, não pode ser entendida com a sua significação moderna, visto que seria contrária à essência dos ensinamentos de Jesus. (Veja nesta obra Cap. 14:5 e seguintes.)

ABANDONAR PAI, MÃE E FILHOS

4. Todo aquele que por amor ao meu nome deixar sua casa, seus irmãos, irmãs, pai e mãe, mulher, filhos e suas terras, receberá o cêntuplo e terá como herança a vida eterna. (Mateus, 19:29)

5. Então Pedro Lhe disse: Quanto a nós, vede que deixamos tudo e vos seguimos. Jesus lhes disse: Eu vos digo, em verdade, que não há

[1] *Non odit* em latim, *Kaï ou miseï* em grego, não quer dizer *odiar*, mas *amar menos*. O que o verbo grego *miseï* exprime, o verbo hebreu, que Jesus deve ter empregado, o exprime melhor; ele não significa simplesmente *odiar,* mas *amar menos, não amar tanto quanto, não amar igual a outro*. No dialeto siríaco, que dizem ter sido o mais usado por Jesus, essa significação é ainda mais acentuada. Foi nesse sentido que foi empregado na Gênese (Cap. 29:30 e 31): "E Jacó amou Raquel mais do que a Lia, e Jeová, vendo que Lia era *"odiada..." É* evidente que o verdadeiro sentido é *menos amada*; e é assim que se deve traduzir. Em muitas outras passagens hebraicas e, principalmente, siríacas (idioma aramaico), o mesmo verbo é empregado no sentido de *não amar tanto quanto a um outro*, e seria um contra-senso traduzi-la por *odiar*, que tem um outro significado bem determinado. O texto do evangelista Mateus resolve, aliás, toda a dificuldade. (*Nota de M. Pezzani.*)

ninguém, que tenha deixado pelo reino de Deus sua casa, pai e mãe, irmãos, mulher e seus filhos, que não receba deste mundo muito mais, e, no século futuro, a vida eterna. (Lucas, 18:28 a 30)

6. Um outro Lhe disse: Senhor, eu a vós seguirei, mas permiti-me ir primeiro dispor do que tenho em minha casa. Jesus lhe respondeu: Todo aquele que, tendo a mão no arado, olhar para trás, não é digno do reino de Deus. (Lucas, 9:61 e 62)

Sem discutir as palavras, é preciso procurar aqui o pensamento, que era evidentemente este: *Os interesses da vida futura estão acima de todos os interesses e de todas as considerações humanas,* porque está de acordo com a essência da doutrina de Jesus, enquanto a idéia de renúncia à família seria sua negação.

Não temos, aliás, sob nossos olhos a aplicação destes ensinamentos no sacrifício dos interesses e das afeições da família pela Pátria? Condena-se um filho por deixar seu pai, mãe, irmãos, mulher e seus filhos para marchar em defesa de seu país? Não lhe é dado, ao contrário, um grande mérito por deixar as doçuras do lar, o calor das amizades, para cumprir um dever? Há, pois, deveres que se sobrepõem a outros. A lei não diz da obrigação da filha deixar seus pais e seguir seu esposo? O mundo está repleto de casos em que as separações mais dolorosas são necessárias; mas as afeições nem por isso se rompem; o afastamento não diminui nem o respeito, nem a dedicação que se deve aos pais, nem a ternura para com os filhos. Vê-se, portanto, que, até mesmo tomadas ao pé da letra, salvo a palavra *odiar*, aquelas expressões não seriam a negação do mandamento que determina honrar pai e mãe, nem do sentimento de ternura fraternal e, com mais forte razão ainda, se as analisarmos quanto ao seu espírito. Elas tinham por objetivo mostrar, de forma propositadamente exagerada, o quanto era importante para o homem o dever de ocupar-se da vida futura, considerando que elas deviam ser menos chocantes para um povo e uma época em que, por força das circunstâncias, os laços de família tinham menos força do que numa civilização moralmente mais avançada. Esses laços, muito fracos nos povos primitivos, se fortificam com o desenvolvimento da sensibilidade e do senso moral. As separações são necessárias ao progresso, tanto nas famílias quanto nas raças, pois elas se degeneram se não há cruzamentos, se não se mesclam umas com as outras. É uma lei da Natureza, que tanto interessa ao progresso moral quanto ao progresso físico.

As coisas estão encaradas aqui somente sob o ponto de vista terreno. O Espiritismo faz com que as vejamos de maneira mais elevada, ao nos mostrar que os verdadeiros laços de afeição são os do Espírito e não os do corpo; que esses laços não se rompem nem com a separação, nem mesmo com a morte do corpo; que eles se fortificam na vida espiritual pela purificação do Espírito, verdade consoladora que nos dá uma grande força para suportar as contrariedades da vida. (Veja nesta obra Caps. 4:18; e 14:8.)

DEIXAI OS MORTOS ENTERRAR SEUS MORTOS

7. Ele disse a um outro: Segui-me. Ele Lhe respondeu: Senhor, permiti que eu vá primeiro enterrar meu pai. Jesus lhe respondeu: Deixai os mortos enterrar seus mortos; mas, quanto a vós, ide anunciar o reino de Deus. (Lucas, 9:59 e 60)

8 O que podem significar estas palavras: *Deixai os mortos enterrar seus mortos?* As considerações anteriores já nos mostraram, antes de tudo, que, na ocasião em que foram pronunciadas, não podiam ser uma censura àquele que considerava um dever de piedade filial enterrar o corpo de seu pai. Portanto, elas contêm um significado mais profundo, que só um conhecimento mais completo da vida espiritual pode fazer compreender.

A vida espiritual é, de fato, a verdadeira vida, é a vida do Espírito. Sua existência terrena é apenas transitória e passageira, espécie de morte, se a compararmos ao esplendor e a atividade da vida espiritual. O corpo é apenas uma vestimenta grosseira que reveste temporariamente o Espírito, verdadeira cadeia que o prende à gleba terrena e da qual fica feliz em se libertar. O respeito que se tem pelos mortos não se refere à matéria, mas, sim, à lembrança, ao Espírito ausente. É semelhante àquele que se tem pelos objetos que lhe pertenceram, que tocou, e os que lhe querem bem os guardam como objetos de estima. Era isso o que aquele homem não podia compreender por si mesmo, e Jesus o ensina dizendo: Não vos inquieteis com o corpo, preocupai-vos antes com o Espírito; ide ensinar o reino de Deus; ide dizer aos homens que sua pátria não está na Terra e sim no Céu, pois é lá que está a verdadeira vida.

NÃO VIM TRAZER A PAZ, MAS A DIVISÃO

9. Não penseis que vim trazer a paz à Terra; não vim trazer a paz e, sim, a espada; pois vim separar o homem de seu pai, a filha de sua mãe e a nora da sogra; e o homem terá como inimigos aqueles de sua casa. (Mateus, 10:34 a 36)

10. Vim lançar o fogo à Terra; e o que mais desejo senão que ele se acenda? Devo ser batizado com um batismo, e quão grande é minha angústia até que ele se cumpra!

Acreditais que vim trazer a paz à Terra? Não, eu vos asseguro, mas, pelo contrário, a divisão; pois, de hoje em diante, se se encontrarem cinco pessoas em uma casa, ficarão umas contra as outras: três contra duas e duas contra três. O pai contra o filho, e o filho contra o pai; a mãe contra a filha, e a filha contra a mãe; a sogra contra a nora, e a nora contra a sogra. (Lucas, 12:49 a 53)

11 Será mesmo possível que Jesus, a personificação da doçura e da bondade, aquele que sempre pregou o amor ao próximo, tenha dito: Não vim trazer a paz, e sim a espada; vim separar o filho do pai, o esposo da esposa; vim lançar o fogo à Terra e tenho pressa de que ele se acenda? Estas palavras não estão em flagrante contradição com seu ensinamento? Não é uma blasfêmia atribuir-lhe a linguagem de um conquistador sanguinário e devastador? Não. Não há blasfêmia nem contradição nestas palavras, pois foi exatamente Ele quem as pronunciou, e elas testemunham sua alta sabedoria. Apenas a forma causa estranheza, por não expressar exatamente seu pensamento, o que provocou enganos quanto ao seu verdadeiro sentido. Tomadas ao pé da letra, tenderiam a transformar sua missão, totalmente pacífica, em uma missão de perturbação e discórdias, conseqüência absurda que o bom-senso descarta, pois Jesus não podia contradizer-se. (Veja nesta obra Cap. 14:6.)

12 Toda idéia nova encontra forçosamente oposição, e não houve uma única que se estabelecesse sem lutas. Nestes casos, a resistência é proporcional à importância dos resultados *previstos*, pois, quanto maior for a idéia, tanto maior será o número de interesses ameaçados. Se for notoriamente falsa, considerada sem conseqüências, ninguém se perturbará com ela, e a deixam passar, sabendo que não tem vitalidade. Mas se for verdadeira, se assentada em uma base sólida, se prevêem futuro para ela, um secreto pressentimento adverte seus opositores de que ela é um perigo para eles e para a ordem das coisas em cuja manutenção estão interessados. Eis por que se lançam contra ela e contra seus seguidores.

A medida da importância e dos resultados de uma idéia nova se encontra, assim, na agitação emocional que seu aparecimento provoca, na violência da oposição que ela desperta, na intensidade e persistência da raiva de seus adversários.

13 Jesus vinha proclamar uma doutrina que destruiria pelas bases os abusos nos quais viviam os fariseus, os escribas e os sacerdotes de seu tempo; por isso o fizeram morrer, acreditando que, matando o homem, matariam a idéia, mas a idéia sobreviveu, porque era verdadeira. Cresceu, porque estava nos desígnios de Deus, e, nascida numa pequena vila da Judéia, foi plantar sua bandeira na própria capital do mundo pagão de frente a seus inimigos mais sanguinários, daqueles que tinham o maior interesse em combatê-la, pois aniquilava as crenças seculares a que muitos se apegavam, mais por interesse do que por convicção. Lutas das mais terríveis esperavam aí seus apóstolos; as vítimas foram inumeráveis, mas a idéia cresceu sempre e saiu triunfante porque superava, como verdade, suas antecessoras.

14 É preciso observar que o Cristianismo apareceu quando o paganismo estava em decadência e se debatia contra as luzes da razão. Praticavam-no ainda por formalidade, mas a crença havia desaparecido e apenas o interesse pessoal o sustentava. O interesse é persistente; ele nunca cede à evidência; irrita-se cada vez mais, quanto mais claros e objetivos são os raciocínios que se lhe opõem e que melhor demonstram seu erro. Sabe muito bem que está errado, mas isso não o abala, visto que na sua alma não há verdadeira fé. O que mais o amedronta é a luz que abre os olhos aos cegos. O erro lhe é proveitoso; eis por que se aferra a ele e o defende.

Sócrates também não tinha formulado uma doutrina semelhante, até certo ponto, à do Cristo? Por que ela não prevaleceu naquela época, em meio a um dos povos mais inteligentes da Terra? É porque o tempo ainda não havia chegado; ele semeou em uma terra não preparada; o paganismo não estava suficientemente *desgastado*. O Cristo recebeu sua missão providencial no tempo determinado. Nem todos os homens de seu tempo estavam à altura das idéias cristãs, mas havia um clima mais favorável para assimilá-las, porque já se começava a sentir o vazio que as crenças vulgares deixavam na alma. Sócrates e Platão haviam aberto o caminho e preparado os Espíritos. (Veja nesta obra, Introdução, parágrafo 4, *Sócrates e Platão, precursores da idéia cristã e do Espiritismo.)*

15 Infelizmente os adeptos da nova doutrina não se entenderam quanto à interpretação das palavras do Mestre, a maior parte dissimulada por alegorias e figuras de linguagem. Daí nasceram, de imediato, numerosas seitas• que pretendiam ter, com exclusividade, a verdade, e por séculos não puderam entrar em acordo. Esquecendo-se do mais importante dos ensinamentos divinos, aquele sobre o qual Jesus havia feito a pedra angular do seu edifício e a condição expressa da salvação: a caridade, a fraternidade e o amor ao próximo, essas seitas se amaldiçoaram mutuamente e arremeteram-se umas contra as outras, as mais fortes esmagando as mais fracas, afogando-as no sangue, nas torturas e na chama das fogueiras. Os cristãos, vencedores do paganismo, de perseguidos passaram a perseguidores; foi a ferro e fogo que plantaram a cruz do Cordeiro sem mácula nos dois mundos. É um fato comprovado que as guerras religiosas foram mais cruéis e fizeram mais vítimas do que as guerras políticas; nelas cometeram-se mais atrocidades e barbarismo do que em qualquer outra.

Estaria o erro na doutrina do Cristo? Não, certamente, pois ela condena formalmente toda violência. Disse Ele alguma vez, aos seus discípulos: Ide matar, massacrar, queimar aqueles que não acreditarem como vós? Não. Ele lhes disse exatamente o contrário: Todos os homens são irmãos, e Deus é soberanamente misericordioso; amai vosso próximo; amai vossos inimigos; fazei o bem àqueles que vos perseguem. Ele ainda lhes disse mais: Quem matar pela espada perecerá pela espada. A responsabilidade não está, portanto, na doutrina de Jesus, mas naqueles que a interpretaram falsamente e dela fizeram um instrumento para servir às suas paixões, ignorando estas palavras: *Meu reino não é deste mundo.*

Jesus, em sua profunda sabedoria, previu o que devia acontecer. Estas coisas eram inevitáveis, pois decorriam da inferioridade da natureza humana, que não podia transformar-se instantaneamente. Foi preciso que o Cristianismo passasse por essa longa e cruel prova de dezoito séculos para mostrar toda sua força, porque, apesar de todo mal cometido em seu nome, dela saiu puro; nunca esteve em questão. A censura sempre recaiu sobre aqueles que dele abusaram e, a cada ato de intolerância, sempre se disse: Se o Cristianismo fosse melhor compreendido e melhor praticado, isso não teria acontecido.

16 Quando Jesus disse: Não acrediteis que vim trazer a paz, e sim a divisão, seu pensamento era este:

"Não acrediteis que minha doutrina se estabeleça pacificamente. Ela trará lutas sangrentas, tendo por pretexto o meu nome, porque os homens não terão me compreendido ou não terão querido me compreender. Os irmãos, separados por suas crenças, lançarão a espada uns contra os outros, e a divisão reinará entre os membros de uma mesma família que não tiverem a mesma fé. Vim lançar o fogo à Terra para limpá-la dos erros e dos preconceitos, como se coloca fogo em um campo para destruir as ervas ruins, e tenho pressa de que se acenda para que a purificação seja mais rápida, pois a verdade sairá triunfante desse conflito. À guerra sucederá a paz; ao ódio dos partidos, a fraternidade universal; às trevas do fanatismo, a luz da fé esclarecida. Então, quando o campo estiver preparado, Eu vos enviarei *o Consolador, o Espírito de Verdade, que virá restabelecer todas as coisas,* ou seja, fazer conhecer o verdadeiro sentido de minhas palavras, que os homens mais esclarecidos poderão, enfim, compreender, pondo fim às lutas fratricidas* que dividem os filhos do mesmo Deus. Cansados, enfim, de um combate sem solução, que só acarreta desolação e leva o distúrbio até o seio das famílias, os homens reconhecerão onde estão seus verdadeiros interesses para este mundo e para o outro. Eles verão de que lado estão os amigos e os inimigos de sua tranqüilidade. Todos então virão se abrigar sob a mesma bandeira: a da caridade, e as coisas serão restabelecidas na Terra de acordo com a verdade e os princípios que vos ensinei."

* **N. E. - Fratricida:** assassinato entre irmãos.

17 O Espiritismo vem realizar no tempo determinado as promessas do Cristo. Entretanto, não pode fazê-lo sem antes destruir os erros. Como Jesus, ele encontra o orgulho, o egoísmo, a ambição, a cobiça, o fanatismo cego que, cercados em suas últimas trincheiras, tentam barrar-lhe o caminho e erguem obstáculos, entraves e perseguições; eis porque também ele precisa combater. O tempo das lutas e das perseguições sangrentas acabou, porém aquelas que ele terá de enfrentar são todas de ordem moral, e o fim de todas elas se aproxima. As primeiras lutas do Cristianismo duraram séculos. Estas que o Espiritismo enfrentará durarão apenas alguns anos, porque a luz, ao invés de partir de um único foco, surge de todos os pontos do Globo e abrirá mais depressa os olhos aos cegos.

18 As palavras de Jesus devem, portanto, ser entendidas como referentes às discórdias que Ele previa, que sua doutrina iria provocar, aos conflitos momentâneos que surgiriam como conseqüência, e às lutas que teria de enfrentar antes de firmar-se, tal como aconteceu aos hebreus antes de sua entrada na Terra da Promissão, e não como decorrência de um propósito premeditado de sua parte para semear a desordem e a confusão. O mal viria dos homens e não d'Ele. Era como o médico que veio curar, mas cujos remédios provocam uma crise salutar, removendo os males do doente.

CAPÍTULO

24

NÃO COLOQUEIS A CANDEIA DEBAIXO DO ALQUEIRE

Candeia* debaixo do alqueire*
Por que Jesus fala por parábolas • Não procureis os gentios
Os sãos não têm necessidade de médico • Coragem da fé
Carregar a cruz • Quem quiser salvar a vida, a perderá

CANDEIA DEBAIXO DO ALQUEIRE. POR QUE JESUS FALA POR PARÁBOLAS.

1. Não se acende uma candeia para colocá-la debaixo do alqueire; mas ela deve ser colocada sobre um velador, a fim de que ilumine aqueles que estão na casa. (Mateus, 5:15)*

2. Não há ninguém que, após ter acendido uma candeia, a cubra com um vaso ou a coloque debaixo da cama; mas deve ser colocada sobre o velador, a fim de que aqueles que entrem vejam a luz; pois não há nada de secreto que não deva ser descoberto, nem nada de escondido que não deva ser revelado e aparecer publicamente. (Lucas, 8:16 e 17)

3. Seus discípulos, se aproximando, disseram: Por que falais por parábolas? E respondendo, lhes disse: Porque foi dado a vós conhecer os mistérios do reino dos Céus; mas, a eles, isso não lhes foi dado. Porque, àquele que já tem, mais lhe será dado e ele ficará na abundância; àquele, entretanto, que não tem, mesmo o que tem lhe será tirado. Falo-lhes por parábolas, porque, vendo, não vêem e, ouvindo, não escutam e não compreendem. E neles se cumprirá a profecia de Isaías, que diz: Ouvireis com os vossos ouvidos e não escutareis; olhareis com os vossos olhos e não vereis. Porque o coração deste povo se tornou pesado, seus ouvidos se tornaram surdos, e fecharam os olhos para que seus olhos não vejam e seus ouvidos para que não ouçam, para que seu coração não compreenda e nem se convertam permitindo que eu os cure. (Mateus, 13:10 a 15)

4 Causa estranheza ouvir Jesus dizer que não se deve colocar a luz debaixo do alqueire, enquanto Ele mesmo encobre, constantemente, o sentido de suas palavras sob o véu alegórico que nem todos

---

* **N. E. - Candeia:** pequeno aparelho de iluminação abastecido com óleo.
* **N. E. - Velador:** suporte alto, onde se põe o candeeiro ou a vela.

podem compreender. Ele se explica, ao dizer a seus apóstolos: Eu lhes falo por parábolas porque não estão ainda à altura de compreender certas coisas; vêem, olham, ouvem e não compreendem. Assim, dizer-lhes tudo seria inútil por enquanto, mas digo-o a vós porque vos foi dado compreender estes mistérios. Ele procedia, perante o povo, como se faz com as crianças cujas idéias ainda não estão desenvolvidas. Dessa maneira, indica o verdadeiro sentido do seu ensinamento: *Não se deve colocar a candeia debaixo do alqueire, mas sobre o velador, a fim de que todos aqueles que entrem possam ver a luz,* isto é, não é prudente revelar precipitadamente todos os conhecimentos, pois o ensinamento deve ser proporcional à inteligência daquele a quem se dirige, porque há pessoas para as quais a luz muito viva ofusca sem esclarecer.

Acontece com a sociedade em geral o mesmo que com os indivíduos. As gerações passam pela infância, pela juventude e pela idade madura; cada coisa deve vir a seu tempo, já que o grão semeado fora da época do plantio não germina. Mas o que a prudência manda calar momentaneamente deve, cedo ou tarde, ser descoberto, pois, atingindo um certo grau de desenvolvimento, os homens procuram por si mesmos a luz viva; as trevas da ignorância lhes pesam. Tendo Deus lhes dado a inteligência para compreender, e para se guiarem por entre as coisas da Terra e do Céu, eles tratam de raciocinar, refletir sobre a sua fé; por isso é que não se deve colocar a candeia debaixo do alqueire, pois, *sem a luz da razão, a fé se enfraquece.* (Veja nesta obra Cap. 19:7)

5 Se, em sua prudente sabedoria, a Providência só revela as verdades gradualmente, sempre as desvendará à medida que a Humanidade esteja madura para recebê-las. Mantendo-as em reserva e não debaixo do alqueire•. Porém, quando os homens as possuem, as escondem do povo a maior parte do tempo, apenas com o intuito de dominá-lo, são estes os que, verdadeiramente, colocam a luz debaixo do alqueire. Foi por isso que todas as religiões tiveram seus mistérios cujo exame proíbem. Mas, enquanto essas religiões permaneciam atrasadas, a Ciência e a inteligência avançaram e romperam o véu dos mistérios. O povo, atingindo a maturidade, quis conhecer os mistérios a fundo, e então eliminou de sua fé o que era contrário à observação.

Não pode haver mistérios absolutos, e Jesus está com a razão quando diz que não há nada de secreto que não deva ser revelado. Tudo o que está oculto será um dia descoberto, e o que o homem ainda não pode compreender na Terra lhe será sucessivamente revelado em mundos mais avançados e quando estiver purificado. Aqui, na Terra, ele ainda está em meio ao nevoeiro.

6 Pergunta-se: Que proveito o povo poderia tirar dessa quantidade de parábolas cujo sentido era indecifrável? Devemos considerar que apenas nas questões de mais difícil compreensão da sua doutrina Jesus falou de modo velado, principalmente por parábolas. Mas, a respeito da caridade para com o próximo e da humildade, em tudo o que disse, foi claro e objetivo, não deixando dúvidas, já que elas são condições básicas de salvação. Devia ser assim porque se tratava de uma regra de conduta, regra que todos deviam compreender para poder cumpri-la. Era o essencial para um povo inculto ao qual se limitava a dizer: Eis o que é preciso fazer para ganhar o reino dos Céus. Sobre as outras partes, Ele desenvolvia seu pensamento apenas junto aos discípulos, que estavam mais avançados moral e intelectualmente, e Jesus podia ensinar-lhes conhecimentos mais avançados. Foi assim que disse: *Àqueles que já têm, será dado ainda mais.* (Veja nesta obra Cap. 18:15.)

Entretanto, Jesus, mesmo com os seus apóstolos, tratou de modo vago muitos pontos, cuja completa compreensão estava reservada a tempos futuros. Foram estes pontos que deram lugar a interpretações tão diversas, até que a Ciência, de um lado, e o Espiritismo, de outro, vieram revelar as novas leis da Natureza, possibilitando a compreensão do verdadeiro sentido das suas parábolas.

7 O Espiritismo vem lançar luz sobre uma série de pontos de difícil entendimento. Entretanto, não o faz imprudentemente. Os Espíritos, em suas instruções, procedem com uma admirável prudência: apenas sucessiva e gradualmente abordam as diversas partes já conhecidas da Doutrina, e é assim que as outras partes serão ainda reveladas, à medida que o momento de fazê-las vir à luz tiver chegado. Se a houvessem revelado completa desde o início, seria acessível apenas a um pequeno número de pessoas, e assim teria assustado e afastado aqueles que não estivessem preparados para entendê-la, o que teria prejudicado a sua propagação. Se os Espíritos ainda não dizem tudo abertamente, não é por que haja na Doutrina mistérios reservados a privilegiados, nem por que coloquem a candeia* debaixo do alqueire*. Mas porque cada coisa deve vir no tempo oportuno. Eles dão a cada idéia o tempo de amadurecer e de se propagar antes de apresentarem uma outra, e *dão aos acontecimentos o tempo de lhes preparar a aceitação.*

NÃO PROCUREIS OS GENTIOS

8. *Jesus enviou seus doze apóstolos, após lhes ter dado as seguintes instruções: Não procureis os gentios*, e não entreis nas cidades dos samaritanos; mas ide antes às ovelhas perdidas da casa de Israel; e nos lugares onde fordes, pregai dizendo que o reino dos Céus está próximo. (Mateus, 10:5 a 7)*

* **N. E. - Gentio:** pagão, idólatra; (neste caso) que não aceitava a crença em um único deus.

9 Jesus prova, em muitas circunstâncias, que os seus ensinamentos não estão voltados somente ao povo judeu, mas abrangem toda a Humanidade. Se Ele disse aos apóstolos para não irem aos pagãos, não foi por desprezar a conversão deles, o que seria pouco caridoso. É que os judeus já acreditavam num único deus e esperavam um messias, estando preparados, pela lei de Moisés e pelos profetas, para receber essas promessas. Entre os pagãos, como não houvesse base, tudo estava por fazer, e os apóstolos ainda não estavam suficientemente esclarecidos para uma tarefa tão difícil; é por isso que lhes diz: *Ide às ovelhas desgarradas de Israel,* ou seja, ide semear em terreno já desbravado, sabendo que a conversão dos gentios viria a seu tempo. De fato, mais tarde, foi no próprio centro do paganismo que os apóstolos foram plantar a cruz.

10 Estas palavras podem também se aplicar aos seguidores e aos propagadores do Espiritismo, para os quais os incrédulos sistemáticos, os zombadores obstinados, os adversários interesseiros são o que eram os gentios para os apóstolos, e, seguindo-lhes o exemplo, devem procurar, primeiramente, seguidores entre as pessoas de boa-vontade, que desejam a luz, e que têm um gérmen fecundo de fé, e cujo número é grande. Não devem perder tempo com os que se recusam a ver e a ouvir, e tanto mais resistem por orgulho quanto mais se parece dar valor à sua conversão. Mais vale abrir os olhos a cem cegos que desejam ver claramente do que a um só que prefere as trevas. Disto resultará um maior número de sustentadores da Doutrina. Deixar os outros tranqüilos não é indiferença, mas boa política. A vez deles chegará, quando, dominados pela opinião geral, e ouvindo a mesma coisa sem parar, repetidamente, ao redor deles, acreditarão aceitar a idéia voluntariamente, por si mesmos, e não influenciados por outras pessoas. Além disso, ocorre com as idéias o mesmo que com as sementes: elas não podem germinar antes da estação, e somente em terreno preparado. Eis por que é melhor esperar o tempo propício e cultivar primeiro as que germinem, evitando perder as outras ao apressá-las muito.

No tempo de Jesus, em conseqüência das idéias restritas e materiais da época, tudo era limitado e localizado; a casa de Israel era um pequeno povo; os gentios eram também pequenos povos vizinhos. Hoje, as idéias se universalizam e se espiritualizam. A nova luz já não é privilégio de nenhuma nação; para ela não existe mais barreira; o seu foco está em todos os lugares, e todos os homens são irmãos. Mas os gentios também não são mais um pequeno povo, eles são agora uma opinião que encontramos em muitos lugares, sobre a qual a verdade triunfa pouco a pouco, como o Cristianismo triunfou sobre o paganismo. Não é mais com as armas de guerra que são combatidos, mas com a força da idéia.

OS SÃOS NÃO TÊM NECESSIDADE DE MÉDICO

11. Jesus, estando à mesa na casa deste homem (Mateus), vieram muitos publicanos e pessoas de má vida que se colocaram à mesa com Jesus e seus discípulos; e vendo isso, os fariseus disseram a seus discípulos: Por que vosso Mestre come com os publicanos e pessoas de má vida? Mas Jesus, os tendo escutado, lhes disse: Os sãos não têm necessidade de médico, mas sim os enfermos. (Mateus, 9:10 a 12)

12 Jesus dirigia-se, principalmente, aos pobres e aos deserdados, pois são eles os que têm maior necessidade de consolação; aos cegos dóceis e de boa-fé, porque pedem para ver, e não aos orgulhosos, que acreditam possuir toda luz e não ter necessidade de nada. (Veja na Introdução desta obra: Publicanos, Peageiros.)

Estas palavras causam admiração como tantas outras, mas aplicam-se perfeitamente ao Espiritismo. A mediunidade está neste caso. Parece estranho que ela seja concedida a pessoas indignas e capazes de fazer mau uso dela; costuma-se dizer que um dom tão precioso deveria ser dado somente aos mais merecedores.

Digamos, primeiramente, que a mediunidade faz parte da condição orgânica de qualquer pessoa. Qualquer um a pode ter, assim como vê, ouve e fala, e qualquer criatura, em virtude do seu livre-arbítrio•, pode delas abusar. Se Deus tivesse concedido a palavra apenas àqueles que fossem capazes de dizer coisas boas, haveria na Terra mais mudos do que falantes. Deus deu aos homens os dons, e os deixou livres para usá-los, embora sempre puna os que deles abusam.

Se o dom de comunicar-se com os Espíritos fosse dado apenas aos mais dignos, quem ousaria pretendê-lo? Onde estaria o limite da dignidade e da indignidade? A mediunidade é, portanto, dada a todos, a fim de que os Espíritos possam levar a luz a todas as camadas, a todas as classes da sociedade, tanto ao pobre quanto ao rico; aos sábios para fortalecê-los no bem, aos viciosos para corrigi-los. Não são estes últimos, os doentes, que têm necessidade de médico? Por que Deus, que não quer a morte do pecador, o privaria da ajuda que pode tirá-lo do lamaçal? Os bons Espíritos vêm ajudá-lo, e os conselhos que recebe diretamente são de natureza a impressioná-lo mais vivamente do que se os recebesse por outros caminhos. Deus, em sua bondade, para lhe poupar o trabalho de ir procurar a luz ao longe, a coloca em suas mãos; não será bem mais culpado se não quiser ver? Poderá se desculpar por sua ignorância, quando ele mesmo tiver escrito, visto com seus olhos, ouvido com seus ouvidos e pronunciado com a própria boca sua condenação? Se não aproveita, é então punido pela perda ou pela perversão do seu dom, do qual os maus Espíritos se aproveitam para obsediá-lo e enganá-lo, além das aflições comuns com que a Lei de Deus atinge seus servidores indignos e os corações endurecidos pelo orgulho e o egoísmo.

A mediunidade não implica necessariamente relações habituais com os Espíritos superiores; é simplesmente uma *aptidão* para servir de instrumento mais ou menos útil aos Espíritos em geral. O bom médium não é, portanto, aquele que comunica facilmente, mas aquele que é simpático aos bons Espíritos, e que só deles recebe assistência. É somente nesse sentido que a excelência das qualidades morais tem influência sobre a mediunidade.

CORAGEM DA FÉ

13. Todo aquele que me confessar e me reconhecer diante dos homens, eu o reconhecerei e confessarei diante de meu Pai que está nos Céus; e todo aquele que me renegar diante dos homens, eu o renegarei também, diante de meu Pai que está nos Céus. (Mateus, 10:32 e 33)

14. Se alguém se envergonha de mim e de minhas palavras, o Filho do Homem se envergonhará dele também, quando vier em sua glória e na de seu Pai e dos santos anjos. (Lucas, 9:26)

15 A coragem de manifestar opinião própria sempre foi estimada entre os homens, pois há mérito em enfrentar os perigos, as perseguições, as contradições, e até mesmo as simples ironias, aos quais se expõe, quase sempre, aquele que não teme proclamar abertamente as idéias que não são as de todos. Nisto, como em tudo, o mérito está na razão das circunstâncias e da importância do resultado. Há sempre fraqueza em recuar diante das dificuldades de defender sua opinião e de renegá-la, mas há casos em que isto equivale a uma covardia tão grande quanto a de fugir no momento do combate.

Jesus destaca essa covardia, do ponto de vista especial da sua doutrina, ao dizer que, se alguém se envergonha de suas palavras, Ele se envergonhará também dele; que renegará aquele que O tiver renegado; que aquele que O confessar diante dos homens, Ele o reconhecerá diante do Pai que está nos Céus; em outras palavras: *Aqueles que tiverem medo de se confessar discípulos da verdade não são dignos de ser admitidos no reino da verdade.* Perderão, assim, a vantagem de sua fé, porque é uma fé egoísta, que guardam para si mesmos, mas que escondem com medo que lhes acarrete prejuízo neste mundo, ao passo que, ao colocar a verdade acima de seus interesses materiais, proclamando-a abertamente, trabalham ao mesmo tempo pelo seu futuro e pelo dos outros.

16 Assim será com os adeptos do Espiritismo, uma vez que sua doutrina é o desenvolvimento e a aplicação do Evangelho. É a eles, portanto, que também se dirigem as palavras do Cristo: Semeiam na Terra o que colherão na vida espiritual; lá, recolherão os frutos de sua coragem ou de sua fraqueza.

CARREGAR A CRUZ. QUEM QUISER SALVAR A VIDA, A PERDERÁ.

17. Sereis bem felizes, quando os homens vos odiarem, vos separarem, vos tratarem injuriosamente, rejeitarem vosso nome como mau por causa do Filho do Homem. Regozijai-vos nesse dia, e alegrai-vos, pois uma grande recompensa vos está reservada no Céu, pois foi assim que os pais deles trataram os profetas. (Lucas, 6:22 e 23)

18. Ao chamar a si o povo e os discípulos, Jesus disse: Se alguém quiser me seguir, que renuncie a si mesmo, que carregue sua cruz e siga-me; pois aquele que quiser salvar a si mesmo se perderá; e aquele que se perder por amor a mim e ao Evangelho se salvará. De fato, de que serviria a um homem ganhar tudo e perder a si mesmo? (Marcos, 8:34 a 36; Lucas, 9:23 a 25; Mateus, 10:39; João, 12:25 e 26)

19 Alegrai-vos, disse Jesus, quando os homens vos odiarem e vos perseguirem por minha causa, porque sereis recompensados no Céu. Estas palavras podem ser interpretadas do seguinte modo: "Sede felizes quando os homens, pela má vontade manifestada para convosco, vos derem a ocasião de provar a sinceridade de vossa fé, porque o mal que vos fizerem reverterá em vosso proveito. Lamentai-os, por sua cegueira, e não os amaldiçoeis".

Depois, acrescenta: *Aquele que quer me seguir carregue sua cruz,* ou seja, que suporte corajosamente as dificuldades que sua fé lhe acarretar; pois aquele que quiser salvar sua vida e seus bens renunciando a mim perderá as vantagens do reino dos Céus, enquanto aqueles que tiverem perdido tudo na Terra, até mesmo a vida, para o triunfo da verdade, receberão na vida futura o prêmio da coragem, da perseverança e do desprendimento demonstrados. Mas, àqueles que sacrificam os bens celestes aos prazeres terrenos, Deus dirá: Já recebestes a vossa recompensa.

CAPÍTULO

25

BUSCAI E ACHAREIS

Ajuda-te, e o Céu te ajudará
Observai os pássaros do céu
Não vos inquieteis pela posse do ouro

AJUDA-TE, E O CÉU TE AJUDARÁ

1. Pedi e se vos dará; buscai e achareis; batei à porta e se vos abrirá; pois todo aquele que pede recebe, e quem procura acha, e se abrirá àquele que bater à porta. Qual é o homem dentre vós que dá uma pedra a seu filho quando lhe pede pão? Ou, em lhe pedindo um peixe, dá uma serpente? Se, pois, sendo maus como sois, sabeis dar boas coisas aos vossos filhos, com quanto mais forte razão vosso Pai, que está nos Céus, dará os verdadeiros bens àqueles que Lhe pedirem. (Mateus, 7:7 a 11)

2 Do ponto de vista terreno, o ensinamento: *Buscai e achareis,* é semelhante a este: *Ajuda-te, e o Céu te ajudará.* É o fundamento da *lei do trabalho* e, por conseguinte, da *lei do progresso,* uma vez que o progresso é filho do trabalho, e que põe em ação todas as forças da inteligência do homem.

Na infância da Humanidade, o homem apenas usa da sua inteligência à procura dos alimentos, dos meios de proteger-se das tempestades e defender-se de seus inimigos. Deus, porém, diferenciando-o dos animais irracionais, *deu-lhe o desejo incessante de melhorar-se.* É esse desejo que o leva a pesquisar meios de melhorar sempre suas condições de vida e o conduz às descobertas, às invenções, ao aperfeiçoamento da Ciência, visto que é a Ciência que lhe proporciona o que lhe falta. Por essas pesquisas, sua inteligência se desenvolve, sua moral se purifica. Às necessidades do corpo sucedem as do Espírito. Além do alimento material, é preciso a alimentação espiritual, e é assim que o homem passa do estado de selvagem para o de civilizado.

Porém, o progresso que cada homem realiza individualmente durante sua vida é muito pequeno, até mesmo imperceptível para um grande número deles. Como é que então a Humanidade poderia ter progredido sem a preexistência e a *reexistência* da alma? Supondo-se que as almas deixassem a Terra todos os dias para não mais voltar, a Humanidade não progrediria, visto que seres primitivos encarnariam incessantemente, e teriam de fazer tudo de novo e aprender tudo outra vez. Se isto ocorresse, não haveria razão para que o homem fosse hoje mais avançado do que nas primeiras idades do mundo, uma vez que, a cada nascimento, todo o trabalho intelectual teria que recomeçar. Ao contrário, retornando com o progresso que adquiriu, e acrescentando a cada reencarnação alguma experiência a mais, a alma passa gradualmente do estado de selvagem à *civilização material*, e desta à *civilização moral*. (Veja nesta obra Cap. 4:17.)

3 Se Deus tivesse desobrigado o homem do trabalho físico, seus membros ficariam atrofiados, e se não o obrigasse ao trabalho da inteligência, seu Espírito permaneceria na infância, no estado de instinto animal. É por isso que fez do trabalho uma necessidade, e disse-lhe: *Buscai e achareis; trabalhai e produzireis*. Deste modo, sereis filho de vossas obras, tereis o mérito da sua realização e sereis recompensado segundo o que fizerdes.

4 É por causa deste princípio que os Espíritos não vêm isentar o homem ao trabalho de pesquisas, trazendo-lhe descobertas e invenções já feitas e prontas para serem utilizadas, porque o levaria a usar apenas o que fosse colocado em suas mãos, sem ao menos ter o trabalho de abaixar-se para pegar e, nem mesmo, o trabalho de pensar. Se assim fosse, o mais preguiçoso dos homens poderia ficar rico, o mais inculto se tornaria sábio, ambos sem nenhum esforço, e se atribuiriam o mérito do que não fizeram. Não. *Os Espíritos não vêm desobrigar o homem da lei do trabalho e, sim, mostrar-lhe o objetivo que deve atingir e o caminho que o conduz até lá, ao lhe dizer: Andai e chegareis. Encontrareis pedras no caminho; olhai-as e afastai-as; nós vos daremos a força necessária se quiserdes empregá-la.* (Consulte *O Livro dos Médiuns,* Cap. 26:291 e seguintes.)

5 Do ponto de vista moral, estas palavras de Jesus significam: Pedi a luz que deve iluminar vosso caminho e ela vos será dada; pedi a força para resistir ao mal e a tereis; pedi a assistência dos bons Espíritos e eles virão vos acompanhar e, como o anjo de Tobias*, vos servirão de guias; pedi bons conselhos e nunca vos serão recusados; batei à nossa porta e ela vos será aberta; mas pedi sinceramente, com fé, fervor e confiança; apresentai-vos com humildade e não com arrogância, sem o que sereis abandonados às vossas próprias forças, e as quedas que sofrereis serão a punição de vosso orgulho. É este o sentido destas palavras do Cristo: *Buscai e achareis, batei e se vos abrirá.*

* **N. E. - Tobias:** patriarca judeu do 1º século a.C., autor do Livro de Tobias, em que relata a sua convivência com um Espírito.

OBSERVAI OS PÁSSAROS DO CÉU

6. Não acumuleis tesouros na Terra, onde a ferrugem e os vermes os consumirão, onde os ladrões os desenterram e os roubam; acumulai tesouros no Céu, onde nem a ferrugem, nem os vermes os consumirão; onde os ladrões não penetram nèm roubam, pois, onde está vosso tesouro, também está o vosso coração.

É por isso que vos digo: Não vos inquieteis por encontrar o que comer para o sustento de vossa vida, nem por terdes roupas para cobrir vosso corpo. A vida não é mais do que o alimento, e o corpo mais do que a roupa?

Observai os pássaros do céu: eles não semeiam e não colhem, e não guardam nada nos celeiros; mas vosso Pai Celeste os alimenta; vós não sois muito mais do que eles? E quem é aquele dentre vós que pode, com todos os seus cuidados, acrescentar à sua estatura a altura de um côvado?*

Por que também vos inquietais pela roupa? Observai como crescem os lírios dos campos; eles não trabalham, nem fiam; e entretanto, eu vos declaro que nem mesmo Salomão, em toda a sua glória, nunca se vestiu como um deles. Se, pois, Deus tem o cuidado de vestir desse modo uma erva dos campos, que hoje existe e que amanhã será lançada na fornalha, quanto mais cuidado terá em vos vestir, homens de pouca fé!

Não vos inquieteis, dizendo: Que comeremos, ou o que beberemos, ou com o que nos vestiremos? – como fazem os pagãos que procuram todas essas coisas; vosso Pai sabe que tendes necessidades delas.

Buscai, pois, primeiramente o reino de Deus e sua justiça, e todas essas coisas vos serão dadas de acréscimo. Por isso, não fiqueis inquietos pelo dia de amanhã, pois o amanhã cuidará de si mesmo. ***A cada dia basta a sua aflição****. (Mateus, 6:19 a 21, 25 a 34)*

7 As palavras do ensinamento de Jesus, interpretadas ao pé da letra, seriam a negação de toda a previdência, de todo o trabalho e, por conseguinte, de todo o progresso. Dessa forma, o homem seria reduzido a um espectador passivo; suas forças físicas e intelectuais não teriam atividade. Se essa tivesse sido sua condição normal na Terra, jamais teria saído do estado primitivo e, se fizesse dessa condição sua lei atual, viveria sem ter nada a fazer. Esse não pode ter sido o pensamento de Jesus, pois estaria em contradição com o que disse, em outras vezes, e com as próprias leis da Natureza. Deus criou o homem sem roupas e sem abrigo, mas deu-lhe a inteligência para fabricá-los. (Veja nesta obra Caps. 16:6; e 25:2.)

* **N. E. - Côvado:** antiga medida de comprimento que correspondia aproximadamente a 65 cm (três palmos).

Estas palavras devem ser entendidas apenas como uma alegoria• poética da Providência, que jamais abandona os que nela depositam sua confiança, mas que, por seu lado, trabalham. Se nem sempre vem em ajuda com o socorro material, inspira-lhes idéias com as quais encontram os meios de se livrar das dificuldades por si mesmos. (Veja nesta obra Cap. 27:8.)

Deus conhece nossas necessidades, e as atende segundo o necessário. O homem, sempre insatisfeito em seus desejos, nem sempre se contenta com o que tem. O necessário já não lhe basta, tem necessidade do supérfluo. A Providência deixa-o entregue à própria sorte. Torna-se então infeliz por sua própria culpa e por ter ignorado a voz interior que o advertia em sua consciência. Deus o deixa sofrer as conseqüências disso, a fim de que lhe sirvam de lição para o futuro. (Veja nesta obra Cap. 5:4.)

8 A Terra produzirá o suficiente para alimentar a todos os seus habitantes quando os homens souberem administrar os bens que ela dá, segundo as leis de justiça, de caridade e de amor ao próximo. Quando a fraternidade reinar entre os diversos povos, como entre as províncias de um mesmo império, o supérfluo momentâneo de um suprirá a insuficiência momentânea do outro, e todos terão o necessário. O rico, então, se considerará como um homem que tem uma grande quantidade de sementes. Se as plantar, produzirão ao cêntuplo para ele e para os outros. Se as comer sozinho, ou se desperdiçar o excedente do que não conseguiu comer, elas não produzirão nada, e delas não tirará proveito para os outros. Se as guardar em seu celeiro, os vermes as comerão. Foi por isso que Jesus disse: *Não acumuleis tesouros na Terra, pois são perecíveis, mas acumulai-os no Céu, onde são eternos.* Em outras palavras, não vos apegueis demasiadamente aos bens materiais e nem lhes deis mais importância do que aos bens espirituais, e aprendei a sacrificar os primeiros em benefício dos segundos. (Veja nesta obra Cap. 16:7 e seguintes.)

Não é com leis que se decretam a caridade e a fraternidade. Se elas não estiverem no coração do homem, o egoísmo imperará sempre. Cabe ao Espiritismo fazê-las penetrar nele.

NÃO VOS INQUIETEIS PELA POSSE DO OURO

9. e 10. Não vos inquieteis pela posse do ouro ou da prata, ou de outra moeda em vosso bolso. Não prepareis nem um saco para o caminho, nem duas roupas, nem sapatos, nem bastões, pois aquele que trabalha merece ser alimentado.

Em qualquer cidade ou em qualquer vila que entrardes, informai-vos de quem é digno de vos hospedar, e permanecei na sua casa até que vos retireis. Ao entrar na casa, saudai-a dizendo: Que a paz esteja nesta casa. Se essa casa for digna disso, vossa paz virá sobre ela; e se não for digna, vossa paz voltará para vós.

Quando alguém não quiser vos receber, nem escutar vossas palavras, sacudi a poeira de vossos pés ao sair dessa casa. Eu vos digo em verdade que, no dia do julgamento, Sodoma e Gomorra serão tratadas menos rigorosamente do que essa cidade.(Mateus, 10:9 a 15)*

11 Estas palavras, que Jesus dirigiu a seus apóstolos quando os enviou pela primeira vez para anunciar a boa-nova, nada tinham de estranho naquela época; elas estavam de acordo com os costumes patriarcais do Oriente, onde o viajante era sempre recebido na tenda. Mas, então, os viajantes eram raros. Entre os povos modernos, o crescimento das viagens criou novos costumes. Encontram-se viajores dos tempos antigos apenas em regiões afastadas, onde o grande tráfego ainda não penetrou. Se Jesus voltasse hoje, não diria mais a seus apóstolos: Colocai-vos a caminho sem provisões.

Além do seu sentido próprio, estas palavras têm um conteúdo moral muito profundo: Jesus ensinava seus discípulos a confiar na Providência. Além disso, eles, nada tendo, não poderiam provocar a cobiça naqueles que os recebessem; era o meio de distinguir os caridosos dos egoístas, e é por isso que lhes diz: *Informai-vos quem é digno de vos hospedar;* isto é, quem é bastante humano para abrigar o viajante que não tem com o que pagar, é digno de ouvir vossas palavras, e é pela caridade que os reconhecereis.

Quanto àqueles que não os quisessem receber e escutar, acaso recomendou que os amaldiçoassem, que se impusessem a eles, que usassem de violência e de força para os converter? Não. Simplesmente recomendou irem a outros lugares, procurar pessoas de boa-vontade.

O mesmo diz hoje o Espiritismo a seus adeptos: Não violenteis nenhuma consciência; não forceis ninguém a deixar sua crença para adotar a vossa; não amaldiçoeis os que não pensem como vós; acolhei os que vêm até vós e deixai em paz os que vos repelem. Lembrai-vos das palavras do Cristo: Antigamente o Céu era tomado com violência, mas hoje o é pela brandura. (Veja nesta obra Cap. 4:10 e 11.)

* **N. E. - Sodoma e Gomorra:** Veja o Velho Testamento, Gênese, 19:24.

Capítulo

26

Dai gratuitamente o que recebestes gratuitamente

Dom de curar
Preces pagas • Mercadores expulsos do templo
Mediunidade gratuita

DOM DE CURAR

1. Curai os enfermos, ressuscitai os mortos, limpai os leprosos, expulsai os demônios. Dai gratuitamente o que recebestes gratuitamente. (Mateus, 10:8)

2 *Dai gratuitamente o que recebestes gratuitamente,* disse Jesus a seus discípulos. Por este ensinamento recomenda não cobrar por aquilo que nada se pagou; portanto, o que tinham recebido gratuitamente era o dom de curar as doenças e de expulsar os demônios, ou seja, os maus Espíritos; esse dom lhes havia sido dado gratuitamente por Deus para o alívio dos que sofrem, para ajudar a propagação da fé, e lhes disse para não fazerem dele um meio de comércio, nem de especulação, nem um meio de vida.

PRECES PAGAS

3. Disse em seguida a seus discípulos, na presença de todo o povo que o escutava: Guardai-vos dos escribas que se exibem passeando em longas túnicas, que adoram ser saudados em lugares públicos, de ocupar as primeiras cadeiras nas sinagogas e os primeiros lugares nas festas; que, sob o pretexto de longas preces, devoram as casas das viúvas. Essas pessoas receberão uma condenação mais rigorosa. (Lucas, 20:45 a 47; Marcos, 12:38 a 40; Mateus, 23:14)

4 Jesus ensinou também: Não façais que vos paguem pelas vossas preces como fazem os escribas que, *sob o pretexto de longas preces, devoram as casas das viúvas,* ou seja, apossam-se de suas fortunas. A prece é um ato de caridade, um impulso do coração. Exigir pagamento por orar a Deus por outrem é transformar-se em intermediário assalariado. A prece, desse modo, seria uma fórmula cuja duração seria proporcional à soma que se pagou. Portanto, de duas uma: ou Deus mede ou não mede as suas graças pela quantidade de palavras; se é preciso muitas, por que dizer poucas, ou quase nenhuma, por aquele que não pode pagar? É falta de caridade e, se uma só basta, as demais são inúteis. Por que, então, cobrá-las? É falta de caridade, é prevaricação*.

Como sabemos, Deus não cobra pelos benefícios que concede. Como pode alguém, que nem mesmo é o distribuidor deles, que não pode garantir sua obtenção, pretender cobrar por um pedido que talvez nenhum resultado produza? Deus não condicionaria um ato de clemência, de bondade ou de justiça que solicitamos à sua misericórdia, em troca de dinheiro. Por outro lado, se a soma não fosse paga, ou fosse insuficiente, resultaria que a justiça, a bondade e a clemência de Deus seriam suspensas. A razão, o bom senso, a lógica nos dizem ser impossível que Deus, a perfeição absoluta, encarregue criaturas imperfeitas de colocar preço à sua justiça. A justiça de Deus é como o sol: se distribui para todos, tanto para pobres quanto para ricos. Se consideramos imoral traficar com as graças de um soberano da Terra, quanto mais não será fazer o mesmo com as do soberano do Universo?

As preces pagas têm ainda um outro inconveniente: é que aquele que as compra se julga, na maioria das vezes, dispensado de orar, pois considera-se quite desde que deu o seu dinheiro. Sabe-se que os Espíritos são tocados pelo fervor do pensamento de quem por eles se interessa. Qual pode ser o fervor daquele que encarrega um terceiro para orar por ele, pagando? Qual é o fervor desse terceiro quando delega seu mandato a um outro, esse a um outro, e assim por diante? Isso não é reduzir a eficácia da prece ao valor de uma moeda corrente?

MERCADORES EXPULSOS DO TEMPLO

5. Vieram em seguida a Jerusalém, e Jesus, tendo entrado no templo, começou a expulsar de lá os que vendiam e compravam; derrubou as mesas dos cambistas e as cadeiras dos que vendiam pombos; e não permitiu que ninguém transportasse qualquer utensílio pelo templo. Também os instruiu ao dizer: Não está escrito que minha casa será chamada casa de orações por todas as nações? E, entretanto, fizestes dela um covil de ladrões. Os príncipes dos sacerdotes, tendo ouvido isto, procuravam um meio de prendê-Lo; pois temiam-No, uma vez que todos estavam tomados de admiração pela sua doutrina. (Marcos, 11:15 a 18; Mateus, 21:12 e 13)*

6 Jesus expulsou os mercadores do templo. Deste modo, condenou o tráfico das coisas santas *sob qualquer forma.* Deus não vende nem sua bênção, nem seu perdão, nem a entrada no reino dos Céus. O homem não tem, pois, o direito de lhes estipular preço.

* **N. E. - Covil:** buraco de feras. Esconderijo de ladrões.

MEDIUNIDADE GRATUITA

7 Os médiuns de agora – visto que também os apóstolos tinham mediunidade – receberam igualmente de Deus um dom gratuito: o de serem os intérpretes dos Espíritos para instruírem os homens, para lhes mostrar o caminho do bem e conduzi-los à fé e não para venderem palavras que não lhes pertencem, visto que não são o produto de suas *concepções, nem de suas pesquisas, nem de seus trabalhos pessoais.* Deus quer que a luz chegue a todos; não quer que o mais pobre seja dela privado e possa dizer: Não tenho fé, porque não a pude pagar; não tive a consolação de receber os encorajamentos e os testemunhos de afeição daqueles por quem choro, porque sou pobre. Eis por que a mediunidade não é um privilégio, e se encontra em todos os lugares. Cobrar por ela seria desviá-la de seu objetivo providencial.

8 Todo aquele que conhece as condições em que os bons Espíritos se comunicam e a repulsa que sentem por tudo o que é de interesse egoísta, sabe como pouca coisa é preciso para que se afastem, jamais poderá admitir que os Espíritos superiores estejam à disposição do primeiro que os chamasse, recompensando-os a tanto por sessão. O simples bom-senso repele esse pensamento. Não seria também uma profanação evocar em troca de dinheiro os seres que respeitamos ou que nos são queridos? Sem dúvida, agindo assim, podem-se ter manifestações, mas quem poderá garantir a sinceridade delas? Espíritos levianos, mentirosos, espertos e toda a espécie de Espíritos inferiores, muito pouco escrupulosos, correm sempre a esses chamados e estão sempre prontos a responder a tudo que lhes é perguntado, sem se preocupar com a verdade. Aquele que quer comunicações sérias deve, em primeiro lugar, procurá-las seriamente, depois de certificar-se sobre a natureza das ligações do médium com os seres do mundo espiritual. Portanto, a primeira condição para se alcançar a benevolência dos bons Espíritos é a humildade, o devotamento, a abnegação e o mais absoluto desinteresse *moral* e *material.*

9 Ao lado da questão moral, apresenta-se uma consideração real e positiva, não menos importante, que se liga à própria natureza da mediunidade. A mediunidade séria não pode ser e jamais será uma profissão, não somente porque seria desacreditada moralmente, e logo se assemelharia aos que lêem a sorte, mas também porque um obstáculo se opõe a isso. É que a mediunidade é um dom essencialmente móvel, fugidio, variável e inconstante. Ela seria, pois, para o explorador, um recurso completamente incerto, que poderia lhe faltar no momento mais necessário. Outra coisa é um talento adquirido pelo estudo e pelo trabalho e que, por essa razão, equivale a uma propriedade da qual naturalmente é permitido tirar proveito. Mas a

mediunidade não é nem uma arte, nem um talento; é por isso que ela não pode tornar-se uma profissão; ela apenas existe com a participação dos Espíritos; sem eles não há mediunidade; a aptidão pode continuar existindo, mas o exercício é falso, é nulo. Não há um único médium no mundo que possa garantir a obtenção de uma manifestação espírita e num determinado instante. Explorar a mediunidade é, portanto, dispor de algo que não se possui. Afirmar o contrário é enganar aquele que paga. Ainda há mais: não é de si mesmo que o explorador dispõe; é dos Espíritos, das almas dos mortos cuja cooperação se colocou à venda. Esta idéia causa repugnância. Foi esse tráfico, comprovado pelo abuso, explorado pelos impostores, pela ignorância, pela crendice e pela superstição, que motivou a proibição de Moisés*. O Espiritismo moderno, compreendendo a seriedade da questão, lançou sobre seus exploradores o descrédito, elevando a mediunidade à categoria de missão. (Consulte *O Livro dos Médiuns,* 2ª parte, Cap. 28, e *O Céu e o Inferno,* 1ª parte, Cap. 11.)

10 A mediunidade é uma missão sagrada que deve ser praticada santa e religiosamente. Se há um gênero de mediunidade que requer essa condição de maneira ainda mais absoluta é a mediunidade de cura. Assim é que o médico oferece o fruto de seus estudos, que fez à custa de sacrifícios muitas vezes árduos; o magnetizador* dá o seu próprio fluido, muitas vezes, até mesmo sua saúde; portanto, ambos podem colocar preço nisso. O médium curador por sua vez transmite o fluido salutar dos bons Espíritos e isso ele não tem o direito de vender. Jesus e os apóstolos, embora pobres, nada recebiam pelas curas que faziam.

Aquele, pois, que não tem do que viver, que procure recursos em outros lugares, *menos na mediunidade,* e que apenas dedique a ela, se for o caso, o tempo de que possa dispor materialmente. Os Espíritos levarão em conta o seu devotamento e sacrifícios, enquanto se afastarão daqueles que esperam fazer da mediunidade um modo de subir na vida.

*** N. E.** - No tempo de Moisés a consulta aos Espíritos, embora largamente praticada, não tinha finalidade séria. A mediunidade, então conhecida como profecia, era comercializada. Por qualquer motivo, consultavam os Espíritos. A mediunidade era explorada por impostores, e foi isto que Moisés proibiu. Mas foi ele mesmo quem disse: "Quem dera que todo o povo do Senhor profetizasse" – isto é, fosse médium, dignificando assim a mediunidade. (Consulte Números, 11:26 a 29.)

*** N. E. - Magnetizador:** que magnetiza, que transmite sua influência, que impõe sua vontade a outro com o objetivo da cura.

Capítulo

27

Pedi e obtereis

Qualidades da prece
Eficiência da prece • Ação da prece
Transmissão do pensamento • Preces que se entendam
Da prece pelos mortos e pelos Espíritos sofredores
Instruções dos Espíritos: Maneira de orar
A felicidade que a prece oferece

QUALIDADES DA PRECE

1. Quando orardes, não vos assemelheis aos hipócritas que fingem orar, ao ficarem em pé nas sinagogas e nas esquinas das ruas para serem vistos pelos homens. Eu vos digo, em verdade, eles já receberam sua recompensa. Mas quando quiserdes orar, entrai para o vosso quarto e, com a porta fechada, orai a vosso Pai em segredo; e vosso Pai, que vê o que se passa em segredo, vos dará a recompensa. Não faleis muito em vossas preces, como fazem os pagãos, que pensam que é pela quantidade de palavras que são atendidos. Não vos torneis semelhantes a eles, pois vosso Pai sabe do que tendes necessidade mesmo antes de pedirdes a Ele. (Mateus, 6:5 a 8)

2. Quando vos apresentardes para orar, se tiverdes alguma coisa contra alguém, perdoai-lhe, a fim de que vosso Pai, que está nos Céus, perdoe também os vossos pecados. Se não lhe perdoardes, vosso Pai, que está nos Céus, também não perdoará os vossos. (Marcos, 11:25 e 26)

3. Ele também disse esta parábola a alguns que depositavam confiança neles mesmos, como sendo justos, e desprezavam os outros:

Dois homens subiram ao templo para orar; um era fariseu e o outro publicano. O fariseu, estando de pé, orava assim para consigo mesmo: Meu Deus, eu vos rendo graças por não ser como o resto dos homens, que são ladrões, injustos e adúlteros, como é também este publicano. Jejuo duas vezes por semana e dou o dízimo de tudo o que possuo.

O publicano, ao contrário, ficando distante, não ousava nem mesmo levantar os olhos para o Céu; mas batia no peito ao dizer: Meu Deus, tende piedade de mim, pois sou um pecador.

Eu vos declaro que este retornou a sua casa justificado, e não o outro; pois todo aquele que se eleva será rebaixado, e todo aquele que se humilha será elevado. (Lucas, 18:9 a 14)

4 As qualidades da prece são claramente definidas por Jesus. Quando orardes, disse, não vos coloqueis em evidência, mas orai em segredo; não aparenteis orar muito, pois não é pela quantidade de palavras que sereis atendidos, mas pela sinceridade delas. Antes de orardes, se tiverdes alguma coisa contra alguém, perdoai-lhe, pois a prece não será agradável a Deus se não vier de um coração purificado de todo sentimento contrário à caridade; enfim, orai com humildade, como o publicano, e não com orgulho, como o fariseu; examinai vossas faltas e não vossas qualidades, e, se vos compa-rardes aos outros, procurai o que há de mau em vós. (Veja nesta obra Cap. 10:7 e 8.)

EFICIÊNCIA DA PRECE

5. Seja o que for que peçais na prece, crede que o obtereis, e vos será concedido. (Marcos, 11:24)

6 Há pessoas que contestam a eficiência da prece, baseando-se no fato de que, se Deus conhece nossas necessidades, não é necessário que as revelemos. Acrescentam ainda que, como tudo se encadeia no Universo pelas leis eternas, nossas preces não podem mudar as leis de Deus.

Sem dúvida alguma, há leis naturais e imutáveis que Deus não anulará conforme os caprichos de cada um. Mas daí a se acreditar que todas as circunstâncias da vida estejam submetidas ao que se usa chamar de fatalidade, há uma grande diferença. Se fosse assim, o homem seria apenas um instrumento passivo, sem livre-arbítrio* e sem iniciativa e, neste caso, só lhe restaria curvar a cabeça aos golpes dos acontecimentos, sem procurar evitá-los; não tentaria procurar desviar-se dos perigos. No entanto, Deus deu ao homem a razão e a inteligência para utilizar-se delas, deu-lhe a vontade para querer; a atividade para ser ativo. Porém, tendo o homem liberdade de ação em todos os sentidos, seus atos lhe acarretam para si e para os outros conseqüências conforme o que faça ou deixe de fazer. É por essa razão que certos acontecimentos acabam, obrigatoriamente, escapando ao que costumamos chamar de fatalidade, mas que em nada alteram a harmonia das leis universais, da mesma maneira que o avanço ou o retardamento dos ponteiros de um relógio não anula a lei do movimento que rege o seu mecanismo. Deus pode, portanto, atender a alguns pedidos sem alterar a imutabilidade das leis que regem o conjunto, desde que se submetam à sua soberana vontade.

7 Não há lógica em deduzir-se deste ensinamento: *Tudo aquilo que pedirdes pela prece vos será concedido,* que basta pedir para se obter. É injusto acusar a Providência de não atender a todo pedido que lhe é feito, porque ela sabe, melhor do que nós, o que é para o nosso bem. Assim procede um pai sábio, que recusa ao seu filho as coisas que lhe seriam prejudiciais. Geralmente, o homem vê apenas o presente. Em vista disso, se o sofrimento é útil à sua felicidade futura, Deus o deixará sofrer, tal como o cirurgião deixa que o doente sofra as dores de uma operação que lhe trará a cura. Deus sempre lhe dará a coragem, a paciência e a resignação, quando se dirigir a Ele com confiança, e lhe inspirará os meios de se livrar das dificuldades por si mesmo, ajudado pelas idéias que fará os bons Espíritos lhe sugerir, deixando-lhe, assim, o mérito da ação. Deus ampara aos que se ajudam a si mesmos, conforme o ensinamento: *Ajudai-vos e o Céu vos ajudará,* mas não aos que tudo esperam de um socorro alheio sem fazer uso de suas próprias capacidades. Infelizmente, a maioria prefere ser socorrida por um milagre do que ter que fazer algum esforço. (Veja nesta obra Cap. 25:1 e seguintes.)

8 Tomemos um exemplo: um homem está perdido num deserto, sofre terrivelmente de sede, sente-se desfalecer. Cai ao chão; pede a Deus para ampará-lo e espera; nenhum anjo lhe vem dar de beber. Contudo, um bom Espírito lhe sugere a idéia de levantar-se e seguir um dos atalhos que vê diante de si. Então, por um impulso instintivo, reúne suas forças, levanta-se e anda. Chega a uma elevação e descobre, ao longe, um riacho; nesse momento retoma a coragem. Se tiver fé, exclamará: "Obrigado, meu Deus, pelo pensamento que me inspirastes e pela força que me destes". Se não tiver fé, dirá: "Que boa idéia *eu tive*! Que *sorte* de tomar o atalho da direita e não o da esquerda; algumas vezes, a sorte realmente nos ajuda! Quanto me felicito por *minha* coragem e por não ter me deixado abater!"

Mas, se dirá, por que o bom Espírito não lhe disse claramente: "Siga este atalho e encontrará o que necessita"? Por que não se mostrou para guiá-lo e sustentá-lo no seu desfalecimento? Desse modo, o teria convencido da intervenção da Providência. Foi, antes de mais nada, para lhe ensinar que é preciso ajudar-se a si mesmo e fazer uso de suas próprias forças. Depois, pela incerteza, Deus coloca à prova a confiança que depositamos n'Ele e a nossa submissão à sua vontade. Aquele homem estava na situação da criança que cai e que, ao perceber alguém, grita e espera que a levantem. Se não vê ninguém, faz um esforço e se levanta sozinha.

Se o anjo que acompanhou Tobias lhe tivesse dito: "Sou enviado por Deus para te guiar em tua viagem e te proteger de todo o perigo", Tobias não teria tido nenhum mérito. Confiaria em seu acompanhante e não teria tido necessidade nem de pensar; foi por isso que o anjo apenas se deu a conhecer na volta.

AÇÃO DA PRECE. TRANSMISSÃO DO PENSAMENTO.

9 A prece é uma invocação*. Ao fazê-la o homem entra em comunicação pelo pensamento com o ser ao qual se dirige; pode ser para pedir, para agradecer ou para glorificar. Podemos orar por nós mesmos, por outras pessoas, pelos vivos ou pelos mortos. As preces dirigidas a Deus são ouvidas pelos Espíritos encarregados da execução das vontades d'Ele, e as que são dirigidas aos bons Espíritos são igualmente levadas a Deus. Quando oramos para outros seres que não a Deus, é somente na qualidade de intermediários que eles as recebem, pois nada pode se realizar sem a vontade de Deus.

10 O Espiritismo nos faz compreender a ação da prece ao explicar o modo de transmissão do pensamento, seja quando o ser chamado atenda ao nosso apelo, seja quando nosso pensamento chegue até ele. Para compreendermos como isso acontece, é preciso imaginar todos os seres encarnados e desencarnados mergulhados no fluido universal* que ocupa todo o espaço, tal qual nos achamos envolvidos pela atmosfera aqui na Terra. Esse fluido recebe um impulso da nossa vontade e ele é o veículo do pensamento, como o ar é o veículo do som, com uma diferença: as vibrações do ar são limitadas, ao passo que as do fluido universal se estendem ao infinito. Portanto, quando o pensamento é dirigido a um ser qualquer na Terra ou no espaço, de encarnado para desencarnado ou de desencarnado para encarnado, uma corrente de fluidos se estabelece entre um e outro, transmitindo o pensamento entre eles como o ar transmite o som.

A intensidade dessa corrente de fluidos será forte ou fraca de acordo com a força do pensamento e da vontade de quem ora. É desse modo que a prece é ouvida pelos Espíritos em qualquer lugar em que se encontrem; é desta maneira também que os Espíritos se comunicam entre si, nos transmitem suas inspirações, e que as relações se estabelecem a distância entre encarnados.

Esta explicação visa, em especial, esclarecer aos que não compreendem a utilidade da prece puramente espiritual, isto é, vinda da alma. Tem por finalidade separar a prece das coisas materiais e tornar compreensível o seu efeito, mostrando que pode ter uma ação direta e efetiva, mas sempre subordinada à vontade de Deus, juiz supremo de todas as coisas, a quem cabe tornar eficaz sua ação.

* N. E. - **Invocação:** apelo, súplica, pedido de proteção.

* N. E. - **Fluido universal:** energia que preenche todo o espaço universal e que compõe todos os corpos, transformando-se, gradualmente, para ter a ação em que se deve manifestar: animal, vegetal, mineral, gasoso.

11 Pela prece, o homem atrai para si o auxílio dos bons Espíritos que o vêm sustentar nas suas boas resoluções e lhe inspirar bons pensamentos. Ele adquire assim a força moral necessária para vencer as dificuldades e voltar ao bom caminho, se dele se afastou. Dessa forma, pode desviar de si os males que atrairia devido às suas próprias faltas. Um homem, por exemplo, vê sua saúde arruinada pelos excessos que cometeu e arrasta, até o fim de seus dias, uma vida de sofrimentos. Terá ele o direito de lamentar-se por não obter a cura? Não, já que poderia ter encontrado na prece a força para resistir às tentações.

12 Se dividirmos os males da vida em duas partes, teremos: uma, que o homem não pode evitar; outra, em que ele mesmo é o principal causador devido aos seus desleixos, excessos (veja nesta obra Cap. 5:4). Constataremos que, onde o homem é o agente, supera, em muito, a outra. Fica, portanto, bem evidente que o homem é o responsável pela maior parte das suas aflições, às quais se pouparia caso agisse com sabedoria e prudência.

É certo também que essas misérias são o resultado das nossas infrações às leis de Deus, que, se fossem repeitadas rigorosamente, nos fariam felizes. Se não ultrapassássemos o limite do necessário na satisfação de nossas necessidades, não teríamos as doenças que são conseqüência dos excessos, e nem as alternativas que elas ocasionam. Se colocássemos limite à nossa ambição, não temeríamos a ruína; se não quiséssemos subir mais alto do que podemos, não temeríamos cair; se fôssemos humildes, não sofreríamos as decepções do orgulho ferido; se praticássemos a lei da caridade, não seríamos nem maledicentes, nem invejosos, nem ciumentos e evitaríamos as desavenças e as discussões; se não fizéssemos mal a ninguém, não temeríamos as vinganças.

Admitamos que o homem nada possa fazer em relação àqueles de quem não pode evitar males, e que toda prece seja inútil para se livrar deles. Já não seria o bastante estar livre de todos os males que decorrem de sua própria conduta? É neste caso que a ação da prece facilmente se compreende, já que ela tem por efeito atrair a inspiração salutar dos bons Espíritos, pedir-lhes a força necessária para resistir aos maus pensamentos, cuja realização pode nos ser funesta*. Neste caso, *não é o mal que eles afastam de nós, mas é a nós mesmos que eles afastam do mau pensamento que pode nos causar o mal; não impedem em nada os decretos de Deus, nem suspendem o curso das leis da Natureza; apenas evitam que infrinjamos essas leis, ao orientarem o nosso livre-arbítrio*•. Agem assim, de maneira oculta, sem que se dêem a perceber, para não nos considerarmos

* **N. E. - Funesta:** fatal, mortal, amargurosa, dolorosa, nociva, desastrosa.

submissos à sua vontade. O homem se encontra, então, na posição daquele que solicita bons conselhos e os coloca em prática, mas é sempre livre para segui-los ou não. Deus quer que assim seja, para que ele tenha a responsabilidade de seus atos e para deixar-lhe o mérito da escolha entre o bem e o mal. O homem sempre pode obter isso se orar com fervor, e é neste caso que se podem aplicar estas palavras: *Pedi e obtereis.*

A eficiência da prece, mesmo reduzida a esta proporção, não seria de um imenso resultado? Estava reservado ao Espiritismo provar a sua ação ao revelar as relações que existem entre o mundo corporal e o mundo espiritual. Mas não é a isso somente que se limitam os efeitos da prece. A prece é recomendada por todos os Espíritos; renunciar à prece é negar a bondade de Deus, é recusar para si mesmo a sua assistência, e, para os outros, o bem que lhes pode fazer.

13 Ao atender o pedido que Lhe é dirigido, Deus, freqüentemente, tem em vista recompensar a intenção, o devotamento e a fé daquele que ora. É por isso que a prece do homem de bem tem mais mérito aos olhos de Deus e maior eficiência. O homem vicioso e mau não consegue orar com o fervor e a confiança que só são alcançados pelo sentimento da verdadeira piedade. Do coração do egoísta, daquele que apenas ora com os lábios, sairão de sua boca apenas *palavras,* mas não os sentimentos da caridade que dão à prece todo o seu poder. Compreende-se assim por que, instintivamente, pedimos preces em nosso favor àquelas pessoas cuja conduta nos parece ser agradável a Deus, pois serão melhor ouvidas.

14 A prece aciona uma espécie de ação magnética* entre aquele que ora e aquele a quem ela se dirige. Poderia se pensar que o efeito da prece depende desse magnetismo, da força fluídica, daquele que ora, mas não é bem assim. Os Espíritos têm a condição de poder acionar essa ação magnética fluídica sobre os homens e em razão disso complementam, quando se faz necessário, a insuficiência daquele que ora, seja agindo diretamente "em seu próprio nome", seja dando-lhes, naquele momento, uma força excepcional, desde que os julguem dignos dessa ajuda ou quando ela possa ser proveitosa.

O homem que não acredita ser suficientemente bom para praticar pela prece uma ação benéfica não deve, por isso, deixar de orar em favor de outro, por julgar-se indigno de ser escutado. A consciência de suas imperfeições é uma prova de humildade, sempre agradável a Deus, que leva em conta a intenção caridosa que o anima. Seu fervor e sua

* **N. E. - Ação magnética:** influência exercida por uma pessoa na vontade de outras. Atração, encantamento, atratividade.

confiança em Deus são um primeiro passo de retorno ao bem e os bons Espíritos se sentem felizes por encorajá-lo. A prece que nunca alcança graças é a do orgulhoso, *que só tem fé em seu poder, em seus méritos e que julga poder se sobrepor à vontade do Eterno.*

15 O poder da prece está no pensamento, não depende nem de palavras, nem do lugar, nem do momento, nem da forma como é feita. Pode-se orar em qualquer lugar e a qualquer hora, sozinho ou com mais pessoas. A influência do lugar ou do tempo de duração só se faz sentir nas condições que podem favorecer a meditação. *A prece em conjunto tem uma ação mais poderosa quando todos os que oram se associam de coração a um mesmo pensamento e têm um mesmo objetivo,* porque, então, é como se muitos clamassem a uma só voz. Mas o que valerá estarem reunidos num grande número para orar se cada um atuar isoladamente e por sua própria conta? Cem pessoas reunidas podem orar como egoístas, enquanto duas ou três, unidas por um ideal comum, orarão como verdadeiros irmãos, filhos de Deus, e sua prece terá mais poder do que a daquelas cem pessoas. (Veja Cap. 28:4 e 5.)

PRECES QUE SE ENTENDAM

16. Se não entendo o que significam as palavras, serei um bárbaro para aquele com quem falo, e aquele que me fala será para mim um bárbaro. ***Se oro em uma língua que não entendo,*** *meu coração ora, mas minha inteligência não colhe fruto. Se louvais a Deus apenas com o coração, como é que um homem dentre aqueles que só entendem sua própria língua responderá amém, no fim de vossa ação de graças, uma vez que não entende o que dizeis? Não é que vossa ação não seja boa, mas os outros não são edificados com ela. (Paulo, 1ª Epístola aos Coríntios, 14:11, 14, 16 e 17)*

17 O valor da prece falada está ligado à compreensão que as palavras tenham para quem as ouve, porque é impossível ligar um pensamento àquilo que não se compreende e não se pode sentir com o coração. Para a grande maioria, as preces numa língua que não se entenda são simplesmente uma série de palavras que não dizem nada ao Espírito. Para que a prece toque o coração, é preciso que cada palavra transmita uma idéia e, se não é compreendida, não pode transmitir idéia nenhuma. Pode ser repetida como uma simples fórmula que tem mais ou menos virtudes, conforme o número de vezes que é repetida. Muitos oram por dever; alguns, até mesmo por hábito, pelo que se julgam quites, quando disseram uma prece um certo número de vezes predeterminado e nesta ou naquela ordem. Deus vê no íntimo dos corações, lê o pensamento e percebe a sinceridade, e é rebaixá-Lo acreditar que Ele seja mais sensível à maneira de orar do que à essência da prece. (Veja nesta obra Cap. 28:2.)

DA PRECE PELOS MORTOS E PELOS ESPÍRITOS SOFREDORES

18 Os Espíritos sofredores clamam por preces, e elas lhes são proveitosas, porque, ao ver que são lembrados, sentem-se mais reconfortados e menos infelizes. Além disso, a prece tem para eles uma ação mais direta: reanima sua coragem, estimula neles o desejo de elevar-se pelo arrependimento, pela reparação, e pode desviá-los do pensamento do mal. É nesse sentido que ela pode aliviar e abreviar-lhes os sofrimentos. (Consulte *O Céu e o Inferno,* 2ª parte: Exemplos.)

19 Há pessoas que não admitem a prece pelos mortos porque conforme crêem, há para a alma duas alternativas apenas: ser salva ou condenada às penalidades eternas, resultando, em ambos os casos, na inutilidade da prece. Sem discutir o valor dessa crença, admitamos, por um instante, a existência dos sofrimentos eternos e imperdoáveis e que nossas preces sejam impotentes para pôr um fim a isso. Perguntamos se, nesta hipótese, é lógico, é caridoso, é cristão não orar pelos condenados? Essas preces, por mais impotentes que sejam para libertá-los, não são para eles um sinal de piedade que pode suavizar seus sofrimentos? Na Terra, quando um homem é condenado à prisão perpétua, mesmo quando não se tenha nenhuma esperança de obter para ele o perdão, é proibido a uma pessoa caridosa ir aliviar-lhe os sofrimentos? Quando alguém é atingido por um mal incurável, e só porque não há nenhuma esperança de cura, deve-se abandoná-lo sem nenhuma consolação? Lembrai-vos de que entre os condenados pode estar uma pessoa que vos foi querida, um amigo, talvez um pai, uma mãe ou um filho, e, só porque alguns pensam que ele não poderá ser perdoado, acaso lhe recusaríeis uma copo d'água para matar a sede? Um remédio para curar suas feridas? Não faríeis por ele o que faríeis por um prisioneiro? Não lhe daríeis uma prova de amor e de consolação? Negando-lhe tudo isso, não seríeis cristãos. Uma crença que endurece o coração não pode estar unida à de um Deus que coloca em primeiro lugar os deveres de amor ao próximo.

Negar a eternidade dos sofrimentos não quer dizer que não existam penalidades temporárias, porque Deus, na sua justiça, não confunde o bem com o mal. Portanto, negar, neste caso, a eficiência da prece seria negar a eficiência da consolação, dos encorajamentos e dos bons conselhos; seria negar a força que se recebe da assistência moral daqueles que nos querem bem.

20 Outros se baseiam numa razão mais enganadora: a imutabilidade dos decretos divinos. Deus, dizem eles, não pode mudar suas decisões a pedido das criaturas, porque, nesse caso, nada seria estável no mundo. O homem, portanto, não tem nada que pedir a Deus senão somente submeter-se e adorá-Lo.

Há nesta idéia uma falsa compreensão da imutabilidade da lei divina, ou melhor, há ignorância da lei no que diz respeito à penalidade futura. Essa lei hoje nos está sendo revelada pelos Espíritos do Senhor, agora que o homem está maduro para compreender o que, na fé, está de conformidade ou contrário aos propósitos divinos.

Segundo o dogma* da eternidade absoluta dos sofrimentos, não se levam em conta a favor do culpado nem seus remorsos, nem seu arrependimento. Todo desejo que tenha de melhorar-se será inútil: está condenado a permanecer no mal para sempre. Se é condenado por um tempo determinado, o sofrimento acabará quando o tempo se tiver cumprido. Mas quem garantirá que ele terá mudado para melhorar seus sentimentos? Quem poderá afirmar que, a exemplo de muitos condenados na Terra, ao ser liberto da prisão, não será ele tão mau quanto o era antes? No caso daquele que se arrependeu, seria manter na dor do castigo um homem que retornou ao bem, e, no outro, daquele que continuou mau, seria premiar um culpado. A Lei de Deus é mais previdente e sábia: sempre justa, igual para todos e misericordiosa, não fixa nenhuma duração ao sofrimento, qualquer que ele seja, e pode se resumir assim:

21 – "O homem sempre sofre a conseqüência de suas faltas e não há uma única infração à Lei de Deus que não tenha a sua punição*."

– "A severidade do castigo é proporcional à gravidade da falta."

– "A duração do castigo para qualquer falta *é indeterminada; fica subordinada ao arrependimento do culpado e ao seu retorno ao bem;* a punição dura tanto quanto a sua permanência no mal. Será perpétua, se a permanência no mal também o for, ou de curta duração, se o arrependimento vier logo."

– "Desde que o culpado clame por misericórdia, Deus o ouve e lhe dá a esperança. Mas o simples arrependimento do mal não é suficiente: é preciso a reparação da falta. É por isso que o culpado é submetido a novas provas, nas quais pode, sempre pela ação da sua livre vontade, fazer o bem, reparando o mal que cometeu."

– "O homem é, assim, constantemente o árbitro de sua própria sorte; pode abreviar o seu suplício ou prolongá-lo indefinidamente; sua felicidade ou sua infelicidade dependem da vontade que tenha de fazer o bem."

Esta é a lei, lei *imutável* em concordância com a bondade e a justiça de Deus.

Portanto, o Espírito culpado e infeliz pode sempre salvar-se a si mesmo, e a Lei de Deus lhe mostra quais as condições para isso. Na maioria das vezes, o que lhe falta é a vontade, a força e a coragem.

* **N. E. - Sua punição:** (neste caso) a lei de ação e reação ou a lei de causa e efeito.

Se, por nossas preces, nós lhe inspirarmos essa vontade, se o ampararmos e o encorajarmos; se, por nossos conselhos, conseguir as luzes de que necessita, *ao invés de solicitar a Deus a abolição de sua lei, tornamo-nos os instrumentos de outra lei também sua, a de amor e de caridade,* da qual nos permite participar para darmos, nós mesmos, uma prova de caridade. (Consulte *O Céu e o Inferno,* 1ª parte, Caps. 4, 7, 8.)

INSTRUÇÕES DOS ESPÍRITOS

MANEIRA DE ORAR

V. Monod - Bordeaux, 1862

22 O primeiro dever de toda criatura humana, o primeiro ato que deve assinalar o seu retorno à vida ativa de cada dia, é a prece. Quase todos oram, mas muito poucos sabem orar! Que importância terão perante o Senhor as frases que juntais umas às outras, sem compreender o que dizeis, por ser vosso hábito e um dever que cumpris, e que como todo dever vos pesa?

A prece do cristão, do *espírita* ou de qualquer outro culto deve ser feita logo ao acordar, quando o Espírito retomou o domínio do corpo após o sono. Deve elevar-se em agradecimento aos pés da Majestade Divina com humildade, do fundo da alma, agradecendo todos os benefícios recebidos até aquele dia; pela noite transcorrida, durante a qual vos foi permitido, embora inconscientemente, ir até junto de vossos amigos, vossos guias, para renovar, ao contato com eles, vossas forças e confiança. A prece deve elevar-se humilde aos pés do Senhor, para Lhe confessar a vossa fraqueza, e suplicar amparo, indulgência e misericórdia. Ela deve ser profunda, pois é vossa alma que deve se elevar em direção ao Criador, devendo transfigurar-se como Jesus no Tabor*, e chegar ao Senhor, branca e radiosa de esperança e de amor.

Vossa prece deve conter o pedido das graças de que tendes necessidade, mas das autênticas necessidades. É inútil pedir ao Senhor para encurtar vossas provas, para vos dar alegrias e riquezas. Rogai-lhe para vos conceder os bens mais preciosos: a paciência, a resignação e a fé. Não deveis dizer, como acontece com muitos entre vós: "Não vale a pena orar, uma vez que Deus não me atende". Que pedis a Deus, na maior parte das vezes? Já vos lembrastes de pedir-lhe a vossa melhoria moral? Não. Poucas vezes o fazeis. Contudo, estais sempre pedindo *o sucesso em vossos empreendimentos na Terra,*

* **N. E. - Tabor:** Monte da Judéia onde Jesus se transfigurou, na presença de Pedro, Tiago e João. Falou com Moisés e Elias. (Veja Mateus, 17:4) É o que conhecemos no Espiritismo por aparições tangíveis ou materializações. (Veja *O Livro dos Médiuns*, Cap. 8.)

e freqüentemente dizeis: "Deus não se ocupa conosco; se o fizesse, não haveria tantas injustiças". Insensatos! Ingratos! Se analisásseis honestamente o fundo de vossa consciência, encontraríeis quase sempre, em vós mesmos, o ponto de partida dos males dos quais vos lamentais. Pedi, antes de todas as coisas, vossa melhoria, e vereis que imensidão de graças e de consolações se derramarão sobre vós. (Veja nesta obra Cap. 5:4.)

Deveis orar sempre sem que, para isso, seja preciso vos recolherdes ao vosso oratório, ou vos exibirdes de joelhos nas praças públicas. Durante a jornada diária de trabalho, a prece deve constar como parte do cumprimento dos vossos deveres, qualquer que seja a natureza deles, sem exceção. Não é um ato de amor para com o Senhor assistir os vossos irmãos em qualquer necessidade, moral ou física? Não é um ato de reconhecimento elevar o vosso pensamento a Deus quando uma felicidade vos chega, um acidente é evitado, até mesmo quando uma contrariedade vos atinja somente de leve? Portanto, deveis sempre agradecer em pensamento: *Sede abençoado, meu Pai!* Não é um ato de arrependimento humilhar-vos diante do Juiz Supremo quando sentirdes que falhastes, ainda que por um breve pensamento, e dizer-Lhe: *Perdoai-me, meu Deus, pois pequei (por orgulho, por egoísmo ou por falta de caridade); dai-me a força para não mais falhar e a coragem de reparar o meu erro?*

Deveis proceder desta maneira independentemente das preces regulares da manhã, da noite e dos dias consagrados. Como vedes, a prece pode ser feita a todos os instantes, sem trazer nenhuma interrupção aos vossos trabalhos, e, se assim fizerdes, ela os santificará. Acreditai que apenas um destes pensamentos, partindo do coração, é mais ouvido por vosso Pai Celestial do que as longas preces ditas por hábito, muitas vezes sem causa determinada, às quais *a hora convencionada vos lembra automaticamente que chegou o momento da prece.*

A FELICIDADE QUE A PRECE OFERECE

Santo Agostinho - Paris, 1861

23 Vinde, vós que desejais crer. Os Espíritos celestes vêm vos socorrer e anunciar grandes coisas. Deus, meus filhos, abre seus tesouros para vos dar todos os seus benefícios. Homens de pouca fé! Se soubésseis o quanto a fé faz bem ao coração e leva a alma ao arrependimento e à prece! A prece! Como são tocantes as palavras que saem dos lábios na hora da prece! A prece é o orvalho divino que tranqüiliza o calor excessivo das paixões. A prece, filha primeira da fé, nos conduz ao caminho que nos leva a Deus. No recolhimento e na solidão, estais com Deus. Para vós, não há mais mistérios: na prece

Deus se revela. Apóstolos do pensamento, a prece vos leva a conhecer a verdadeira vida. Vossa alma se desprende da matéria e se eleva a mundos infinitos e celestes que os pobres humanos desconhecem.

Caminhai, caminhai pelas sendas da prece, e ouvireis as vozes dos anjos. Que harmonia! Não é mais o ruído confuso e os sons estridentes da Terra; são as liras dos arcanjos; são as vozes doces e suaves dos serafins, mais leves que as brisas da manhã quando brincam nas folhagens de vossos bosques. Em que delícias caminhareis! Vossa linguagem é pobre para poder definir a felicidade que vos envolverá, por assim dizer, por todos os poros, quando, ao orar, se atinge essa fonte de frescor e de vida! Doces vozes, deliciosos perfumes, que a alma ouve e sente quando se lança nessas esferas desconhecidas e habitadas pela prece! Sem o peso dos desejos carnais, todas as aspirações são divinas. E vós também orai como o Cristo levando sua cruz ao Gólgota•, ao Calvário•.

Carregai a vossa cruz, e sentireis em vossas almas as mesmas doces emoções que o Senhor sentiu, embora carregando a cruz infame. O Senhor ia morrer, mas para viver a vida celeste na morada do Pai.

Capítulo
28
Coletânea de preces Espíritas

Introdução

1 Os Espíritos sempre disseram: "A forma não é nada, o pensamento é tudo. Cada um deve orar conforme suas convicções e do modo que mais lhe agrade, e que mais vale um bom pensamento do que muitas palavras que não tocam o coração".

Os Espíritos nunca determinaram uma fórmula-padrão de preces; quando a dá, é apenas para fixar as idéias e para chamar a atenção sobre alguns princípios da Doutrina Espírita. Tem também como objetivo ajudar as pessoas que sentem dificuldade em expressar suas idéias, pois há quem pense não ter orado se seus pensamentos não foram bem formulados.

A coletânea de preces contidas neste capítulo é uma seleção dentre as que foram ditadas pelos Espíritos em diferentes ocasiões, em termos apropriados a certas idéias ou a casos especiais; mas pouco importa a forma se o pensamento fundamental é o mesmo. O objetivo da prece é o de elevar nossa alma a Deus; a diversidade das fórmulas não deve estabelecer nenhuma diferença entre os que nele crêem e, ainda menos, entre os espíritas, pois Deus aceita todas quando são sinceras.

Não se deve considerar esta seleção como um formulário único, mas apenas como uma variedade entre as instruções que os Espíritos dão. É uma aplicação dos princípios da moral evangélica desenvolvidos neste livro, um complemento dos seus ditados sobre os deveres para com Deus e o próximo, em que são lembrados todos os princípios da Doutrina Espírita.

O Espiritismo reconhece como boas as preces de todos os cultos quando ditas de coração, e não da boca para fora. Não impõe e nem censura nenhuma. Deus é infinitamente grande, conforme a Doutrina Espírita nos ensina, para não ouvir a voz que implora ou Lhe canta louvores, quer o faça de um ou de outro modo. *Todo aquele que lançasse a maldição contra as preces que não fazem parte de seu formulário provaria que desconhece a grandeza de Deus.* Acreditar que Deus se apegue a uma fórmula é atribuir-Lhe a pequenez e as paixões da Humanidade.

Uma condição essencial da prece, conforme nos diz o apóstolo Paulo (veja nesta obra Cap. 27:16), é a de ser inteligível, bem compreendida, a fim de que possa ser sentida com a alma; precisa ser dita numa língua entendida por aquele que ora. Há preces em linguagem comum que não dizem muito mais ao pensamento do que se fossem feitas numa linguagem desconhecida e que, por isso mesmo, não tocam o coração. As raras idéias que encerram são, muitas vezes, sufocadas pela grande quantidade de palavras e pelas idéias místicas da linguagem.

As principais qualidades da prece são: a clareza, simplicidade e precisão, sem excesso de palavras, nem adjetivações inúteis que apenas são enfeites de brilho falso; cada palavra deve ter sua importância, revelar uma idéia, tocar a alma, *deve nos fazer pensar.* Somente com essa condição a prece pode atingir seu objetivo; de outro modo, *é apenas palavreado.* Notai com que ar de distração e desinteresse as preces são ditas na maioria dos casos. Vêem-se lábios que se movimentam, mas, na expressão do rosto e mesmo no som da voz, se reconhece que é um automatismo, puramente exterior, ao qual a alma permanece indiferente.

As preces reunidas nesta coletânea estão divididas em cinco categorias:

1 Preces em geral;
2 Preces para si mesmo;
3 Preces pelos encarnados;
4 Preces pelos desencarnados;
5 Preces pelos doentes e os obsediados.

Com o fim de chamar a atenção mais particularmente sobre o objetivo de cada prece e tornar mais compreensível o seu sentido, são todas precedidas de uma exposição de motivos sob o título de Instrução Preliminar.

1 PRECES EM GERAL

Oração Dominical

2 Instrução Preliminar

Os Espíritos recomendaram colocar a oração dominical, o Pai-Nosso, no início desta coletânea, não somente como prece, mas também como símbolo. De todas as preces, é a que colocam em primeiro lugar, porque veio do próprio Jesus (Mateus, 6:9 a 13) e porque pode substituir a todas conforme a idéia e o sentimento que se lhe atribua. É o mais perfeito modelo de concisão*, verdadeira obra-prima, sublime na sua simplicidade. De fato, sob a forma mais singela, resume todos os deveres do homem para com Deus, para consigo

*** N. E. - Concisão:** precisão, exatidão, síntese.

mesmo e para com o próximo. Encerra uma profissão de fé*, um ato de adoração e de submissão, o pedido das coisas necessárias à vida e o princípio da caridade. Dizê-la em intenção de alguém é pedir para outrem o que se pediria para si mesmo.

Mas, em virtude de ser concisa, o profundo sentido contido nas poucas palavras que a compõem escapa à maioria. É por isso que a oração dominical* é, muitas vezes, dita sem se fixar o pensamento sobre o sentido de cada uma de suas partes. Dizem-na decorada, como uma fórmula, cuja eficiência está condicionada ao número de vezes que é repetida e, quase sempre, esse número é cabalístico: *três, sete* ou *nove*, tirado da antiga crença supersticiosa do poder atribuído aos números e em uso nos círculos da magia.

Para auxiliar e aclarar a mente sobre as proposições do *Pai-Nosso,* de acordo com o conselho e com a assistência dos bons Espíritos, a cada proposição da prece foi feito um comentário que lhe desenvolve o sentido e mostra as aplicações. Conforme as circunstâncias e o tempo disponível, pode-se dizer a Oração Dominical *simples* ou *desenvolvida*.

3 Prece

3.1. *Pai nosso que estais nos Céus, santificado seja o vosso nome!*

Acreditamos em vós, Senhor, pois tudo revela vosso poder e vossa bondade. A harmonia do Universo testemunha uma sabedoria, uma prudência e uma previdência que ultrapassam toda a compreensão humana. O nome de um ser soberanamente grande e sábio está inscrito em todas as obras da Criação, desde o ramo da erva e o mais pequeno inseto até os astros que se movem no espaço. Em todos os lugares, vemos a prova de um amor paternal. É por isso que cego é aquele que não vos reconhece em vossas obras, orgulhoso aquele que não vos glorifica, e ingrato aquele que não vos rende graças.

3.2. *Venha a nós o vosso reino!*

Senhor, destes aos homens leis perfeitas de sabedoria, que os fariam felizes se as seguissem. Com essas leis, fariam reinar entre si a paz e a justiça; ajudariam-se mutuamente ao invés de prejudicarem-se como o fazem; o forte ajudaria o fraco ao invés de massacrá-lo; evitariam os males que geram os abusos e os excessos de todas as espécies. Todas as misérias da Terra vêm da violação de vossas leis, pois não há uma única infração a essas leis que não tenha conseqüências inevitáveis.

Destes ao animal o instinto, que o mantém no limite do necessário, e ele se conforma naturalmente com isso. Ao homem, além do instinto,

* **N. E. - Profissão de fé:** declaração pública de uma crença ou certeza religiosa.
* **N. E. - Oração dominical:** do latim *dominus*. Oração do Senhor (Jesus).

destes a inteligência e a razão; destes também a liberdade de respeitar ou violar aquelas de vossas leis que lhe dizem respeito pessoalmente, ou seja, de escolher entre o bem e o mal, a fim de que tenha o mérito e a responsabilidade de suas ações.

Ninguém pode alegar ignorância de vossas leis, porque, em vossa previdência paternal, quisestes que fossem gravadas na consciência de cada um, sem distinção de cultos, nem de nações. Aqueles que as desobedecem, é porque vos desconhecem.

Chegará o dia em que, de acordo com vossa promessa, todos praticarão, e então a incredulidade terá desaparecido. Todos vós reconhecerão o Senhor soberano de todas as coisas, e o reinado de vossas leis será vosso reino na Terra.

Dignai-vos, Senhor, a apressar a sua vinda, dando aos homens a luz necessária que os conduza ao caminho da verdade.

3.3. *Seja feita a vossa vontade assim na Terra como nos Céus!*

Se a submissão é um dever do filho com relação ao pai, do inferior com relação ao superior, quanto maior não deve ser a da criatura em relação ao seu Criador! Fazer vossa vontade, Senhor, é obedecer vossas leis e se submeter sem lamentações aos vossos decretos divinos. O homem se submeterá a ela quando compreender que sois a fonte de toda sabedoria e que sem vós nada pode. Então fará vossa vontade na Terra como os eleitos a fazem nos Céus.

3.4. *O pão nosso de cada dia, nos dai hoje!*

Dai-nos o alimento para a manutenção das forças do corpo; dai-nos também o alimento espiritual para o desenvolvimento de nosso Espírito.

O animal encontra sua pastagem, mas o homem deve o seu alimento à sua própria atividade e aos recursos de sua inteligência, porque vós o criastes livre.

Vós lhe dissestes: "Tirarás teu alimento da terra com o suor de teu rosto". Com isso lhe fizestes do trabalho uma obrigação, a fim de que exercite sua inteligência pela procura dos meios de preencher as suas necessidades e o seu bem-estar; uns pelo trabalho manual, outros pelo trabalho intelectual. Sem o trabalho, ficaria estacionário e não poderia pretender alcançar a felicidade dos Espíritos superiores.

Auxiliais o homem de boa vontade que se confia a vós para obter o necessário, mas não aquele que encontra prazer no vício de gastar o tempo inutilmente, que gostaria de tudo obter sem esforço, nem o que procura o desnecessário. (Veja nesta obra Cap. 25.)

Quantos são os que caem vencidos por sua própria culpa, por seu descuido, sua imprevidência ou sua ambição, e por não quererem se contentar com o que lhes destes. Estes são os que fazem a sua própria desgraça e não têm o direito de se lamentar, já que são punidos naquilo mesmo em que pecaram. Apesar disso, nem a estes abandonais, pois sois infinitamente misericordioso; vós lhes estendeis a mão em socorro desde que, como o filho pródigo•, retornem sinceramente a vós. (Veja nesta obra Cap. 5:4.)

Antes de nos lamentar da nossa sorte, perguntemo-nos se ela não é obra nossa. Perguntemo-nos se a cada infelicidade que nos chega não dependia de nós evitá-la, e consideremos também que Deus nos deu a inteligência para nos tirar do lamaçal e que depende de nós fazer bom uso dela.

Uma vez que na Terra o homem se acha submetido à lei do trabalho, dai-nos a coragem e a força de cumpri-la. Dai-nos também a prudência, a previdência e a moderação, para que não venhamos a perder os seus frutos.

Dai-nos, Senhor, nosso pão de cada dia, ou seja, os meios de adquirir, pelo trabalho, as coisas necessárias à vida, pois ninguém tem o direito de reclamar o desnecessário.

Se o trabalho nos é impossível, confiamo-nos à vossa Divina Providência.

Se está em vossa vontade nos provar pelas mais duras privações, apesar de nossos esforços, nós as aceitamos como uma justa expiação das faltas que tenhamos cometido nesta vida ou numa outra anterior, pois sois justo. Sabemos que não há sofrimentos que não sejam merecidos e que nunca há punições sem causa.

Preservai-nos, meu Deus, de invejar aqueles que possuem o que não temos, e nem mesmo invejar os que têm o excessivo quando nos falte o necessário. Perdoai-lhes, se esquecem a lei da caridade e de amor ao próximo que lhes ensinastes. (Veja nesta obra Cap. 16:8.)

Afastai também de nós o pensamento de negar vossa justiça, ao ver a prosperidade do mau e a infelicidade que, por vezes, aflige o homem de bem. Graças às novas luzes que nos destes, sabemos agora que vossa justiça sempre se cumpre e não falha com ninguém, porque a prosperidade material do mau é tão transitória e passageira quanto a sua existência corporal, e que terá que passar por reencarnações dolorosas, enquanto a alegria reservada àqueles que sofrem com resignação será eterna. (Veja nesta obra Cap. 5:7, 9, 12, 18.)

3.5. *Perdoai nossas dívidas como nós as perdoamos àqueles que nos devem! – Perdoai nossas ofensas como nós perdoamos àqueles que nos ofenderam!*

Cada uma de nossas infrações às vossas leis, Senhor, é uma ofensa que vos fazemos, e uma dívida contraída que cedo ou tarde será preciso resgatar. Solicitamos o perdão de vossa infinita misericórdia e vos prometemos empregar nossos esforços para não contrair novas dívidas.

Na caridade, nos ensinastes a maior das leis; mas a caridade não consiste somente em amparar ao semelhante na necessidade; consiste também no esquecimento e no perdão das ofensas. Com que direito reclamaríamos vossa indulgência, se nós mesmos não usássemos dela para com aqueles dos quais temos do que nos queixar?

Dai-nos, meu Deus, a força para apagar em nossa alma todo o ressentimento, todo o ódio e todo o rancor. Fazei com que a morte não nos surpreenda com nenhum desejo de vingança no coração. Se for de vossa vontade nos retirar hoje mesmo da Terra, fazei com que possamos nos apresentar diante de vós puros, libertos de ódios, como o Cristo, cujas últimas palavras foram de perdão em favor dos seus martirizadores. (Veja nesta obra Cap. 10.)

As perseguições que os maus nos fazem suportar são parte das nossas provas terrenas. Devemos aceitá-las sem lamentações, como todas as outras provas, e não amaldiçoar aqueles que com suas maldades nos dão a oportunidade de perdoar-lhes, abrindo-nos o caminho da felicidade eterna, já que nos dissestes pelo ensinamento de Jesus: *Bem-aventurados os que sofrem pela justiça!* Bendigamos a mão que nos fere e nos humilha, porque sabemos que as angústias do corpo fortalecem nossa alma, e seremos glorificados em nossa humildade. (Veja nesta obra Cap. 12:4.)

Abençoado seja o vosso nome, Senhor, por nos teres ensinado que nossa sorte não está irrevogavelmente fixada após a morte. Que encontraremos em outras existências os meios de resgatar e reparar nossas faltas passadas, e de cumprir, em uma nova vida, o que não pudemos fazer nesta para o nosso adiantamento. (Veja nesta obra Caps. 4; e 5:5.)

Assim se explicam todas as desigualdades aparentes da vida terrena. É a luz lançada sobre nosso passado e nosso futuro o sinal evidente de vossa soberana justiça e de vossa bondade infinita.

3.6. *Não nos deixeis cair em tentação, mas livrai-nos do mal!*[1]

Dai-nos, Senhor, a força para resistir às sugestões dos maus Espíritos que, inspirando-nos maus pensamentos, tentam nos desviar do caminho do bem.

Somos Espíritos imperfeitos, encarnados na Terra para expiar nossas faltas e melhorar-nos. A principal causa do mal está em nós mesmos, e os maus Espíritos apenas se aproveitam de nossas más inclinações e vícios para nos tentar.

Cada imperfeição é uma porta aberta à influência deles, conquanto são impotentes e renunciam a qualquer tentativa contra os seres

[1] Algumas traduções trazem: *Não nos induzas à tentação* (*et ne nos inducas in tentationem*); essa expressão daria a entender que a tentação vem de Deus, que incita voluntariamente os homens à prática do mal, pensamento ultrajante e insultuoso que assemelharia Deus a Satã e que não pode ter sido o de Jesus, porque está de acordo com a doutrina comum sobre o papel dos demônios. (Consulte *O Céu e o Inferno*, Cap. 10, Demônios.)

perfeitos. Se não tivermos vontade firme e determinada para praticar o bem e renunciar ao mal, tudo o que fizermos para afastá-los será inútil. Portanto, precisamos direcionar nossos esforços para combater as nossas más inclinações e os nossos vícios; então, os maus Espíritos naturalmente se afastarão, porque é o mal que os atrai, enquanto o bem os repele. (Veja neste Capítulo, adiante, prece pelos doentes e obsediados, p. 308)

Senhor, sustentai-nos em nossa fraqueza; inspirai-nos, pela voz de nossos anjos guardiães e pelos bons Espíritos, a vontade de corrigir nossas imperfeições a fim de impedir aos Espíritos impuros o acesso à nossa alma. (Veja neste Capítulo, adiante, v:11.)

Senhor, como sois a fonte de todo o bem, não criais nada de mau, não podendo, por isso, o mal ser obra vossa. Nós mesmos o criamos ao desprezar as vossas leis, e pelo mau uso que fazemos do livre-arbítrio que nos destes. Quando os homens cumprirem vossas leis, o mal desaparecerá da Terra, como já desapareceu em mundos mais avançados.

A prática do mal não é uma necessidade fatal ou irresistível para ninguém, e apenas parece irresistível àqueles que nela se satisfazem. Se temos a vontade de fazer o mal, podemos também ter a de fazer o bem. Senhor, meu Deus, é por isso que pedimos vossa assistência e a dos bons Espíritos para resistir à tentação.

3.7. *Assim seja!*

Permite, Senhor, que nossos desejos se realizem! Mas curvamo-nos diante de vossa infinita sabedoria. Que todas as coisas que não compreendamos sejam feitas conforme vossa santa vontade, e não a nossa, pois quereis apenas o nosso bem e sabeis melhor do que nós o que nos é conveniente.

A vós, meu Deus, dirigimos esta prece por nós e em favor de todas as almas sofredoras, encarnadas ou desencarnadas, pelos nossos amigos e inimigos, por todos aqueles que solicitem nossa assistência, e em particular por... (Podem-se formular a seguir os agradecimentos que são dirigidos a Deus e os que se queira pedir para nós mesmos ou para os outros. (Veja neste Capítulo, adiante, as preces v:26-27.)

Suplicamos vossa misericórdia e vossa bênção para todos.

Reuniões Espíritas

4. Onde quer que se encontrem duas ou três pessoas reunidas em meu nome, eu me encontrarei entre elas. (Mateus, 18:20)

5 Instrução Preliminar

Para as pessoas se acharem reunidas em nome de Jesus não basta estarem fisicamente juntas. É preciso estarem espiritualmente unidas, pela comunhão de intenções e de pensamentos para o bem. Assim, Jesus ou os Espíritos puros que O representam se encontrarão no meio da assembléia. O Espiritismo nos faz compreender como os Espíritos podem estar entre nós. Eles estão com seu corpo fluídico ou espiritual, e com a aparência que nos permitiria reconhecê-los, caso se tornassem visíveis. Quanto mais são elevados na ordem espiritual, maior é seu poder de irradiação. É assim que possuem o dom da ubiqüidade, isto é, podem estar em muitos lugares ao mesmo tempo, bastando para isso usarem um raio de seu pensamento, que se projeta para onde eles querem.

Por estas palavras Jesus quis mostrar o efeito da união e da fraternidade. Não é o maior ou o menor número de pessoas reunidas que garante a presença espiritual de Jesus ou dos bons Espíritos, pois, ao invés de duas ou três, poderia Ele ter dito dez ou vinte, ou até mais. A presença espiritual de Jesus e a dos bons Espíritos se dará sempre que o sentimento de caridade seja a base da união com fraternidade, ainda que só se conte com duas pessoas. Porém, se essas duas pessoas orarem, cada uma no seu canto, embora se dirijam a Jesus, não existirá entre elas comunhão de pensamentos se não estiverem tocadas por um sentimento de benevolência mútua. Em se olhando com prevenção, ódio, inveja ou ciúme, as correntes fluídicas de seus pensamentos serão opostas, ao invés de se unirem num impulso comum de simpatia e, assim, *não estarão reunidas em nome de Jesus.* Jesus será para elas apenas um pretexto da reunião, e não o verdadeiro motivo. (Veja nesta obra Cap. 27:9.)

Isto não significa que Jesus não atenda à voz de uma única pessoa. Se Ele disse: Eu virei para todo aquele que me chamar, é que exige, antes de tudo, o amor ao próximo, do qual se podem dar provas quando oramos em grupo, melhor do que isoladamente, e isentos de todo sentimento pessoal e egoísta. Segue-se que, se numa assembléia numerosa, apenas duas ou três pessoas se unem de coração pelo sentimento da verdadeira caridade, enquanto as outras se isolam e se concentram em pensamentos egoístas ou mundanos, Ele estará com os primeiros e não com os demais. Não são, pois, o coro das palavras, dos cânticos ou os atos exteriores que constituem a reunião em nome de Jesus, mas a comunhão de pensamentos em harmonia com o espírito de caridade que Ele personifica. (Veja nesta obra Caps. 10:7 e 8; e 27:2 a 4.)

Este deve ser o caráter das reuniões espíritas sérias, aquelas em que se deseja a participação dos bons Espíritos.

6 Prece (para o início da reunião)

Suplicamos ao Senhor Deus todo poderoso enviar-nos bons Espíritos para nos assistir, afastar aqueles que poderiam nos levar ao erro e nos dar a luz necessária para distinguir a verdade da impostura.

Afastai também os Espíritos malévolos, encarnados e desencarnados, que poderiam tentar provocar a desunião entre nós e desviar-nos da caridade e do amor ao próximo. Se alguns procurarem aqui se introduzir, fazei com que não achem acesso no coração de nenhum de nós.

Bons Espíritos que vindes nos instruir, tornai-nos dóceis aos vossos conselhos; desviai-nos de todo pensamento de egoísmo, orgulho, inveja e ciúme; inspirai-nos a indulgência e a benevolência para com os nossos semelhantes, presentes ou ausentes, amigos ou inimigos; fazei com que, pelos sentimentos de amor que nos envolvem, reconheçamos a vossa salutar influência.

Dai aos médiuns que escolherdes para transmitir vossos ensinamentos a consciência da santidade do mandato que lhes foi confiado, e da seriedade do ato que vão realizar, a fim de que o façam com o fervor e a responsabilidade necessários.

Se, na reunião, houver pessoas que tenham vindo por outros sentimentos que não o do bem, abri-lhes os olhos à luz e perdoai-lhes, como nós lhes perdoamos se vierem com intenções malévolas.

Rogamos especialmente ao Espírito de ..., nosso guia espiritual, para nos assistir e velar por nós.

7 Prece (para o fim da reunião)

Agradecemos aos bons Espíritos que vieram se comunicar conosco; rogamo-lhes que nos ajudem a colocar em prática as instruções que nos foram dadas, e que cada um de nós, ao sair daqui, se sinta fortalecido para a prática do bem e do amor ao próximo.

Desejamos igualmente que suas instruções sejam proveitosas aos Espíritos sofredores, ignorantes ou viciosos, que puderam assistir a esta reunião, e para os quais suplicamos a misericórdia de Deus.

Pelos Médiuns

8. Nos últimos tempos, disse o Senhor, espalharei meu Espírito sobre toda a carne; vossos filhos e vossas filhas profetizarão; vossos jovens terão visões, e vossos velhos, sonhos. Nesses dias, espalharei de meu Espírito sobre meus servidores, e eles profetizarão. (Atos, 2:17 e 18)

9 Instrução Preliminar

O Senhor quis que a luz se fizesse para todos os homens e que a voz dos Espíritos penetrasse por todos os lugares, a fim de que cada um pudesse ter provas da imortalidade do Espírito. É com esse objetivo que hoje os Espíritos se manifestam em todos os pontos da Terra, e a mediunidade se revela em pessoas de todas as idades e de todas as condições, nos homens e nas mulheres, nas crianças e nos velhos. É um dos sinais de que chegaram os tempos anunciados.

Para conhecer as coisas do mundo visível e descobrir os segredos da natureza material, Deus deu ao homem a visão, os sentidos e instrumentos especiais. Com o telescópio, ele lança seus olhares na profundeza do espaço, e, com o microscópio, descobriu o mundo dos infinitamente pequenos. Para penetrar no mundo invisível, deu-lhe a mediunidade.

Os médiuns são os intérpretes encarregados de transmitir aos homens os ensinamentos dos Espíritos; ou melhor, *são os instrumentos materiais pelos quais se comunicam os Espíritos para se tornarem compreensíveis aos homens*. Sua missão é santa e tem o objetivo de abrir os horizontes da vida eterna.

Os Espíritos vêm instruir o homem sobre sua destinação futura, a fim de o orientar no caminho do bem, e não para poupar-lhe o trabalho material que deve cumprir na Terra para seu adiantamento, nem para favorecer sua ambição e sua cobiça. Eis do que os médiuns devem se compenetrar, para não fazer mau uso dos seus dons mediúnicos. Aquele que compreende a seriedade do mandato de que está investido cumpre-o religiosamente. Sua consciência o reprovaria, como um ato de sacrilégio, isto é, uma profanação, se transformasse em divertimento e distração, *para ele ou para os outros*, o dom mediúnico que lhe foi dado com um objetivo muito sério e que o coloca em contato com os seres do mundo espiritual.

Como intérpretes do ensinamento dos Espíritos, os médiuns devem exercer um papel importante na transformação moral que se opera na Terra. Os serviços que podem prestar estão na razão da boa direção que dão às suas faculdades mediúnicas, pois aqueles que estão em mau caminho são mais prejudiciais do que úteis à causa do Espiritismo. Pelas más impressões que produzem, retardam mais de uma conversão. É por isso que terão de prestar contas do uso que fizeram de um dom, que lhes foi dado para o bem de seus semelhantes.

O médium que quer conservar a assistência dos bons Espíritos deve trabalhar para a sua própria melhoria. Aquele que quer ver crescer e desenvolver capacidades mediúnicas, deve aperfeiçoar-se moralmente, e afastar-se de tudo que o levaria a desviar-se de seu objetivo providencial.

Se, por vezes, os bons Espíritos se servem de médiuns imperfeitos, é para lhes dar bons conselhos e fazê-los retornar ao bem. Se encontram corações endurecidos e se seus conselhos não são escutados, eles se retiram, e, então, os maus têm o caminho livre. (Veja nesta obra Cap. 24:11 e 12.)

A experiência prova que, para os que não aproveitam os conselhos que recebem dos bons Espíritos, as comunicações se deturpam pouco a pouco, após ter revelado algum brilho durante um certo tempo, e acabam por cair no erro, no palavreado vazio e no ridículo, sinal evidente do afastamento dos bons Espíritos.

Obter a assistência dos bons Espíritos, afastar os Espíritos levianos e mentirosos deve ser a meta dos esforços constantes de todos os médiuns sérios. Sem isso, a mediunidade é um dom estéril, que pode resultar em prejuízo daquele que a possua, pois pode transformar-se em perigosa obsessão.

O médium que compreende o seu dever, ao invés de se envaidecer por um dom que não lhe pertence, uma vez que pode lhe ser retirado, atribui a Deus as boas coisas que obtém. Se suas comunicações merecem elogios, não se envaidece por isso, pois sabe que elas são independentes de seu mérito pessoal, e agradece a Deus por ter permitido que os bons Espíritos viessem se manifestar por meio dele. Por outro lado, se for criticado, não se ofenderá por isso, porque não são obras do seu próprio Espírito. Reconhecerá não ter sido ele um bom instrumento, admitindo que ainda não possui todas as qualidades necessárias para se opor à influência de Espíritos atrasados. É por isso que procura adquirir essas qualidades, e pede, pela prece, a força que lhe falta.

10 Prece

Deus Todo-Poderoso, permiti aos bons Espíritos me assistirem na comunicação que solicito. Preservai-me da presunção de me julgar resguardado dos maus Espíritos; do orgulho que poderia me induzir ao erro sobre o valor do que obtenha; de todo sentimento contrário à caridade com relação aos outros médiuns. Se for induzido ao erro, inspirai a alguém o pensamento de me advertir, e a mim a humildade que me fará aceitar a crítica com gratidão e tomar para mim mesmo, e não para os outros, os conselhos que me quiseram ditar os bons Espíritos.

Se for tentado a abusar, no que quer que seja, ou me envaidecer por causa do dom que vós me concedestes, eu vos suplico para retirá-la de mim, antes de permitir que seja desviada de seu objetivo providencial, que é o bem de todos e meu próprio adiantamento moral.

2 PRECES PARA SI MESMO

Aos anjos guardiães e aos espíritos protetores

11 Instrução Preliminar

Todos nós temos um bom Espírito que está ligado a nós desde nosso nascimento e que nos tomou sob sua proteção. Desempenha junto de nós a missão de um pai junto a um filho: a de nos conduzir no caminho do bem e do progresso no decurso das provas da vida. Fica feliz quando correspondemos aos seus cuidados e sofre quando nos vê fracassar.

Seu nome pouco importa, pois pode não ter nenhum nome conhecido na Terra. Nós o invocamos, então, como nosso anjo guardião, nosso bom amigo espiritual. Podemos até mesmo invocá-lo sob o nome de um Espírito superior, pelo qual sentimos particularmente uma simpatia especial.

Além do anjo guardião, que sempre é um Espírito superior, temos os Espíritos protetores que, embora menos elevados, são igualmente bons e generosos. Eles são, geralmente, parentes, amigos ou quaisquer pessoas que não conhecemos em nossa existência atual. Eles nos ajudam pelos seus conselhos, e muitas vezes intervindo nos atos de nossa vida.

Os Espíritos simpáticos são os que se ligam a nós por uma certa semelhança de gostos e tendências. Podem ser bons ou maus, conforme a natureza das nossas inclinações, que os atraem para nós.

Os Espíritos sedutores se esforçam para nos desviar do caminho do bem, sugerindo-nos maus pensamentos. Eles se aproveitam de todas as nossas fraquezas e também de tantas outras portas abertas que lhes dão acesso à nossa alma. Há os que se agarram a nós como a uma presa, mas *se afastam quando reconhecem sua impotência para lutar contra a nossa vontade*.

Deus nos deu um guia principal e superior, em nosso anjo guardião, e guias secundários nos Espíritos protetores e familiares. É um erro acreditar que *forçosamente* temos um mau Espírito colocado perto de nós para contrabalançar as boas influências. Os maus Espíritos vêm *voluntariamente*, desde que encontrem acesso em nós, pela nossa fraqueza ou pela nossa negligência em seguir as inspirações dos bons Espíritos. Portanto, somos nós que os atraímos. Resulta disso que nunca se está privado da assistência dos bons Espíritos, e depende de nós o afastamento dos maus. Por suas imperfeições, o homem é o causador das misérias que suporta; ele é, na maioria das vezes, seu próprio mau Espírito que ele pensa que o atormenta. (Veja nesta obra Cap. 5:4.)

A prece aos anjos guardiães e aos Espíritos protetores deve ter por objetivo solicitar sua intervenção junto a Deus, para pedir-lhes força para resistir às más sugestões e sua assistência nas necessidades da vida.

12 Prece

Espíritos sábios e benevolentes, mensageiros de Deus, cuja missão é assistir os homens e conduzi-los ao bom caminho, sustentai-me nas provas desta vida; dai-me a força para suportá-las sem lamentações; desviai de mim os maus pensamentos e fazei com que eu não me afine com nenhum dos maus Espíritos que tentarem me induzir ao mal. Iluminai minha consciência sobre meus defeitos e tirai de sobre meus olhos o véu do orgulho que poderia me impedir de os distinguir para os combater em mim mesmo.

Vós, ..., meu anjo guardião, que velais mais particularmente por mim, e todos vós, Espíritos protetores que vos interessais por mim, fazei com que eu me torne digno de vossa benevolência. Conheceis minhas necessidades, que elas sejam satisfeitas segundo a vontade de Deus.

13 Prece (outra)

Meu Deus, permiti aos bons Espíritos que me assistem virem em minha ajuda quando estiver em sofrimento e amparar se eu vacilar. Fazei, Senhor, com que me inspirem a fé, a esperança e a caridade; que sejam para mim um apoio, uma esperança e uma prova de vossa misericórdia; fazei enfim com que encontre junto a eles a força que me falta nas provas da vida, para resistir às sugestões do mal, a fé que salva, o amor que consola.

14 Prece (outra)

Espíritos bem-amados, anjos guardiães, vós a quem Deus, em sua infinita misericórdia, permite velar pelos homens, sede nossos protetores nas provas de nossa vida terrena. Dai-nos a força, a coragem e a resignação; inspirai-nos tudo o que é bom, livrai-nos da inclinação para o mal; que vossa doce influência penetre em nossa alma; fazei com que sintamos que um amigo devotado está conosco, perto de nós, que vê nossos sofrimentos e partilha de nossas alegrias.

E vós, meu bom anjo, não me abandoneis. Tenho necessidade de toda a vossa proteção para suportar com fé e amor as provas que a vontade de Deus me enviar.

Para afastar os maus Espíritos

15 *Infelizes de vós, escribas e fariseus hipócritas, porque limpais o exterior do copo e do prato e estais por dentro cheios de rapina* e impurezas. Fariseus cegos, limpai primeiramente o interior do copo e do prato, a fim de que o exterior fique limpo também. Infelizes de vós, escribas e fariseus hipócritas! Sois semelhantes a sepulcros caiados de branco, que no exterior parecem belos aos olhos dos homens, mas que, no interior, estão cheios de toda a espécie de podridão. Assim, exteriormente pareceis justos aos olhos dos homens, mas interiormente estais cheios de hipocrisia e iniqüidades*. (Mateus, 23:25 a 28)*

16 Instrução Preliminar

Os maus Espíritos apenas vão aos lugares aonde podem satisfazer sua perversidade. Para os afastar, não basta pedir-lhes, nem mesmo ordenar-lhes que se afastem: é preciso que o homem elimine de si o que os atrai. Os maus Espíritos percebem as chagas da alma, como as moscas farejam as chagas do corpo. Da mesma forma que limpais o corpo para evitar os vermes, deveis limpar também a alma de suas impurezas para evitar os maus Espíritos. Como vivemos num mundo em que há grande quantidade de maus Espíritos, as boas qualidades do coração nem sempre nos protegem de suas tentativas, mas nos dão a força para lhes resistir.

* **N. E. - Rapina:** roubo com violência.

* **N. E. - Iniqüidade:** perversidade, injustiça.

17 Prece

Em nome de Deus Todo-Poderoso, que os maus Espíritos se afastem de mim e que os bons me sirvam de proteção contra eles!

Espíritos malévolos, que inspirais aos homens maus pensamentos; Espíritos trapaceiros e mentirosos, que os enganais; Espíritos zombeteiros, que brincais com a credulidade deles, eu vos afasto com todas as forças de minha alma e fecho os meus ouvidos às vossas sugestões; mas imploro para vós a misericórdia de Deus.

Bons Espíritos que generosamente me amparais, dai-me a força para resistir à influência dos maus Espíritos e as luzes necessárias para não ser enganado por suas artimanhas. Preservai-me do orgulho e da vaidade; afastai de meu coração o ciúme, o ódio, a malevolência e todo sentimento contrário à caridade, que são outras tantas portas abertas aos Espíritos maus.

Para corrigir um defeito

18 Instrução Preliminar

Nossos maus instintos decorrem da imperfeição de nosso próprio Espírito e não do nosso corpo físico; de outro modo, o homem estaria livre de toda a espécie de responsabilidade. Nosso aperfeiçoamento depende de nós, pois todo homem que possui o completo domínio da razão tem, perante todas as coisas, a liberdade de fazer ou não o que quiser. Assim é que, para fazer o bem, basta-lhe a vontade do querer. (Veja nesta obra Caps. 15:10 e 19:12.)

19 Prece

Vós me destes, meu Deus, a inteligência necessária para distinguir o bem do mal. Portanto, a partir do momento que reconheço que algo é mau, sou culpado por não me esforçar por lhe resistir.

Preservai-me do orgulho que poderia me impedir de perceber meus defeitos, e dos maus Espíritos que poderiam me incentivar a continuar com esses defeitos.

Entre minhas imperfeições, reconheço que sou particularmente inclinado à..., e se não resisto a esse arrastamento, é pelo hábito que contraí de ceder.

Vós não me criastes culpado, pois sois justo, mas com uma disposição igual para o bem e para o mal; se segui o mau caminho, foi pelo uso do meu livre-arbítrio•. Mas, assim como tive a liberdade de fazer o mal, tenho a de fazer o bem e, por conseguinte, tenho a de mudar o meu caminho.

Meus defeitos atuais são restos das imperfeições que conservo de minhas existências anteriores. São o meu pecado original*, do qual posso me livrar por minha vontade e com a assistência dos bons Espíritos.

* **N. E. - Pecado original:** conforme entendimento bíblico, pecado de Adão e Eva transmitido a toda a raça humana. Conforme entendimento da Doutrina Espírita: são os nossos erros, imperfeições das vidas passadas que temos que superar (nossa expiação) para nos purificar.

Bons Espíritos que me protegeis, e vós, meu anjo guardião, dai-me a força para resistir às más sugestões e de sair vitorioso da luta.

Os defeitos são barreiras que nos separam de Deus e cada defeito eliminado é um passo no caminho que deve me aproximar d'Ele.

O Senhor, em sua infinita misericórdia, dignou-se em me conceder a existência atual para que ela servisse para o meu adiantamento. Bons Espíritos, ajudai-me para que eu a aproveite, a fim de que ela não se torne perdida para mim e, quando Deus dela me retirar, eu saia melhor do que entrei. (Veja nesta obra Caps. 5:5 e 17:3.)

Para resistir a uma tentação

20 Instrução Preliminar

Todo mau pensamento pode ter duas origens: a nossa própria imperfeição espiritual ou uma influência negativa que age sobre nós. Neste último caso, é sempre o indício de uma fraqueza que nos torna sujeitos a receber essa influência. Há, portanto, indício de imperfeição em nós. No entanto, aquele que fracassou não poderá desculpar-se, alegando ser vítima da influência de um Espírito estranho que o levou ao fracasso, uma vez que *esse Espírito não o teria induzido a praticar o mal se ele fosse inacessível a essa sedução*.

Quando em nós surge um mau pensamento, podemos imaginar que um Espírito malévolo nos sugere o mal; porém, somos tão livres de ceder ou de resistir como se tratasse da solicitação de uma pessoa viva. Devemos, ao mesmo tempo, imaginar que nosso anjo guardião, ou Espírito protetor, por sua vez, combate em nós a má influência e espera com ansiedade *a decisão que vamos tomar*. Nossa hesitação em fazer o mal é a voz do bom Espírito que se faz ouvir pela nossa consciência.

Reconhece-se que um pensamento é mau quando se afasta da caridade, que é a base da verdadeira moral; quando tem por princípio o orgulho, a vaidade ou o egoísmo; quando a sua realização pode causar um prejuízo qualquer a outra pessoa; quando, enfim, sugere fazer aos outros o que não gostaríamos que fizessem conosco. (Veja nesta obra Caps. 28:15 e 15:10.)

21 Prece

Deus Todo-Poderoso, não me deixeis ceder à tentação que me leva a cair em erro. Espíritos benevolentes que me protegeis, desviai de mim este mau pensamento e dai-me a força para resistir à sugestão do mal. Se eu não resistir, terei merecido a expiação de minha falta nesta vida e em outra, pois sou livre para escolher.

Ação de graças pela vitória obtida sobre uma tentação

22 Instrução Preliminar

Aquele que resistiu a uma tentação deve o fato à assistência dos bons Espíritos dos quais escutou a voz. Ele deve agradecer a Deus e a seu anjo guardião.

23 Prece

Meu Deus, eu vos agradeço por me terdes permitido sair vitorioso da luta que acabo de sustentar contra o mal. Fazei com que esta vitória me dê a força para resistir a novas tentações.

E a vós, meu anjo guardião, eu vos agradeço pela assistência que me destes. Que possa minha submissão aos vossos conselhos tornar-me digno de merecer novamente vossa proteção.

Para pedir um conselho

24 Instrução Preliminar

Quando estamos indecisos de fazer ou não qualquer ação, devemos antes de mais nada nos fazer as seguintes perguntas:

1º) Aquilo que eu hesito em fazer pode trazer prejuízo a outra pessoa?

2º) Pode ser útil a alguém?

3º) Se agissem assim comigo, eu ficaria satisfeito?

Se o que desejamos fazer só interessa a nós mesmos, é conveniente colocar na balança as vantagens e desvantagens pessoais que podem disso resultar.

Se ela interessa a outra pessoa e, se ao fazer o bem a um, possa fazer o mal a um outro, é preciso pesar igualmente a soma do bem e do mal para se abster ou agir.

Enfim, mesmo em se tratando das melhores coisas, ainda é preciso considerar a oportunidade e as circunstâncias do fato, pois uma coisa boa por ela mesma pode ter maus resultados em mãos inábeis, se não for conduzida com prudência e seriedade. Antes de empreendê-la, convém analisar detalhadamente as nossas forças, bem como os meios de a executar.

Em todos os casos, pode-se sempre solicitar a assistência dos nossos Espíritos protetores e se lembrar deste sábio ensinamento: *Na dúvida, abstém-te.* (Veja neste Capítulo, adiante, item 38.)

25 Prece

Em nome de Deus Todo-Poderoso, bons Espíritos que me protegeis, inspirai-me a melhor resolução a tomar na incerteza em que me encontro. Dirigi meus pensamentos para o bem e desviai-me da influência dos que tentarem me desencaminhar.

Nas aflições da vida

26 Instrução Preliminar

Podemos pedir a Deus benefícios materiais, e Ele pode nos atender, quando tenham um objetivo útil e sério. Mas, como julgamos a utilidade das coisas do nosso ponto de vista, e sendo a nossa visão limitada ao presente, nem sempre vemos o lado mau do que desejamos. Deus, que vê melhor do que nós e apenas quer o nosso bem, pode nos recusar o que pedimos, como um pai recusa ao filho o que poderia prejudicá-lo. Se o que pedimos não nos é concedido, não devemos desanimar por isso; é preciso pensar, ao contrário, que a privação do que desejamos nos é imposta como prova ou como expiação, e que a nossa recompensa será proporcional à resignação com que a tivermos suportado. (Veja nesta obra Caps. 27:6; e 2:5 a 7.)

27 Prece

Deus Todo-Poderoso, que vedes nossas misérias, dignai-vos escutar, favoravelmente, a súplica que vos dirijo neste momento. Se meu pedido for inconveniente, perdoai-me; se for útil e justo a vossos olhos, que os bons Espíritos, que executam vossa vontade, venham em minha ajuda para sua realização.

Como quer que seja, meu Deus, que vossa vontade seja feita. Se meus desejos não forem atendidos, é que é da vossa vontade provar-me, e eu me submeto sem queixas. Fazei com que eu não desanime nem desencorage e que nem minha fé e nem minha resignação sejam abaladas. (Fazer o pedido em seguida.)

Ação de graças por um favor obtido

28 Instrução Preliminar

Não devemos considerar como acontecimentos felizes apenas as coisas de grande importância. As mais pequenas na aparência são, muitas vezes, as que mais influem sobre nosso destino. O homem esquece facilmente o bem e se lembra mais daquilo que o aflige. Se registrássemos, dia a dia, os benefícios que recebemos sem tê-los pedido, ficaríamos espantados de ter recebido tanto e em tanta quantidade que até os esquecemos, e nos sentiríamos envergonhados com a nossa ingratidão.

A cada noite, ao elevar nossa alma a Deus, devemos nos lembrar dos favores que Ele nos concedeu durante o dia e agradecer-Lhe por eles. É, sobretudo, no próprio momento em que provamos o efeito de sua bondade e de sua proteção que, espontaneamente, devemos testemunhar-Lhe nossa gratidão. Basta para isto um pensamento que agradeça o benefício, sem que haja necessidade de interromper o trabalho que estejamos fazendo.

Os benefícios de Deus não consistem somente em coisas materiais. É preciso igualmente agradecer as boas idéias, as inspirações felizes que nos são sugeridas. Enquanto os orgulhosos acham nelas um mérito próprio e o incrédulo as atribui ao acaso, aquele que tem fé rende graças a Deus e aos bons Espíritos. São desnecessárias, para isso, longas frases: *"Obrigado, meu Deus, pelo bom pensamento que me inspiraste"*, diz mais do que muitas palavras. O impulso espontâneo que nos faz atribuir a Deus o que nos acontece de bom testemunha um hábito de agradecimento e de humildade que nos sintoniza com a simpatia dos bons Espíritos. (Veja nesta obra Cap. 27:7 e 8.)

29 Prece

Deus, infinitamente bom, que vosso nome seja abençoado pelos benefícios que me concedestes. Eu seria indigno se os atribuísse ao acaso dos acontecimentos ou ao meu próprio mérito.

Bons Espíritos, que fostes os executores da vontade de Deus, e sobretudo a vós, meu anjo guardião, eu vos agradeço. Desviai de mim a idéia de orgulhar-me pelo que recebi e de não aproveitar os benefícios recebidos somente para o bem.

Eu vos agradeço especialmente por... (Citar o favor recebido.)

Ato de submissão e de resignação

30 Instrução Preliminar

Quando um motivo de aflição nos atinge, se procuramos a sua causa, muitas vezes reconheceremos que é conseqüência de nossa imprudência, de nossa imprevidência ou de uma ação anterior. Assim, devemos atribuí-la apenas a nós mesmos. Se a causa de uma infelicidade é independente de toda a nossa participação, ou ela é uma prova para esta vida, ou é a expiação de alguma falta de uma existência passada. Neste último caso, a natureza da expiação pode nos fazer conhecer a natureza da falta, pois sempre somos punidos naquilo que pecamos. (Veja nesta obra Cap. 5:4, 6 e seguintes.)

Naquilo que nos aflige, vemos em geral apenas o mal do momento, e não as conseqüências favoráveis seguintes que isso pode ter. O bem é, muitas vezes, a conseqüência de um mal passageiro, como a cura de uma doença é o resultado dos meios dolorosos que se empregaram para obtê-la. Em todos os casos devemos nos submeter à vontade de Deus, suportar com coragem as aflições da vida, se queremos que elas nos sejam levadas em conta e que estas palavras do Cristo se apliquem a nós: *Bem-aventurados os que sofrem*. (Veja nesta obra Cap. 5:18.)

31 Prece

Meu Deus, sois soberanamente justo; todo sofrimento na Terra deve, pois, ter sua causa e sua utilidade. Aceito a aflição que me atormenta como uma expiação por minhas faltas passadas e uma prova para o futuro.

Bons Espíritos que me protegeis, dai-me a força para suportá-la sem lamentações. Fazei com que seja para mim uma advertência salutar; que aumente minha experiência, que combata em mim o orgulho, a ambição, a tola vaidade e o egoísmo; que contribua assim para o meu adiantamento.

32 Prece (outra)

Sinto, meu Deus, a necessidade de vos rogar para que me dês forças para suportar as provações que vós me enviastes. Permiti que a luz se faça bastante viva em meu Espírito, para que eu aprecie toda a extensão de um amor que me aflige por querer me salvar. Eu me submeto com resignação, meu Deus. Mas a criatura é tão fraca que, se vós não me ampparardes, temo cair. Não me abandoneis, Senhor, pois sem vós não sou nada.

33 Prece (outra)

Elevei meu olhar para ti, ó Eterno, e me senti fortalecido. Tu és minha força, não me abandones. Meu Deus, estou esmagado sob o peso de minhas maldades! Ajuda-me. Conheces a fraqueza de minha carne, não desvies teu olhar de mim!

Estou devorado por uma sede ardente; faze jorrar a fonte de água viva que aliviará minha sede. Que minha boca apenas se abra para cantar teus louvores e não para reclamar das aflições da vida. Sou fraco, Senhor, mas teu amor me sustentará.

Senhor, Eterno Deus! Somente tu és grande, somente tu és o fim e a meta de minha vida! Seja bendito teu nome, se me fazes sofrer, pois és o Senhor e eu o servidor infiel. Curvarei minha fronte sem me lamentar, porque só tu és grande, só tu és a meta.

Diante de um perigo iminente

34 Instrução Preliminar

Diante dos perigos que corremos, Deus nos adverte da nossa fraqueza e da fragilidade de nossa existência. Ele nos mostra que nossa vida está nas suas mãos e que ela se acha presa por um fio que pode se romper no momento em que nós menos esperamos. Sob este aspecto, não há privilégio para ninguém, pois o grande e o pequeno estão submetidos às mesmas condições.

Se examinarmos a natureza e as conseqüências do perigo, veremos que, freqüentemente, essas conseqüências, caso se realizassem, teriam sido a punição de uma falta cometida ou de *um dever negligenciado*.

35 Prece

Deus Todo-Poderoso, e vós, meu anjo guardião, ajudai-me! Se devo desencarnar, que a vontade de Deus seja feita. Se for salvo, que o resto de minha vida repare o mal que fiz e do qual me arrependo.

Ação de graças após ter escapado de um perigo

36 Instrução Preliminar

Quando escapamos de um perigo que corremos, Deus nos mostra que podemos, de um momento para o outro, ser chamados a prestar contas do emprego que fizemos da vida. Ele nos adverte, assim, para examinarmos nossas ações e nos corrigirmos.

37 Prece

Meu Deus, e vós, meu anjo guardião, eu vos agradeço pela ajuda que me enviastes no perigo que me ameaçou. Que esse perigo seja para mim uma advertência e me esclareça sobre as faltas que o atraíram para mim. Eu compreendo, Senhor, que minha vida está em vossas mãos e que podeis retirá-la, a qualquer momento. Inspirai-me, pelos bons Espíritos que me ajudam, o pensamento de como empregar utilmente o tempo que ainda me deres na Terra.

Meu anjo guardião, sustentai-me na resolução que tomo de reparar meus erros e de fazer todo o bem que estiver ao meu alcance, a fim de chegar menos imperfeito ao mundo dos Espíritos, quando Deus me chamar.

Na hora de dormir

38 Instrução Preliminar

O sono é o repouso do corpo; o Espírito, porém, não tem necessidade de repouso. Enquanto os nossos sentidos físicos estão adormecidos, a alma se liberta em parte da matéria e assume o domínio de suas capacidades espirituais. O sono foi dado ao homem para a reposição das forças orgânicas e das forças morais. Enquanto o corpo recupera as energias que perdeu pela atividade no dia anterior, o Espírito vai fortalecer-se entre outros Espíritos. As idéias que encontra ao despertar, em forma de intuição, ele as obtém do que vê, do que ouve e dos conselhos que lhe são dados. Equivale ao retorno temporário do exilado à sua verdadeira pátria, como um prisioneiro momentaneamente libertado.

Mas, tal como acontece a um prisioneiro perverso, acontece o mesmo ao Espírito que, nem sempre, aproveita esses momentos de liberdade para seu adiantamento. Se tem maus instintos, ao invés de procurar a companhia dos bons Espíritos, procura a dos maus, seus semelhantes, e vai visitar os lugares onde pode dar livre curso à suas más tendências.

Que aquele que esteja consciente desta verdade eleve o seu pensamento a Deus no momento em que sentir a aproximação do sono. Que peça conselhos aos bons Espíritos e àqueles cuja memória lhe seja cara, a fim de que possa juntar-se a eles no curto intervalo que lhe é concedido e, ao despertar, ele se sentirá mais forte contra o mal, com mais coragem contra as infelicidades.

39 Prece

Minha alma vai se encontrar por instantes com outros Espíritos. Que aqueles que são bons venham me ajudar com seus conselhos. Meu anjo guardião, fazei com que ao despertar eu conserve uma durável e salutar impressão desse convívio.

Na previsão da morte próxima

40 Instrução Preliminar

A fé no futuro, a orientação do pensamento durante a vida em direção à sua destinação futura ajudam o desligamento do Espírito por enfraquecerem os laços que o prendem ao corpo, tanto que, muitas vezes, a vida corporal ainda não se extinguiu completamente e a alma, impaciente, já empreendeu seu vôo em direção à imensidade. Para o homem que, ao contrário, concentra todos os seus pensamentos nas coisas materiais, esses laços estão mais presos, *a separação é dolorosa e demorada* e o despertar no além-túmulo é cheio de problemas e de ansiedade.

41 Prece

Meu Deus, eu acredito em vós e na vossa bondade infinita. É por isso que não posso acreditar que destes ao homem a inteligência para vos conhecer e a aspiração pelo futuro para, depois, lançá-lo no nada.

Acredito que meu corpo é apenas o envoltório perecível de minha alma e que, quando tiver cessado de viver, acordarei no mundo dos Espíritos.

Deus Todo-Poderoso, sinto os laços que unem minha alma a meu corpo romperem-se e que logo vou ter que prestar contas do uso que fiz da vida enquanto encarnado.

Vou sofrer as conseqüências do bem e do mal que fiz. Lá não haverá mais ilusão, nem mais desculpas possíveis, todo o meu passado vai se desenrolar diante de mim e serei julgado segundo minhas obras.

Nada levarei dos bens da Terra. Honrarias, riquezas, satisfações da vaidade e do orgulho, enfim, tudo o que se prende ao corpo vai ficar na Terra. Nem a menor parcela me seguirá e nada disso me será útil no mundo dos Espíritos. Levarei comigo apenas o que pertence à alma, ou seja, as boas e as más qualidades que serão pesadas na balança da mais rigorosa justiça. Serei julgado com tanto maior severidade quanto mais minha posição na Terra me tenha dado o maior número de ocasiões para fazer o bem que não fiz. (Veja nesta obra Cap. 16:9.)

Deus de Misericórdia, que o meu arrependimento chegue até vós! Dignai-vos a estender sobre mim o manto da vossa indulgência.

Se é de vossa vontade prolongar minha existência, que seja empregada para reparar, tanto quanto estiver ao meu alcance, o mal que pratiquei. Se minha hora é chegada, levo o consolador pensamento de que me será permitido resgatar as minhas faltas em novas provas, a fim de merecer um dia a felicidade dos eleitos.

Se não me é dado imediatamente o gozo dessa felicidade pura, que pertence somente ao justo por excelência, sei que a esperança não me está perdida e que com o trabalho atingirei o objetivo, mais cedo ou mais tarde, conforme meus esforços.

Sei que os bons Espíritos e meu anjo guardião estarão lá, perto de mim, para me receber; em breve eu os verei, como eles me vêem. Sei que encontrarei aqueles que amei na Terra, *se o tiver merecido*, e aqueles que deixo virão, um dia, me reencontrar para estarmos reunidos para sempre e, enquanto isso, poderei vir visitá-los.

Também sei que vou encontrar aqueles a quem ofendi. Possam eles perdoar-me pelo que têm a me censurar: meu orgulho, minha dureza, minhas injustiças, e que eu não me envergonhe na presença deles!

Perdôo àqueles que me fizeram ou quiseram me fazer mal na Terra; não levo nenhum ódio contra eles e rogo a Deus que os perdoe.

Senhor, dai-me a força para deixar sem lamentações as alegrias grosseiras deste mundo, que não são nada perto das alegrias puras do mundo onde vou entrar! Lá, para o justo, não há mais tormentos, sofrimentos, misérias; apenas o culpado sofre, mas resta-lhe sempre a esperança.

Bons Espíritos, e vós, meu anjo guardião, não me deixeis fracassar neste momento supremo. Fazei brilhar aos meus olhos a divina luz, a fim de reanimar minha fé se ela vier a abalar-se. (Veja adiante item 5: prece pelos doentes e obsediados, p. 308.)

3 PRECES PELOS ENCARNADOS

Por alguém que esteja em aflição

42 Instrução Preliminar

Se é conveniente que a prova do aflito siga seu curso, ela não será abreviada pelo nosso pedido. Porém, seria ato de impiedade se o desencorajássemos porque o pedido não é atendido, já que, na falta de cessação da prova, pode-se esperar obter qualquer outra consolação que modere a amargura. O que é verdadeiramente útil para aquele que sofre é a coragem e a resignação, sem as quais o que suporta não tem proveito para si, pois será obrigado a recomeçar a prova. É, pois, em direção a esse objetivo que é preciso dirigir nossos esforços, seja pedindo aos bons Espíritos em favor dele, seja levantando-lhe o moral pelos seus conselhos e encorajamentos, seja também auxiliando-o materialmente, se for possível. A prece, neste caso, também tem um efeito direto, dirigindo sobre a pessoa, por quem é feita, uma corrente fluídica com o objetivo de lhe fortalecer o ânimo. (Veja nesta obra Caps. 5:5, 27; e 27:6, 10.)

43 Prece

Meu Deus, cuja bondade é infinita, dignai-vos em suavizar a amargura da situação de ..., se assim for a vossa vontade.

Bons Espíritos, em nome de Deus Todo-Poderoso, eu vos suplico para ampará-lo(a) nas suas aflições. Se, no seu interesse, elas não puderem lhe ser poupadas, fazei-o(a) compreender que elas são necessárias para o seu adiantamento. Dai-lhe a confiança em Deus e no futuro e elas se tornarão menos amargas. Dai-lhe também a força de não se entregar ao desespero, que lhe faria perder os frutos do seu sofrimento e tornaria sua posição futura ainda mais difícil. Conduzi meu pensamento até ele(a), e que eu o(a) ajude a manter sua coragem.

Ação de graças por um benefício concedido aos outros

44 Instrução Preliminar

Aquele que não é dominado pelo egoísmo alegra-se com o bem do seu próximo, mesmo quando não o tenha solicitado pela prece.

45 Prece

Meu Deus, sede bendito pela felicidade que chegou a ...

Bons Espíritos, fazei que nisso ele(a) sinta uma felicidade, um efeito da bondade de Deus. Se o bem que lhe chega é uma prova, inspirai-lhe o pensamento de fazer um bom uso e de não tirar vantagem disso, a fim de que esse bem não resulte em seu prejuízo para o futuro.

Vós, meu bom Espírito que me protegeis e desejais minha felicidade, afastai de mim todo o sentimento de inveja e de ciúme.

Por nossos inimigos e por aqueles que nos querem mal

46 Instrução Preliminar

Jesus disse: *Amai aos vossos inimigos*. Neste ensinamento, estão contidas a maior grandeza e a perfeição da caridade cristã. Mas Jesus não diz que tenhamos pelos nossos inimigos a mesma ternura que temos pelos nossos amigos. Ele nos diz, neste ensinamento, para esquecer as ofensas e lhes perdoar o mal que nos façam e lhes retribuir, com o bem, o mal que nos hajam feito. Além do mérito que isso resulta aos olhos de Deus, mostra aos olhos dos homens o que é a verdadeira superioridade. (Veja nesta obra Cap. 12:3 e 4.)

47 Prece

Meu Deus, eu perdôo a ... o mal que me fez e o que quis me fazer, como desejo que me perdoeis e que ele(a) também me perdoe pelos erros que eu possa ter cometido. Se o(a) colocastes no meu caminho como uma prova, que vossa vontade seja feita.

Senhor, meu Deus, desviai de mim a idéia de o maldizer e de todo o desejo malévolo contra ele(a). Fazei com que eu não sinta nenhuma alegria com as infelicidades que o(a) possam atingir, nem inveja pelos benefícios que ele(a) receber, a fim de não manchar minha alma com pensamentos indignos de um cristão.

Senhor, que vossa vontade possa, ao estender-se sobre ele(a), conduzi-lo(a) a melhores sentimentos para comigo!

Bons Espíritos, inspirai-me o esquecimento do mal e a lembrança do bem. Que nem o ódio, nem o rancor, nem o desejo de pagar-lhe o mal com o mal penetrem no meu coração, pois o ódio e a vingança são próprios só dos maus Espíritos, encarnados e desencarnados! Que, ao contrário, eu esteja pronto para lhe estender a mão fraterna, ao lhe pagar o mal com o bem, e auxiliá-lo(a), se isso estiver ao meu alcance!

Desejo, para provar a sinceridade de minhas palavras, que a ocasião de lhe ser útil me seja dada; mas, meu Deus, preservai-me de fazê-lo por orgulho ou vaidade, impondo-lhe uma generosidade humilhante, o que me faria perder o fruto de minha ação, porque, nesse caso, eu mereceria que essas palavras do Cristo me fossem aplicadas: *Já recebestes a vossa recompensa*. (Veja nesta obra Cap. 13:1 e seguintes.)

Ação de graças pelo bem concedido aos nossos inimigos

48 Instrução Preliminar

Não desejar o mal aos seus inimigos é ser caridoso apenas pela metade. A verdadeira caridade consiste em lhes desejar o bem e que nos sintamos felizes com o bem que lhes acontece. (Veja nesta obra Cap. 12:7 e 8.)

49 Prece

Meu Deus, em vossa justiça, decidistes alegrar o coração de ... Eu vos agradeço por ele(a), apesar do mal que ele(a) me fez ou que procurou fazer. Se ele(a) se aproveitar disso para me humilhar, eu o aceitarei como uma prova para a minha caridade.

Bons Espíritos que me protegeis, não deixeis que eu sinta por isso nenhum desgosto. Desviai de mim a inveja e o ciúme que rebaixam. Inspirai-me, ao contrário, a generosidade que eleva. A humilhação está no mal e não no bem, e sabemos que, cedo ou tarde, a justiça será feita a cada um, segundo suas obras.

Pelos inimigos do Espiritismo

50. Bem-aventurados os que estão famintos de justiça, pois serão saciados.

Bem-aventurados os que sofrem perseguição por amor à justiça, pois é deles o reino dos Céus.

Sereis felizes quando os homens vos amaldiçoarem, vos perseguirem, e disserem falsamente todo o mal contra vós, por minha causa. Alegrai-vos, então, pois uma grande recompensa vos está reservada nos Céus, pois é assim que perseguiram os profetas enviados antes de vós. (Mateus, 5:6, 10 a 12)

Não temais por aqueles que matam o corpo, mas não podem matar a alma; mas, antes, temei aquele que pode perder a alma e o corpo no inferno. (Mateus, 10:28)

51 Instrução Preliminar

De todas as liberdades, a mais inviolável é a de pensar, que compreende também a liberdade da consciência. Amaldiçoar aqueles que não pensam como nós é reclamar essa liberdade só para si, e recusá-la aos outros é violar o primeiro mandamento de Jesus: o da caridade e do amor ao próximo. Persegui-los, por causa de sua crença, é atentar contra o direito mais sagrado que todo homem tem de acreditar no que lhe convém, e de adorar a Deus como ele o entenda. Obrigá-los a atos exteriores semelhantes aos nossos é mostrar que nos apegamos mais à exterioridade do que à essência, às aparências mais do que à convicção. Impor uma crença a alguém nunca deu a fé. Ela pode apenas fazer fingidos, falsos crentes. É um abuso da força material que não prova a verdade. *A verdade é segura de si mesma: convence e não persegue, porque não tem necessidade disso.*

O Espiritismo é hoje uma religião, mas, se ele fosse somente uma opinião ou uma crença, por que não se teria a liberdade de dizer-se espírita como se tem a de se dizer católico, judeu ou protestante? De ser partidário desta ou daquela doutrina filosófica, deste ou daquele sistema econômico? Uma crença pode ser falsa ou verdadeira. Se o Espiritismo for uma crença falsa, cairá por si mesmo, pois o erro não pode prevalecer contra a verdade quando a luz se faz nas inteligências, e, se é verdadeiro, nenhuma perseguição o tornará falso.

A perseguição é o batismo de toda idéia nova, grande e justa; ela cresce com a grandeza e a importância da idéia. A perseguição e a cólera dos inimigos da idéia são proporcionais ao temor que ela lhes inspira. Foi por esta razão que o Cristianismo foi perseguido outrora e que o Espiritismo o é hoje, entretanto, com uma diferença: o Cristianismo foi perseguido pelos pagãos, enquanto o Espiritismo o é pelos cristãos. O tempo das perseguições sangrentas passou, é verdade, mas se não se mata mais o corpo, tortura-se a alma; ataca-se até mesmo os sentimentos mais íntimos nas afeições mais queridas. Lança-se a desunião nas famílias, joga-se a mãe contra a filha, a mulher contra o marido; ataca-se até mesmo o corpo em suas necessidades materiais, ao tirar às criaturas o seu ganha-pão para dominá-las pela fome. (Veja nesta obra Cap. 23:9 e seguintes.)

Espíritas, não vos aflijais com os golpes com que vos tentarão atingir; eles só provam que estais com a verdade. Caso contrário, vos deixariam tranqüilos e não vos perseguiriam. É uma prova para vossa fé, visto que é pela vossa coragem, pela vossa resignação e pela vossa perseverança que Deus vos reconhecerá entre os seus fiéis servidores, dos quais faz hoje a contagem para dar a cada um a parte que lhe cabe, segundo suas obras.

A exemplo dos primeiros cristãos, orgulhai-vos ao carregar a vossa cruz. Acreditai na palavra do Cristo, que disse: *Bem-aventurados os que sofrem perseguição por amor à justiça, pois é deles o reino dos Céus. Não temais os que matam o corpo, mas que não podem matar a alma*. Ele também disse: *Amai aos vossos inimigos, fazei o bem àqueles que vos fazem mal e orai por aqueles que vos perseguem*. Mostrai que sois seus verdadeiros discípulos e que vossa doutrina é boa, ao fazer o que Ele disse e o que exemplificou.

A perseguição será temporária. Esperai, pacientemente, o romper da aurora, pois a estrela da manhã já se mostra no horizonte. (Veja nesta obra Cap. 24:13 e seguintes.)

52 Prece

Senhor, vós nos dissestes nas palavras de Jesus, vosso Messias: *Bem-aventurados os que sofrem perseguição por amor à justiça; perdoai aos vossos inimigos; orai por aqueles que vos perseguem*. E Ele mesmo nos mostrou o caminho ao orar por seus martirizadores.

Seguindo o exemplo de Jesus, Meu Deus, suplicamos vossa misericórdia para aqueles que desconhecem vossas divinas leis, as únicas que podem assegurar a paz neste mundo e no outro. Como o Cristo, nós também dizemos: *Perdoai-lhes, Pai, pois eles não sabem o que fazem*.

Dai-nos a força para suportar com paciência e resignação suas zombarias, injúrias, calúnias e perseguições como provas de nossa fé e de nossa humildade; desviai-nos de todo o pensamento de vingança, pois a hora de vossa justiça chegará para todos, e nós a esperaremos ao nos submeter à vossa santa vontade.

Prece por uma criança que acaba de nascer

53 Instrução Preliminar

Os Espíritos apenas chegam à perfeição após terem passado pelas provas da vida corporal. Aqueles que estão na erraticidade esperam que Deus lhes permita retomar uma existência que deve lhes proporcionar um meio de adiantamento, seja pela expiação de suas faltas passadas, por meio das eventualidades da vida às quais ficarão submetidos, seja ao executar uma missão útil à Humanidade. Seu adiantamento e sua felicidade futura serão proporcionais à maneira pela qual empreguem o tempo que devem passar na Terra. O encargo de guiar-lhe seus primeiros passos e de dirigi-los em direção ao bem é confiado a seus pais, que responderão diante de Deus pela maneira como terão cumprido seu mandato. Foi para facilitar a execução disso que Deus fez do amor paternal e do amor filial uma lei da Natureza, que nunca será violada impunemente.

54 Prece (para os pais)

Espírito que estais encarnado no corpo de nosso filho, sede bem-vindo entre nós. Deus Todo-Poderoso que o enviastes, sede bendito.

É um depósito que nos é confiado e do qual deveremos prestar contas um dia. Se ele pertence à nova geração de bons Espíritos que devem povoar a Terra, obrigado, Senhor meu Deus, por esta graça! Se é uma alma imperfeita, nosso dever é ajudá-la a progredir no caminho do bem pelos nossos conselhos e pelos nossos bons exemplos. Se cair no mal, por nosso erro, responderemos diante de vós, visto que não teremos cumprido nossa missão junto dele.

Senhor, sustentai-nos na nossa tarefa e dai-nos a força e a vontade de cumpri-la. Se esta criança deve ser um motivo de provas para nós, que vossa vontade seja feita!

Bons Espíritos que a orientastes para o nascimento, e que deveis acompanhá-la durante a vida, não a abandoneis. Afastai dela os maus Espíritos que tentarão levá-la a praticar o mal. Dai-lhe a força para resistir às suas sugestões e a coragem para suportar com paciência e resignação as provas que a esperam na Terra. (Veja nesta obra Cap. 14:9.)

55 Prece (outra)

Meu Deus, vós me confiastes a sorte de um de vossos Espíritos; fazei, Senhor, com que seja digno da tarefa que me impusestes. Concedei-me vossa proteção. Iluminai minha inteligência, a fim de que eu possa perceber, desde cedo, as tendências daquele que devo preparar para alcançar a vossa paz.

56 Prece (outra)

Bondoso Deus, permitiste que o Espírito desta criança voltasse novamente às provas terrenas destinadas a fazê-lo progredir; dá-lhe a luz, a fim de que aprenda a te conhecer, a amar e a adorar. Faze, pelo teu poder, que esta alma se regenere na fonte de tuas divinas instruções; que, sob a proteção de seu anjo guardião, sua inteligência cresça, se desenvolva, e a faça desejar aproximar-se cada vez mais de ti. Que a ciência do Espiritismo seja a luz brilhante que a iluminará nas dificuldades da vida; que ela, enfim, saiba apreciar toda a extensão de teu amor, que nos submete a provas para nos purificar.

Senhor, lança um olhar paternal sobre a família à qual confiaste esta alma, para que ela possa compreender a importância de sua missão, e faze germinar nesta criança as boas sementes, até o dia em que ela possa, por suas próprias aspirações, se elevar sozinha até ti.

Digna-te, meu Deus, atender esta humilde prece em nome e pelos méritos d'Aquele que disse: *Deixai vir a mim as criancinhas, pois o reino dos Céus é para aqueles que a elas se assemelham*.

Por um agonizante

57 Instrução Preliminar

A agonia é o início da separação da alma do corpo. Pode-se dizer que, nesse momento, o homem tem um pé neste mundo e um no outro. Essa passagem é às vezes difícil para aqueles que se prendem à matéria e viveram mais apegados aos bens deste mundo do que aos do Espírito, ou cuja consciência está agitada pelos desgostos e remorsos. Ao contrário, para aqueles cujos pensamentos elevaram-se em direção ao Infinito e se desligaram da matéria, os laços são menos difíceis de romper e, neste caso, os últimos momentos na vida terrena nada têm de dolorosos. A alma está ligada ao corpo apenas por um fio, enquanto, no outro caso, prende-se a ela por grossas amarras. Em todos os casos, a prece exerce uma poderosa ação benéfica no momento do desencarne. (Veja, adiante, preces pelos doentes e obsediados, item 5, p.308. Consulte *O Céu e o Inferno*, 2ª parte, Cap. 1, A passagem.)

58 Prece

Deus poderoso e misericordioso, eis aqui uma alma que está prestes a deixar o seu corpo para retornar ao mundo dos Espíritos, sua verdadeira pátria. Que o possa fazer em paz. Que vossa misericórdia se estenda sobre ela.

Bons Espíritos que a acompanhastes na Terra, não a abandoneis neste momento supremo. Dai-lhe a força para suportar os últimos sofrimentos que ela deva passar na Terra para seu adiantamento futuro. Inspirai-a, para que ela se arrependa de suas faltas nos últimos clarões de inteligência que lhe restam, ou que possa vir a ter momentaneamente.

Dirigi meu pensamento, de modo a tornar-lhe menos difícil o trabalho da separação, para que, ao deixar a Terra, ela leve consigo as consolações da esperança.

4 PRECES PELOS DESENCARNADOS

Por alguém que acaba de desencarnar

59 Instrução Preliminar

As preces pelos Espíritos que acabam de deixar a Terra não têm somente como objetivo dar-lhes um testemunho de simpatia; objetivam também ajudar no seu desligamento e, com isso, atenuar a perturbação que sempre se segue à separação e tornando-lhes mais calmo o despertar. Neste caso, porém, como em outras circunstâncias, a eficiência da prece está na sinceridade do pensamento, e não na quantidade de palavras ditas com maior ou menor vigor e, das quais, muitas vezes, o coração não toma nenhuma parte.

As preces que vêm do coração se fazem ouvir em torno do Espírito, cujas idéias ainda estão confusas, como vozes amigas que nos vêm despertar do sono. (Veja nesta obra Cap. 27:10.)

60 Prece

Deus Todo-Poderoso, que vossa misericórdia se estenda sobre a alma de ..., que acabais de chamar para vós. Possam as provas que enfrentou na Terra lhe serem consideradas, e nossas preces suavizar e encurtar as penas que ele(a) ainda tenha que suportar na Espiritualidade!

Bons Espíritos que o(a) viestes receber e, principalmente, vós que sois seu anjo guardião, ajudai-o(a) a livrar-se da matéria; dai-lhe a luz e a consciência de si mesmo(a), a fim de tirá-lo(a) da perturbação que acontece quando da passagem da vida corporal à vida espiritual. Inspirai-lhe o arrependimento das faltas que tenha cometido e o desejo que lhe seja permitido repará-las, para apressar seu adiantamento em direção à eterna bem-aventurança.

..., acabas de reentrar no mundo dos Espíritos e, apesar disso, estás aqui presente entre nós; tu nos vês e nos ouves, pois apenas deixaste o corpo material, que logo será reduzido a pó.

Deixaste a capa grosseira da carne, sujeita às adversidades e à morte, e apenas conservaste o corpo etéreo, imperecível e inacessível aos sofrimentos da Terra. Já não vives mais pelo corpo, vives a vida do Espírito, e essa vida está isenta das misérias que afligem a Humanidade.

Não tens mais o véu que oculta aos nossos olhos os esplendores da vida futura. Podes, agora, apreciar as novas maravilhas, ao passo que nós ainda estamos mergulhados nas trevas.

Vais percorrer o espaço e visitar os mundos com inteira liberdade, enquanto nós rastejaremos penosamente na Terra, onde nosso corpo material nos retém, semelhante para nós a um fardo pesado.

O horizonte do Infinito vai se desenrolar diante de ti e, na presença de tanta grandeza, compreenderás o vazio, o nada de nossos desejos terrenos, de nossas ambições materiais e das alegrias fúteis às quais os homens se entregam.

A morte é, para os homens, não mais do que uma separação material de alguns instantes. Do exílio, onde ainda nos retêm a vontade de Deus e os deveres que temos a cumprir na Terra, nós te seguiremos pelo pensamento, até o momento em que nos seja permitido nos reunirmos, como tu estás reunido com aqueles que te precederam.

Se não podemos ir até onde estás, tu podes vir até nós. Vem, até os que te amam e que tu amas; ampara-os nas provas da vida; vela pelos que te são queridos. Protege-os segundo o teu poder; suaviza-lhes os desgostos pelo pensamento de que estás mais feliz agora, e dando-lhes a consoladora certeza de que estarão um dia reunidos a ti num mundo melhor.

No mundo em que estás, todos os ressentimentos terrenos devem se extinguir. Que possas, de agora em diante, para a tua felicidade futura, estar inacessível a isso! Perdoa, pois, àqueles que não foram justos para contigo, como te perdoam aqueles junto aos quais procedeste mal.

Tratando-se de uma criança, o Espiritismo nos ensina que não é um Espírito de criação recente, mas um que já viveu e que pode já ser bem adiantado. Se sua última existência foi curta, é que ela era apenas um complemento da prova, ou devia ser uma prova para os pais. (Veja nesta obra Cap. 5:21.)

Nota. Podem-se acrescentar a esta prece, que se aplica a todos, algumas palavras especiais segundo as circunstâncias particulares de família ou das relações, bem como a posição do falecido.

61 Prece(2) (outra)

Senhor Todo-Poderoso, que vossa misericórdia se estenda sobre nosso irmão que acaba de deixar a Terra! Que vossa luz brilhe a seus olhos! Tirai-o das trevas; abri seus olhos e seus ouvidos! Que vossos bons Espíritos o envolvam e lhe façam ouvir as palavras de paz e de esperança!

(2) Esta prece foi ditada a um médium de Bordeaux, no momento em que passava, diante de suas janelas, o enterro de um desconhecido.

Senhor, por mais indignos que sejamos, ousamos implorar vossa misericordiosa indulgência em favor deste nosso irmão que acaba de ser chamado do exílio; fazei com que seu retorno seja o do filho pródigo*. Perdoai, meu Deus, as faltas que possa ter cometido, para vos lembrardes somente do bem que haja feito. Vossa justiça é imutável, nós o sabemos, mas vosso amor é imenso. Nós vos suplicamos para apaziguar a vossa justiça por essa fonte de bondade que emana de vós.

Que a luz se faça para vós, meu irmão, que acabais de deixar a Terra! Que os bons Espíritos do Senhor desçam até vós, vos rodeiem e vos ajudem a sacudir as vossas correntes terrenas! Compreendei e vede a grandeza do Nosso Senhor: submetei-vos, sem murmurar, à sua justiça, mas não desacrediteis nunca da sua misericórdia. Irmão! Que um sério exame do vosso passado vos abra as portas do futuro, ao vos fazer compreender as faltas que deixastes atrás de vós e o trabalho que vos resta fazer para repará-las! Que Deus vos perdoe e que seus bons Espíritos vos sustentem e vos encorajem! Vossos irmãos da Terra orarão por vós e vos pedem para orar por eles.

Pelas pessoas a quem tivemos afeição

62 Instrução Preliminar

Como é horrível a idéia do nada! Como devemos lastimar aqueles que acreditam que a voz do amigo que chora a falta de seu amigo perde-se no vazio e não encontra nenhum eco para lhe responder! Estes que pensam que tudo morre com o corpo desconhecem as afeições autênticas, sinceras e sagradas; os que pensam que o gênio que iluminou o mundo com sua vasta inteligência é uma combinação de células de matéria, que se extingue para sempre como um sopro; que do ser mais querido, um pai, uma mãe ou um filho adorado apenas restará um pouco de pó que o tempo dissipará para sempre!

Como um homem de coração pode continuar frio a esse pensamento? Como a idéia de um aniquilamento absoluto não o gela de pavor e não lhe faz, ao menos, desejar que não seja assim? Se até então sua razão não lhe bastou para tirar suas dúvidas, eis que o Espiritismo vem eliminar toda a incerteza sobre o futuro, por meio das provas materiais que dá da sobrevivência da alma e da existência dos seres de além-túmulo. Tanto assim é que, em todos os lugares, essas provas são recebidas com alegria; a confiança renasce, pois o homem sabe que, de agora em diante, a vida terrena é apenas uma curta passagem que conduz a uma vida melhor; que seus trabalhos da Terra não estão perdidos para ele, e que as mais santas afeições não são desfeitas sem mais esperanças. (Veja nesta obra Caps. 4:18 e 5:21.)

63 Prece

Dignai-vos, Senhor, meu Deus, a acolher favoravelmente a prece que vos dirijo pelo Espírito de ...; fazei-lhe sentir vossas divinas luzes e tornai-lhe fácil o caminho da felicidade eterna. Permiti que os bons Espíritos levem até ele(a) minhas palavras e meu pensamento.

Tu, que me foste tão querido(a) neste mundo, escuta minha voz que te chama para te dar uma prova da minha afeição. Deus permitiu que tu fosses libertado primeiro; eu não devo me lamentar, seria egoísmo; seria ver-te, ainda, sujeito às penalidades e aos sofrimentos da vida. Espero, com resignação, o momento de nos juntarmos no mundo mais feliz onde tu chegaste antes.

Sei que nossa separação é apenas temporária, e, por mais longa que ela possa me parecer, sua duração se apaga diante da felicidade eterna que Deus promete aos eleitos. Que sua bondade me preserve de fazer algo que possa retardar esse instante desejado, e que assim me poupe a dor de não te encontrar ao sair de meu cativeiro terreno.

Como é doce e consoladora a certeza de que há entre nós apenas um véu material que te oculta à minha vista! Que podes estar aqui, ao meu lado, a me ver e a me ouvir como antigamente, e melhor ainda que antigamente, que não me esqueças mais e que eu mesmo não te esqueça; que nossos pensamentos não parem de se confraternizar, e que o teu me siga e me sustente sempre.

Que a paz do Senhor esteja contigo!

Pelas almas sofredoras que pedem preces

64 Instrução Preliminar

Para compreender o alívio que a prece pode proporcionar aos Espíritos sofredores, é preciso saber como ela atua, como já foi dito anteriormente. (Veja nesta obra Cap. 27:9, 18 e seguintes.) Aquele que compreende esta verdade ora com mais fervor pela certeza de não orar em vão.

65 Prece

Deus clemente e misericordioso, que vossa bondade se estenda sobre todos os Espíritos que se recomendam às nossas preces e especialmente sobre a alma de ...

Bons Espíritos, que tendes no bem sua única ocupação, rogai comigo para alívio deles. Fazei luzir aos seus olhos um raio de esperança, e que a divina luz os ilumine quanto às imperfeições que os afastam da morada dos felizes. Abri seus corações ao arrependimento e ao desejo de se purificarem para apressar seu adiantamento. Fazei-os compreender que, por seus esforços, podem encurtar o tempo de suas provas.

Que Deus, em sua bondade, lhes dê a força de perseverar em suas boas resoluções!

Que estas palavras benevolentes possam suavizar suas penas, ao lhes mostrar que há na Terra seres que deles se compadecem e que desejam sua felicidade.

66 Prece (outra)

Nós vos rogamos, Senhor, para espalhar sobre todos os que sofrem, seja no espaço, como Espíritos errantes, seja entre nós, como Espíritos encarnados, as graças de vosso amor e de vossa misericórdia. Tende piedade de nossas fraquezas. Vós nos fizestes falíveis, mas nos destes a força para resistir ao mal e vencê-lo. Que vossa misericórdia se estenda sobre todos os que não puderam resistir às suas más inclinações e que ainda são arrastados pelo caminho do mal. Que vossos bons Espíritos os envolvam; que vossa luz brilhe aos seus olhos, e que, atraídos por vosso calor que reanima, venham se curvar a vossos pés, humildes, arrependidos e submissos.

Nós vos pedimos igualmente, Pai de Misericórdia, por aqueles nossos irmãos que não tiveram forças para suportar suas provas terrenas. Vós nos destes um fardo a carregar, Senhor, e o devemos depositar apenas a vossos pés; mas nossa fraqueza é grande e, algumas vezes, a coragem nos falta no caminho. Tende piedade desses servidores indolentes que abandonaram a obra antes do tempo; que vossa justiça os ampare e permita aos vossos bons Espíritos lhes trazer o alívio, as consolações e a esperança do futuro. O caminho do perdão é fortificante para a alma; mostrai-o, Senhor, aos culpados que desesperam e, sustentados por essa esperança, reunirão forças na própria grandeza de suas faltas e de seus sofrimentos para resgatar seu passado e se preparar para conquistar o futuro.

Por um inimigo morto

67 Instrução Preliminar

A caridade para com nossos inimigos deve segui-los ao além-túmulo. É preciso pensar que o mal que nos fizeram foi para nós uma prova que pode ser útil ao nosso adiantamento, se soubermos tirar proveito disso. Ela pode ainda nos ser mais proveitosa do que as aflições puramente materiais, pelo fato de nos ter permitido juntar, à coragem e à resignação, a caridade e o esquecimento das ofensas. (Veja nesta obra Caps. 10:6 e 12:5 e 6.)

68 Prece

Senhor, vós que chamastes antes de mim a alma de ... Eu lhe perdôo o mal que me fez e as más intenções que teve para comigo. Possa ele(a) disso se arrepender, agora que não tem mais ilusões deste mundo.

Que vossa misericórdia, meu Deus, se estenda sobre ele(a), e afastai de mim o pensamento de me alegrar com sua morte. Se tive faltas para com ele(a), que me perdoe, como eu perdôo as que cometeu para comigo.

Por um criminoso

69 Instrução Preliminar

Se a eficiência das preces fosse proporcional à extensão delas, as mais longas deveriam ser reservadas para os mais culpados, pois têm mais necessidade do que aqueles que viveram virtuosamente. Recusá-las aos criminosos é deixar de ter caridade e desconhecer a misericórdia de Deus; acreditá-las inúteis, porque um homem teria cometido este ou aquele erro, é prejulgar a justiça do Altíssimo. (Veja nesta obra Cap. 11:14.)

70 Prece

Senhor, Deus de Misericórdia, não abandoneis este criminoso que acaba de deixar a Terra; a justiça dos homens pôde atingi-lo, mas não o isentou da vossa, se seu coração não foi tocado pelo remorso.

Tirai a venda que lhe oculta a gravidade de suas faltas; possa seu arrependimento encontrar graças diante de Vós e aliviar os sofrimentos de sua alma! Possam também nossas preces e a intervenção dos bons Espíritos lhe trazer a esperança e a consolação; lhe inspirar o desejo de reparar suas más ações em uma nova existência e lhe dar a força de não fracassar nas novas lutas que empreenderá!

Senhor, tende piedade dele!

Por um suicida

71 Instrução Preliminar

O homem jamais tem o direito de dispor de sua própria vida, porque cabe somente a Deus tirá-lo do cativeiro terreno quando o julga oportuno. Todavia, a justiça divina pode suavizar seus rigores em virtude das circunstâncias, mas reserva toda a sua severidade para aquele que quis se subtrair às provas da vida. O suicida é como o prisioneiro que foge da prisão antes de cumprir a sua condenação, e que, quando é recapturado, é tratado severamente. Assim acontece com o suicida, que acredita escapar das misérias presentes, e mergulha em infelicidades maiores. (Veja nesta obra Cap. 5:14 e seguintes.)

72 Prece

Sabemos, Senhor, meu Deus, o destino reservado àqueles que violam vossas leis ao encurtar voluntariamente seus dias; mas sabemos também que vossa misericórdia é infinita: dignai-vos estendê-la sobre a alma de ... Possam nossas preces e vossa piedade suavizar a amargura dos sofrimentos que suporta por não ter tido a coragem de esperar o fim de suas provas!

Bons Espíritos, cuja missão é ajudar aos infelizes, tomai-o sob vossa proteção, inspirai-lhe o arrependimento por sua falta, e que vossa assistência lhe dê a força para suportar com mais resignação as novas provas que terá de passar para repará-la. Afastai dele os maus Espíritos que poderiam levá-lo novamente para o mal e prolongar seus sofrimentos, fazendo-o perder o fruto de suas futuras provas.

Vós, cuja infelicidade é o motivo das nossas preces, que possa nossa compaixão suavizar a amargura e fazer nascer em vós a esperança de um futuro melhor! Esse futuro está em vossas mãos; confiai-vos à bondade de Deus, cujos braços sempre estão abertos a todos os arrependimentos, e só permanecem fechados aos corações endurecidos.

Pelos Espíritos arrependidos

73 Instrução Preliminar

Seria injusto colocar na categoria dos maus Espíritos os sofredores e arrependidos que pedem preces. Podem ter sido maus, mas não o são mais a partir do momento que reconhecem suas faltas e as lamentam: são apenas infelizes, alguns até mesmo começam a gozar de uma felicidade relativa.

74 Prece

Deus de Misericórdia, que aceitais o arrependimento sincero do pecador, encarnado ou desencarnado, eis um Espírito que tinha prazer em praticar o mal, mas que reconhece seus erros e entra no bom caminho; dignai-vos, meu Deus, a recebê-lo como um filho pródigo e perdoar-lhe.

Bons Espíritos cuja voz ignorou, ele quer vos escutar de agora em diante; permiti-lhe entrever a felicidade dos eleitos do Senhor, a fim de que persista no desejo de se purificar para alcançá-la; sustentai-o em suas boas resoluções e dai-lhe a força para resistir aos seus maus instintos.

Espírito de ..., nós te felicitamos por tua modificação e agradecemos aos bons Espíritos que te ajudaram!

Se no passado tinhas prazer em fazer o mal, é que não compreendias o quanto é doce a alegria de fazer o bem; também te sentias indigno para alcançá-lo. Mas, desde o instante em que colocaste o pé no bom caminho, uma nova luz se fez para ti; começaste a experimentar uma felicidade desconhecida, e a esperança entrou em teu coração. É que Deus sempre escuta a prece do pecador arrependido; Ele não recusa nenhum daqueles que O buscam.

Para entrar completamente na graça do Senhor, esforça-te de agora em diante para não mais praticar o mal, mas em fazer o bem e em reparar o mal que fizeste; então, terás satisfeito a justiça de Deus; as tuas boas ações apagarão as tuas faltas passadas.

O primeiro passo está dado; agora, quanto mais avançares, mais o caminho parecerá fácil e agradável. Continua, pois, e um dia terás a glória de estar entre os bons Espíritos, os Espíritos bem-aventurados.

Pelos Espíritos endurecidos

75 Instrução Preliminar

Os maus Espíritos são aqueles que ainda não foram tocados pelo arrependimento; que se satisfazem no mal e disso não sentem nenhum arrependimento, são insensíveis às censuras, recusam a prece e muitas vezes blasfemam contra o nome de Deus. Essas são almas endurecidas que, após a morte, se vingam nos homens dos sofrimentos que suportam, e perseguem com seu ódio àqueles a quem detestaram durante a sua vida, pela obsessão ou por uma influência maléfica qualquer. (Veja nesta obra Caps. 10:6; e 12:5 e 6.)

Entre os Espíritos perversos, há duas categorias bem distintas: os que são francamente maus e os que são hipócritas. Os primeiros são bem mais fáceis de conduzir ao bem que os segundos. São muitas vezes de natureza bruta e grosseira, como se vê entre os homens que fazem o mal mais pelo instinto do que de propósito e não procuram se fazer passar por melhores do que são. Há neles um gérmen adormecido que é preciso fazer despertar, o que se consegue quase sempre por meio da perseverança, da firmeza unida à benevolência, pelos conselhos, pelo raciocínio e pela prece. Nas comunicações mediúnicas, a dificuldade que têm para escrever ou pronunciar o nome de Deus é o indício de um temor instintivo, de uma voz íntima da consciência que lhes diz que são indignos; aqueles que estão nessa fase estão prestes a se converter, e pode-se esperar tudo deles: basta encontrar o ponto vulnerável nos seus corações.

Já os Espíritos hipócritas são quase sempre muito inteligentes e não têm no coração nenhuma fibra sensível; nada os toca; simulam todos os bons sentimentos para captar a confiança e ficam felizes quando encontram tolos que os aceitam como santos Espíritos e a quem podem governar à vontade. O nome de Deus, longe de lhes inspirar o menor temor, lhes serve de máscara para cobrir suas maldades. No mundo invisível, como no mundo visível, os hipócritas são os seres mais perigosos, pois agem na sombra, e deles não se desconfia. Apenas aparentam ter fé, mas não a fé sincera.

76 Prece

Senhor, dignai-vos a lançar um olhar de bondade aos Espíritos imperfeitos que ainda estão nas trevas da ignorância e vos desconhecem, e especialmente sobre o de ...

Bons Espíritos, ajudai-nos a lhe fazer compreender que, ao induzir os homens ao mal, ao obsediá-los e ao atormentá-los, ele prolonga seus próprios sofrimentos; fazei com que o exemplo da felicidade que desfrutais seja um encorajamento para ele.

Espírito que te satisfazes ainda com o mal, vem ouvir a prece que fazemos por ti; ela te provará que desejamos te fazer o bem, embora faças o mal.

És infeliz, pois é impossível ser feliz fazendo o mal; por que permanecer sofrendo quando depende de ti deixar de sofrer? Olha os bons Espíritos que te cercam; vê como são felizes. Não seria mais agradável para ti desfrutar da mesma felicidade?

Dirás que isso é impossível, mas nada é impossível àquele que quer, pois Deus te deu, como a todas as suas criaturas, a liberdade de escolher entre o bem e o mal, ou seja, entre a felicidade e a infelicidade. Ninguém está condenado a fazer o mal; se tens a vontade de fazê-lo, podes também ter a de fazer o bem e de ser feliz.

Volta teus olhos para Deus; eleva somente por um instante até Ele teu pensamento, e um raio de sua divina luz virá te iluminar. Dize conosco estas simples palavras: *Meu Deus, eu me arrependo, perdoai-me*. Experimenta o arrependimento e faze o bem ao invés de fazer o mal, e verás que logo a sua misericórdia se estenderá sobre ti e que um bem-estar desconhecido virá substituir as angústias que experimentas.

Uma vez que tiveres dado um passo no bom caminho, o resto dele te parecerá fácil. Compreenderás, então, quanto tempo perdeste de felicidade devido à tua falta. Porém, um futuro radioso e cheio de esperança se abrirá diante de ti, e esquecerás teu miserável passado, cheio de problemas e torturas morais, que seriam para ti o inferno se devessem durar eternamente. Chegará o dia em que essas torturas serão tão terríveis que, a qualquer preço, pedirás para fazê-las cessar; quanto mais demorares para decidir, mais isso te será difícil.

Não acredites que ficarás sempre no estado em que te achas. Não, isso é impossível; tens diante de ti dois caminhos: um é o de sofreres muito mais do que sofres agora, o outro é o de seres feliz como os bons Espíritos que estão ao redor de ti. O primeiro é inevitável, se persistires na tua teimosia; um simples esforço de tua vontade basta para te livrar do mal que te aflige. Apressa-te, pois, porque cada dia de atraso é um dia perdido para a tua felicidade.

Bons Espíritos, fazei com que estas palavras encontrem acolhida junto a essa alma ainda atrasada, a fim de que a ajudem a se aproximar de Deus. Nós vos pedimos em nome de Jesus Cristo, que teve um grande poder sobre os Espíritos maus.

5 PELOS DOENTES E OBSEDIADOS

Pelos doentes

77 Instrução Preliminar

As doenças fazem parte das provas e das adversidades da vida terrena; elas fazem parte da imperfeição de nossa natureza material e da inferioridade do mundo que habitamos. As paixões e os excessos de toda ordem semeiam em nós os germens doentios, muitas vezes hereditários. Nos mundos mais avançados física e moralmente, o organismo dos seres, mais puro e menos material, não está sujeito às mesmas enfermidades, e o corpo não é minado silenciosamente pelas paixões devastadoras. (Veja nesta obra Cap. 3:9.) É preciso, pois, se resignar em sofrer as conseqüências do meio em que nos coloca nossa inferioridade, até que tenhamos mérito para alcançar situação melhor. Isso não deve nos impedir de fazer o que depender de nós para melhorar nossa posição atual; mas, se, apesar de nossos esforços, não pudermos fazê-lo, o Espiritismo nos ensina a suportar com resignação nossos males da vida na Terra.

Se Deus não quisesse que os sofrimentos corporais desaparecessem ou fossem suavizados em alguns casos, Ele não teria colocado à nossa disposição os meios de curá-los. Sua previdente bondade a esse respeito, em conformidade com o instinto de conservação, indica que é nosso dever procurar esses meios e aplicá-los.

Ao lado da medicação comum, elaborada pela Ciência, o magnetismo nos fez conhecer o poder da ação fluídica; mais tarde, o Espiritismo veio nos revelar outra força poderosa na mediunidade curadora e a influência da prece. (Veja adiante a notícia sobre a mediunidade curadora.)

78 Prece (para o doente orar)

Senhor, sois todo justiça. A doença que me aflige, eu a devo merecer, visto que nunca há sofrimento sem causa. Entrego-me para minha cura à vossa infinita misericórdia; se for de vossa vontade me restituir a saúde, que vosso santo nome seja abençoado; se, ao contrário, ainda devo sofrer, que seja abençoado do mesmo modo; submeto-me sem lamentar às vossas divinas leis, pois tudo o que fazeis tem apenas por objetivo o bem de vossas criaturas.

Fazei, meu Deus, que esta doença seja para mim uma advertência salutar e me permita fazer uma análise sobre mim mesmo; aceito-a como uma expiação do passado e como uma prova para minha fé e minha submissão a vossa santa vontade. (Veja neste Capítulo a prece v:40.)

79 Prece (pelo doente)

Meu Deus, vossas vontades são impenetráveis, e, em vossa sabedoria, entendestes que ... fosse atingido(a) pela doença. Lançai, eu vos suplico, um olhar de compaixão sobre seus sofrimentos e dignai-vos a colocar fim a isso.

Bons Espíritos, ministros do Todo-Poderoso, reforçai, eu vos peço, meu desejo de aliviá-lo(a); dirigi meu pensamento a fim de que vá derramar um bálsamo salutar sobre seu corpo e a consolação em sua alma.

Inspirai-lhe a paciência e a submissão à vontade de Deus; dai-lhe a força para suportar suas dores com resignação cristã, a fim de que não perca o fruto dessa prova. (Veja neste Capítulo a prece v:57.)

80 Prece (para o médium curador)

Meu Deus, se vos dignardes servir-vos de mim, mesmo indigno como sou, posso curar este sofrimento, se essa é vossa vontade, pois tenho fé em Vós; mas sem Vós não sou nada. Permiti aos bons Espíritos me transmitam os fluidos salutares, a fim de que eu os possa doar a este doente, e desviai de mim todo pensamento de orgulho e de egoísmo que poderia alterar a pureza desta ação.

Pelos obsediados

81 Instrução Preliminar

A obsessão é a ação continuada que um mau Espírito exerce sobre um indivíduo. Apresenta características muito diversas, desde a simples influência moral, sem sinais exteriores que se percebam, até a completa perturbação do organismo e das faculdades mentais. Ela obstrui todas as faculdades mediúnicas. Na mediunidade psicográfica, isto é, da escrita, ela se traduz pela teimosia de um Espírito em se manifestar, não permitindo que outros se manifestem.

Ao redor da Terra, há grande quantidade de maus Espíritos, devido à inferioridade moral dos seus habitantes. Sua ação maléfica faz parte dos flagelos dos quais a Humanidade é o alvo na Terra. A obsessão, como as doenças, e como todas as tribulações da vida, deve, pois, ser considerada como uma prova ou uma expiação, e aceita como tal.

Da mesma forma que as doenças são o resultado das imperfeições físicas que tornam o corpo acessível às más influências exteriores, a obsessão é sempre o resultado de uma imperfeição moral que dá acesso a um Espírito mau. A uma causa física se opõe uma força física; a uma causa moral é preciso opor uma força moral. Para se preservar das doenças, fortifica-se o corpo; para se garantir contra a obsessão, é preciso fortificar a alma; daí, para o obsediado, a necessidade de trabalhar a sua própria melhoria, o que muitas vezes basta para livrá-lo do obsessor, sem o socorro de pessoas estranhas. Esse socorro torna-se necessário quando a obsessão* degenera em subjugação* e em possessão*, porque, o paciente perde, por vezes, a vontade e o livre-arbítrio.

A obsessão é quase sempre o resultado de uma vingança exercida por um Espírito e que muitas vezes tem sua origem nas relações que o obsediado teve com ele em uma existência anterior. (Veja nesta obra Caps. 10:6; e 12:5 e 6.)

Nos casos de obsessão grave, o obsediado está como que envolvido e impregnado por um mau fluido que neutraliza a ação dos fluidos salutares e os repele. É desse fluido que é preciso livrá-lo; mas um mau fluido não pode ser repelido por um igualmente mau. Por uma ação idêntica à do médium curador nos casos de doenças, é preciso expulsar o fluido mau com a ajuda de um fluido bom, que produz de certo modo o efeito semelhante ao de um reagente. Essa é a ação mecânica, mas não é suficiente; é preciso também, e sobretudo, *agir sobre o ser (Espírito) inteligente,* com o qual é preciso falar com autoridade, e essa autoridade só é dada pela superioridade moral; quanto maior ela for, maior será a autoridade.

Ainda não é tudo. Para assegurar a libertação, é preciso levar o Espírito perverso a renunciar às suas más intenções; é preciso fazer nele nascer o arrependimento e o desejo do bem, com a ajuda de instruções habilmente dirigidas, nas evocações particulares feitas visando à sua educação moral. Então, pode-se ter a dupla satisfação de libertar um encarnado e de converter um Espírito imperfeito.

A tarefa torna-se mais fácil quando o obsediado, ao compreender sua situação, colabora com boa vontade e com suas preces. Dá-se o contrário quando o obsediado, seduzido pelo Espírito enganador, ilude-se pelas qualidades daquele que o domina e se satisfaz no erro onde este último o lança; então, longe de ajudar, recusa toda assistência. É o caso da fascinação*, sempre mais difícil de resolver do que a subjugação mais violenta.

Em todos os casos obsessivos, a prece é o mais poderoso auxiliar na ação de esclarecimento do Espírito obsessor. (Consulte *O Livro dos Médiuns*, Cap. 23.)

82 Prece (para o obsediado orar)

Meu Deus, permiti aos bons Espíritos me libertarem do Espírito maléfico que se ligou a mim. Se é uma vingança que ele exerce pelos males que eu lhe tenha feito no passado, vós o permitis, meu Deus,

* **N. E. - Fascinação:** obsessão irresistível. Ilusão profunda.

para minha punição, e eu suporto a conseqüência da minha falta. Possa meu arrependimento merecer vosso perdão e minha libertação! Mas, qualquer que seja o seu motivo, imploro para ele a vossa misericórdia; dignai-vos facilitar-lhe o caminho do progresso que o desviará do pensamento de fazer o mal. Possa eu, de minha parte, retribuir-lhe o mal com o bem e conduzi-lo a melhores sentimentos.

Mas também sei, meu Deus, que são as minhas imperfeições que me tornam acessível às influências dos Espíritos imperfeitos. Dai-me a luz necessária para reconhecê-las; combatei, em mim, o orgulho que me cega em relação aos meus defeitos.

Como ainda sou imperfeito, uma vez que um ser maléfico pôde me escravizar!

Fazei, meu Deus, com que este golpe desferido em minha vaidade me sirva de lição para o futuro; que me fortaleça na resolução que tomo de me purificar pela prática do bem, da caridade e da humildade, a fim de opor, de agora em diante, uma barreira às más influências.

Senhor, dai-me forças para suportar com paciência e resignação, sem lamentações, esta prova que, como todas as outras, deve servir para o meu adiantamento, uma vez que me dá a ocasião de mostrar minha submissão e de exercer minha caridade para com um irmão infeliz, ao lhe perdoar o mal que me tenha feito. (Veja nesta obra Cap. 12:5 e 6; neste Capítulo, 15 a 17, 46 e 47.)

83 Prece (pelo obsediado)

Deus Todo-Poderoso, dignai-vos de me dar o poder de livrar ... do Espírito que o obsedia; se está na vossa vontade pôr fim a esta prova, concedei-me a graça de falar, com autoridade, a esse Espírito.

Bons Espíritos, que me assistis, e vós, anjo guardião de ..., prestai-me vossa colaboração; ajudai-me a livrá-lo(a) do fluido impuro com o qual está envolvido(a).

Em nome de Deus Todo-Poderoso, eu ordeno ao Espírito malévolo e atormentador que se retire.

84 Prece (pelo Espírito obsessor)

Deus infinitamente bom, eu imploro vossa misericórdia para o Espírito que obsedia ..., fazei-lhe entrever as divinas luzes, a fim de que veja o falso caminho que está trilhando. Bons Espíritos, ajudai-me a fazê-lo compreender que tem tudo a perder ao fazer o mal, e tudo a ganhar ao fazer o bem.

Espírito que vos satisfazeis em atormentar ..., escutai-me, pois eu vos falo em nome de Deus.

Se quiserdes refletir, compreendereis que o mal não pode se impor sobre o bem, e que não podeis ser mais forte do que Deus e os bons Espíritos.

Eles poderiam preservar ... de todo golpe de vossa parte; se não o fizeram, foi porque tinha uma prova a suportar. Mas quando essa prova tiver acabado, vos tirarão toda ação sobre ele; o mal que lhe fizestes, ao invés de prejudicá-lo, servirá para o seu adiantamento, e com isso somente será mais feliz; assim, vossa maldade terá sido em vão, e se voltará contra vós.

Deus, que é Todo-Poderoso, e os Espíritos superiores, seus mensageiros, que são mais poderosos do que vós, poderão, pois, colocar fim a essa obsessão quando o quiserem, e vossa insistência se quebrará diante dessa suprema autoridade. Mas porque Deus é bom, quer vos deixar o mérito de cessá-la por vossa própria vontade. É uma oportunidade que vos é concedida; se não a aproveitardes, sofrereis as suas dolorosas conseqüências; grandes castigos e cruéis sofrimentos vos esperam; sereis forçados a implorar sua piedade e as preces da vossa vítima, que já vos perdoou e ora por vós, o que é um grande mérito aos olhos de Deus e apressará a libertação dela.

Refleti, enquanto ainda há tempo, visto que a justiça de Deus se abaterá sobre vós como sobre todos os Espíritos rebeldes. Pensai que o mal que fazeis neste momento terá forçosamente um fim, enquanto, se persistirdes em vossa teimosia, vossos sofrimentos aumentarão sem cessar.

Quando estivestes na Terra, não teríeis achado absurdo sacrificar um grande bem por uma pequena satisfação momentânea? Ocorre o mesmo agora que sois Espírito. Que ganhais com o que fazeis? O triste prazer de atormentar alguém, o que não vos impede de ser infeliz, e que, por mais que afirmeis o contrário, vos tornará mais infeliz ainda.

Ao lado disso, vede o que perdeis: olhai os bons Espíritos que vos rodeiam, e vede se sua sorte não é preferível à vossa? A felicidade de que desfrutam será também vossa quando o quiserdes. O que é preciso para isso? Implorar a Deus, e fazer o bem ao invés de fazer o mal. Sei que não podeis vos transformar de repente; mas Deus não pede o impossível; o que Ele quer é a boa vontade. Tentai, e nós vos ajudaremos. Fazei com que logo possamos dizer em vosso favor a prece pelos Espíritos arrependidos (v:73) e não mais vos colocar na categoria dos maus Espíritos, ao esperar que possais estar entre os bons. (Veja também v:75, a Prece pelos Espíritos endurecidos.)

Obs: A cura das obsessões graves requer muita paciência, perseverança e devotamento. Exige também tato e habilidade para conduzir ao bem Espíritos freqüentemente muito perversos, endurecidos e astuciosos, e entre eles há os que são rebeldes em último grau. Na maior parte dos casos, é preciso se guiar conforme as circunstâncias; mas, qualquer que seja o caráter do Espírito, um fato é certo: não se obtém nada pela violência ou ameaça; toda influência está na ascendência moral. Uma outra verdade, igualmente constatada pela experiência, assim como pela lógica, ***é a completa ineficiência dos exorcismos, fórmulas, palavras sacramentais, amuletos, talismãs, práticas exteriores ou sinais materiais quaisquer.***

A obsessão, quando muito prolongada, pode ocasionar desequilíbrios na saúde, e, por vezes, requer um tratamento simultâneo ou consecutivo, seja magnético ou médico, para restabelecer a saúde do organismo. A causa sendo destruída, resta combater os efeitos. (Consulte *O Livro dos Médiuns*, Cap. 23, Obsessão. E a *Revista Espírita*, edições de fevereiro e março de 1864, abril de 1865: Exemplos de curas de obsessões.)

Campanha

Evangelho no Lar

FINALIDADES

A prática e o estudo contínuo do Evangelho no Lar tem a finalidade de unir as criaturas, proporcionando uma convivência de paz e tranqüilidade.

Higienizar o lar com nossos pensamentos e sentimentos elevados, permitindo facilitar o auxílio dos mensageiros do bem.

Proporcionar no lar, e fora dele, o fortalecimento necessário para enfrentar dificuldades materiais e espirituais, mantendo ativos os princípios da oração e da vigilância.

Elevar o padrão vibratório dos familiares, a fim de que possam contribuir para a construção de um mundo melhor.

SUGESTÕES

Escolha uma hora e um dia da semana em que seja possível a presença de todos da família, ou daqueles que desejarem participar.

A observação cuidadosa da hora e do dia estabelece um compromisso de pontualidade com a espiritualidade, garantindo a assistência espiritual.

A duração da reunião pode ser de trinta minutos aproximadamente, ou mais, dependendo de cada família.

Não suspender a prática do Evangelho em virtude de visitas, passeios adiáveis ou acontecimentos fúteis.

Providenciar uma jarra com água para fluidificação, para ser servida no final da reunião.

ROTEIRO

1. PRECE INICIAL

Pai-Nosso ou uma prece simples e espontânea, valorizando os sentimentos e não as palavras, solicitando a direção divina para a reunião.

2. LEITURA

Leitura em seqüência de um trecho de *O Evangelho Segundo o Espiritismo*, começando na primeira página, incluindo prefácio, introdução e notas.

3. COMENTÁRIOS

Devem ser breves, que esclareçam e facilitem a compreensão dos ensinamentos e sua aplicação na vida diária.

4. VIBRAÇÕES

Fazer vibrações é emitir sentimentos e pensamentos de amor, paz e harmonia, obedecendo a este roteiro básico e acrescentando as vibrações particulares, de acordo com as necessidades.

Em tranqüila serenidade e confiantes no Divino Amigo Jesus,vibremos:

Pela paz na Terra/pelos dirigentes de todos os países/pelo nosso Brasil/pelos nossos governantes/ pelos doentes do corpo e da alma/pelos presidiários/ pelas crianças/pelos velhinhos/pela juventude/ pelos que se acham em provas dolorosas/ pela expansão do Evangelho/pela confraternização entre as religiões/pelo nosso local e companheiros de trabalho/pelos nossos vizinhos/pelos nossos amigos e inimigos/pelo nosso lar e nossos familiares e por nós mesmos.
Graças a Deus.

5. PRECE FINAL

Pai-Nosso ou uma prece espontânea de agradecimento, solicitando a fluidificação da água e convidando os amigos espirituais para a reunião da próxima semana.

Glossário

Advento: vinda, chegada.

Aguilhão: estimulante, incitador, provocador.

Alegoria/Alegórico: forma figurada de dizer.

Alqueire: medida de volume de mais ou menos nove litros, em forma de caixote, com que se mediam cereais; (neste caso) como um caixote que servia de banco ou suporte.

Antípoda: habitante que se encontra em lugar oposto em relação a outro. O contrário.

Areópago: tribunal de sábios e literatos em Atenas.

Argueiro: cisco, minúcia, pequeno empecilho.

Bem-aventurado: feliz, muito feliz.

Calvário/Gólgota: monte em Jerusalém onde Jesus foi crucificado.

Candeia: pequeno aparelho de iluminação abastecido com óleo.

Ceifeiro: colhedor de cereais.

Ceitil: moeda de pequeno valor.

Cilício: sacrifício, tormento, aflição, martírio.

Concisão: precisão, exatidão, síntese.

Couraça: armadura de aço; (neste caso) falta de amor, de caridade.

Côvado: antiga medida de comprimento que correspondia aproximadamente a 65 cm (três palmos).

Covil: buraco de feras. Esconderijo de ladrões.

Crisálida: corpo da borboleta quando ainda é lagarta; (neste caso) transformando, mudando o comportamento.

Decálogo: os Dez Mandamentos bíblicos da Lei de Deus. (Veja Êxodo, 20:12.)

Dogma (ref. introdução): (neste caso) artigo de fé indiscutível da Igreja, isto é, regra filosófica pela qual a Igreja impõe e procura justificar certos pontos de sua crença em que a fé se sobrepõe à razão.

Dogma: esta palavra adquiriu de forma genérica o significado de um princípio de doutrina infalível e indiscutível; porém, o seu verdadeiro sentido não é esse. A Doutrina Espírita não é *dogmática*, no sentido que se conhece em alguns credos religiosos que adotam o princípio filosófico (Fideísmo), em que a fé se sobrepõe à razão, para acomodar e justificar posições de crença. A palavra está, aqui, com o seguinte significado: a união de um fundamento, isto é, um princípio divino com a experiência humana. É com este sentido que Allan Kardec a emprega e que a Doutrina Espírita a entende e a trata nesta obra e nos demais livros da Codificação Espírita. (Veja *O Livro dos Espíritos*, Caps. 4 e 5.)

Ebionita: seita religiosa dos primeiros séculos que adotava práticas cristãs e judaicas.

Eclesiastes: ou Livro do Pregador, do Velho Testamento, escrito por Salomão.

Erraticidade: estado ou período de tempo em que o Espírito se encontra entre uma e outra reencarnação. (Consulte *O Livro dos Espíritos*, questão 132 e seguintes.)

Escândalo: tudo que leva ao erro e à prática do mal.

Escolástica: filosofia da Igreja fundamentada em Aristóteles e S. Tomás de Aquino.

Estropiado: mutilado, aleijado.

Evocação: chamar os espíritos desencarnados.

Exilado: expulso de sua pátria, banido, desterrado.

Expiação: ato ou efeito de expiar; (neste caso) culpa, cumprir pena. Sofrer castigo.

Expiatório: onde se pagam as culpas, depuradores.

Fascinação: obsessão irresistível. Ilusão profunda.

Filho pródigo: referência a parábola do filho pródigo (Veja Lucas 15:11 a 29), arrependido, aguardado, festejado.

Fluido universal: energia que preenche todo o espaço universal e que compõe todos os corpos, transformando-se, gradualmente, para ter a ação em que se deve manifestar: animal, vegetal, mineral, gasosa.

Fratricida: assassinato entre irmãos.

Frontispício: fachada principal imponente, majestosa.

Funesta: fatal, mortal, amargurosa, dolorosa, nociva, desastrosa.

Gazofilácio: caixa de esmolas nos templos.

Gênese: primeiro livro do Velho Testamento escrito por Moisés.

Gênio: (neste caso) inteligência superior.

Gentio: pagão, idólatra; (neste caso) que não aceitava a crença em um único Deus.

Genuflexão: ato de ajoelhar-se.

Gólgota/Calvário: monte nos arredores de Jerusalém, onde Jesus foi crucificado.

Hades: inferno.

Herético: contrário à doutrina da Igreja.

Herodianos: partidários de Herodes. Eram opositores dos fariseus.

Hipócrita: falso, impostor, fingido.

Idólatra: que adora ídolos.

Íncubo: espírito desencarnado masculino que ainda tem desejo sexual.

Indulgência: clemência, misericórdia, tolerância.

Iniqüidade: perversidade, injustiça.

Invocação: apelo, súplica, pedido de proteção.

Joio: semente tóxica que nasce no meio do trigo como praga.

Jugo: submissão, obediência, sujeição.

Laurel: prêmio, distintivo, galardão.

Livre-arbítrio: liberdade da pessoa em escolher as suas ações.

Mamon: Deus das riquezas; (neste caso) as riquezas.

Manes: espíritos considerados divindades na antiga Roma.

Mar Morto: lago salgado na Palestina onde deságua o rio Jordão.

Mó: pedra pesadíssima de moinho.

Monoteísmo: crença em um só deus.

Náufrago: que sofreu acidente marítimo; (neste caso) decadente.

Óbolo: esmola, dádiva.

Obsessão: influência de um espírito desencarnado, malévolo, sobre um encarnado. Pode haver obsessão também entre: encarnado para encarnado; encarnado para desencarnado; e desencarnado para encarnado. (Veja *Livro dos Médiuns*, Cap. 23, Obsessões)

Ortodoxia: doutrina intransigente e intolerante.

Paganismo: religião pagã; (neste caso) crença contrária à Igreja.

Pais da Igreja: padres da Igreja de grande cultura, entre outros: Santo Agostinho e S. Tomás de Aquino.

Pentateuco: os cinco primeiros livros do Velho Testamento, escritos por Moisés.

Perispírito: corpo fluídico do Espírito. Liga o corpo físico ao espírito. (Veja *O Livro dos Espíritos*, questões 93 a 96.)

Platão: filósofo, discípulo, contemporâneo e continuador dos ideais de Sócrates.

Plêiade: grupo de sábios ilustres, encarnados ou desencarnados.

Politeísta: que crê em muitos deuses.

Possessão: a vítima perde o domínio total da vontade e das ações e passa a agir sob o comando do obsessor. (Veja *O Livro dos Médiuns*, Cap. 23, e *O Livro dos Espíritos*, Cap. 9, item 3.)

Preconceito: idéia preconcebida. Opinião de separação, de ódio racial, crença, intolerância, etc.

Prevaricador/Prevaricação: que falta ao dever; (neste caso) adúltero.

Proscrição: banimento, expulsão.

Provação: aflição, penalização, situação difícil.

Rapina: roubo com violência.

Resgatou/Resgatar: redimir, salvar, apagar a culpa.

Seita: conjunto de pessoas que seguem a mesma doutrina.

Sócrates: filósofo grego considerado pai da Filosofia, nascido em Atenas em 470 a.C.

Subjugação: dominação profunda. A vítima perde a vontade própria.

Súcubo: espírito desencarnado feminino que ainda tem desejo sexual.

Tabernáculo: tenda portátil, santuário dos hebreus durante a peregrinação pelo deserto

Tabor: monte da Judéia onde Jesus se transfigurou, na presença de Pedro, Tiago e João. Falou com Moisés e Elias (Veja Mateus, 17:4)

Teologia/Teológico: estudo dos textos sagrados ou referentes às divindades. Verdades religiosas

Tobias: patriarca judeu do séc. I a.C., autor do Livro de Tobias, em que relata a sua convivência com um Espírito.

Trave: tronco, madeira grossa; (neste caso) exageros, absurdos.

Utopia: projeto fantástico, coisa ilusória.

Velador: suporte alto, onde se põe o candeeiro ou a vela.

PRÓXIMA AULA:

A influência moral do médium
LM 226 e 230

Da influência do meio
LM 231 e 233